U0529540

国家社会科学基金一般项目"图书馆创客空间服务体系中馆员与创客协作发展机制研究"(编号:17BTQ033)

图书馆员与创客协作发展机制研究

王宁 陶方林 储结兵 陶继华 著

中国社会科学出版社

图书在版编目（CIP）数据

图书馆员与创客协作发展机制研究 / 王宁等著. —北京：中国社会科学出版社，2022.12
ISBN 978-7-5227-0784-6

Ⅰ.①图… Ⅱ.①王… Ⅲ.①图书馆服务—研究②图书馆管理—研究 Ⅳ.①G252②G251

中国版本图书馆CIP数据核字（2022）第254018号

出 版 人	赵剑英
责任编辑	程春雨
责任校对	闫　萃
责任印制	王　超

出　　版	中国社会科学出版社
社　　址	北京鼓楼西大街甲158号
邮　　编	100720
网　　址	http://www.csspw.cn
发 行 部	010-84083685
门 市 部	010-84029450
经　　销	新华书店及其他书店
印　　刷	北京君升印刷有限公司
装　　订	廊坊市广阳区广增装订厂
版　　次	2022年12月第1版
印　　次	2022年12月第1次印刷
开　　本	710×1000　1/16
印　　张	28.25
字　　数	458千字
定　　价	158.00元

凡购买中国社会科学出版社图书，如有质量问题请与本社营销中心联系调换
电话：010-84083683
版权所有　侵权必究

序

在国家倡导的创新创造和创业运动中，图书馆人积极寻求转型发展的新路径，深耕新时代发展战略，关注创新理念的传播和创新行为的重构。图书馆创客空间恰是顺应这种变化趋势所衍生的一种新生事物，它鼓励和支持馆员/创客从思维到行动，从开始到结果，实现创造的价值，体验创造的成就感，对新时期图书馆转型发展和服务创新具有重要借鉴和指导意义。近年来，中国图书馆界一直在寻找图书馆与空间发展的平衡点，探索两者结合的最佳模式，以期为新时代图书馆服务升级和创新带来新机遇和发展活力。

《图书馆员与创客协作发展机制研究》是在王宁主持的国家社科基金项目"图书馆创客空间服务体系中馆员与创客协作发展机制研究"成果的基础上进一步充实、完善而成的，是对"图书馆创客空间"这一新型服务模式进行的积极探索和创新性研究。

本书的主要内容是：在图书馆创客空间服务体系中，馆员如何让图书馆传统的知识传播和资源优势发挥更好的作用，依托资源、服务创新和创意产品展示平台等，逐步优化空间服务模式，创新空间服务内容，提升服务质量和效益，辅助、引导、激励创客完成各项创新活动，实现馆员与创客协作发展、互利共赢的目标。该书篇章布局合理，观点鲜明，数据翔实，论述深入，既有深刻的理论分析，又有大量的实证研究，集创新性、科学性、系统性和实用性于一体，具有较高的理论价值和实践意义。

本书的主要特色体现在：

第一，本书是国内图书馆界首次对"图书馆创客空间服务体系中馆员与创客协作发展机制"进行全面系统的理论研究形成的成果，理论价值较高。

目前，国内从理论上系统研究图书馆创客空间的相关文献不多，研究得也不够全面深入；许多图书馆对创客空间的认识和利用还不够广泛和深入，有的图书馆在这方面还是空白。通过3年的理论与实践研究，项目组成员以获奖论文或案例的形式参加中国图书馆学术年会及省级学术年会2次以上，在图书馆、情报与文献学核心期刊上发表学术论文14篇，撰写学术及应用价值较高的研究报告约30万字。上述研究成果将有助于拓展图书馆学与社会学、管理学、教育学、心理学、经济学等学科的交叉研究，从理论上进一步丰富和完善图书馆创新服务体系，增加全社会对社交性学习（Social Learning）的关注，特别是对创新、创新发展和可持续发展等理论进行研究，推进图书馆逐步适应不断变化的社会需求。此外，本书还能引起国内各类型图书馆对图书馆创客空间研究与实践的重视，补充和完善相关理论研究，对馆员与创客协作发展机制等方面内容进行深入调查和深层次分析，形成更加系统、健全的学科体系。

第二，本书结合图书馆创客空间的具体情况，为图书馆创客空间在我国的推广和应用提出了具体可行的操作性建议，应用价值较大。主要体现在：

（1）该研究可提高国民的信息素养、创新意识和实践能力，进一步增强国家科技创新能力；最大限度上满足社会公众的精神和文化需求，提升图书馆的服务效能与社会效益；在促进公民开展终身学习、合作学习的同时，可鼓励其动手实践、实现创意，促进知识的动态性转化，并通过技术支持、平台支撑加快科研活动的产业化进程。具体而言，可拓展国内各类图书馆创客空间的服务范围和服务深度，充分发挥图书馆创客空间的服务特色和服务优势，更好地为学校和社区服务，带动更多的高校、公共及中小学图书馆开展更广泛的空间创新服务。

（2）该研究有益于在省内外图书馆创客空间开展服务、培训、激励、评价机制的实践探索及应用。通过前期的文献研究，中期的现状调查、因素分析，后期的机制建构和实践探索，一环扣一环，循序渐进，4种机制均在省内外图书馆创客空间得到实施、验证。本书的第九章分别介绍了长沙图书馆新三角创客空间、沈阳师范大学图书馆创客空间进行服务机制的实践探索；安徽大学图书馆创意创作空间开展服务、培训及激励机制的实践探索；中共安徽省委党校图书和文化馆新空间开展服务机制的实践探索。评价机制的实践探索分别以铜陵市图书馆文创空间、安徽农业大学大学生创客空间为示例。通过以上省内外图书馆创客空间的先行先试，边行边改，逐步将积累的经验和成果在国内各类图书馆创客空间推广和应用。因此，本书的及时出版对创客空间的建设与推广具有很强的现实指导意义。

第三，本书大量采用扎根研究与定量分析相结合的方法，使分析过程具体形象，分析结果翔实可靠。

本书基于既有研究成果，通过文献研究、实地调研、网络调查以及电话访谈等方式，分析目前较为成熟或成功的图书馆创客空间的发展现状，以创新的视角探索和分析馆员与创客协作发展空间的动力和来源，归纳、总结两者协作发展的路径及措施，探寻在此服务体系中如何构建科学、高效的协作发展机制，推动我国不同类型图书馆创客空间的理论研究和实践活动。以中国图书馆创客空间馆员与创客协作发展的机制构建为研究视角，在选题、方法及研究内容上具有一定的新颖性。

（1）研究方法的创新。该研究通过样本选取、数据收集和扎根理论对数据进行分析（Nvivo分析软件辅助）等一系列步骤，最终构建出相应的理论结构模型，将定量分析作为质性研究方法的有益补充。首先，将扎根理论这种质性研究方法引入空间馆员与创客协作发展的过程，探究如何构建馆员与创客协作发展空间的运行机制，如何建构本土化的结构模型。其次，将质性研究与定量分析方法相结合，通过采用量化研究方法对变量间的相关关系进行检验，包括建立研究假设、设计调查问卷、收集数据和使用Spss软件对数据进行分析，并对定量研究结果进行分析和验证。两种研究方法相辅相成，增强了研究结果的可靠性和有效性。

(2) 研究内容的创新。该项研究内容方面的创新表现在以下四个方面：其一，对图书馆创客空间发展现状进行细致、全面的梳理。该研究详尽梳理和分析了图书馆创客空间的发展现状，总结出馆员与创客协作发展空间的实施策略，补充和完善目前图书馆创客空间的研究体系，推进中国图书馆创客空间朝着符合国情、省情、馆情且有自身特色的方向发展。其二，运用扎根理论对创客空间发展驱动及制约因素进行分析。该研究运用扎根理论及方法进行探索性分析，通过深度访谈对相关数据进行整理、分析，基于 Nvivo 软件系统提炼馆员、创客参与空间构建和发展的影响因素，探讨各影响因素的作用关系和路径，识别图书馆创客空间可持续发展的驱动因素及制约因素，分别构建空间可持续发展驱动及制约因素模型。最后，采用 Spss 22.0 进行相关性和多层次回归分析，验证通过质性分析得出的驱动因素识别结果，为图书馆创客空间挖掘驱动要素、减少发展助力、提升服务效能提供参考。其三，构建图书馆创客空间服务满意度评价指标体系。该研究以用户（创客）满意度为切入点，利用扎根理论及方法，从创客感知的视角构建公共馆创客空间服务质量评价指标体系，从服务环境、服务条件、服务内容和服务绩效方面综合衡量公共馆创客空间的服务效果。以国内高校馆创客空间的发展现状为基础，从大学生创客满意度的微观视角，即从投入—产出效率的视角，研究或评价空间的服务效益及创客满意度，通过深入分析、多轮筛选，确定高校馆创客空间服务满意度的最终评价指标，评价结果有助于准确测量图书馆的创客满意程度，实现馆员与创客协作发展空间的共同目标。其四，提出促进空间发展的服务改进及实施策略。通过阅读中外文献、浏览创客空间网站、采取质性分析及 Spss 定量分析等方法，总结、分析图书馆创客空间的发展特色、发展优势及存在的问题，结合中国图书馆创客空间的实情，聚焦细化，从可持续发展、发展阻力、服务机制、培训机制、激励机制、评价机制等方面，提出空间发展的服务改进及实施策略。

总之，本书的研究目标明确，研究思路清晰，研究方法科学合理，推论严谨，研究结论和观点准确、可靠，在借鉴国内外相关研究成果的基础上，又形成自身相对独立的学术观点，是图书情报领域具有较高学术价值和现实意义的专著，能够为创新创业的管理者及从业人士、科普人员、图书馆和科技馆等领域的工作人员提供有价值的参考和借鉴。本书的出版将进一步丰富我国图书馆创客空间的理论研究，推进我国图书馆创客空间实践活动向纵深发展。

李财富*

2021年11月18日于合肥

---

* 李财富，男，1965年11月生，博士，教授，博导；现任安徽大学江淮学院院长、党委副书记。国家社科基金学科评审组专家，享受国务院政府特殊津贴专家，教育部高等学校档案学学科教学指导委员会委员，中国档案学会理事，中国档案学会基础理论委员会委员，安徽省档案学会副理事长，《安徽大学学报》《档案管理》《大学图书情报学刊》《档案学通讯》编委。主要从事档案学基础理论与历史、档案信息服务、档案文献编纂等方面的教学与研究工作。在《史学理论研究》《档案学通讯》《档案学研究》《中国档案》等刊物上发表学术论文140余篇，其中被中国人民大学书报资料《档案学》全文转载复印20余篇。出版《档案学原理》《中国档案学史论》等专著（含合著）4部。主持国家社会科学基金项目2项，国家档案局重点课题1项，其他课题十余项。荣获国家优秀教学成果二等奖1项，安徽省教学成果特等奖、二等奖各1项。

前　　言

结合"创新创业""互联网+"及大数据的新时代背景，项目组对国内外公共、高校及专业图书馆创客空间的发展状况开展了"学、思、见、悟"的过程研究。"学"的过程就是学习理论和文献，固本培元，了解目前国内外创客空间的发展动态；"思"的过程就是对国内外图书馆创客空间进行网页访问和网络调查，选取国内外公共、高校图书馆创客空间的典型案例进行分析研究；"见"的过程就是运用查阅文献、电话采访、邮件询问、调研访谈等多种方法，仔细研究公共、高校及专业图书馆创客空间在国内的实施情况，选取出具有代表性的创客空间进行实地调查、问卷调研和电话访谈，获取第一手访谈资料，对收集到的信息进行分类整理，并运用扎根理论、Spss 统计软件、问卷星平台对国内图书馆创客空间的调研资料进行分析、建模，验证其作用机理、演变路径和发展关系；最后，通过"悟"的过程归纳，围绕馆员与创客"合作共赢、合作共担、合作共治"的服务、培训、激励及评价机制构建，针对空间馆员与创客协作发展中的各类问题，因地制宜，扬长避短，提出适合中国国情的实施途径和重要策略，探寻中国特色的图书馆创客空间发展之路。

本书包括文献研究（第一至第三章）、现状调查（第四章）、机制构建（第五至第八章）、实践探索（第九章）、总结与展望（第十章）五个部分，细分为以下的章节：

第一章：导论。本章阐述图书馆构建和发展创客空间的研究背景、现实意义、价值及优势；论述本研究的学术价值和应用价值，研究内容、实现目标、总体框架、重点难点、研究思路与方法、研究计划；分析本研究在学术思想、学术观点、研究方法等方面的创新之处，以及本研究的成果形式、使用去向及预期社会效益。

第二章：相关概念及基础理论概述。本章首先厘清中国图书馆创客空间的相关概念，在此基础上，指出馆员与创客协作发展中国图书馆创客空间的核心要素是：空间的规划及设计、资金的来源与筹集、团队建设、设备的调配与维护、平台的分享与交流、创客项目的设置与选择、人员配置与教育培训、合作关系的建立与维护等。其次阐明图书馆创客空间馆员与创客协作发展的目标和原则。最后详细分析了本研究拟使用的基础理论，如图书馆用户需求理论、扎根理论与质性研究、可持续发展理论、社会认知理论、"认知—情感—意动"理论、集聚辐射理论、投入产出效益等。

第三章：国内外研究现状及述评。本章阐述国内外学者对图书馆创客空间的研究现状及述评。内容包括：国内外相关研究的学术史梳理；通过对国内外研究方向及研究内容的比较，总结出国内外学者们对图书馆创客空间的研究动态及特点。

第四章：创客空间发展现状调查与分析。本章通过文献分析、邮件咨询了解国外公共、高校图书馆创客空间及高职院校、中小学图书馆创客空间的发展状况，获取相关资料及数据；通过实地考察/电话/邮件调研和文献分析获得国内公共、高校及专业图书馆创客空间的第一手访谈资料和第二手文献资料（图片、音视频资料等），按照扎根理论的规范化操作程序，采用Nvivo软件进行三级编码、分析，得出质性分析结果；再结合问卷调查收集的相关资料，采用定量方法（Spss软件）进行分析、验证（验证结果参见附录），确保研究结果的信度、效度，使本书对国内外创客空间发展现状的调查与分析结果，翔实可靠、有理有据。

其中，问卷调查及扎根理论分析采用先总后分、先大后小的研究方法，这样，在馆员与创客协作发展空间过程中，既便于总揽全局，把握空间服务与发展的共性及普适性影响因素，不偏离空间的发展方向，统筹推进空间服务和发展的各项工作；又利于在空间培训、激励、评价机制的构建及策略实施过程中，做到有的放矢，能细化调查及研究指标，进行深层次分析，找准差异性和特殊性影响因素，明确提出针对性强的措施和建议。因此，在不同的章节多次用到问卷调查及扎根理论与方法，虽然研究方法及过程相似，但每个章节的研究主题及研究范围各有侧重，研究结论不尽相同。

第五章：协作发展服务机制的构建及策略。本章前半部分重点对馆员服务进行深度调查，运用扎根理论分析访谈结果，层层递进地归纳出馆员服务影响因素，对其机理进行阐释，提出基于扎根理论的馆员服务机制理论模型。后半部分在理论与实践相结合的基础上，运用社会认知理论"三元交互理论"，从"认知、行为、环境"等层面提出馆员服务机制的构建及实施策略。

第六章：协作发展培训机制的构建及策略。本章运用扎根理论与质性研究方法，结合现状调查与问卷分析，从培训的认知层面，构建馆员与创客协作发展的"心态—状态—行为—效果"培训机制；从培训的行为层面，构建馆员与创客协作发展的集聚辐射效应培训机制；从培训的实践层面，提出馆员／创客素养和技能提升的实施策略。

第七章：协作发展激励机制的构建及策略。本章以扎根理论和质性研究方法为基础，结合问卷调查和定量分析，针对不同主体的需求研究，推导并构建了相关模型，分别构建了相匹配的馆员激励、创客激励及行业组织扶持的激励机制，提出并阐释了相应策略。

第八章：协作发展评价机制的构建及策略。本章以扎根理论为导向，采用质性研究法、调查问卷法、定量分析法，从创客对空间服务质量的感知和创客对空间服务效益的感知两个角度，以公共馆、高校馆为示范构建评价指标体系；分别构建馆员与创客协作发展的评价机制；并针对实证分析中创客满意度偏低的评价指标，提出针对性改善措施，提升图书馆空间服务质量和服务效益，实现馆员与创客协作发展空间的目标。

第九章：实践探索。本章以馆员与创客协作发展的服务、培训、激励、评价机制的构建为主导，与省内外图书馆创客空间联合开展实践及探索活动，验证机制的有效性和可行性，促进图书馆创客空间的可持续发展。

第十章：总结与展望。本章总结前期研究结论和不足之处，展望未来，提出研究愿景和相关建议。

本书的第一章至第四章、第八章至第十章主要由王宁负责撰写、修改，第五章由陶继华、程香负责撰写、修改，第六章由王宁、刘贵勤负责撰写、修改，第七章由陶方林、储结兵负责撰写、修改。

目　录

第一章　导论 …………………………………………………… （1）
　第一节　研究背景、现实意义 ………………………………… （1）
　第二节　发展图书馆创客空间的价值及优势 ………………… （7）
　第三节　图书馆创客空间的发展动力、适切性及可行性 …… （15）
　第四节　项目研究的学术价值和应用价值 …………………… （22）
　第五节　研究内容、实现目标、总体框架 …………………… （24）
　第六节　重点难点 ……………………………………………… （27）
　第七节　研究思路与方法、研究过程、研究计划 …………… （29）
　第八节　创新之处 ……………………………………………… （37）
　第九节　成果形式、使用去向及预期社会效益 ……………… （39）

第二章　馆员与创客协作发展的相关概念及基础理论 ……… （44）
　第一节　图书馆创客空间概念解析 …………………………… （44）
　第二节　馆员与创客协作发展的核心要素及主要内容 ……… （47）
　第三节　馆员与创客协作发展的目标 ………………………… （56）
　第四节　馆员与创客协作发展的原则 ………………………… （57）
　第五节　馆员与创客协作发展的理论基础 …………………… （61）

第三章　国内外研究现状及述评 ……………………………… （73）
　第一节　国外学术史梳理及研究动态 ………………………… （73）
　第二节　国内学术史梳理及研究动态 ………………………… （85）
　第三节　国内研究现状总结及述评 …………………………… （106）

第四章　图书馆创客空间发展现状的调查与分析 (110)
  第一节　问卷调查及实地调研情况介绍 (110)
  第二节　图书馆创客空间的访谈案例及服务情况简表 (131)
  第三节　编码参考点及编码内容简介 (136)

第五章　协作发展服务机制的构建及策略 (151)
  第一节　馆员服务概述 (152)
  第二节　研究方法及理论基础 (155)
  第三节　馆员服务机制研究过程 (156)
  第四节　馆员服务因素机理阐释与模型构建 (166)
  第五节　馆员服务机制的构建策略 (170)

第六章　协作发展培训机制的构建及策略 (181)
  第一节　馆员培训概况 (183)
  第二节　创客培训概况 (186)
  第三节　馆员培训的认知层面：参与心态与行为调整的培训机制构建 (189)
  第四节　馆员培训的行为层面：集聚辐射效应的培训机制构建 (204)
  第五节　馆员培训的效果层面：馆员/创客素养和技能提升的实施策略 (225)

第七章　协作发展激励机制的构建及策略 (254)
  第一节　馆员与创客协作发展激励机制分析 (254)
  第二节　基于馆员的协作发展激励机制构建 (259)
  第三节　基于创客的协作发展激励机制构建 (272)
  第四节　基于行业组织的激励机制运行策略 (282)

第八章　协作发展评价机制的构建及策略 (295)
  第一节　研究设定：公共图书馆创客空间服务质量评价指标 (296)

第二节　基于Nvivo12.0的数据处理与分析 …………… (299)
　　第三节　服务质量评价指标的定量验证 ………………… (304)
　　第四节　服务质量评价指标体系的构建 ………………… (311)
　　第五节　研究设定：高校图书馆创客空间服务效益
　　　　　　评价指标 ………………………………………… (315)
　　第六节　研究过程 ………………………………………… (317)
　　第七节　基于投入—产出服务效益的创客满意度评价体系 …… (320)
　　第八节　指标分析：创客满意度服务效益评价指标 …… (331)
　　第九节　机制构建：空间创客满意度评价行为矩阵图 ………… (332)
　　第十节　改善策略：如何促进创客的创新创造能力发展 …… (334)

第九章　图书馆创客空间机制构建的实践探索 ………… (339)
　　第一节　安徽省外图书馆创客空间服务机制的实践探索 …… (339)
　　第二节　安徽省内图书馆创客空间机制构建的实践探索 …… (344)

第十章　总结与展望 ……………………………………… (412)
　　第一节　研究总结 ………………………………………… (412)
　　第二节　研究不足 ………………………………………… (414)
　　第三节　研究展望 ………………………………………… (415)
　　第四节　结语 ……………………………………………… (417)

参考文献 …………………………………………………… (418)

后　记 ……………………………………………………… (434)

第一章 导论

第一节 研究背景、现实意义

一 研究背景

(一) 国家发展前景

创新是民族进步的灵魂,是国家繁荣昌盛的不懈动力。2015年10月,中共十八届五中全会提出的"创新、协调、绿色、开放、共享"新发展理念,是"十三五"时期指导中国发展的"思想灵魂",对中国各项事业的发展发挥了引领作用,其中的创新发展思想对图书馆的变革具有重要的推动作用;协调发展成为图书馆现代化建设的核心要求;绿色发展对图书馆的建设提出了质量要求;开放发展与共享发展对图书馆立足当今时代提出了根本要求①。党的十九大报告明确指出,要"坚定文化自信,推动社会主义文化繁荣兴盛",培育和践行社会主义核心价值观②。报告还提出,要实施教育强国、人才强国、科教兴国、创新驱动的发展战略,优先发展教育事业。习近平总书记在党的十九大会议讲话期间先后提出50多个创新要求,阐释了创新对现代社会经济发展的重要支撑作用,阐述了创新型人才培育的意义和目标,将创新作为发展战略的核心驱动要素,国家现代化建设的必要举措。2020年10月26日至29日召开的党的十九届五中全会明确将"深入实施科教兴国战略、人才强国战略、创新驱动发展战略,完善

---

① 《中共十八届五中全会在京举行》,中国共产党新闻网,2015年10月30日,http://cpc.people.com.cn/n/2015/1030/c64094-27756155.html。

② 李洪峰:《党的十九大最重大的理论成就》,中国共产党新闻网,2017年11月1日,http://dangjian.people.com.cn/n1/2017/1101/c117092-29619553.html。

国家创新体系,加快建设科技强国"纳入国民经济和社会发展第十四个五年规划,对新时代科技创新与文化建设提出了新的更高要求,《中共中央关于制定国民经济和社会发展第十四个五年规划和二〇三五年远景目标的建议》明确指出:到2035年实现文化强国建设目标①。全国第11次中国公民科学素质抽样调查报告指出:2020年,中国公民具备科学素质的比例达到10.56%,比2015年的6.20%高出4.36个百分点,顺利完成了《国民经济和社会发展第十三个五年规划纲要》中提出的"公民具备科学素质的比例超过10%"的目标任务。这一数据意味着中国公民的科学素质水平已经进入创新型国家行列,对于增强国家自主创新能力和文化软实力,建设社会主义现代化国家具有重要意义②。2021年3月11日,第十三届全国人大第四次会议通过《关于国民经济和社会发展第十四个五年规划和2035年远景目标纲要》。其中,"十四五"规划中十五个要点中的第二篇提出要"坚持创新驱动发展,全面塑造发展新优势",第十篇提出要"发展社会主义先进文化,提升国家文化软实力"。③

新时代开启新征程,新期待倡导新要求。习近平总书记致信八位老专家,充分肯定了国家图书馆一百多年来对国家、民族、社会的贡献,信中明确指出:图书馆的建设是国家文化发展水平的外在体现,图书馆承载着民族精神与文化自信培育的重要作用。国家图书馆必须保持正确的政治方向,为优秀民族文化的传承、弘扬做出积极贡献。同时,要不断优化服务机制,创新服务模式,为人类进步和精神文化素养的提高发挥助推作用。我们要时刻谨记习近平总书记提出的要求,坚守"传承文明、服务社会"的初心使命,脚踏实地,锐意进取,勇于突破、勇于冒尖、勇于领先,为建设社会主义文化强国不懈努力!

(二)图书馆发展前景

图书馆是文化传播、继续教育和终身教育的发源地和主要阵地,应该

---

① 刁云娇:《建设文化强国,提升中华文化影响力》,中国日报网,2020年10月30日,http://cn.chinadaily.com.cn/a/202010/30/WS5f9bbbc0a3101e7ce972c58a.html.

② 《我国公民具备科学素质比例超10%》,新华网,2020年12月9日,https://www.eol.cn/rencai/202012/t20201209_2054271.shtml.

③ 《中华人民共和国国民经济和社会发展第十四个五年规划和2035年远景目标纲要》,中华人民共和国中央人民政府网,2021年3月13日,http://www.gov.cn/xinwen/2021-03/13/content_5592681.htm.

肩负起国家和社会发展的重大责任，促进文化繁荣和社会主义核心价值观的建设和发展，因此中国图书馆的建设和发展受到了越来越广泛的关注。在数字化技术快速发展的时代背景下，图书馆要想紧随时代的发展步伐必须引入数字技术与智能技术，通过打造智能化多元服务体系，更好地满足社会公众需求。图书馆不仅为公众提供了藏书阅览服务，还是公众陶冶身心、学习知识、共享知识、交流智慧、体验文化的重要场所。图书馆除了传承经典、社会教育、传递信息、开发智力等传统功能，还增加了休闲娱乐、传播精神文明、空间管理等新功能。各大城市纷纷开始重建、改建或扩建城市图书馆，为人们提供更全面的信息资源共享服务，使文化传播渗透到社会的各个层面。

自2008年新的图书馆建设标准提出以来，中国对图书馆建设又提出了许多新要求和新理念。这些新政策包括2012年的"网络化、数字化建设"、2015年的"推进公共文化服务与科技融合发展"和2019年的《关于促进文化和科技深度融合的指导意见》等。分析这些新的政策和要求，不难发现，新时期国家在科技创新方面对图书馆建设提出了更高的要求，着重强调图书馆要实现文化与科技的融合与创新发展。国家图书馆馆长饶权在2019年9月9日"图书馆·与时代同行"国际学术研讨会上呼吁图书馆界：一是数字文明时代如何守护多样态文明新发展；二是开放共享时代如何打造新的信息服务生态系统；三是美好生活时代如何创造新的文化体验空间[①]。随着人工智能、数字技术、自动化技术在图书馆建设中的不断应用，图书馆的转型发展将变得更加高效，传统图书馆服务模式的束缚将被打破，图书馆空间资源的利用率将进一步提高，知识学习、理论研究、知识创新、知识交流将成为图书馆的重要服务功能，在实现图书馆高质量发展的基础上，图书馆将更好地满足公众的精神和文化需求。图书馆人要"积势蓄势谋势、知变应变善变"，不断开阔视野、审时度势、灵活调整服务策略、紧随时代发展步伐，在创新发展过程中深化国家发展战略，将图书馆打造成集"知识共享、学习创造、研讨交流"于一体的综合型功能空间，从单一服务迈向丰富多元。

---

① 杨岚：《"图书馆·与时代同行"国际学术研讨会在京召开》，人民政协网，2019年09月10日，https://www.rmzxb.com.cn/c/2019-09-10/2423622.shtml.

(三) 项目研究背景

近几年来，互联网技术已快速融入社会生产生活的方方面面，信息渠道不断扩展，渠道类型日益丰富，用户的服务需求随之增多。而传统图书馆服务模式单一、服务效率低下、市场竞争力不断弱化。在这样的时代背景下图书馆人必须积极采用各种方法优化服务模式，深耕新时代发展战略，将高质量、高效率、综合性、多元化、全面化、创新化、智能化作为图书馆适应时代发展的根本需求，积极寻求转型发展的新路径，关注创新理念的传播和创新行为的重构。图书馆创客空间恰是顺应这种变化趋势衍生的一种新生事物，对新时期图书馆转型发展和服务创新具有重要借鉴和指导意义。

在国家发展新技术、新理念、新环境的推动下，李克强总理在2015年3月5日的政府工作报告中首次引入了"创客"的概念，宣布"大众创业、万众创新"将成为中国经济发展的强大动力[1]。在政府扶持政策的推动下，中国的创客空间建设以北上广为中心，雨后春笋般蔓延发展。到目前为止，全国已经有大约30个相对成熟的Maker Spaces，其中，"创客空间""新车间""柴火空间""洋葱胶囊"是国内知名度最高和影响力较大的四大创客组织。中国创客空间联盟（China Maker Space Union，CMSU）于2015年6月6日正式成立。该机构由南京创客空间、西湖创客汇、成都创客坊和武汉光谷创客空间联合主办。它是一个自愿、联合和非营利的社会组织[2]。

在社会机构创客空间的冲击和影响下，在国家倡导的创新创造和创业运动中，图书馆创客空间与创新创意、创作创造联系紧密。创新创意强调思维和思想的创新，创作创造强调行动和行为的创造，图书馆创客空间鼓励和支持馆员/创客从思维到行动，从开始到结果，实现创造的价值，体验创造的快乐。近年来，中国图书馆界一直在寻找图书馆与空间发展的平衡点，探索两者结合的最佳模式，创客空间与图书馆的融合为新时代图书馆服务升级和创新带来了新机遇和发展活力。

---

[1] 李克强：《政府工作报告——2015年3月5日在第十二届全国人民代表大会第三次会议上》，中华人民共和国中央人民政府网，2015年3月16日，http://www.gov.cn/guowuyuan/2015-03/16/content_2835101.htm.

[2] 《中国创客空间联盟在深成立》，新浪新闻中心，2016年1月12日，http://news.sina.com.cn/o/2016-01-12/doc-ifxnkkuv4415603.shtml.

二 现实意义

教育的最终目的是实现人的全面发展。自由、创新、共享、合作和实践思维的创造空间是实现人类全面发展的最佳途径。与传统馆藏图书馆提供的个人学习模式相比，创客空间更符合时代发展的新需求。它是以学习、交流、社会合作和创造为重点的多功能空间，是信息共享空间的进一步发展，更强调人在空间中的主导地位以及创客之间的创造性交流和协同创造。创客空间的建设和发展对图书馆完善社会教育、智力开发、文化技术交流及文化传播等功能具有深远的现实意义，下面从国家层面和图书馆行业层面来阐述。

（一）国家层面：提升国家综合创新能力

2019年，中共中央、国务院发布的《中国教育现代化2035》[①]和中共中央办公厅、国务院办公厅发布的《加快推进教育现代化实施方案（2018—2022年）》[②]（明确要求，全社会、全方位都要不断提高科研创新参与度及服务能力，协助学校开展科技创新学科服务；开展创新创业、产学研结合，开展知识产权信息服务，支持科技成果转化和技术转移）图书馆作为现代公共教育的前沿阵地，要持续做好科技发展与文化创新，弘扬图书馆的文化传播功能，通过大数据技术应用、服务模式创新探索、服务职能优化调整，强化图书馆的发展根基；要面向战略性科研计划、国家重点实验室、综合性国家科学中心和区域性创新高地提供知识化学科服务；面向国家战略、重大项目、重点领域、关键核心技术攻关提供知识服务的实践研究。此外，中国正在积极建设创新型国家。国家间综合国力的竞争本质上是人才的竞争和创新实力的竞争。图书馆打造具有中国特色的现代化创客空间对图书馆的建设和发展具有积极的影响和促进作用，不仅有利于现代国民综合素养和技能的提升，而且有利于提升民众的动手能力和创新思维，是践行中国创新驱动发展战略的重要举措。

（二）图书馆层面：推动图书馆转型发展

近年来，社会发展和技术环境发生了巨大变化，如外部环境（经济形

---

① 《中共中央、国务院印发〈中国教育现代化2035〉》，新华网，2019年2月23日，http://politics.people.com.cn/n1/2019/0223/c1001-30898576.html。

② 《中共中央办公厅、国务院办公厅印发〈加快推进教育现代化实施方案（2018—2022年）〉》，新华社，2019年2月25日，http://house.china.com.cn/1560240.htm。

势、社会治理、技术发展、生态治理等)的变化,高等教育(人才培育、创新教育、人本教育、科研评析等)的需要,以及图书馆行业(资源融合建设、用户精准画像、智慧化服务、共建共享、空间整合等)的发展,以及各图书馆的实际情况(资源与空间的矛盾、馆员专业化水平的障碍、体制机制的束缚)等,都对图书馆的功能定位及服务转型产生一定程度的影响。图书馆的价值和使命受到了极大的挑战,图书馆需要变革以适应社会和行业的发展。2003 年,斯科特·贝内特(Scott Bennet,美国图书馆空间研究发起人)发布了关于图书馆空间功能的研究报告:在传统馆藏理念的束缚下,图书馆的学习功能不断被弱化,今后知识学习和传播将是图书馆的核心功能①。中科院国家科学图书馆张晓林馆长提出:要实现图书馆创意空间的高质量规划与发展,不仅要考虑空间利用率,还应充分研究和分析图书馆服务模式的创新与优化②。肖希明曾提出:图书馆是面向社会的公共性服务机构,要实现图书馆空间功能的合理规划,首先就要考虑如何更好地发挥图书馆的"场所"作用③。2017 年 7 月,铜陵市图书馆馆长吴杰在"公共图书馆转型发展与制造者空间建设"的主题会议中指出:在图书馆植入创客空间能利用图书馆品牌元素和共享空间特性,使图书馆的社会价值得到深层挖掘,成为新思想和创造力的孵化器,产生新的社会效益和经济效益;有利于民众共同参与发展创新,培育和激发社群活力,有利于读者在交流和合作创新中获得新经验,促进图书馆的服务效能不断优化,让更多的人能够走进图书馆、利用图书馆。④

可知,在中国政府大力倡导创新创业、创意发展的新时代,世界各国都在加大对图书馆创造空间的多元化建设力度。受创客文化的影响,中国已将创客空间引入图书馆,为用户提供更好的学习场所和创造环境,使用户获得收获感和成就感,实现图书馆服务的转型升级,主要体现在:转变图书馆运营发展思维,加大科技投入力量,实现资源科学配置;遵循以用

---

① [美]亚德里安·斯莱沃斯基·卡尔·韦伯:《需求:缔造伟大商业传奇的根本力量》,龙志勇、魏薇译,浙江人民出版社 2013 年版,第 16—20 页。
② 孙莉薇:《图书馆创意空间是一种服务模式——访国家科学图书馆馆长张晓林》,《图书馆报》2013 年 7 月 26 日第 B11 版。
③ 肖希明:《图书馆作为公共文化空间的价值》,《图书馆论坛》2011 年 12 月。
④ 《公共图书馆转型发展与创客空间建设研讨会在鄂尔多斯市召开》,搜狐网,2017 年 7 月 21 日,http://www.sohu.com/a/158969448_99908993.

户需求为导向的创新发展原则，吸引更多用户参与；优化服务模式，拓展图书馆的服务范围和服务功能，扩大社会影响力和行业辐射力。

第二节　发展图书馆创客空间的价值及优势

公共馆创客空间更加注重公共性、社会性、开放性及教育性。高校馆创客空间更加注重科学性、专业性、高端性及共享性。公共馆不仅为学生提供服务，还覆盖社会各界人士，如公职人员、工程技术专业人员、职业经理、全职家庭主妇、退休人员及其他从业者等，儿童和青少年甚至残疾人，也是公共图书馆的服务对象之一。高校馆主要服务于学校的师生。因此，不同的功能属性、服务功能、服务重点和发展目标，使得两者创客空间的存在价值及发展优势也有所区别，下面分别描述。

一　公共图书馆创客空间的存在价值

社会创客空间的出现远早于图书馆创客空间，世界上第一个创客空间是 1981 年成立的"混沌计算机俱乐部"，比 2011 年创建的费耶特维尔公共图书馆创客空间早了大约 30 年。与社会创客空间相比，公共馆创客空间虽然起步较晚，但由于在场地、财力、人力、设备和资源管理方面的优势，发展迅速，其价值主要体现在：

（1）创新图书馆服务载体和平台。公共馆创客空间不仅提供相应的馆藏文献信息、相关研究和项目资料，还提供各种文献资源、在线资源和人力资源等，还要给相关专业的创客们提供各类技术、应用、设备设施，辅助创客/创客群体将创意进行实体转化，为创客提供分享和交流的机会，并展示创造者的工作成果。创客空间提供全面、综合、一体化、产业链的服务模式，为公共馆带来服务载体和平台的创新发展。

（2）打造地方品牌及特色文化中心。独立运营的社会机构创客空间均以商业化模式为主导，会员需要定期缴纳入会费用。而公共馆创客空间多采用开放、公益性运营模式，为大众提供知识实践工具和技术培训，将有助于强化公共馆作为社区学习资源和知识交流中心的作用。如长沙市、嘉兴市、济宁市、铜陵市的图书馆分别建立了各有优势的创客空间，在空间构建和发展过程中，结合国情和馆情，已打造成为有地方特色的图书馆创客空间，形成地方品牌及特色文化中心，展现出公共馆的服务特色和优势。

（3）彰显图书馆的服务及创造价值。公共馆创客空间鼓励创造性的协作活动和参与式学习，其主要目标是提高公众文化素养，不仅包括阅读和写作等传统文学素养，还包括数字素养、文化素养和科学素养。公共馆创客空间定位为创作、发明和实践学习的场所，而不只是简单的文献获取和阅读的静态空间；公共馆不再仅仅是书籍或信息的"仓库"，更是一个鼓励社区参与、创新服务、教学和发明创造的实验室。公共馆创客空间的开发，将有助于引导用户回归图书馆，共同开展创造和制作活动，彰显出图书馆的文化服务价值与知识创造价值。

（4）推动图书馆创新生态系统发展。创客空间鼓励参与者通过动手实践的方式进行学习、发明和创造，大多数社会创客空间更侧重于为成年创客服务，而公共馆创客空间的服务对象可以覆盖所有愿意创新创造的人。它面向各个年龄段的用户开展有针对性的创客活动，尤其侧重于为儿童青少年开发一些创客服务项目，是对社会上其他创新服务组织的补充和发展。公共馆创客空间可为社区创新和创造活动提供指导和导航，激发全民参与创新和创造活动，促进图书馆创新生态系统的完善和发展。

二 公共图书馆创客空间的发展优势

（1）凸显公共馆的社会服务职能。公共馆作为公共文化服务机构，其核心在于为公众服务。创客空间为公共馆的服务创新和服务延伸提供了契机。空间的"开放、创新、共享、协作"的核心理念与新时期公共馆的转型发展相契合，公共馆通过创客空间服务可为用户提供更多接触和使用新技术、新工具的机会，使其成为一个开放、多元的信息交流和知识共享中心，凸显服务社会公众的功能优势。

（2）支持和发展全民创新教育。公共馆建设和发展创客空间，不仅可以发挥知识的价值，还可以成为社会的创新中心和产业孵化中心，成为社会创新和创业体系的重要组成部分。新媒体时代，人们获取信息的方式发生了巨大变化。创客空间支持和发展国家创新教育，整合图书馆和创客的发展价值，为知识的分享、学习和创新营造更优越的环境，促进创新理念和创新孵化的实现，激发用户的创新思维和创造能力。

（3）强化公共馆的科技和文化育人优势。国内多数公共馆都提供正式的技术培训，如计算机技能、通用软件应用和互联网使用等相关培训。在此基础上，公共馆开发的创客空间项目可依赖作为导师的社区成员，鼓励他（她）们与其他社区成员分享自己在特定领域的知识和经验，帮助社区的儿童和青少年通过实践活动拓展科学、技术、工程、艺术和数学知识及技能（STEAM 教育）。这样，公共馆通过提供创客空间服务鼓励更多的年轻人积极学习、创新和创造，也可以根据社区的发展需求促进非正式学习。例如，具有电子或编程技能的个人可以教授计算机技术培训课程，拓展 STEAM 教育，鼓励同伴教育和发展创新文化，发挥公共馆在科技文化育人方面的优势。

三 高校图书馆创客空间的存在价值

目前，中国图书馆界创建创客空间的以公共馆为多数，高校馆创建的数量还不是很多。高校是人才培养的摇篮、科技创新的重阵、人文精神的高地，是推动国家创新发展的主导力量。作为培养创新创业人才的教育机构，高校为大学生营造良好的创新氛围，提供便捷的创新、创意、创业场所。高校创客空间作为高校的教育阵地，在推动高校创新创业人才和创新型技术人才培养方面作用显著，可为大学生创客提供真实的学习和实践情境，促进跨学科知识的融合与应用，为师生们的创新、创造、创业活动提供便捷与条件。因此，高校馆创建和发展创客空间的价值，着重体现在馆员、师生层面。

（一）馆员层面：助力馆员角色和职能转换，提高馆员的职业发展能力

创客空间是一种新型服务形式，需要图书馆配备相应的管理方式及专业馆员来支撑，促进图书馆管理模式的创新和馆员综合素质的提高。这对馆员能力提出了更高要求，图书馆必须针对不同岗位的馆员提供针对性的技术培训和技能培训，提高馆员在空间的岗位胜任能力，在"服务者""参与者""组织者""知识导航员"等多重身份中自由切换。同时馆员自身也需要具备创新意识和创造能力，自主学习更多知识，不断提升自己，促进馆员角色和职能转换，提高馆员的职业发展能力和职业竞争力，将自己打造成为符合现代图书馆发展要求的综合型人才。

（二）师生层面

图书馆通过构建和发展创客空间，利用现有的空间资源，拓展服务范

围,增加服务内容,改善服务途径,为师生提供近距离接触先进知识、设备以及技术的平台,满足师生日益多元化的发展需求。

1. 改变师生"教与学"关系,弥补课堂教学实践性缺失的弊端

中国传统教育中的教学关系是以教师教授、学生接纳并吸收为主,而在创客空间中,教师的主要职责不再是讲课,而是提出问题,引导学生专注于自己的兴趣,指导学生自己解决问题;教师主要发挥引导和协助作用,更多地扮演着指导者、协作者、导师或催化剂的角色,和学生一起进行创造活动;创客们使用工具和材料进行构建、设计和创造并共享成果,经历的是一个自主、活跃且完整的学习过程。美国学者 Anderson[1] 和 Hall[2] 均在其文章中描述了创客在此学习环境中进行创造的成功例子,学习者通过创客空间的创造活动,能够将抽象概念具体化,通过3D打印技术制造出一个实实在在的过山车来进行探索性学习,开发新技术、获得新体验,掌握新技能。在图书馆创客空间中,会聚不同专业领域的优秀人才和精英人才,共同开发软件、设计宣传海报、制作音乐、构建模型,协同开展研讨活动,深化知识的交流与互动,为各种创作难题的解决寻找最佳路径与方法,为学习者提供动脑学习、动手实践机会,弥补当前课堂教学实践性缺失的不足。

2. 倡导"学思并举、手脑并用"的学习方法,提高学习效率

当前,中国的教育体系(从小学到初中到高中直到大学)仍然沿袭传统的"教师讲、学生听"的教学模式,缺乏互动、有趣的主动方式来培养学生的创新思维和创新意识。教师在教学中很难充分考虑所有学生的兴趣和知识结构的差异,而且大多数时候没有为学生提供实践的机会。而创客空间强调"寓教于学、寓教于乐",强调"学思并举、手脑并用",鼓励创客依据自身兴趣爱好进行科学探索。图书馆引入创客空间,不仅为学生提供创作的空间,还提供各种针对性的制作工具,在阅历丰富的教员、经验丰富的教师指导下,让学生通过探索进行团体学习,通过分享获得共同进步。这种社交性学习(Social Learning)方式可激发学生(创客)的学习兴趣,提高学生自主性学习及解决问题的能力,大大提高学习效率。

---

[1] Anderson Helen, "Makerspace", *Scandinavian Public Library Quarterly*, No. 4, April 2014.
[2] Hall Mollie, "Using Makerspaces to Teach English Language Arts Common Core State Standards", *Library Media Connection*, No. 3, June 2014.

3. 为非理工科学生的创造活动提供便利和条件

目前,中国高校普遍针对理工学科建立了专业实验室,为学生开展实验创造活动提供了便利条件。而对于大多数非理工科学生来说,尤其是对经济、管理、文学、法律、教学和艺术等多学科相互渗透的研究型大学来说,因为没有专用实验室和实验设备,即便拥有再好的创意,也无法转化为实际。而在专业的社会机构开展创作,不仅要投入大量的资金成本,还需要耗费大量的时间和精力,从而会加重学生的经济负担,导致学生创作思路转化为实践的动能减弱,不利于学生的个人发展。图书馆创客空间的建设不仅有助于减轻学生的经济负担,还能够为学生提供更加专业化的研究工具,从而使相关矛盾得到缓解。空间带来的创意氛围可以吸引大量的创客群体,为学生提供多样的、创新型学习与实践机会。此外,高科技设施设备的引进、创业导师的引导、低进入壁垒等优惠待遇,为学生的创作活动提供了诸多便利和条件,使不同专业背景、不同知识水平的学生能够合作、交流、分享,提高其数字、人文素养及其他综合技能。

4. 培养大学生的创新精神和创新创业意识,激发创新思维及创造能力

尖端前沿技术彻底改变了人们的娱乐、学习和工作方式。图书馆创客空间大多能提供 3D 打印、激光切割等先进的科技工具、软硬件设备,提供前沿的科研成果。大学生可通过创客空间提供的实践工具及设备,体验新技术,学习新技能,创造自己的创新产品。此外,图书馆创客空间还提供适合 DIY 制作、个人或团队项目研究的独立空间,具有适合独立思考和团队合作的创作环境,有助于培养和激发创客的创新精神和创新创业意识;创客活动能引导学生进行团队合作交流,将理论知识与实践相结合,运用所学知识制作各自喜欢的物品,引导创客主动寻找资源解决创新难题,有助于培养学生独立思考问题和解决问题的能力,提高学生的创新思维和创造能力。

5. 助力高校开展创新创业教育工作

高校图书馆创客空间配备了先进的 3D 打印机和扫描仪、3D 计算机模型软件、Slideworks 设计软件、激光和乙烯切割机、Razer Hydra 控制器、MaKey MaKe 工具包、Mindstorm 机器人等。创客利用这些先进的技术及设备进行实际制作,在线上线下分享自己的作品,积累更多的经验。图书馆构建创客空间,可为全校师生开展创新创业活动提供便利,可促进学生团队协作能力、团队分享意识、团队沟通能力等的培养,对学生创新创造、

创业能力的培育提供良好的支撑作用；也有助于优化高校创业教育模式，增强大学生的社会责任感和就业创业能力。

6. 开创校企合作新模式，助力培养复合型、实践型人才

图书馆创客空间有助于促进创客与前沿科技的融合发展，帮助创客积累知识，拓宽眼界，倡导用创客思维寻找解决问题的新路径，从知识消费者转变为知识创造者，实现"创新—创业"的递进，为创客创造性思维的开发、创新能力的实践强化提供重要支撑。通过这种模式培养的学生可以直接输出给校外企业，助力面向社会输送创新性人才，使学科的交叉融合符合经济社会发展；图书馆创客空间还可以尝试与校外企业进行合作，如上海交通大学图书馆交大—京东创客空间、三峡大学创客空间等，为学生提供更多资源与发展机会，实现教学与实践的有机结合。这种校企合作模式有助于培养创新精神和创业能力兼备的复合型、实践型人才。

7. 填补人际交流的缺口，提供泛在化的人际交往方式

高校中的社团组织类型较为丰富，但其中娱乐性社团占比较大，开办的活动对于爱学习的大学生毫无吸引力。图书馆引入创客空间，能够为这些学生发挥自己的兴趣爱好提供新的渠道和平台。在空间活动中，学生可充分发挥自己的想象力，开展自主创作，通过知识和思想的交流，经验的分享和互动，催生出新的创作灵感。对于不爱运动和娱乐项目的学生而言，这无疑是一种非常好的锻炼平台，为他（她）们提供了泛在化的人际交往方式，可以体验和收获不同的聚会形式和内容。

四 高校图书馆创客空间的发展优势

与公共馆相比，高校馆更具有空间优势、设备优势、资源优势及技术优势等。这些优势能助力高校馆建设好创客空间，产生更多优质创新成果，下面分别介绍这些优势。

1. 空间优势

大多数高校馆都具备建设创客空间的实体面积，对现有的物理空间进行改造后，图书馆很容易将其打造成为创客们学习研讨和制造的场所。同时，高校馆在服务对象上不同于公共馆，主要是教师和学生。现有空间可为师生提供全方位、多功能的优质服务，空间发展优势明显。

2. 设备优势

高校馆是各高校教学和科研的主要场所，拥有大量的基础设备，如椅子、电脑、投影仪等，可以有效降低在高校中构建创客空间的初期资本投入；多年来，各种数据平台已经建立和完善，前期设备和平台建设基础较好，且很多高校馆都搭建了 IC 互动的"学习共享空间"。将学习型空间转变为创客创造和技能培育的空间，在没有豪华装修的情况下，仅需要添置一些专用工具及设备即可，具备得天独厚的设备优势。

3. 资源优势

（1）文献资源优势。高校图书馆是文化的摇篮，是学生学习知识，收集资源的重要场所，发展创客空间具有良好的资源基础，包括大量的文献资源、网络资源及各类信息资源等。这些长期累积的资源足以支撑创客空间的构建和发展，能够满足用户在创客空间活动时对各类知识和信息的需求。

（2）人力资源优势。高校馆不仅文献信息资源丰富，设备设施齐全，还具有完善的人力资源组织结构，拥有馆长、馆员、学员、专业教师、学生、计算机和数字化技术制作的专职人员，以及许多信息检索和分析的专家。他（她）们擅长基于理论的视角发掘知识、整合资源，充分利用专业优势对专利情报开展查询、分析，和科研部门协同实现科技成果转换，与各行业、企业建立长期、有效的合作关系，而且不少高校已建立科技成果转化机制和知识产权人才培育机制，能够为各类技术创新项目提供专业化的辅导和帮助，助力创客项目尽快实现落地运营[1]。吴汉华，王波等经过数据整理后得出结论：高校图书馆的事业编制总人数在不断减少，工作任务却在逐年增加，但合同制与勤工助学人员总数在缓慢上升，各类社团、协会及学生志愿者也可为图书馆服务提供支撑，高校馆的人力资源、馆舍面积都适合空间改造和开展服务创新活动[2]。目前，高校馆的人力资源优势主要体现在：

馆员群体及教师资源优势。所有高校馆都配备了一定数量的专业馆

---

[1] 李杉杉：《服务"创客"群体的图书馆协同创新型嵌入式服务模式研究》，《图书情报工作》2015 年第 13 期。

[2] 吴汉华、王波：《2018 年中国高校图书馆基本统计数据分析》，《大学图书馆学报》2019 年第 6 期。

员，他（她）们具有一定的职业素养和专业技能，有长期的管理和服务经验，能够为创客空间提供专业性服务。通常而言，高校馆员普遍具有较强的服务意识和服务能力，具有良好的责任意识，能够在工作中充分发挥各自的学科特长，为空间参与者提供专业化的导引与帮助，提升馆员的职业核心能力与职业竞争力，为空间高质量发展提供人力资源支撑。此外，高校教师具有较强的智力资源优势，也能够在空间发展中发挥支撑作用，尤其是不同学科领域的教师均可以胜任创客空间的导师角色，成为创客项目的推动者、辅导者和发起者。

用户群体的资源优势。高校馆有大量的教师和学生作为其固定的用户群体，尤其是大学生可为图书馆创客空间的建设和发展注入动力，为空间的有效运作创造条件，决策者在设计建设方案过程中可采纳学生的意见和诉求。例如：在前期的空间布局及方案设计中，可通过组织学生开展设计方案竞赛的形式，让学生踊跃参与设计工作；通过开展座谈会和听证会，以及学术研讨会，广泛收集学生的建设性意见；还可以让建筑设计系学生作为设计的主力军，既为学生提供实践锻炼的机会和平台，发挥学生的专业特长，又节约设计成本。在后期的空间运营阶段，各院系的学生均可以按照专业背景，主动为空间的优化和创新提出建议和策略。"创新创造创业"的实现要以大学生为中坚力量，学生是空间建设的参与主体和使用主体，他们可充分利用空间的高新技术设备和专业化资源，以及强大的师资力量让创新创业活动获得更多的驱动力，并通过对图书馆资源、学校资源的综合利用，加速创新创业项目的成果转化。此外，学生的固定社团组织及相关活动也有效地推动了创客空间的宣传活动，成为创客成品展示和创意扩散的最佳传播和拓展途径。

4. 技术优势

高校是科学技术的研发高地和主导力量。国家对高校的重视与扶持可为高校馆创客空间赢得更多的投资。图书馆创客空间作为师生开展创新创业活动、创意实践的重要载体和平台，在高科技设备与高新技术的应用方面具有综合性优势。大量高科技研发成果均能够在创客空间及时地应用和转化，高校师生能优先获得新技术、新体验，如3D、VR等技术均能够在空间快速地普及应用，从而为空间的高水平发展提供强有力的技术支撑。图书馆创客空间具有其他机构所无法比拟的技术优势。

第三节 图书馆创客空间的发展动力、适切性及可行性

一 图书馆创客空间的发展动力

1. 国家对"创新创业""创客"的重视和推动

2015年1月，李克强总理在深圳调研过程中提出了"众创空间"的建设思想，要求社会各界积极履行社会责任，为大众创新创业提供助力。2月，国务院常务会议中详细阐述了"众创空间"的发展意义和前景，订立了相关政策，部署了创新创业新平台的建设任务。同时，中国政府也将"创客"纳入《政府工作报告》。报告中，李克强总理对"大众创业、万众创新"的核心理念进行了阐释，先后38次提及"创新"发展，13次提及"创业"发展[①]。"双创"受到了国家领导人和政府部门的高度重视，已被纳入国家政策层面付诸实施。如中国国际"互联网+"大学生创新创业大赛是李克强总理提议创办的国家级赛事，从2015年开始至2020年已经成功举办了五届，涌现了一大批科技含量高、市场潜力大、社会效益好的优质创业项目。比赛掀起了大学生创新创业的热潮，成为全国规格最高、覆盖面最广、参与人数最多、影响力最大的大学生"双创"活动。在创新驱动发展战略持续深化的背景下，经济发展与创新发展实现了深度融合，促进了大众创新创业氛围的形成和发展。

2. 地方政府重视并倡导"创客空间"

随着国家对创新和创业的重视，省市地方政府也越来越关注地方创客空间及创客项目的建设。早在2013年，武汉市就如何强化高校资源基础，更好利用高校优势资源等问题，提出了思想创新、政策创新、平台创新、服务创新、制度创新、理念创新的要求，将打造良好的创新创业环境作为高校建设的核心目标。市政府制定了"青桐三部曲"（青桐计划、青桐汇、青桐学院）发展战略，以汇聚创新创业人才为基础，以引领创新创业发展

[①] 李克强：《政府工作报告——2015年3月5日在第十二届全国人民代表大会第三次会议上》，中华人民共和国中央人民政府网，2015年3月16日，http://www.gov.cn/guowuyuan/2015-03/16/content_2835101.htm。

为潮流,以实现创新创业技术革新为目标,着力培养大学生成为"双创"型人才[①]。铜陵图书馆于2016年7月成立了铜图文化创客空间。在铜陵市政府的大力支持下,空间已获得国家文旅部"文化产业双创扶持计划单位"、全国图书馆文化创意产品开发联盟地市级首批成员馆、全国图书馆文创联盟"百馆发展计划"入选馆、国家级备案众创空间、省级信息消费体验中心等荣誉或称号[②]。2019年,铜陵市图书馆成功申请国家公共文化资金进行智慧图书馆改造,其中57万元已用于图书馆文创中心的设备设施建设。

为实施培养创新型人才的国家战略,2017年,山东省教委颁布《山东省学校创客空间建设指导意见》,其中明确指出:要加快实现创客教育模式与多学科学习模式在高校的普及化应用,不断优化和完善高校创客生态体系,强化高校创客空间的发展基础,在2017年年底之前,所有城市必须在辖区内选择一到两个基础条件较好的县级或区级学校作为空间的建设试点,加快建立配套的创客项目,推广创客活动;2018年年底之前,省内所有学校必须完成空间的高质量建设工作,市级与区级学校必须协作完成创客活动中心的建设工作,打造省内校级生态服务系统的网络体系[③]。山东省持续深化"山东省学校创客空间服务平台"建设,力求以高质量、高效率、高水平的创客空间服务学校管理、创新竞赛、人才培育、科技成果展览、社会化创业等,实现线上与线下的资源联动,为学校创客空间的建设发展筑牢根基。该平台通过个人观察、视频记录和历史档案的方式,从学生个人表现、团队合作和创客成果等维度形成学生创客的原始数据。平台面向社会公众和在校学生,学生家长可通过在平台注册账号,与孩子开展亲子创客活动,更加准确地了解孩子的成长与学习。后期平台还将联通"山东省学生综合素质测评系统",为在校学生提供专业化的创客能力评测服务和大数据技术服务。

宁波的各级政府也相继出台了一批创客扶持专项政策。宁波市政府有

---

① 《武汉"青桐汇"年征集创业团队千余个获投资2.4亿》,荆楚网,2014年10月15日,http://www.cnhubei.com/xw/jj/201410/t3069827.shtml。
② 《安徽首个公共图书馆+文化创客空间在铜陵市图书馆成立》,东方网,2016年9月7日,https://china.huanqiu.com/article/9CaKrnJXuZk。
③ 《明年底全省各级各类学校均建立学校创客空间》,新浪网,2017年3月17日,http://news.sina.com.cn/c/2017-03-17/doc-ifycnpvh4728769.shtml。

关文件规定，为制造企业提供科技信贷、知识产权保护、股权质押等科技金融服务。如对认定的市级创客空间给予一次性财政补贴20万元，江北区、北仑区、高新区（新材料科技城）等地区出台了加快创客空间发展、促进大众创业创新的专项政策意见①。随着地方政府对"创客空间"建设的重视和推动，国内一些高校馆和公共馆创客空间正在循序渐进地向前发展。

3. 图书馆重视并倡导"创造空间"

图书馆与创客空间都能向用户提供固定的物理空间，以及各种学习资源和信息资源，可以提高用户的综合素养和业务技能，为用户的终身学习提供便利，因为图书馆与创客空间的一致性较多，产生的推动力更强，主要体现在：

（1）功能相似。创客空间集成了知识共享、技术共享、资源共享、创意共享、科技成果转换等功能。图书馆能为公众提供学习支持、阅读指导、科研支持与教学支持等，是学习和研究的重要场所，也是交流与分享知识的重要平台。它们的职能本质上是一样的，都重视经验交流和知识共享，都为学习和交流活动提供场所和支持。

（2）目标一致。创客空间具有开放性、协作性、创新性、共享性特点，是先进科学技术、科研设备、创新思维的集成化平台，能够为创客个体与团队提供知识学习、技能提升、创新能力培养、项目实践、知识经验交流、知识扩展、知识转化等有力支持。作为知识和信息服务机构，图书馆的主要职能是文化传播和知识共享。在科学技术飞速发展的当今时代，图书馆的功能定位在不断地优化和调整，但传统的资源共享、创新服务、公众服务、文化传递等目标依然稳固。在三网融合、软硬件开源、政府鼓励创新创业的背景下，二者承担共同的社会责任，有着相同的发展目标。

（3）服务理念一致。图书馆与创客空间存在相同的发展目标和服务理念。知识的收集与加工、资源的存管与共享始终是图书馆的基本功能，其中也包括各类用户对相关知识的创新与创造。图书馆的运行始终以人人平等、以人为本、开放性、共享性等原则为主导，这与创客空间的创新共享、个性化DIY、人人参与的发展原则相一致。两者均是以提供知识学习

---

① 唐雪莲、伍婵提：《创新宁波创客空间运营模式研究》，《宁波经济》（三江论坛）2017年第10期。

空间、知识实践空间、创新创造空间为出发点。

(4) 服务途径一致。从资源整合的角度来看，创客空间致力于整合各种社会资源，实现资源的共享和高效利用。在科学技术日新月异的发展过程中，图书馆可通过技术的组合和应用，实现资源的跨地域、跨时域、跨机构共享，使用户获取资源更加方便。从开放的角度来看，图书馆和创客空间都以低门槛面向大众，以零门槛面向师生开放。目前，一些高校建立了"校友卡""企业卡"等创新性的知识资源服务模式。只要持有相关证件的企业人员和学生均可以在图书馆免费获取资源，从而有效满足了企业与学生的知识学习需求。无论是从资源整合还是开放的角度来看，二者的服务途径高度一致。

(5) 发展契合度一致。图书馆创客空间的设计、建设、发展均能够丰富图书馆的服务内容与服务功能，强化图书馆的现代化建设和发展水平。图书馆引入创客空间，使图书馆成为一个集创新创业资源、学习资源于一体的综合服务平台，为创作者提供一个将创新理念转化为现实的场所，使服务内容和服务渠道不断更新和发展，二者的发展契合度是一致的。

二 发展图书馆创客空间的适切性

图书馆应适应国家的发展需要，在创新创业的浪潮中发挥应有的价值和优势。

1. 发展创客空间是图书馆与时俱进的职责所在

全媒体时代，信息获取渠道快捷多样，信息获取效率与质量大幅度提升，传统图书馆的信息传递职能及作用逐渐被弱化。近几年来，创客空间已成为世界各国图书馆服务模式创新的重要内容，空间为所有具备创新需求的用户实现创新和知识转化提供了有力支持，大量用户将图书馆空间作为知识服务和创新发展的重要场域，从而使图书馆的利用率不断提高，知识服务中心的地位得到了巩固，引入创客空间是图书馆与时俱进的职责体现。在该服务体系中，不同专业、不同学术背景、拥有不同经验的人聚集、交流，协作完成综合性强的跨学科项目，这种跨学科互动学习模式有助于激发用户的创新潜力，培养用户的团队协作能力，共同寻找新的知识增长点，促进知识的转变和更新，同时还能认识和结交很多志同道合的朋友，将理论知识转化为实践创造力。从调研结果的对比中可以看出：图书馆嵌入创客空间后的资源共享能力和知识创新能力显著提升，通过图书提供的资源与服务，更容易吸引不同知识背景的教师、学生、创业人员，强化其在社会公众中的形象和地位，提高图书馆的社会吸引力，提升图书馆的现代化发展速度和水平。

2. 发展创客空间是图书馆发挥教育职能的体现

图书馆创客空间是提高国民素质教育的最佳场所。创客空间的最大魅力在于其能够进一步促进知识需求主体的自主学习能力，鼓励不同的学习者主动交流经验，实现知识的协同创新创造，在问题的导向下、项目的驱动下，促进思想和创意的生成和孵化，使图书馆成为支持终身学习和个人发展的最佳平台。空间提供的多元化学习方式和创新服务可以使图书馆吸引不同类型的用户，用户在参与创客项目过程中，通过与其他创客的知识经验交流与思想互动，充分利用创客工具与设备将思想和知识转化为实际；空间可依据用户需求，主动优化和配置各类资源与设备；馆员可为项目提供技术指导和知识培训，帮助用户更好地解决问题。这些过程都可以培养用户的实践探索精神、勤奋创业精神等，提高用户的综合素质和创新技能，有助于开展国民素质教育，强化和发挥图书馆的社会教育功能。

3. 发展创客空间是图书馆服务大众创新创业的需要

"大众创新创业"既是国家的号召也是时代发展的需求，国家以各种政策引导支持公众自主开展创新创业活动。图书馆创客空间能够为创客提供最前沿的科技知识和信息，使创客的视野得到拓展、知识文化得到蓄积，为创客开展创新创造实践、思维转化提供机会和平台，让"创新—创业"的递进过程更加精确和高效。不同专业、不同学科的创客们均能够在空间开展知识学习，进行经验共享、技术和思维共享，为创新创业想法转化为实际行动提供动力支撑。图书馆必须顺应时代的发展潮流，义不容辞地服务于大众创新创业，为创新创业灵感的产生营造良好的环境和氛围，赋予创客协同解决问题、实现梦想的情景和场所。

4. 发展创客空间是图书馆转型发展的必然趋势

泛知识环境下，用户需求的多元化与新兴技术对图书馆的建设与发展提出了更高要求，图书馆必须重新定位职能，寻求未来发展。创客空间正是图书馆转型发展的突破口，其不仅能够进一步扩展图书馆的服务范围，还能够让更多尖端信息、高新科技信息、图书馆用户有机地连接起来；可以完善图书馆服务体系，更好地履行资源共享、知识创新等使命；可为图书馆发展提供新思路和实践指导，以用户需求为导向，以满足用户需求为出发点，持续提高图书馆的资源利用率；推动图书馆实现从"静态学习""个体学习"转变为"团队学习""组织学习""动态学习""混合学习"的创新和发展，从基于优秀传统文化的传承与弘扬、高精尖技术的学习与实践、知识提供转变为文化创新、技术创新、知识创新的重要载体，实现图书馆服务的延伸和整体转型，为公众目标导向的意向性学习和实践提供支持。

三　发展图书馆创客空间的可行性

1. 良好的馆舍条件提供物理空间

图书馆的建筑空间具有物理属性，通过科学的改造与合理扩建，能够进一步提高图书馆的功能承载力、用户承载力。有关部门发布的统计报告显示：截至2010年年底，全国共有公共图书馆2883座，总建筑面积875万平方米[①]。2014年，全国共有614所高校建立了学校图书馆，占地面积共1490.7万平方米，单所高校图书馆平均面积约为2.4万平方米[②]。以高校图书馆为例，2021年度全国共有1255所高校图书馆提交了馆舍建筑规划面积的有效数据，总面积约为3198.4万平方米（2020年是2841.7万平方米），馆均值约为2.55万平方米，与2020年基本持平。标准差为1.89万平方米，比2020年的1.83万平方米略升，表明高校图书馆馆舍面积继续在增长[③]。以上数据显示，图书馆建筑面积充足，为创客空间的构建和发展提供了良好的空间条件。通过对现有空间的重新规划，图书馆可以转移或存储低流通的纸质文献资源，留出部分场地改造成创客空间。

2. 充足的财政投入提供资金保障

地方政府和高校的财政拨款是图书馆经费的主要来源，近年来一直在增加。以公共馆为例，截至2010年年底，全国公共图书馆总支出高达59.8303亿元，年财政拨款50.1768亿元，其中文献资源采购成本为

---

① 《中华人民共和国2010年国民经济和社会发展统计公报》，中央政府门户网站，2011年2月28日，http://www.gov.cn/gzdt/2011-02/28/content_1812697.htm。

② 《中华人民共和国2014年国民经济和社会发展统计公报》，国家统计局网，2015年2月26日，http://www.stats.gov.cn/tjsj/zxfb/201502/t20150226_685799.html。

③ 吴汉华、王波：《2021年中国高校图书馆基本统计数据分析》，《大学图书馆学报》2022年第6期。

9.4193亿元①。可以看出，把一部分资金用于图书馆创客空间中软硬件的购置和人力资源的配置，在经济上是可行的。以高校馆为例，截至2022年10月7日，"教育部大学图书馆事实数据库"收到全国1322所大学提交的2021年图书馆总经费数据，总经费约为77.42亿元。中位值落在303.1万元（2020年落在301.1万元），与2020年相比略有增长。其中有1320所高校图书馆提交了有效的2021年纸质文献资源购置费，总经费约为27.43亿元，较2020年的25.33亿元增加了2.1亿元。纸质文献资源购置费的均值为207.8万元（2020年是206.9万元），与2020年相比略有增长。共有1237所高校图书馆提交了有效的电子资源购置费，总经费约为41.68亿元（2020年是39.21亿元），较2020年增长了7.9个百分点，增幅较大②。其中，中位值指的是将有效数据从高到低排序，排在最中间的高校图书馆所填报的值。均值指的是各高校图书馆填报的该项数据之和除以填报该项数据高校图书馆总数量所得到的值。这些数据表明，虽然高校馆文献资源采购的平均成本在持续上升，但没有影响到纸质文献资源和电子资源的采购费用，且电子资源采购的总成本和比例超过纸质文献资源采购的成本，呈现持续增长的趋势。可知，图书馆空间建设有充足的资金投入和资源保障，可以维持或促进创客空间的可持续发展。

3. 丰富的馆藏资源提供资源支撑

国内图书馆积累了丰富的馆藏资源。通过整合与开发这些文献资源、数据资源、知识资源、人力资源等，能为创客空间营造创新创业的知识环境提供资源支持，如开展科技查新服务、定题服务、项目跟踪、文献共享、专利申请、创业培训等。相关资源均能够分阶段嵌入创客项目的启动、实施、验收、推广和应用等环节中，促进图书馆创客空间的高效运营。

4. 良好的信息基础设施提供技术支持

除了存储纸质资源和电子资源，良好的信息基础设施为图书馆创客空间提供了技术支撑，使图书馆的服务方式更灵活、服务手段更先进。在过

---

① 刘辉、周慧文：《中国公共图书馆财政拨款增长研究——基于近三十年统计数据》，《图书馆论坛》2011年第4期。

② 吴汉华、王波：《2021年中国高校图书馆基本统计数据分析》，《大学图书馆学报》2022年第6期。

去，信息共享空间广泛流行，许多图书馆引入了各种多媒体设备来支持个人或小组学习。在此基础上嵌入创客空间更是事半功倍，可在信息基础设施和技术方面为空间服务提供全方位支持和保障。

5. 丰富的用户服务经验提供智力支持

为求知者提供知识阅读服务是图书馆的基本功能之一。馆员的工作具有专业化特点，可以用户的兴趣和需求为导向，将采编、流通、阅览、查询、检索等服务经验，嵌入用户的创新创造过程中，答疑解惑，为用户提供个性化、深层次及精准化服务支持。

6. 众多的校友及对接企业为图书馆提供人才输入

近年来，图书馆与学校、企业之间保持着良好的沟通、互利、共赢关系，它们之间建立了长期有效的合作关系，图书馆将企业作为师生开展实践教学活动的重要场所，着力培养学生的知识实践和转化能力。例如，图书馆借助资金资源、技术资源、人才资源来解决创客空间运营中遇到的问题，而企业利用图书馆中的知识资源实现生产技术的优化创新。此外，各种创客产品的开发能够为企业产品的技术更新和技术升级、迭代提供有益的参考。整体而言，在中国高等院校教育实践的创新发展过程中，很多院校都形成了具有自身特色的人才培养模式。广泛的校友及对接企业支持人才源源不断地向外输出，为创客空间发展提供了重要的人脉资源，使图书馆、学校、企业处于人才培养、输出的良性循环之中。

第四节　项目研究的学术价值和应用价值

本书主要研究图书馆创客空间中馆员与创客协作发展的服务、培训、激励、评价等机制的构建及实施策略。

一　学术价值

创客空间是图书馆业态变化的新标志，它的产生是图书馆学理论、创客教育与实践有机组合、融合发展的成功体现。通过9年（从2012年开始）的研究积累，学者们以创客空间在图书馆的具体应用为视角，深入研究创客空间在中国图书馆的实践和具体策略；总结分析相关研究内容和数据，了解其动态发展趋势和变化，为更多类型创客空间的建设和发展提供指引。目前，学术界已从不同视角、不同途径对图书馆创客空间的相关问题进行了系统研究，汇集了创客空间的研究热点和研究成果，推动了图书馆创客空间的理论发展和实践应用，为新时期图书馆服务转型提供了新思路和新参考，对图书馆构建和发展具有重要的理论价值和现实指导意义。

具体而言，本书将有助于拓展图书馆学与社会学、管理学、教育学、心理学、经济学等学科的交叉研究，从理论上进一步丰富和完善图书馆服务体系，增加全社会对社交性学习的关注，特别是对创新、创新发展和可持续发展等理论的研究，推进图书馆逐步适应不断变化的社会需求。此外，本书希望能引起国内各类型图书馆（公共、高校、专业及中小学图书馆）的广泛重视，补充和完善国内图书馆创客空间的相关理论研究，对馆员与创客协作发展机制的构建进行深入调查和深层次分析，形成更加系统、健全的学科体系。

二　应用价值

（1）对创客而言，有利于创客的自我发展，促进跨学科互动、知识交流转化和创新；缩小创客与尖端技术间的鸿沟，将图书馆显性的静态知识激活成动态的知识或产品，促进隐性知识社会化，实现知识创新的目标。

（2）对馆员而言，创客空间可为馆员提供新的发展契机，有利于提升馆员的职业技能和综合服务能力，为馆员职业发展、综合素养和技能提升开辟新的途径；更有利于馆员转变职能，发挥其在创客空间中的培训主导和引导作用。

（3）对图书馆而言，创客空间使图书馆从信息资源的提供者转变为增强用户创造力的智力开发者，促使图书馆从资源中心、知识中心拓展为实践中心、创意中心和产业孵化中心，成为社会创新和创意体系中的重要环节；将有利于图书馆实现服务转型升级，扩大图书馆的知名度、社会影响力和行业辐射力。

（4）对国家而言，能够为对所有社会发展和进步具有积极作用的愿景提供实现的条件，使创造精神和动力转化为实践，使创造活动的成果得到认可与肯定，能有效促进精神文明进步、科技创新和文化创新；可提高新时期全民族的信息素养、学习效率与创新能力，推进学习型社会与创新型国家的建设和发展。

第五节 研究内容、实现目标、总体框架

一 研究内容

创客空间是图书馆信息共享空间的新发展。创客空间服务是集文献资源、空间资源、技术资源、人力资源于一身的综合性服务体系,在此体系中,通过馆员与创客间的交流和合作,不断进行知识共享和知识创新。目前,国内外学者对馆员与创客的协作发展问题的关注和研究不多。事实上,无论是理论分析还是实践探讨,图书馆创客空间的构建和发展都与馆员、创客的参与程度密切相关,馆员与创客是空间发展的合作共同体和利益共同体,二者如鸟之两翼,双方合作是推进图书馆创客空间发展的润滑剂和加速器。本书基于既有研究成果,研究在此服务体系中如何构建科学、有效、完善的馆员与创客协作发展运行机制,即构建完善的服务、培训、激励、评价机制,促进两者相互支持、相互协助,共同推进国内图书馆创客空间的发展和壮大。

二 实现目标

研究目标是:在图书馆创客空间服务体系中,馆员如何让图书馆传统的知识传播和资源优势发挥更好的作用,依托资源、服务创新和创意产品展示平台等,逐步优化空间服务模式,创新空间服务内容,提升服务质量和效益,辅助、引导、激励创客完成各项创新活动,实现馆员与创客协作发展、互利共赢的目标。

三 总体框架

本书的总体研究框架如下:

(一)馆员与创客协作发展机制的构建原则

国内图书馆在创客空间服务体系中应遵循的主要原则有:国家政策为主导、政府扶持为辅助的引导原则;图书馆界权威机构(中国图书馆学会等)对图书馆建设与发展提出的统一规划指导原则,如在政策宣导下,为馆员提供系统性、专业化培训,发布空间规划方案等;合理规划、前后衔接的可持续发展原则;需求第一、以人为本的用户服务原则;开展广泛合

作、寻求社会各界力量支持的资源共享、合作共赢原则等。

(二) 馆员与创客协作发展的核心要素及服务内容

首先，准确定位馆员为创客服务的核心要素及服务内容，即馆员是创新思维的推动者、社会文化的推广者、知识交流的领航者、新技术的传播者、创客过程和结果的管理者和评价者等。其次，在综合考察馆内资金、技术、人力等多种资源的基础上，研究国内各类型图书馆在关注各类数字化、非数字化项目的同时，如何有计划、有步骤地开展用户（创客）需求调查，挖掘用户的服务体验，跟踪用户的服务需求；根据馆情建立科学、合理、稳定、高效的空间服务模式，优化服务内容，提升服务质量。最后，研究和探讨如何建立功能完善、特色鲜明、适合中国图书馆创客群体发展的服务体系。

(三) 馆员与创客协作发展的现状调查、总结及影响因素分析

1. 馆员与创客协作发展的现状调查、总结

根据前期的理论分析（服务的核心要素、职责、功能、内容及文献研究等），通过问卷调查、实地考察等方式，对国内各类型图书馆（以公共、高校图书馆为主）已开展的创客空间服务现状、实践情况进行调查、分析和总结。重点调查国内图书馆创客空间的类型、模式及运行状况；馆员选择各种技术/设备为创客开展创新服务情况；馆员对数字化技术（如3D打印、3D建模和修补、视频剪辑、计算机编程、数字音乐录制等）与非数字化技术（如手工艺品制作、编织、乐高玩具等）的使用情况；馆员为创客服务的主要内容，如资源保障、技术指导及创意课程培训等，为构建馆员与创客协作发展机制积累实例性资料。

2. 影响因素（驱动及制约因素）分析

运用扎根理论进行探索性分析，并结合深度访谈法对相关数据进行整理、分析，研究影响馆员与创客协作发展的驱动因素及制约因素，实现图书馆创客空间的最佳运行效果，如图书馆所处地域的文化氛围（外在环境）；图书馆资源设备、服务团队（以馆员、创客为主导力量）、创客项目、合作机制、经费来源及分配情况；图书馆创客空间的规划、布局及管理体制等，详细分析这些影响因素的属性和特点，归纳、总结它们之间的相互关系及作用机理，为后期的机制构建提供科学依据。

3. 馆员与创客协作发展的机制构建

在前期文献研究、现状调查及影响因素分析的基础上，研究创客空间服务体系中如何构建馆员与创客协作发展的运行机制，主要包括服务、培训、激励及评价机制。

（1）构建馆员与创客协作发展的服务机制

研究如何构建馆员与创客协作发展的服务机制，构建层次化、多元化、区域特色的服务管理体系，如不同类型的图书馆，如何构建层次化的创客服务体系；广泛借鉴国内外、区域内创客空间服务的先进经验，制订有特色的空间运营计划及服务指南；如何以用户需求（如用户群体的特征、结构和习惯等）为导向，适时调整、补充和完善创客项目，实现服务项目的丰富性、集成化发展等。

（2）构建馆员与创客协作发展的培训机制

研究如何构建馆员与创客协作发展的培训机制，发挥新时代馆员"创客培训师"的职能：一方面，研究馆员采用何种方式与方法激活创客的创造灵感，帮助创客更好地掌握新技术、新技能，注重创客协作能力、自主探究能力及动手操作能力的培养，鼓励创客"敢想敢做"；另一方面，研究如何增强馆员数字化或非数字化技术的应用能力和素养，增强馆员职业发展能力与综合服务能力，将馆员培育为空间的教育者和引导者，不断培养馆员的创新意识、知识整合能力、组织管理能力（管理和使用高技能设备、设计和组织创客活动）、沟通协调能力、对创客活动的评价能力、对创客活动的培训及引导能力等。

（3）构建馆员与创客协作发展的激励机制

研究如何构建馆员与创客协作发展的激励机制，鼓励馆员从提供资源到帮助、引导创客开展创新活动；从指导创客进行信息的收集、评价、利用，至新技术、新工具的创新应用等，不断提高创客的知识创造能力和产品研发能力，实现馆员、创客间协同创造和发展的目标。研究如何激励馆员发挥原有资源和信息载体、通道的优势，建立知识交流中心，拓展创客进入空间的渠道和途径，方便创客广泛交流、分享知识和各种资源。

（4）构建馆员与创客协作发展的评价机制

研究如何构建馆员与创客协作发展的评价机制，从馆员/创客对空间管理、服务、培训及活动等方面对图书馆创客空间进行科学、合理、有效的评价；如何以国内图书馆创客空间的发展现状为基础，以用户满意度为切入点，设定空间服务质量、投入—产出服务效益以及馆员/创客能力发展等评价指标；并根据实证分析中用户满意度偏低的评价指标，提出针对性改善措施，实现图书馆用户满意的战略目标和评价结果，提升空间的服务质量和效率，促进空间的可持续发展。

第六节　重点难点

一　重点

在理论研究和实践调查的基础上，借鉴国内外图书馆创客空间的成功运营经验，立足国情、省情，结合馆情，重点研究在图书馆创客空间服务体系中如何科学、有效地构建馆员与创客协作发展的运行机制，包括服务、培训、激励及评价机制等。该运行机制可用公式表示："资金＋空间＋人（创客/馆员/导师/志愿者等＋服务设计）＋设备资源＝图书馆创客空间的有效运行"，并提出适合中国图书馆创客空间发展的针对性措施和相关建议。

二　难点

创客空间最先出现在国外，伴随中国科技的进步和发展，创客空间在中国也得到了推广和应用。目前图书馆创客空间在中国仍未进入发展壮大阶段，真正能为大众提供信息和创新创业服务、高质量发展的图书馆创客空间数量十分有限，实践经验较少，且发展不完善。研究团队所在的安徽省目前仅有2所创客空间与高校图书馆相关，一个是2016年11月启用的安徽农业大学大学生创客空间（2017年度获批为省级众创空间），由学校教务处、科技处、招生就业处、团委成立领导小组负责管理及运营，图书馆参与提供部分场地及支撑服务；另一个是以图书馆为主体构建的安徽大学图书馆创意创作空间。2020年9月安徽省图书馆进行改造，创建了文创体验区，目前已对外开放和应用。因研究团队所在的图书馆并未设立创客空间及相关创客活动场所，并且囿于时间和精力的限制，不能对创客进行长时间、持续性跟踪调研，也不能对国内目前已经构建创客空间的所有图书馆广泛开展实地调研和样本采集，获取全面、翔实的第一手资料，汇总中国图书馆创客空间的整体建设和发展情况，只能对国内重点省、市图书馆创客空间进行实地考察,选取一些有代表性的馆员/创客进行深度访谈,搜集、整理和分析相关访谈资料。

经过三年的实地考察,设定构建和运营时间在两年及两年以上,发展和运营状况良好的创客空间为调研单位,从中选取业绩突出的馆员/创客作为受访者开展深度访谈。其中,公共馆主要有:成都图书馆阅创空间、长沙图书馆新三角创客空间、广州图书馆创客空间、深圳图书馆创客空间、杭州图书馆创客空间、嘉兴市图书馆数字众创空间、铜陵市图书馆文化创客空间、安徽省图书馆文创空间、宁波图书馆创客空间;高校馆主要有:沈阳师范大学图书馆创客空间、上海交通大学图书馆京东创客空间、三峡大学图书馆创客空间、西南交通大学工程训练中心创客空间、国防科技大学图书馆创客空间、南京工业大学创客空间、清华大学经管学院的加速器、天津大学的大学生众创活动中心、广州工业大学的创业基地、安徽大学图书馆创意创作空间。

研究难点主要体现在:

难点之一:如何通过实地调研采集更多高质量的样本。解决的方法和途径是:首先,通过网络调查、邮件咨询等方式,访问和查询国外图书馆创客空间的网页及馆员博客,选取国外公共、高校馆的典型案例,了解目前国外创客空间的发展状况;其次,运用查阅文献、电话采访、电子邮件等方法,仔细研究国内公共、高校及专业图书馆创客空间的实施情况,选出有代表性的图书馆,分阶段、分地区开展实地调查、问卷调研活动,对收集到的原始数据及资料进行整理、归纳、核实,确保调查结果的真实性和准确性。

难点之二:如何培育出为创客服务的高素质、高技能馆员。培养馆员成为创客教育者、项目管理者、研究参与者及创业辅导者,为空间发展奠定坚实的人才基础,这是创客空间人力资源发展的核心因素,也是本书的难点,拟在培训及激励机制的章节中重点阐述,主要体现在以下两个方面:

(1) 发挥馆员在创客活动中的主导地位。研究如何选择信息素养较好的馆员开展继续教育,制订详细的培训计划和方案,组织各项培训活动,使其更好地掌握空间的核心知识与关键技术,在提高空间管理能力的基础上,为各类创客/创客群体提供高效服务。

(2) 研究针对不同类型的馆员(普通馆员、咨询馆员及各类专业技术人员等),如何构建与创客活动相匹配的激励及绩效评价体系,从而实现评价的客观性、创新性和有效性。

第七节　研究思路与方法、研究过程、研究计划

一　基本思路

本书遵循"理论指导实践、层层相扣、循序渐进"的原则，按照"理论研究→现状调查→机制构建（应用研究）"的思路。首先，以图书馆创客空间服务体系中馆员、创客协作发展机制的构建原则为指导，以馆员与创客协作发展的核心要素为支撑。其次，借鉴国外图书馆此服务体系中已积累的成功经验，以社会调查及实证研究为依据，调查、分析和总结国内各类图书馆（以公共、高校图书馆为主）已开展的创客空间服务现状及发展趋势。再次，在前期的理论研究和现状调查的基础上，深入分析馆员与创客协作发展运行机制的影响因素。最后，结合理论研究、实际调研和因素分析，研究如何构建科学、高效、完善的馆员与创客协作发展运行机制（服务、培训、激励及评价机制等），推进国内图书馆创客空间的有序发展，实现本书的研究目标。主要研究思路如图 1-1 所示：

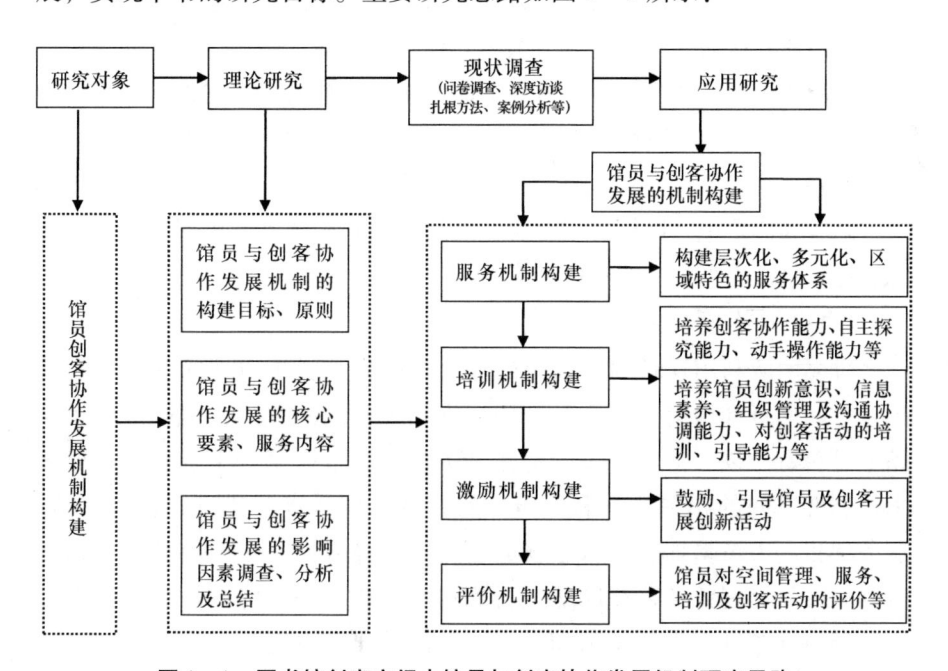

图 1-1　图书馆创客空间中馆员与创客协作发展机制研究思路

二 研究方法

本书综合运用文献研究、网络搜索、问卷调查、实地调研、质性研究（扎根理论）、定量分析等方法进行理论探讨和实践研究，剖析国内公共、高校及专业图书馆创客空间的发展现状和症结，结合"双创"背景、"互联网+"应用以及大数据的发展前景，构建馆员与创客协作发展机制，提出针对性的措施和相关建议，促进图书馆创客空间的持续发展。

（一）文献研究法

采用文献研究法对国内外的相关资料进行分析、整合，便于了解该领域现有的研究成果、研究现状及发展趋势，为本书研究提供理论参考。研究团队利用中国知网（CNKI）的《中国学术文献网络出版总库》、Google学术搜索、万方数据库，以及Emerald、EBSCOhost、Science Direct、Springer Link等中外文数据库搜集国内外相关文献，同时辅以适量的百度百科、图书馆网站以及馆员/创客的博客帖子等，详细阅读国内外图书馆创客空间的相关资料。通过文献分析，一方面，便于了解国内外图书馆创客空间的建设和发展情况以及国内外学者的研究动态，汲取创客空间发展的先进理念和成功实践，并借鉴国内外成熟的经验、做法，对空间理论研究与实际应用形成初步认识；另一方面，便于了解当前图书馆创客空间的研究进展，根据学术研究成果，明确国内公共、高校及专业图书馆创客空间的发展现状以及存在的短板和不足，以此为理论依据，为中国图书馆创客空间服务体系中，馆员与创客协作发展机制的构建和发展提供指导，便于提炼、总结出可行性的建议及措施。

（二）网络搜索法

研究团队利用互联网登录国内外活跃度高、影响力强的图书馆及其创客空间网页和微信公众号，利用搜索相关新闻的方式，了解图书馆网站上是否有与创客空间有关的链接和关注点，掌握第一手资讯，获取图书馆创客空间的相关数据和资讯。从管理体制、资源建设、资金来源、服务项目、人员培训、团队建设、空间发展等方面，对国内外图书馆创客空间的发展现状及存在问题进行探讨和分析，并在国内外研究动态和文献资料的基础上进行总结和拓展，为课题研究奠定坚实的前期文献研究基础。

（三）问卷调查法

对国外各类图书馆创客空间的调查以电子邮件发放问卷的方式为主，以国外留学生协助调查为辅；国内调查以网络问卷与实地考察发放问卷相结合，全面、客观地掌握目前国内各类图书馆（以公共、高校馆为主）创客空间的服务现状、实践和发展趋势，获取一些有价值的研究数据，便于后期利用问卷星技术和统计软件对调查数据进行分类处理，形成结论。研究团队除通过分阶段、分地区实地考察公共、高校、专业图书馆及社会机构的创客空间，现场发放馆员/创客调查问卷之外，还在中国图书馆学会（Library Society of China）的网站首页（http://www.lsc.org.cn/cns/index.html）以及中国图书馆学会高等学校图书馆分会（http://www.lsc.org.cn/cns/channels/1327.html）的网站上，开展了一年半的网络调查，最终将国内外网络调查及电子邮件的问卷结果进行汇总，并与实地调查问卷进行匹配，统一、逐份录入问卷星平台进行整理、分析及筛选。

（四）实地调研法

实地调研法是调研人员直接与被调查对象面对面接触，获取相关材料的方法。其最大的优势就是可以获取原始资料，确保信息的真实性，弥补网络调研的漏洞和不完整性。本书对地理位置较近的创客空间（国内）采取分类分组的方法（分为公共馆、高校馆及专业馆等）开展实地调研（发放调查问卷及开展深度访谈），便于更直观地了解各类图书馆创客空间的运营状况和发展现状，为本书提供翔实的参考和依据，便于后期对资料进行整理、分析，为质性研究及实证分析提供基础和保障。

在文献研究的基础上，研究团队编制了图书馆创客空间服务体系中馆员与创客协作发展机制研究的馆员及创客调查问卷，从 2017 年 10 月至 2019 年 12 月，团队成员运用现场调研、访谈、电话及邮件询问、问卷调查等方法，分别从辽宁、湖北、湖南、广东、四川、浙江、江苏、安徽和上海、北京、天津等省市，选取 41 个有代表性的公共、高校、专业图书馆创客空间及其他机构的创客空间，分地区、分阶段开展了实地调研活动。通过网上问卷调查和实地调研活动，共收集到 720 份问卷，其中馆员 346 人，创客 374 份，剔除无效问卷，收集有效问卷馆员 342 份，创客 371 份。最后，通过问卷星技术和平台对所有有效问卷进行实证分析。

（五）质性研究法

本书应用质性研究方法（扎根理论），系统提炼影响馆员、创客参与图书馆创客空间构建及发展的深层次因素。通过探索性研究衍生出馆员、创客参与空间发展的影响因素模型，探讨各影响因素的关系和作用机理，在第五章至第八章分别从不同的视角进行扎根理论的概念萃取及范畴关联，为后期馆员与创客协作发展机制（服务、培训、激励及评价机制）的构建研究奠定基础。

（六）定量分析法

质性研究方法和定量分析各有利弊，基于这一思路，本书在质性研究的基础上，通过量化研究进一步对变量间的相关关系进行检验，使其成为质性研究方法的有益补充。选择利用数学、统计学的逻辑推理方法（Spss、Excel）等软件，对有效问卷进行实证分析，采用探索性因子分析、方差分析、回归分析、多层线性模型构建等方法，确保本书的数据及分析过程有据可查、有据可证，为空间发展的服务、培训、激励及评价机制的构建提供参照和引导，也为后期研究提供样本和借鉴。

三 研究过程

本书通过样本选取、数据收集和扎根理论对数据进行分析（Nvivo 分析软件辅助）等一系列步骤，最终构建出相应的理论结构模型。与以往的研究不同，本书将定量分析作为质性研究方法的有益补充，先进行质性研究，再采用量化研究方法对变量间的相关关系进行检验，包括建立研究假设、设计调查问卷、收集数据和使用 Spss 软件对数据进行分析，最终得出定量研究的结果，并对研究结果进行分析和验证。通过质性研究和定量分析的有机结合，既避免了单纯使用某种研究方法造成的研究不足，又验证了质性分析的结果。两种研究方法相辅相成，相得益彰，增强了研究结果的可靠性和有效性。研究过程及路线如图 1-2 所示。

四 研究计划

（一）制订计划

本书的研究时间为 2017 年 9 月至 2021 年 6 月，分为三个阶段：收集整理文献、数据；专题研究；总结提升，撰写研究报告。年度研究计划由项目组成员共同参与、分工协作完成，如表 1-1 所示。

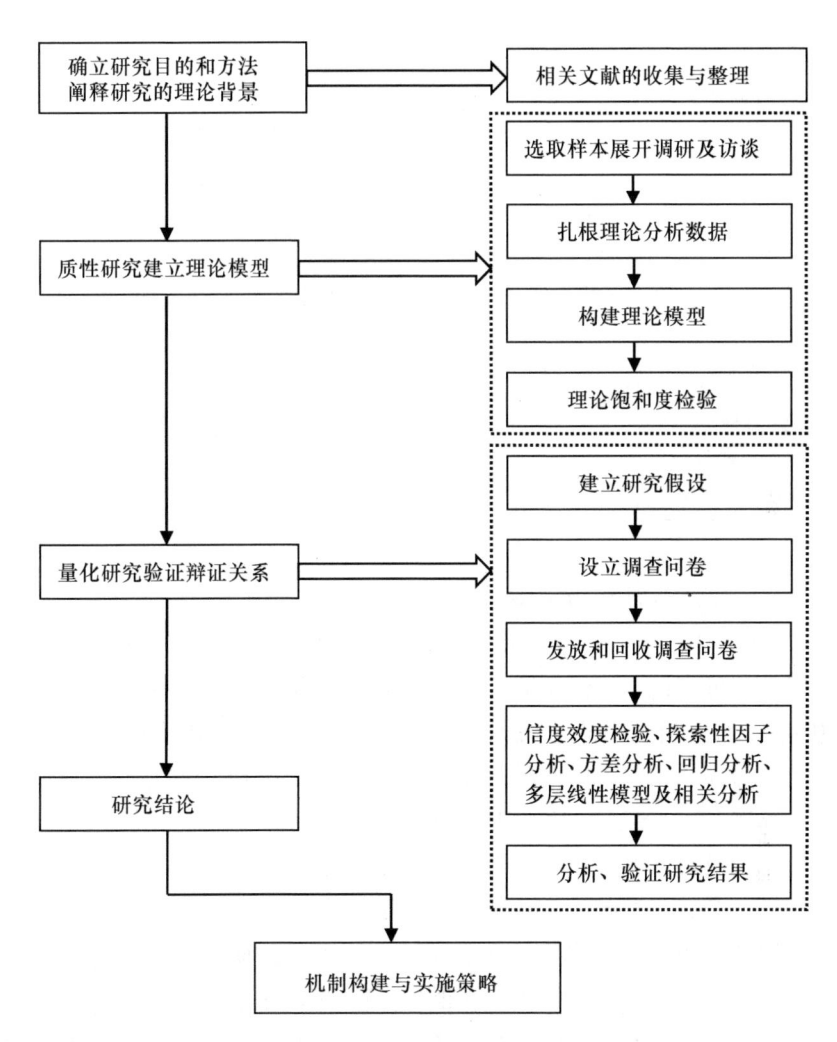

```
┌─────────────────────┐                    ┌─────────────────────┐
│ 确立研究目的和方法  │────────────────▶│ 相关文献的收集与整理│
│ 阐释研究的理论背景  │                    └─────────────────────┘
└─────────┬───────────┘                    
          │                                ┌─────────────────────┐
          │                                │ 选取样本展开调研及访谈│
          │                                └──────────┬──────────┘
          │                                           ▼
          ▼                                ┌─────────────────────┐
┌─────────────────────┐                    │   扎根理论分析数据  │
│ 质性研究建立理论模型│──────────────────▶└──────────┬──────────┘
└─────────┬───────────┘                               ▼
          │                                ┌─────────────────────┐
          │                                │     构建理论模型    │
          │                                └──────────┬──────────┘
          │                                           ▼
          │                                ┌─────────────────────┐
          │                                │    理论饱和度检验   │
          │                                └─────────────────────┘
          │                                
          │                                ┌─────────────────────┐
          ▼                                │     建立研究假设    │
┌─────────────────────┐                    └──────────┬──────────┘
│ 量化研究验证辩证关系│──────────────────▶           ▼
└─────────┬───────────┘                    ┌─────────────────────┐
          │                                │     设立调查问卷    │
          │                                └──────────┬──────────┘
          │                                           ▼
          │                                ┌─────────────────────┐
          │                                │  发放和回收调查问卷 │
          │                                └──────────┬──────────┘
          │                                           ▼
          │                                ┌─────────────────────┐
          │                                │信度效度检验、探索性因子│
          │                                │分析、方差分析、回归分析、│
          │                                │多层线性模型及相关分析│
          │                                └──────────┬──────────┘
          │                                           ▼
          ▼                                ┌─────────────────────┐
┌─────────────────────┐                    │   分析、验证研究结果│
│      研究结论       │                    └─────────────────────┘
└─────────┬───────────┘
          │
          ▼
┌─────────────────────┐
│  机制构建与实施策略 │
└─────────────────────┘
```

图 1-2　研究过程及路线

表 1-1　年度研究计划

任务	2017年 (9—12月)	2018年 (1—6月)	2018年 (7—12月)	2019年	2020/ 2021年
开题研讨	★				
数据和资料收集	★	★	★	★	
文献梳理和总结	★	★	★		

续表

任务	2017年 (9—12月)	2018年 (1—6月)	2018年 (7—12月)	2019年	2020/ 2021年
数据分析和整理	★	★	★	★	★
深度访谈和抽样调查		★	★		
专题研究	★	★	★	★	
典型地区实地调研	国内公共图书馆	国内高校图书馆	国内专业图书馆	调研汇总	
小型专题研讨会	实践进展	实践进展	实践进展	理论建模	理论建模
论文发表		★	★	★	★
措施和建议				★	★
研究报告撰写、修改			准备	准备	完成

(二) 计划执行及培训活动

"纸上得来终觉浅,绝知此事要躬行"。为了保证研究资料及数据来源的真实性和可靠性,确保研究计划的顺利实施及执行,从2017年10月到2020年12月,研究团队开展了一系列国内调研、撰写访谈资料、数据分析及相关培训活动,为后期研究成果的产生提供支持和保障。

1. 分地区、分阶段开展实地调研活动

针对馆员与创客协作发展机制的构建问题,研究团队对国内三个类型的图书馆（公共、高校及专业图书馆）创客空间开展调研,并对参与空间管理和服务的馆员、创客进行深度访谈。该项目的研究资助于2017年11月正式启动。由于此研究的实践性很强,需要在国内各地区的高校及公共馆开展样本收集、问卷发放、实地调研、深度访谈等活动,因此调研的地点及参与人数较多,每次调研后都要整理大量的采访材料及相关信息。3年来,研究团队先基于文献调研,针对国内目前已构建创客空间的公共、高校及专业图书馆搜集相关信息,然后在不同地区、不同阶段选取国内典型性、代表性强的图书馆开展实地调研活动。

2. 撰写调研报道与访谈提纲

每次调研结束后,研究组成员认真总结经验,撰写相关报道及调研收获,及时发布在本校的图书馆网站及校园网站上,便于同行进行交流、反馈,扩大调研的影响范围。截至目前,已对国内公共馆、高校馆创客空间及社会创客空间等41个单位开展了实地调研，撰写了20份调研报道，整理出52份馆员、50份创客的访谈资料，共计21万字。通过实地考察和撰写访谈资料，研究团队对不同类型图书馆创客空间开展的服务项目、服务方式有了更清晰的认识，对空间的构建和发展模式、创客开展的创新活动和内容等有了更直观的理解，对馆员与创客如何协作发展，构建和谐共赢的运行机制等问题有了更深入的思考。

3. 参加学术研讨会和培训活动

"工欲善其事，必先利其器"，三年来，研究组成员通过分批次参加国内学术研讨会及相关培训活动，开阔视野、兼收并蓄，不断拓展研究思路，提升研究技能，为项目研究提供人才支撑和智力保障。

(1) 2017年10月14日至16日，研究组5名成员赴武汉参加2017《中国人力资源开发》年度学术会议，并对武汉大学图书馆创客空间进行实地调研。此次学术论坛的主题为"共享经济背景下的人力资源管理理论与实践创新"。来自澳大利亚社会科学院、南京大学、中国科学技术大学、武汉大学、中国人民大学等国内外知名大学的专家，就"人力资源管理研究进展""人力资源案例与质性研究""创造力与创新研究"等专题，做了精彩的学术报告。通过聆听专家的讲座和参与研讨，成员对本书的内容和方法达成了共识和一致。

(2) 2018年3月29日至4月1日，研究组成员4人到广州市参加全国图书馆新型服务能力提升学术研讨及培训活动。知名专家学者及同行馆员们在会议和培训中，充分探讨当前形式下图书馆的服务创新路径，研究各种创新理论与实践问题，分享各自的研究经验和实践成果，探讨如何实现图书馆服务的重大转型与变革，强化图书馆的服务功能与服务效果。

(3) 2018年9月21日至23日，研究组成员4人到杭州参加"第43期全国Spss统计软件研习班"活动，通过三天的学习与培训，初步掌握Spss统计软件的使用方法和过程，为下一阶段开展研究数据定量分析工作奠定基础。

(4) 2018年11月9日至13日，研究组2名成员赴杭州图书馆科技分馆参加第二届杭州市创客节系列论坛活动，继续洽谈和杭州图书馆合作研究及创新发展的相关事宜。此次论坛由杭州图书馆科技分馆（滨江区图书馆）、杭州科技企业创新创业协会、杭州STEAM创客教育联盟、杭州市众创空间联盟、高校众创空间联盟共同主办。通过参与论坛和讨论，探索馆员与创客的合作关系，探讨图书馆创客空间如何促进大学生创新意识及创客思维的发展，进一步阐明两者协作发展的实践意义，为构建馆员与创客和谐共赢的发展机制提供范例和参考。

（5）2018年12月6日至9日，研究组2名成员到北京参加北京博宏科睿教育科技有限公司举办的"质性前沿分析软件Nvivo原理与技术应用"培训班，通过三天的学习与培训，初步掌握包括叙事分析和扎根理论等在内的许多质性研究方法，可以使用软件实现编码等操作和流程，便于中、后期对研究数据开展质性分析工作。

（6）2019年6月4日至7日，研究组2名成员到辽宁省大连市参加"2019年中国高校图书馆发展论坛"，并实地考察了辽宁省公共及高校图书馆的创客空间。该论坛致力于探讨中国高校图书馆建设中的相关问题与实践探索，基于宏观与微观视角研究技术探索与理论创新的结合路径，基于前瞻性视角创建的主题活动与成果展示获得了业界人士的高度认同，对中国新形势下高校图书馆的创新发展具有深远的影响和意义。研究组成员分别参与了空间构建和发展、图书馆创新服务等相关主题的研讨以及学术论文征集、案例评审和图书馆相关设备及产品的演示活动。

（7）2019年8月11日至16日，项目主持人赴青岛参加"质性研究（Nvivo）的数据分析及挖掘"培训班学习，进一步强化使用软件实现规范编码的操作技能，确保数据分析过程和结果的有效性、可靠性和准确性。

（8）2020年，因受到新冠疫情的影响，研究团队主要参加线上会议或讲座培训等活动。如参加了由国家图书馆学会在2020年6月创办的"'书香助力战疫'，阅读通达未来——图书馆员业务能力提升"主题活动，聆听了业界专家学者围绕图书馆业务领域的热点、难点问题进行的线上授课12场；2020年6月，团队成员线上参加了上海图书馆和山东省图书馆联合举办的第七届图书馆微服务研讨会"微融合·新常态"；2020年11月17日至19日，团队成员通过知网在线学习平台，参加了中国图书馆学会公共图书馆分会、广州图书馆广东图书馆学会等机构联合举办的公共图书馆"十四五"规划学术研讨会直播课程学习，探讨"十四五"时期公共图书馆的发展战略与对策；2020年12月，团队成员在线参加了中国人力资源开发研究会、中国人民大学劳动人事学院联合举办的"第四届中国人力资源开发与管理案例研究论坛"，共同探讨如何采用案例与质性研究方法，围绕人力资源开发与管理、组织行为、领导力、组织管理、文化建设、劳动关系等相关议题进行案例分析与研究。

通过参加学术研讨会及上述的培训活动,有助于研究团队及时了解国内外同行的最新研究进展,汲取精华,拓展思路,强化课题组成员的研究意识和逻辑思维,提升成员的研究技能和学术水平,拓展成员的研究路径和创作方法,从学科知识的生产与传播、信息平台的运营与服务,到相关法律政策以及图书馆创新服务及技术发展等方面,为后续论文发表及报告撰写奠定了学术基础,提供了良好的参考与引导作用。

第八节 创新之处

本书通过研究目前较为成熟或成功的国内外图书馆创客空间的发展现状,找出存在的问题和差距,为中国图书馆创客空间的建设和发展,为馆员、创客协作发展机制的构建提出实施路径和相关措施。其研究特色与创新之处体现在:

一 研究视角的创新

目前,国内外针对图书馆创客空间的研究多为创客空间的内涵与价值、空间建设的影响因素以及国内外创客空间的实践探索,更多地局限于案例剖析和相关理念的介绍,研究视角大多停留在空间构建的"大而泛"层面上,较少研究空间发展中的各种"小而深"问题,如对空间发展问题的剖析、发展机制的构建等研究涉及不多。本书基于既有研究成果,通过文献研究、实地调研、网络调查以及电话访谈等方式,分析国内外图书馆创客空间的发展现状和成功经验,从空间服务体系的运行机制中追根溯源,以创新的视角探索和分析馆员与创客协作发展的动力和来源,归纳、总结两者协作发展的路径及措施,探寻在此服务体系中如何构建科学、高效的协作发展运行机制,推动中国不同类型图书馆创客空间的理论研究和实践活动。以中国图书馆创客空间馆员与创客协作发展的机制构建为研究视角,在选题、方法及研究内容上具有一定的新颖性。

二 研究方法的创新

本书综合运用文献研究、网络搜索、问卷调查、实地调研、质性研究

(扎根理论)、定量分析等方法,深入剖析目前创客空间发展中遇到的问题和原因,便于全面、系统地了解国内外图书馆创客空间的发展状况。首先,本书尝试将扎根理论这种质性研究方法引入空间馆员与创客协作发展的研究领域,探究如何构建馆员与创客协作发展空间的运行机制,如何建构本土化结构模型,希望通过这种研究方法获得新的研究视角和结论,为未来该领域的深入研究提供有益参考。其次,将质性研究与定量分析方法相结合,通过采用量化研究方法对变量间的相关关系进行检验,包括建立研究假设、设计调查问卷、收集数据和使用 Spss 软件对数据进行分析,并对定量研究结果进行分析和验证。既避免了单纯使用一种研究方法造成的研究不足,又验证了质性分析的结果。两种研究方法相辅相成,相得益彰,增强了研究结果的可靠性和有效性。

三 研究内容的创新

在对国内外图书馆创客空间发展现状的调研基础上,研究团队在对比分析国内外图书馆创客空间发展过程中,基于建设性视角提出馆员与创客协作发展的机制构建方案,进一步完善图书馆创客空间的服务体系,为人才培育提供新的发展模式,为中国图书馆事业的发展建言献策。具体体现在:

(1) 对图书馆创客空间发展现状进行细致、全面的梳理。国内外现有研究多是侧重于创客空间的构建、理论意义及空间的案例分析,而对于创客空间的发展问题研究很少涉及。本书详尽梳理和分析了图书馆创客空间的发展现状,总结出馆员与创客协作发展空间的实施策略,补充和完善目前图书馆创客空间的研究体系,推进中国图书馆创客空间朝着符合国情、省情、馆情且有自身特色的方向发展。

(2) 运用扎根理论对创客空间发展驱动及制约因素进行分析。首先,本书运用扎根理论及方法进行探索性分析,通过深度访谈对相关数据进行整理、分析,并基于 Nvivo 软件采用扎根理论的三级编码提取概念和范畴,系统提炼馆员、创客参与空间构建和发展的影响因素,探讨各影响因素的作用关系和路径,识别图书馆创客空间可持续发展的驱动因素及制约因素。其次,分别构建图书馆创客空间可持续发展驱动及制约因素模型。最后,采用 Spss22.0 进行相关性和多层次回归分析,验证通过质性分析得出的驱动因素识别结果,为图书馆创客空间挖掘驱动要素、减少发展阻力、提升服务效能提供参考。

（3）构建图书馆创客空间服务满意度评价指标体系。本书以用户（创客）满意度为切入点，利用扎根理论及方法，从创客感知的视角构建公共馆创客空间服务质量评价指标体系，从服务环境、服务条件、服务内容和服务绩效方面综合衡量公共馆创客空间的服务效果。又以国内高校馆创客空间的发展现状为基础，从大学生创客满意度的微观视角，即从投入—产出效率的视角，研究或评价空间的服务效益及创客满意度，通过深入分析、多轮筛选，确定高校馆创客空间服务满意度的最终评价指标，评价结果有助于准确测量图书馆的创客满意程度，实现馆员与创客协作发展空间的共同目标。

（4）提出促进空间发展的服务改进及实施策略。通过阅读中外文献、浏览创客空间网站、进行质性分析及 Spss 定量分析等方法，总结、分析出图书馆创客空间的发展特色、发展优势和发展问题，并结合中国图书馆创客空间的实情，聚焦细化，从可持续发展、发展阻力、服务机制、培训机制、激励机制、评价机制等方面，提出空间发展的服务改进及实施策略。

第九节 成果形式、使用去向及预期社会效益

一 成果形式

通过3年的理论与实践研究，项目组成员以获奖论文或案例的形式参加中国图书馆学术年会及省级学术年会2次以上，在图书馆、情报与文献学核心期刊上发表学术论文15篇，撰写学术及应用价值较高的研究报告约30万字，项目组成员的阶段性成果及获奖情况如表1-2、表1-3所示：

表1-2 项目组成员的主要阶段性成果列表

名称	作者	成果形式	刊物名或出版社、时间	字数	获奖或转摘/引用情况
图书馆创客空间集聚辐射效应的影响因素及形成探析——基于扎根理论的馆员培训分析	王宁	论文	情报资料工作 2020（10）：99—106	13208	下载460次

续表

名称	作者	成果形式	刊物名或出版社、时间	字数	获奖或转摘/引用情况
图书馆创客空间可持续发展驱动因素识别及模型构建——基于扎根理论的实证分析	王宁 沈青青	论文	图书馆工作与研究 2020（5）：5—15	12631	下载850次
创客精神培育与空间创新发展的耦合路径与保障机制研究	王宁	论文	图书馆工作与研究 2021（3）：5—15	12935	下载370次
创客馆员素养和技能提升的实施途径——基于扎根理论的创客空间馆员培训分析	王宁 朱扬清	论文	图书馆理论与实践 2020（8）：12—20	15284	下载327次
基于投入—产出效率的创客满意度评价研究	王宁 沈青青	论文	图书馆理论与实践 2021（1）：27—37	15426	下载223次
高校图书馆创客空间发展阻力及制约因素识别及分析——基于Nvivo的扎根理论分析	王宁	论文	新世纪图书馆 2020（10）：12—20	15638	下载1128次
基于"认知—情感—意动—行为"的馆员心态形成与行为调整过程探析——以图书馆创客空间中馆员培训为视角	王宁	论文	渭南师范学院学报 2020（2）：43—51	10673	下载621次
创客空间服务中图书馆员的角色定位及能力提升研究综述	刘丽娟 郝群 王宁等	论文	情报探索 2019（2）：108—116	15409	下载368次
国外高校图书馆游戏及游戏化运用实践综述	孟文斌 郝群 张立彬等	论文	情报理论与实践 2020（8）：1—13.	13563	下载924次

续表

名称	作者	成果形式	刊物名或出版社、时间	字数	获奖或转摘/引用情况
创客感知视角下图书馆创客空间服务质量评价指标体系研究	储结兵	论文	国家图书馆学刊 2020（3）：19—31	12356	下载697次
图书馆创客激励因素识别与模型构建	储结兵	论文	图书馆学研究 2019（13）：58—62	9857	下载218次
图书馆行业学会推动创客空间建设策略研究	储结兵	论文	图书馆学研究 2020（13）：18—22	7863	下载288次
图书馆创客空间特色服务的构建与分析——以长沙图书馆"新三角创客空间"为例	陶继华 龙耀华	论文	国家图书馆学刊 2020（3）：31—41	11453	下载561次
我国图书馆创客空间研究评述与展望（2013—2017）	陶继华	论文	图书馆理论与实践 2018（10）：25—30	7961	下载637次
基于扎根理论的创客空间环境下馆员服务机制构建与机理分析	陶继华	论文	图书馆学研究 2021（6）：25—33	10675	下载411次

表1-3　　　　　　　　项目组成员获奖成果列表

获奖名称	作者	类别	会议及论坛	颁奖单位	时间
基于投入—产出效率的创客满意度评价研究——以372份高校图书馆创客空间的问卷调查为数据来源	王宁 沈青青	征文二等奖	2020年高校图书馆发展论坛	中图图书馆学会高等学校图书馆分会、中国高等教育文献保障系统（CALIS）管理中心、北京大学图书馆	2020.9
创客精神培育与空间创新发展的耦合机制与路径研究	王宁	征文二等奖	2020年高校图书馆发展论坛	中图图书馆学会高等学校图书馆分会、中国高等教育文献保障系统（CALIS）管理中心、北京大学图书馆	2020.9

续表

获奖名称	作者	类别	会议及论坛	颁奖单位	时间
党校图书馆空间再造与服务设计研究——以安徽省委党校"悦读空间"为例	陶继华	优秀案例三等奖	2019中国情报学年会暨情报学与情报工作发展论坛	全国图书情报专业学位研究生教育指导委、中国科学技术情报学会、华中师范大学信息管理学院	2019.11
基于实证的图书馆创客空间馆员服务现状与建设途径	陶继华	征文三等奖	安徽省图书馆学会2019学术年会	安徽省图书馆学会	2019.11
图书馆创客空间馆员服务现状与诉求调查——基于深度访谈的扎根研究	陶继华	征文一等奖	2019年区域协作与图书智慧服务专题论坛征文活动	中国图书馆学会	2019.12
图书馆创客空间集聚辐射效应的影响因素及形成探析——基于扎根理论的馆员培训分析	王宁	优秀科研成果三等奖	2021年全省党校系统庆祝中国共产党成立100周年科研咨询工作交流会暨第十三届科研评奖活动	中共安徽省委党校（安徽行政学院）	2021.6

二 使用去向

此书可拓展国内各类图书馆创客空间的服务范围和服务深度，充分发挥图书馆创客空间的服务特色和服务优势，更好地为学校和社区服务，带动更多的高校、公共及中小学图书馆开展更广泛的空间创新服务。具体而言，高校图书馆可拓展教育职能，促进不同专业的师生合作开展创新创造活动，以提高各院校专业教育特色、课程设计为出发点，充分利用各类设施设备、软件工具、师资力量、资源平台等，为师生提供参与创客活动的路径和方法，策划与学科有关的活动方案，以契合教育目标的实现，辅助大学生实现由创意到实践的孵化；专业图书馆可依托图书馆资源优势，发展以信息服务和数据分析为重点的科技创新创业知识服务模式；中小学图书馆可建立创意培训授课机制，引导和鼓励学生自由开展创新创作活动，激发学生的创新动能，培养学生知识探索、实践和创新能力；公共图书馆可最大限度地发挥社区用户的创造力，提升社区人员的管理能力，还可以争取区域内学校、科研机构、新兴企业、社会组织等多方力量的支持和参与，开创具有地方特色的创客服务内容，提升公共馆的区域化服务质量，推动公共馆事业的持续发展。

三 预期社会效益

此书可提高国民的信息素养、创新意识和实践能力，进一步增强国家科技创新能力，形成全民创新的良好局面；最大限度上满足社会公众的精神和文化需求，提升图书馆的服务效能与社会效益；在促进国民开展终身学习、合作学习的同时，可鼓励其动手实践、挖掘创意，促进知识的动态性转化，并通过技术支持、平台支撑加快创造活动的产业化进程。

具体来说，此书通过前期的文献研究，中期的现状调查、因素分析，后期的机制建构和实践探索，一环扣一环，循序渐进，四种机制均在省内外图书馆创客空间得到实施、验证。在第九章中，分别介绍了长沙图书馆馆新三角创客空间、沈阳师范大学图书馆创客空间进行服务机制的实践探索；安徽大学图书馆创意创作空间开展服务、培训及激励机制的实践探索；中共安徽省委党校图书和文化馆新空间开展服务机制的实践探索。评价机制的实践探索分别以铜陵市图书馆文创空间、安徽农业大学大学生创客空间为示例。通过以上省内外图书馆创客空间的先行先试，边行边改，逐步将积累的经验和成果在国内各类图书馆创客空间中推广和应用。

第二章 馆员与创客协作发展的相关概念及基础理论

第一节 图书馆创客空间概念解析

一 创客、创客空间及创客馆员

（一）创客、创客空间

"创客"一词来源于英文单词 Hacker 或者 Maker，指利用互联网和硬件设施，不以营利为目的，共享资源、知识和技术，合作参与创作，努力将创意和创新活动转化为现实产品的人[①]。戴尔·多尔蒂（Dale Dougherty）作为杂志的创办人曾指出：人人皆可成为创客，创客是创新创造精神的载体，创客分有三种类型，没有任何基础的创客、走向成熟的创客、社区创客，任何个体或人、具有任何背景经验的组织和群体均能够参与创客活动并成长为一个成熟的创客[②]。"创客空间"英文为"Maker space"，又称为"Hacker space""Creative Space""Hacker lab"等，指为创客们提供创意、交流思想，让人们会聚在一起，分享创新理念，把主观想象变成动手、合作和创造，制造创新产品的物理场所和网络平台[③]。维基百科对创客空间的定义为：以社区运营模式为基础的工作空间，空间会聚了不同技术领域的个人或团体，他们从事着创业与创新的个人活动或团队活动。国外学者 Abram 在研究中将 Makerspace 定义为一个面向社会公众的实验空间，所有

[①]《维基百科创客空间的定义》，豆丁网，2017 年 3 月 14 日，https://www.docin.com/p-1868087645.html.

[②]《Make 创始人 Dale Dougherty：全民创客》，Uml.org.cn，2014 年 4 月 22 日，http://www.uml.org.cn/itnews/2014042208.asp.

[③] 陈艺：《高校图书馆引入"创客空间"的思考》，《新世纪图书馆》2015 年第 1 期。

具备相同兴趣、愿意分享经验和知识的人均可成为空间中的一员，利用空间资源开展 STEM（Science，Technology，Engineering，Math）教育、手工制作、文学创作以及其他发明创造活动[①]。国内学者将创客空间称为实验室、修补室、工作室或机械加工室，承载创造活动、支持创意的产生与转化，基于创造性学习，蕴含育人目标、担负着教育责任的教育空间；它是一个集智能、工具、技术与社会性资源的综合性空间，是创作空间、网络空间、社交空间和资源共享空间的集成。

广义而言，创客空间不限于物理空间和提供软硬件资源的固定场所，它是一种培养创新创意、创造创业知识和行为的新型教育模式，是制造、传播创客文化的主体和沃土。传统意义上，人们往往将创造和创新的概念应用于少数专业人士，随着创客时代的到来，更多的人群参与创新创意和创造的实践。按照空间服务内容的差异，可划分为文化、科技、教育、艺术等类型的创客空间。按照运营主体的差异可分为学校空间、政府空间、企业空间、图书馆空间、私人空间等类型。基于空间的功能可以划分为：兴趣培养空间、技能培训空间、社交空间、项目孵化空间、资源引进空间、教育空间等。创客空间的创造性活动，是为了将个人的创意转变为现实，创客空间与注册成功的企业或公司不同，其本质上不具备商业性的利益驱动，而是为创客群体提供创意交流、创造或协同创作的机会和空间。

（二）创客馆员

创客馆员，是指所有参与创客空间管理活动与服务活动的个体。如创新馆员、技术馆员、数据馆员和查新馆员等，其中创新馆员的主要任务是启发创意及创新引导，策划创客项目及大赛，指导创客的创新创业活动及实践；技术馆员的主要任务是搭建创客服务平台，对创客进行技术指导，开展培训及个性化辅导等；数据馆员的主要任务是收集、存储、整合和利用各类创客资源及创新创业资源；查新馆员的主要任务是开展科技查新、专利服务和知识产权培训，促进创客成果转化及应用。数据馆员要与查新馆员、技术馆员共同构建创客案例库和创客知识库，一方面便于创客通过模仿移植案例库中的创意成果萌发新的创意，另一方面便于馆员收集与创

[①] Abram S., "Makerspaces in Libraries, Education, and Beyond", *Internet@ Schools*, Vol. 20, No. 2, February 2013.

客活动相关的信息资源，利用管理工具建立专业数据库，及时总结分析国内外创客经验，达到资源共享、创意实现的目的。

二　图书馆创客空间

当前，国内学术界在图书馆创客空间的概念上并未给出标准化定义。根据学者们在文献中提出的定义，可以将图书馆空间概念概括为：图书馆在不改变自身构建体系的情况下，将创客空间及其服务植入图书馆中，整合二者的优势，实现学习、交流、共享、社交、科研、创新等功能空间的集约化、一体化发展，这是现代图书馆突破传统发展模式束缚的重要举措。图书馆创客空间不仅集成了图书馆传统的业务功能，还能够为各类用户提供3D打印、科技创作、文化创意设计、技能培训等多元化服务，注重"学思并举、手脑并用"，让用户在知识收集和学习、创造过程中，既加强了合作意识和创新思维，又提高了各自的协同能力、沟通能力、实践能力、创新能力等，是图书馆实现跨越式发展的新型服务模式，彰显出图书馆在新发展阶段的社会价值和社会影响力。

三　图书馆创客空间的内涵及特性

（一）图书馆创客空间的内涵

图书馆是各种知识资源汇聚的场所，能够为用户提供海量的文献资料，为创客空间的功能发挥、设备材料的应用提供了必要的支撑，能够让所有具有相同兴趣爱好与创造目标的个体共享创意、协作创新；为公众学习创新创业知识、交流创业经验提供平台。创客空间能够会聚具有创新创业理念的创作者，为创客们提供一个学习、交流、分享、实践和创造的环境，形成多元化的创意积累和知识增长，为创客的创新创业活动提供场所和支撑服务。将二者的功能和服务价值叠加融合在一起，形成图书馆创客空间。它是一个让创造者聚集在一起，分享创造性理念的开放性空间，创客们可以使用空间中的各种硬件和软件设备、知识和技术资源，将个人的思想与灵感转化为实际成果，在实践中对图书馆产生更深的认同感。

（二）图书馆创客空间的特性

研究团队调研发现，图书馆创客空间与社会上营利性质的创客空间有着本质的不同。社会机构的创客空间，大部分都是为创造出更多具有社会效益和经济效益的产品,而图书馆创客空间,则具有一定的公益性,主要的服务对象是具备创新意识的创客及创客群体,为他(她)们的创新、创造、创业活动提供一个合作共享、实践共享、知识共享、信息共享、技术共享的空间环境。图书馆创客空间不仅要满足创客的求知心理、创造心理等,培养创客的创新创业意识和思维,还要注重对创客创新创业创造技能的培训,提高创客的综合素养,培育创客社交能力与知识实践能力。总而言之,图书馆创客空间是信息、精神、思想、文化、技术的开放性共享空间,对现代科学技术的发展和创新型人才的培养具有重要的推动作用。

第二节 馆员与创客协作发展的核心要素及主要内容

虽然创客空间根据其功能性质有多种存在形式,可分为公共服务、教学服务、独立型等大类,即公共、专业、高校图书馆以及社会机构的创客空间,但其服务活动是相似的,即开办内容丰富的讲座活动与研讨活动,集结地方优势师资为用户提供技术培训和知识培训;依托数字化网络服务平台,为用户提供专业化的项目指导服务。无论是公共、专业、高校馆创客空间,还是社会组织构建的创客空间,要实现馆员与创客的协作发展,形成图书馆、创客、馆员的共赢发展局面,必须具备以下核心要素。

一 空间的规划及设计

1. 场地布置

创客空间需要配备相应的制作工具,为创作提供基础设施,促进集思广益、小组讨论、会议交流和协作活动。相较于原有图书馆的书籍阅读和自学空间,创客空间的场地应更加宽阔,与图书馆自习区之间要用隔离带隔开,且该空间需要配备较好的隔音装置,尽量减少对图书馆原有自习区内读者的干扰。空间应选择一个远离读者阅览室的地方,或利用不同的楼层将二者分割开来。条件充足的图书馆应打造更加专业和功能完善的创客空间,或利用闲置建筑作为独立的创客空间。例如:多媒体教学室、闲置宿舍、休息室等。

2. 功能区划分

空间功能区的划分是馆员与创客协作发展空间的主要环节和重要条件。多数图书馆创客空间均由实体活动空间与虚拟空间组成。其中，实体活动空间主要用于创造性思想的实体转化，帮助创客进行学习和交流，提供创客知识培训、储存资源和设备、开展创业实践活动的物理场所。实体空间的功能区划分很重要，一般都包括制作室、研讨室、展览室、休息室等空间。虚拟空间是基于计算机硬件和互联网信息技术的非实体空间，主要用于创客知识经验交流、知识学习、资料查阅等。虚拟空间不受时空和地域环境的约束。

3. 空间设计

衡量空间设计是否科学、合理，不仅要考虑空间面积的规划，还应考量创客们的创新需求、创意灵感的激发、想象力扩展等需求；在空间环境的装修和设计方面应合理搭配色彩与图案，营造出一种层次感强、和谐度高、温馨恬静的空间氛围。在空间设计上，图书馆应以启发思维和想象力为原则，让空间具有趣味性与科学性。

二 资金的来源与筹集

创客空间的顺利运营需要充足的资金保障。除了引进和购买昂贵的大型制造设备外，对设备的更新和维护也需要一定数量的资金投入。但是，中国图书馆的运营经费普遍依靠于国家财政拨款，有限的财政拨款无法满足空间人力物力资源的发展需要。人力资源方面，创客空间的建设和发展需要配备有效的管理和运营团队，定期邀请经验丰富的创客导师与创客团队开展面对面培训、讲座、研讨活动。在物力配置上，在图书馆创客空间购买设备需要投入大量资金，比如购置3D打印机、3D扫描仪、激光切割机、焊接器等。此外，3D打印耗材、维护费用、场地清理等也需要一定的费用。

"巧妇难为无米之炊"，在资金匮乏的情况下，创客空间的运维将步履维艰。无论是在创建初期，还是在运营中维持，抑或是后期持续发展，创客空间都需要一定数额的经费投入。资金问题是制约创客空间的核心问题。西方国家在创客空间的资金获取方面具有丰富的渠道，包括国家建设资助、会议筹资、网站众筹、申请国家/州政府的扶持资金等。对于中国而言，图书馆创客空间应重视资金的来源与筹集。一方面，图书馆除申请使用部分发展经费作为空间运营资本外，还应主动寻求政府和其他科研机构的经费支持，保障空间发展与设备更新资金的充足性；还可以通过参加国内外会议、网络众筹、鼓励各种公益基金捐赠等方式，挖掘潜在合作伙伴，争取更多资金；也可与校外企业、组织、科研机构等合作，通过校企合作、众筹、政府或高校联盟等方式联合各方力量申请项目资金支持，有效缓解资金短缺的状况。比如与企业灵活合作，联合开展创客活动，提供品尝、演示、试用、优惠券等免费奖励，既能带动创客们的积极性，又能起到很好的宣传商家作用，形成互利共赢的长期合作模式。最重要的是，如果能把创客产品投入实际生产中，即可为图书馆创造经济回报，以改善空间运营的资金压力。另一方面，图书馆还可以通过创客会员收费与材料使用收费的形式，增加经济收入，但必须确保收费标准的合理性。此外，图书馆必须建立健全的运营成本预算机制和管理机制，在耗材的选择上尽量以可重复利用的材料为首选，允许用户自带安全材料进行创客活动，以减少运营开支。

三 设备的调配与维护

1. 基础和高级设备的配置

馆员与创客协作发展空间的成功基础就是要配置各种设备设施及资源。创客普遍具有一定计算机操作基础和电子机械操作能力，对硬件和软件配置有较高要求。根据空间设备性质的不同可划分出基础设备、高级设备两种类型。其中，基础设备主要为电路元件、座椅、计算机、测量工具、纸张材料、复印设备等。高级设备主要为高科技制作工具、计算机软硬件资源、可视化设备、电焊设备、切削机床、测量工具等，如3D打印机、激光切割机、播客设备，以及电脑、摄影机、投影仪、照相机、音响设备、麦克风等。就设备配置而言，不同类型的图书馆空间应区别对待。文创或艺创型空间需要配置手工、针织、缝纫工具、陶瓷加工等基础创作工具，科创型空间需要配置木工工具、焊接设备、喷涂设备、钣金设备、数控机床、数控铣床等大型设备。创客空间的设备采购没有标准化的列表或者项目清单，每个创客空间都要根据图书馆的具体需求决定设备和资源的采购计划，并需要随着创客项目的进展或变化进行补充或更新①。这些基础设备和高级设备的采购与配置主要基于创客空间的定位，满足各个创客空间的发展特点和需求。

2. 设备的来源

图书馆应提供和确定各类设备及资源的采购渠道，可同合作伙伴协商购买或租赁能够保证空间正常运行的各种设备、工具和软件资源，并能不断提供、改进和更新各种设备及工具。比如高校馆可基于自身的学术资源优势，与院系中的各个部门签订设备使用协议，整合各类实验工具、摄影设备、体院设备、沙盘工具等。同时，还可以通过与企业签订设备使用补偿协议，以租赁形式获得企业特定设备的使用权。

3. 设备的维护

为确保设备的安全使用，创客空间可根据设备的性质和类型，将设备放置在不同的区域，如木工车间、焊接车间、喷涂车间、精密金属加工车间、电子产品生产车间、计算机辅助设计室、计算机软件基础开发室、计算机硬件开发室。为预防创客在使用设备时发生危险，应准备手套、专业眼镜和口罩等日常安全维护性设施。

四　平台的分享与交流

为用户提供优质服务是图书馆创客空间的共同目标。创新需要交流和知识传播；创新遇到什么问题，创新服务就应该去解决什么问题。近年来，图书馆创客空间致力于解决知识服务创新过程中的各类问题，将自身定位为从内容增值服务转变到知识服务和创新服务，搭建支持用户协同创新的平台。所有图书馆创客空间不仅要为创客的创意交流和实际合作提供物理场所，还要搭建一个沟通便捷顺畅、线上线下互通互动的网络应用平台，这些平台的搭建可以展示创客们的创造力和作品。经过交流和沟通，使得这些创意和作品更加完善，创客们的显性知识得以生产、传播、扩散、利用和评价，最后转化为隐性知识；在信息传播的同时，还可以激发创客产生新的创意和灵感，催生出新的创客作品，从而形成一个良性循环的发展模式。

所以，平台是公共知识服务机构与用户个体知识的无缝整合，是实现

---

① 张晓桦：《创客时代图书馆空间再造与服务融合路径研究》，《图书馆建设》2015年第11期。

空间有效管理的重要途径。平台资源只有具备较强针对性，才能激活创客的创业思维和创新思维，馆员才能积极解答创客的疑惑和问题，引导项目顺利完成。如：国内外最新创新信息、国内外最新创业信息、最新创客项目信息、科学技术动态信息等①。目前，许多高校及公共馆都设置了微信公众号、微博、知乎、抖音等账号，形成一个动态交互的协作学习环境，促进了知识的融合与传播。这些平台能够吸引对空间感兴趣的社会各界人士和资深创客们积极参与空间活动，对丰富空间服务及知识储备，助力馆员开展宣传、传播活动具有积极的推动作用。

五 创客项目的设置与选择

创客空间提供服务项目的数量和质量直接影响和决定着空间的运营和发展。创客项目的设置与选择应具备继承性、示范性、指导性和可持续性，并与现有服务内容有很强的相关性。项目的设置首先需要考虑的是创客的年龄、兴趣爱好等特征，只有从创客的需求出发，才能满足其对项目的热情和兴趣。创客空间应该把硬件制造商、赞助商、企业及部分家长作为创客项目的合作对象，因为他（她）们在推动图书馆创客空间服务优化方面更具主动性和成本优越性。美国北卡罗莱那州立大学图书馆在创客空间服务项目的设置方面做得很好。不仅为创客们提供了丰富的功能空间和技术支持，还提供了各种高精尖端设备支持和电路制作技术支持，以及专业的教育服务与指导服务。同时，还通过创客咨询平台定期邀请专家教授开展创新创业知识讲座②。这些服务项目和措施满足了创客的服务需求，使空间具有长久的吸引力，对中国图书馆创客空间馆员与创客的协作发展具有一定的借鉴和指导作用。

因此，空间管理者及馆员应协助创客/创客群体高效利用图书馆的资源，合理设置创客项目，通过各种渠道帮助他（她）们将创意转变为真正的创客作品，实现从创意到现实的转化③。上海图书馆的创·新空间是中国最早构建的创客空间，该空间非常重视服务项目的设置，每月开展的创

---

① 金秋萍：《美国高校图书馆创客空间建设的实践及启示》，《图书与情报》2017年第1期。
② 张亚君、唐鹏、李建强等：《美国高校图书馆创客空间实践研究》，《图书馆工作与研究》2015年第4期。
③ 黄艳华：《国内图书馆创客空间建设及服务研究述评》，《图书馆学研究》2016年第8期。

新创意活动次数在6—8次,创客活动时间安排在周末。通过为不同人群提供软硬件支持、指导服务、多样化专业活动,如:服装设计活动、摄影展览活动、3D建模知识讲座、技术论坛、科普知识宣教等,吸引了大量的用户积极参与,使创客规模不断壮大,为空间的高效运行奠定了良好基础。高校、专业、社区和少儿图书馆等也应注重创客服务项目的针对性,在活动的开展方面应高度重视实效性、连续性,引入更多更受欢迎的服务项目,提高创客项目的发展水平。

六 人员配置及团队建设

1. 人员配置

创客空间的运营和发展主要依靠馆员与创客,因此,空间人员配置的数量和质量很重要,尤其是专业馆员,他(她)们是空间的直接组织者和管理者,是空间长远发展的决定性要素之一。大多数图书馆员都具有良好的个人素质和较强的创新意识,图书馆创客空间实现服务创新,对馆员的职业发展和职业能力提升具有积极的促进作用,可以得到大多数图书馆员的支持和拥护。馆员的责任感和使命感使之能够并愿意为创客提供免费的指导,随时随地帮助创客,降低创客的创作成本,促进创客的创新和创造活动。

除了合理配置馆员之外,馆员与创客协作发展空间还需要师资力量和学生的支持,可从下面两个途径吸贤纳才,优化人员配置。一方面,在高校馆和公共馆都设有开放性的学术研讨活动,此类活动对各种学术背景的技术人员和专业人士具有较强吸引力,创客们因此拥有了高水平"智囊团";另一方面,在高校馆和公共馆都有强大的师资力量和创新活力的学生,他(她)们是空间源源不断的力量来源。特别是大学生在生活上的压力较小,年纪尚轻,对新知识和新技术具有较强的探索欲和求知欲,有很强的创造潜力。同时,不同学科专业与不同院系的学生在创客空间进行信息共享、交流互动、经验分享,使不同学科知识实现了高效的传播与扩散,有利于创新创业活动的顺利开展。

2. 团队建设

馆员与创客协作发展空间应配备专业化的工作团队,主要由馆领导、专业馆员、社区专家、大学生、志愿者等组成。团队建设不仅能为创客提供技术指导与培训等服务,还能更好地激发创客的创新思维,孵化创新成果，满足创客的创新创造需求。

（1）领导团队。领导团队是一面旗帜，是风向标，决定了空间发展的运营质量和发展方向。对创客空间的运行结果有着重要影响。团队是由若干具有相同目标的个体聚集而成的组织，此组织为了更好地运营和发展，最重要的是要配备能够引导和影响个人或群体的领导者，他（她）们有很好的组织管理能力，能够以实际行动逐步实现目标。在调研中，研究组发现中国有一些图书馆创客空间仅由学生或志愿者进行管理。虽然学生与志愿者均具有一定的管理能力，但学生必须在学习、生活、娱乐、兼职之间达成平衡，才能确保空间管理工作不会对其他方面产生负面影响。同时，学生在管理方面的经验较为匮乏，专业素养尚未成形，未必能全心全意地管理和运营创客空间，因此，创客空间的领导团队，应该以馆员和学校教师为主力军，而不能单纯依靠学生或志愿者。例如：南伊利诺伊大学聘请了一位具有高资历数字技术的专家担任图书馆创客空间的领导者，在管理工作中发挥了专业特长及领导优势，使该空间的运行管理水平远高于其他院校[①]。馆员与创客协作发展空间离不开拥有深厚专业技术背景和管理经验的领导团队，中国图书馆创客空间应积极借鉴这种团队领导者管理模式。

（2）创客团队。除了领导团队，管理员与创客还必须建立创客团队才能实现更好的协作发展。创客团队中的所有成员都需要遵守团队纪律，努力实现团队发展目标，每一个成员都具有特定职能分工。创客团队的完整性取决于团队成员的结构是否科学合理，创客专家、志愿者、创客是一个创客团队的主要架构成员，任何成员角色的缺失都将减弱团队的战斗力。创客是团队的核心角色，其主要负责创意转化为实际；创客专家是创客活动的指导员和培训员，需要为创客提供创新创业问题、创作问题的解决方案。志愿者肩负团队中的后勤保障职责，主抓创客空间日常运营和管理工作。在国外图书馆创客空间的建设和服务中，志愿者发挥着重要作用，因为志愿者可以减轻馆员的工作量，弥补馆员在知识和技术上不足。

在国外图书馆，创客团队主要由社区居民和大学生组成。比如美国公共馆创客空间倾向于邀请社区居民加入创客团队，社区居民来自各行各

---

① 康琼琼：《中美高校图书馆创客空间建设状况及分析》，《数字图书馆论坛》2016 年第 5 期。

业，如教师、艺术家、电脑程序员、律师等。一方面，他（她）们聚集在空间开展交流、合作，通过头脑风暴激发创造力；另一方面，他（她）们可以担任创客导师，分享知识、传授技能，提供志愿者服务。此外，国外图书馆创客空间始终与社区群体保持良好的合作关系，空间借助社区精英的知识力量和经济支持，极大地丰富了创客活动。而美国高校馆创客空间更倾向于邀请大学生加入创客团队，参与空间的建设与运行，这样不仅能利用学生的专业优势和特长，还能直接了解学生对创客空间的发展需求，及时获得反馈意见，从而改进服务，提升服务质量。

中国高校图书馆在创客团队的建设方面应基于多元化原则，通过招募志愿者、聘请退休专家教授、聘请技术专家等方法为空间活动提供监督和高水平指导，为创客活动的安全管理提供基础与保障。此外，图书馆还可通过与各类教育机构展开创客空间的运营合作、联合开办创客体验活动、举办创客竞赛活动等，强化创客空间的影响力，吸引更多专业人士的关注和参与。

七 教育培训

1. 馆员的教育培训

在短期内，图书馆采用专业志愿者招募的形式能够在一定程度上实现服务力量的扩充。但从未来发展的视角上看，唯有加大对馆员的能力培养和素质培养，才能为空间的可持续发展提供支撑和保障。从现实上看，图书馆创客空间对馆员能力提出了严峻的挑战和要求。在创客空间的管理中，馆员应负责场地安全管理、卫生管理、设备维护等工作；在设备操作及管理中，馆员必须熟练掌握各种工具和机械设备的操作规范，明确安全风险，做好安全防控；在培训引导方面，馆员需要掌握和理解创客以及空间运营知识，了解空间发展的新趋势，积极指导和引导创客活动。目前，中国图书馆在馆员职能分配方面较为因循守旧，在空间功能规划和馆员职业化发展方面存在重视度不足的问题。因此，对馆员实施再教育和再培训十分重要。受过专业培训的馆员是空间馆员与创客协作发展的重要推动力量，一般来说，这些馆员具有很强的信息检索、分析和综合处理能力。他（她）们在上岗前接受过专门的岗前培训，专业性较强，能结合各自的专业背景和个人特长，为空间开展的相关活动提供指导，是创客的良师益友、导师和领航员。

2. 创客的教育培训

创客空间用户类型较为丰富，但不同用户之间的素质和技能水平千差万别。由于中国现有教育模式的限制，学生仅是理论知识学习的主体，实践知识的学习渠道非常狭窄。因此，学生的创造力被遏制，符合创客条件的群体数量非常有限。图书馆应邀请教师、成功的创业人士，以及专业技术人员或导师为创客提供标准化、规范化、高水平的教学指导和培训活动，通过指导创客认识和运用各类器械设备，启发创客/创客群体的创造灵感，为他（她）们的动手实践提供机会和平台。当创客们掌握一定的创造技能后，可筹划基于创客自发建立的培训模式与活动形式，为创客提供具有针对性的教育培训，促进空间的运营和良性发展。

八　合作关系的建立与维持

众所周知，以华为、阿里巴巴等为代表的龙头企业均将"利益共享"作为建立合伙人制度的原则，通过对核心人才的培养，构筑以利益共同体、事业共同体、命运共同体为中心的合伙人发展模式。发展图书馆创客空间更应如此，因为图书馆的单边实力相对较弱，无论是资金还是服务项目，图书馆都需要联合强有力的外界力量来支持空间的建设和发展。不仅要和垂直领域的机构进行资源整合，还要与横向机构甚至不同的产业链机构开展交流合作，积极寻求和其他类型图书馆以及一些信息服务公司的多边合作。比如：美国高校图书馆普遍以社会第三方机构、企业、公益组织作为合伙人。上海图书馆"创·新空间"合伙人不仅有高校，还有AUTODESK12、3D公司、少科站、上海市动漫协会、循商、美田创意、老科协等不同机构[①]。建立和维持良好的合作关系是图书馆创客空间激发源动力、扩大影响力、吸引创业投资基金、拓宽服务范围的有效途径，也是影响馆员与创客协作发展空间运营效果的重要因素。另外，为避免空间服务项目和活动的单一化和同质化，确保空间活动项目的多样性和持久性，更有必要建立和发展多边合作关系。

国外图书馆十分重视图书馆与外界合作关系的建立与维持，不断拓宽与其他院校、企业、社会组织、政府机构、公益机构的合作，接受企业捐

---

① 张红利、曹芬芳：《国内外典型图书馆创客空间实践研究和启示》，《图书馆学研究》2015年第2期。

款、社会捐赠,与这些机构联合举办创客活动,努力和所有利益相关主体形成合伙人联盟体系,深化与专家、学者、合伙人之间的合作关系,为馆员、创客、用户、理事会之间的互信与合作营造良好的环境。这些举措值得国内图书馆借鉴和学习。在合作对象上,国内各地区的青少年宫、博物馆、科普站、中小学校、社区中心等信息服务机构是空间建立合作关系的首选对象;与企业、科研机构、社会机构开展合作,则有助于强化创客空间的人才孵化功能,为企业培育更多的专业人才与高水平人才,为创新成果的实际转化提供良好的基础,进一步强化空间的功能和效用。在合作内容的设计方面,图书馆可充分利用自身的馆藏资源,邀请企业人才、科研机构专业人才为创客提供讲座活动,或引进专业管理队伍,为空间的高质量运营和发展提供指导;通过与社会化创客团队建立有效的合作关系,进一步激发创客的创新创业灵感,为创客提供更加规范和专业的操作与指导。

第三节 馆员与创客协作发展的目标

一 提高创客的创新创造能力、推动创新群体领域发展

为具有创新创业意识和需求的大众提供创客精神培育服务是图书馆创客空间的核心功能,创客空间以"共享、教学、合作、创造"为主题,让创客/创客群体聚集在一起,成为知识交流和学习创造中心。来自不同社会层次的有志之士会聚一堂,在空间开展个体学习、分享知识、交流经验、协同创造活动,这种跨学科的知识交流更能促进知识创新,增强创客们的社会交往能力、团队合作能力、问题处理能力、知识实践能力。馆员与创客协作发展的目标之一就是鼓励创客/创客群体博采众长,发挥各自独特的优势,既要促进创客个体的发展,又要促进创客群体创造力和灵感的培育,共同产生创新成果,推动创新群体领域发展。

二 提升图书馆创客空间的服务价值和服务效能

馆员与创客协作发展的目标之二就是要充分彰显图书馆创客空间的服务价值和服务效能。一方面,馆员应加强对空间技术及硬件设施的管理与应用,要立足于图书馆信息资源及协作共享的优势,营造良好的创造环境

及协作创新平台，为创客的创造活动提供坚实的知识储备，这是创客空间提供创新服务的前提和基础。另一方面，要提升馆员的素质和职业技能，以适应空间的发展。馆员在提供信息服务和指导服务的同时，还为创客们提供知识或技能培训，从提供文献、信息资源帮助创客/创客群体获取和评价信息，到通过新兴媒体、工具和尖端科技帮助创客/创客群体进行知识创新和产品创造。通过馆员为创客提供的优质服务和特色服务，不断提升空间的服务价值和服务效能。

三 支撑和培育高素质的双创型人才

馆员与创客协作发展的目标之三就是提高知识学习与知识实践的协同程度，进一步加大馆员对教学和科研指导的支撑力度。一方面，馆员开展空间服务活动，可激发用户（创客）的创造激情，为创客搭建开放的知识实验室和知识服务平台（如网络、集成研讨空间、讨论小组等），提供开源、共享的创造流程；可以充分发挥图书馆在信息检索、专利服务及资源领域的优势，推动创客项目的不断发展与壮大。另一方面，创客/创客群体在空间项目的实际操作过程中，不断地巩固和强化专业知识的掌握深度，提高知识的应用能力。图书馆创客空间与教学科研互相促进、融合发展，有利于发挥空间支持学习、辅助创新的功能和作用，培育出高素质的双创型人才。

第四节 馆员与创客协作发展的原则

国内大多数图书馆创客空间都是基于用户的实际需求，为降低空间改造的损耗，对原有的空间、资源进行改造或升级，购买相关设备和工具，挖掘用户的创新和创造潜能，支持创客开展创造活动。馆员与创客协作发展空间力求以最小的成本投入，最大限度地激发出空间的发展活力。研究团队通过调研和文献分析，认为中国图书馆馆员与创客协作发展空间应遵循以下原则：

一 可持续发展原则

可持续发展是人类发展的永恒主题。图书馆创客空间创建的目的之一就是不断强化公众的创新、创造和创业意识,而创新意识的培养就是为了解决在资源不足的情况下,如何合理利用资源以实现效益最大化的问题。图书馆创客空间的建设及其后期运营都需要强大的资金流支持,因此图书馆在构建初期就应该将"可持续发展"纳入其应遵循的原则之一。这里所指的可持续发展包括以下内容:

首先,要实现构建期间的可持续发展。中国图书馆馆员与创客协作发展过程中,既要充分思考空间资源存量,做好空间资源规划,又要动态评价资源利用情况,科学制订资源采购计划,在最大限度上降低资源浪费现象,确保资源可用性与充足性。一方面,图书馆尽量在原有的空间基础上进行改造,同时也要为后期用户规模扩大后进行实体空间扩建留出自由空间备用;另一方面,建造过程中要尽可能地选择绿色环保的建筑原材料,有助于节省成本。此外,馆员应准确把握社会环境发展的变化趋势,深入研究空间运行中存在哪些问题,结合空间发展目标与用户需求动态,实施空间的动态优化调整策略,确保空间发展的稳定性、持续性、高效性。

其次,要实现运营阶段的可持续发展,即图书馆创客空间能够持续、高质量地运营下去,而不是一个形象工程,否则,图书馆创客空间的存在就没有任何价值和意义。空间能否持续发展主要与创客活动项目或服务设计是否科学合理密切相关。在空间项目设计时,馆员应根据具体情况和用户的具体需求展开,在空间运营过程中,馆员应定期进行项目评估和满意度调查,并不断改进和调整服务内容,保证创客空间的持续发展。此外,未来空间的扩展和馆员队伍的建设情况也应纳入其中,以满足不断增长和变化的创客需求。

二 资源共享原则

"资源共享"是创客运动的核心精神,故而,图书馆创客空间中馆员与创客协作发展也应遵循这一原则。一方面,在空间设计和布局上,馆员应尽量使用明快鲜亮的色调,设置便于小组讨论的桌椅和会议室,营造有利于协作和交流的物理环境。另一方面,馆员应注重线上交流平台的搭建和维护,使得线上线下构成完整的资源共享体系,为创作者之间的创意交流和分享提供便利。除重视创客间的资源共享外,馆员还应加强与社会创客空间、创客组织、专家以及教育机构的资源共建共享,促进图书馆创客空间的长效发展。

三 合作共赢原则

自古以来，人类的生存和发展都是以合作为前提。图书馆不断进行服务模式与服务理念的优化创新，逐步构建跨界合作、多边合作的业务运行框架。比如：通过与出版社签订合作协议拓展 MARC 数据获取路径；通过与图书供应商签订编目外包协议，实现图书馆编目专业化；通过与文化机构签订数字资源共享协议，实现优势资源互补；通过馆内部门之间的协同合作，实现业务分工和管理分工[①]。整体而言，创客空间的建设与发展需要图书馆内部和外部力量的共同推动，在馆员与创客协作发展过程中，不同部门各司其职，极力做好职能工作，并通过在各个领域的合作支撑空间运行。第一，要进一步加大创客空间与图书馆职能架构的联动性，突破传统架构边界的限制，使两者达到协同创新、协同发展；第二，加大公共馆、社会、高校馆创客空间的联动能力，形成合力，实现合作发展、合作创新；第三，深化教育机构、科研机构、企业之间的联动性，联合推动项目创新、活动创新、功能创新。跨界合作的深层意义是实现优势资源和优势技术的有机整合，将传统的竞争对手转变为合作对象，实现各种资源要素和创新要素的组合与高效利用，达成合作伙伴的协作共赢发展。

四 需求适配原则

图书馆的项目设计主要以更好地满足用户需求，激发创新动力与创业动力为出发点。只有深入研究、真正了解用户需求，才能使馆员与创客的协作发展更有针对性，更具社会价值。故而，馆员与创客协作发展空间时应遵循需求适配原则。在建设前期，馆员应调查本馆周边社区的居民需求，设计公众喜闻乐见的创客项目。馆员可采用"封闭式问卷+开放式问卷"，收集用户对构建和发展图书馆创客空间的建议，图书馆相关负责人员可以对收集到的问卷信息进行整合分析，提取有用信息。在空间运营阶段，馆员还需要收集用户的反馈信息，通过公开邮箱和留言簿等形式收集创客们的反馈和建议，并开展参与者的满意度调查，搜集其对改善创客空间服务的意见和建议。馆员应持续优化改善用户评价机制和信息反馈机制，根据不同发展时期的需求实施空间规划与方案的调整，不断完善服务

---

① 申伟：《高校图书馆信息共享空间的构建研究》，硕士学位论文，曲阜师范大学，2011 年。

五 以"本"为本原则

图书馆创客空间的出发点是满足用户的创新创造需求，各图书馆应结合校情、馆情制定出适合本校、本地创客空间的建设发展方案，避免机械复制和随意搭建制作者空间，造成低效利用和资源浪费。在空间馆员与创客协作发展过程中，除坚持以人为本外，还要以本馆的用户需求为导向，遵循以"本"为本的原则。首先，馆员要积极借鉴其他国家发展较为成熟的创客空间运维经验，细致研究他们的技术选择模式、服务管理模式、运营模式的特点与优势；其次，在知识资源非常广泛的环境下，用户对学习内容的要求会朝着更高的层次不断发展，学习方式也将随之发生改变，实践经验与实践成果的探索成为用户追求的核心。馆员应动态研究用户需求，并基于前瞻性的视角拓展空间功能，开展更多具有建设性的创客活动。此外，由于公共、高校、专业图书馆的用户服务群体不同，用户的服务需求也有很大差异，各级各类图书馆都要区分用户的不同需求，因地制宜地做好本馆的空间服务工作。比如高校馆必须充分研究和考虑教学与科研之间的联动需求，持续提高创客活动质量、丰富活动内容、提高培训教学水平、补充课堂教学实践性的缺乏或不足。

六 布局合理原则

创客空间与图书馆自习室、阅览室等空间不同，相对而言比较嘈杂，需要很大的空间面积。馆员与创客在空间协作发展过程中应充分考虑这些因素，尤其是在空间布局上，避免因该空间的使用而严重影响图书馆其他空间的正常使用。为解决这一问题，馆员应进行合理布局，可通过采用隔音效果好的制作材料，设置动态和静态区域，分区严格限制强噪声活动的运营时间，尽可能减少创客空间服务的负面影响。只有遵循布局合理的原则，馆员与创客在图书馆创客空间中才能维持和平共处、协作发展的良好状态。

七 安全第一原则

安全措施是图书馆创客空间设计和配置的首要因素。在任何操作过程中，创客与馆员都要牢记安全性，把安全放在第一位，这是图书馆创客空间开展各项工作的前提和基础①。在空间馆员与创客协作发展过程中，对于购置的大、中、小型机械设备和工具，馆员/创客必须具备较强的安全意识。首先，要建立完善的安全培训制度，充分考虑所有存在安全问题的细节，做好用户生命安全与财产安全的保障工作，避免出现任何安全风险；还应采取一些应急管理措施，定期进行消防演习，制定紧急情况下的应对方案。其次，馆员在采购设备工具时应严格控制设备质量，尽可能选择安全无毒的材料，做好危险品的保管工作。此外，焊接、3D打印机、激光切割机等设备在操作过程中会产生对人体有害的烟尘废气，人体吸入之后可能会产生缺氧和头疼等不良反应。馆员应注意及时开窗、保持通风。尤其重要的是，对于一些存在安全隐患的大型制造类设备和工具，馆员要为创客提供入门培训，指导创客安全使用，并在设备旁边张贴一些安全警告标志，确保所有用户都熟悉和知晓安全使用流程和注意事项。

第五节 馆员与创客协作发展的理论基础

一 图书馆用户需求理论

（一）最大限度地满足用户需求是图书馆存在与发展的重要因素

任何机构都是基于一定的社会需求而出现的，并因其社会价值而继续发展。图书馆只有随时了解用户的需求，尽可能地满足用户需求，提高用户满意度，它的存在才有价值和意义。读者服务是图书馆工作的重中之重。传统的图书馆服务主要包括借阅服务、文献复制、读者教育与培训、参考咨询、专题信息服务等，这些服务给用户带来了极大的便利。随着时代的发展，用户对图书馆提出了多样化、个性化的需求。为进一步满足用户需求，学科馆员服务、创客空间服务等新的服务模式随之产生。只有围绕用户的服务需求，对服务功能和服务内容进行优化调整，及时更新服务项目，才能不断增强图书馆的服务效能与内在价值。因此，最大限度地满足用户需求是图书馆生存和发展的重要因素。

（二）用户需求的多样性

用户需求是多层次的，根据东京理工大学教授狩野纪昭（Noriaki

---

① 马骏：《高校图书馆创客空间构建艺术研究》，《图书馆理论与实践》2015年第8期。

Kano）提出的 Kano 模型［该模型指出产品（服务）的性能与用户满意度之间存在一定关系］，在分析用户需求对用户满意度影响的基础上，体现了用户需求满足程度与用户满意之间的非线性关系。用户需求主要包括以下五个方面：基本需求、预期需求、魅力型需求、无差异型需求和反响型需求。其中与图书馆提供的服务有关的需求主要涉及基本型、预期型以及魅力型需求。

基本需求：指用户对产品或者服务最基本的需求。当这个需求得到满足时，用户的满意度不会有很大程度的提升，但是如果这个需求不能得到满足，则会引起用户极大的不满。例如在图书馆提供的服务中，外借服务和阅览服务是用户对图书馆的基本需求。当图书馆提供这些服务时，并不会让用户对图书馆产生更多的好感，也不会提高他们对图书馆服务的满意度。但是，如果图书馆不提供这类服务，很可能会导致用户对图书馆服务的不满。因此，图书馆需要不断了解用户的基本需求，并提供适当的服务来满足用户的需求。

预期需求：指用户对产品或者服务的满意度与需求的满足程度之间存在着一定比例关系。当这种需求得到满足时，用户的满意度会大大提高，而当这种需求得不到满足时，用户的不满就会显著增加[①]。例如图书馆提供的用户教育和培训服务、文献打印、复制和扫描等服务。这些服务不一定是图书馆必须提供的服务，但当图书馆能够为用户提供这类服务时，就能得到用户的好评。但是，如果提供的相关教育和培训活动不能满足用户的实际需求，不能满足用户的期望，就会引起用户的不满，导致用户抱怨，甚至对图书馆产生负面影响。

魅力型需求：这种需求不会被用户过度期待。当能够提供这类需求的时候，用户的满意度会有明显的提升，即使这种服务不完善，用户也能获得良好的印象。而且，即使这个期望没有得到满足，用户也不会表现出太多的不满。例如，图书馆提供的参考咨询服务、学科馆员服务和创客空间服务。图书馆所有馆员在充分发挥专业特长、技能优势，利用馆舍空间为用户提供良好的服务时，用户的满意度就会大大提高。但是，当一些图书馆由于资金、人员、设备有限而无法满足用户这方面的需求时，用户也不

---

① 何惠静：《我国高校图书馆创客空间的构建研究》，硕士学位论文，福建师范大学，2017 年。

会表现出不满。

尤其是在图书馆创客空间服务中,图书馆需要有足够的资金、设备和空间来提供这种服务,同时需要为馆员进行额外的专门技能培训。提供这种服务的附加条件很多,使得很多图书馆很难为用户提供这类服务。但是,用户不会因为图书馆没有为他们提供这样的服务而对图书馆不满。相反,当图书馆真正能够为其提供创客空间服务时,可能会吸引很多用户前来使用,极大地激发出用户对图书馆的好感。

本书通过对国内公共、高校、专业图书馆及社会机构的创客空间开展实地调研,选取经验丰富、工作业绩卓越的馆员/创客获取访谈数据,运用科学的方法对数据及资料进行分析,最后,基于图书馆用户需求理论构建空间馆员与创客协作发展的服务、培训、激励及评价机制。

二 质性研究与扎根理论

1. 质性研究

研究团队采用质性和量化研究相结合的方法来展开研究,其中,质性研究方法(扎根理论)主要用于建构理论模型,量化研究方法(Spss)主要用于验证质性分析的结果。而质性研究(Qualitative Research)是研究者采用各种方法(访谈法、观察法、实物分析法)对特定类型的资料进行收集和整理,根据资料中的信息和研究对象的实际情况,发掘与之相关的研究结论、形成新理论,作为评价研究对象的支撑依据,是对事物(研究对象)进行长期、深入、细致的观察和体验,对事物的"质"进行行为和意义建构,并获得整体性的解释和理解,如图 2-1 所示。它通常包括深度访谈或对自然情境、在线、社会情境中的人进行采访和观察,与定量分析方法不同,它不关注假设、验证、因果关系和统计分析。质性研究挖掘的是被研究者的问题,而不是研究者的问题,判断一个好的质性研究的标准是:研究者收集的资料是恰当的(Appropriate);解释是充分的

01 选择研究方法 → **02** 进入研究现场 收集资料 → **03** 分析资料 → **04** 建构理论

质性研究过程

图 2-1 质性研究过程

(Adequete);态度是真诚的(Sincere)。

2. 扎根理论

扎根理论是质性研究的代表,旨在从资料中产生理论,收集资料、分析资料和形成理论同时进行。它强调考察过程是建立在文献资料的分析基础之上,是一种针对特定现象,采用多种资料收集方法获取研究资料,进行归纳分析形成解释性分析成果,进而建构理论的一种质性研究方法[①]。凯西·卡麦兹(Charmaz, K.)认为扎根理论是一种具有高度影响力的处理质性资料的方式,其创立于20世纪60年代,被西方社会科学界公认为是过去四十多年中,质性研究发展中最重要的和最受欢迎的方法论之一[②]。

3. 扎根理论的应用

在国外,质性研究方法发展迅速,国外学者在社会科学研究领域实现了扎根理论的广泛应用,并倡导在科学研究中实现执行质性研究与量化研究的组合应用。在中国,质性研究萌芽于20世纪初的社会调查时期。此后,学者们从方法的具体操作层面上对质性研究进行了大量探讨,如1998年袁方主编的《社会研究方法教程》和2006年朱晓阳等主编的《社会科学研究:方法评论》等。扎根理论及质性研究方法在中国发展相对滞后,但近年来研究成果逐渐增多。学者们探索将扎根理论及质性研究方法应用在电子商务、公共管理、旅游服务、知识管理等领域,取得了较好的效果。

4. 扎根理论的研究流程

扎根理论强调利用三重编码技术进行理论构建,将编码分为开放性编码、主轴编码和选择性编码三个阶段。在Nvivo12中,对应的是初级编码(一级编码)、二级编码、三级编码三个阶段,形成自由节点(子节点)和树状节点,最后,对理论进行验证。扎根理论的研究流程如图2-2所示。

编码是一项工作量很大的基础性工作。编码就是资料分析,是扎根理论的核心过程,是一种把资料分解和概念化,然后以全新的方式把概念重

---

① [英]凯西·卡麦兹:《建构扎根理论:质性研究实践指南》,边国英译,重庆大学出版社2017年版,第22—32页。

② K. Charmaz, *Constructing Grounded Theory: A Practical Guide Through Qualitative Analysis*, London: SAGE Publicaitons Ltd, 2006, pp. 33-45.

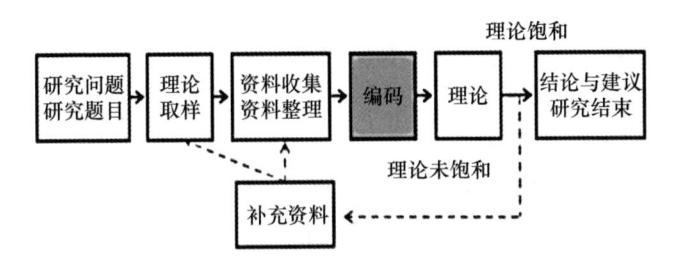

图 2-2 扎根理论与方法的研究流程

新组合的操作过程①。其中,开放性编码是将资料归纳简化到概念/范畴层面,便于后续分析;主轴编码是假设、验证、识别和建立范畴间的关系,形成初步结论;选择性编码是开发反映资料内容的故事线,提炼核心范畴、不断丰富理论的过程。主要步骤如下:

首先,开放性编码将资料逐步进行概念化和范畴化,将资料划分为若干等级,对不同等级进行"缩编"处理,基于概念描述方法对资料内容进行介绍和说明,将资料的重点内容作为资料的备注信息、细化资料层次、重新组合。其次,采用主轴编码机制,基于因果关系→事件现象→资料脉络→中介环境→行动策略→互动策略→结果典范模型,将不同类型的资料、范畴有机地连接起来。其中,典范模型是扎根理论在分析事物过程中最常用的工具,能够将具有相关性的范畴连接起来,深入发掘范畴的内在含义。然后在若干范畴中进行选择性编码找出核心范畴,并将核心范畴与其他非核心范畴有机连接起来,检验不同范畴与核心范畴的相关性,将概念转化为有统领性意义的范畴,不断补充和完善范畴体系。主要任务为:识别对其他范畴影响力较大的范畴,即"核心范畴";将范畴作为各种现象的解释依据;将所有范畴与核心范畴引入典范模型,并基于已经掌握的资料对范畴之间的关系进行验证;从范畴中提炼所有微观特征,形成整体联结关系。

5. 饱和度检验

抽样调查法是饱和度检验的核心方法,检验对象为研究资料,检验时需要为不同资料进行编码。在理论模型能够涵盖所有资料编码的情况下,

---

① Glaser, B. and Strauss, A., *The Discovery of Grounded Theory*, New York: Aldine Pub. Co., 1967, pp. 15-36.

即可认定为达到理论饱和条件,否则应视为非饱和,并进行再一次的编码处理,直至满足理论饱和要求。饱和度的检验目标是确定已经建立的理论模型是否能够准确、全面、翔实地反映研究对象涉及的研究问题及本质。

6. Nvivo12 及质性分析

本书借助 Nvivo12 软件进行扎根理论研究及质性分析的实际操作,Nvivo12 的主要结构及质性分析流程如图 2-3 所示。

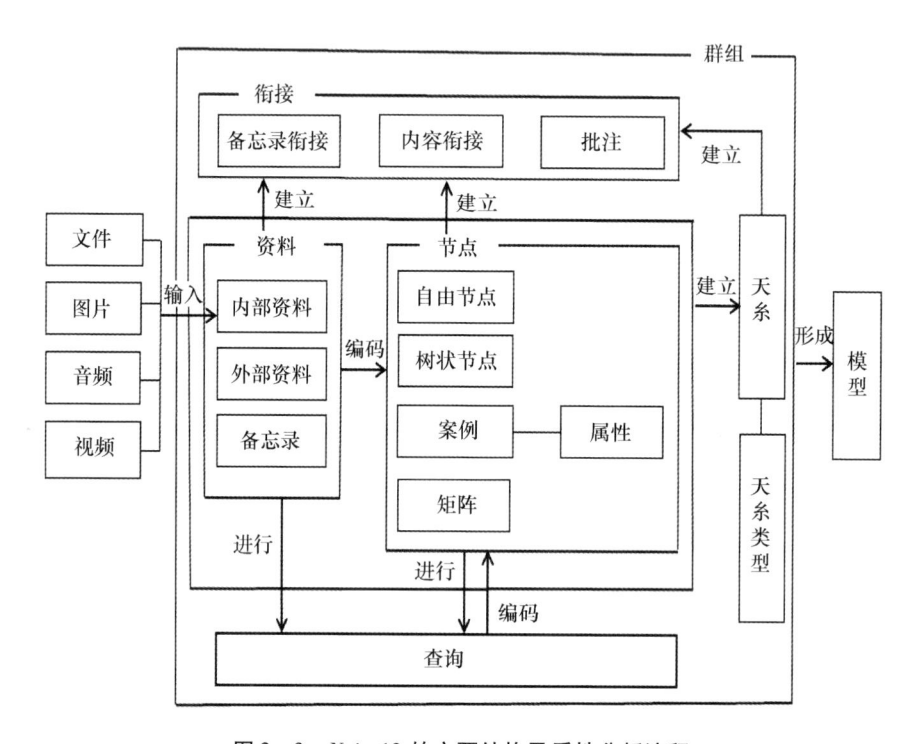

图 2-3 Nvivo12 的主要结构及质性分析流程

研究团队分阶段、分地区调研和考察了国内公共、高校、专业图书馆及社会机构的创客空间,通过实地调查和文献分析获得第一手访谈资料和第二手文献资料(图片、音视频等),按照扎根理论的规范化操作程序,采用 Nvivo 软件进行三级编码、分析,得出质性分析结果,最终构建出相应的理论结构模型,并以此为依据分章节分别构建馆员与创客协作发展空间的服务、培训、激励及评价机制。

三 可持续发展理论

可持续发展（Sustainable Development）是 20 世纪 80 年代提出的新概念。1987 年，世界环境保护组织与世界发展委员会联合发布了《我们共同的未来》报告，其中详细阐述了可持续发展理论的基本概念：为了在满足人类当前发展需求的同时，为人类后代留下可持续使用的自然资源和生态资源。其强调公平性、持续性和通用性。这一理论的最终目的是实现共同、协调、公平、高效和多维发展，意指经济、社会、资源和环境的协调发展，它们是一个密不可分的完整体系。中国科学院《1999 年中国可持续发展战略报告》首次提出了这一理论[①]。可持续发展强调科教兴国、协调一致、不断创新的原则，重视政府调控、市场调节，重视积极参与、广泛合作，重视重点突破、全面推进等原则，该理论与本研究相关的内容主要有：

（1）可持续发展管理体系。落实和转化可持续发展理论需要高效管理体系的支撑。无数历史事件告诫我们：环境发展问题的形成原因与人类决策错误和管理不当存在直接关系。基于此，优化决策、科学管理成为实现可持续发展的基础前提。在馆员/创客协作发展空间过程中，基于可持续发展的管理理念，必须结合科学的规划方法、管理制度、行政措施、经济调控等措施，建立健全的可持续发展框架，为决策者与管理者（馆员）提供科学、有效的发展管理体系。

（2）可持续发展科技系统。科学技术是可持续发展的重要基础，它对图书馆创客空间的可持续发展具有重要的支撑作用。科学技术在空间馆员/创客协作发展过程中的实践应用，不仅能够提供有效的决策，还可以提供更加可靠的管理手段，使可持续发展管理水平持续提升，资源供需平衡发展，从而使有限资源得到更加高效的利用。

（3）可持续发展教育系统。扩展公众的知识视野与可持续发展的目标和要求相符。社会公众要想准确把握人类生产活动与社会活动对自然生态造成的影响与后果，就必须具备较高的道德意识和责任意识，基于可持续发展视角，审视自己的行为是否对后代利益造成了损害。对图书馆创客空

---

① 中国科学院可持续发展研究组编：《1999 年中国可持续发展战略报告》，科学出版社 1999 年版。

间而言,需要在馆员/创客协作发展空间过程中,将可持续发展理念与教育事业有机结合起来,将可持续发展思想贯穿所有的教育环节,培养创客的可持续发展思维,激发创客的绿色发展理念和行动,使其主动学习更多的科学知识与环保知识,提高自身的道德素养。

(4)可持续发展公众参与。可持续发展理论的实践以社会公众为主体,公众或社会团体的参与是实现可持续发展的最重要保障。政府部门在大多数情况下仅扮演着可持续发展政策的供给角色。对图书馆创客空间而言,馆员/创客在空间可持续发展方面的参与具有全面性与全程化特点,参与的内容既包括发展目标的制定,又包括空间管理、空间活动,以及空间规划的执行、实施和监督等环节。

本书通过实地调研国内公共馆、高校馆及社会机构的创客空间,选取经验丰富、工作业绩卓越的馆员/创客获取访谈数据,按照规范流程进行编码、分析,识别图书馆创客空间可持续发展的驱动因素,为空间馆员/创客协作发展机制的构建挖掘驱动要素、减少发展阻力、提升服务效能提供借鉴和参考。

四 社会认知理论

社会认知理论(Social Cognition Theory)是美国心理学家班杜拉提出的教育理论,也是社会心理学的重要理论之一。它是一种用来解释社会学习过程的理论,主要关注人的信念、记忆、期望、动机和自我强化等认知因素。K.考夫卡、W.克勒与M.魏特海默在20世纪30年代初期提出的格式塔心理学是该理论的重要基础[①]。两位学者认为:事物的整体发展结果与个别要素并不存在决定性关系,某些发展过程与整体事物内部特征密切相关。基于此,要想准确理解整体事物的本质,就必须基于整体性的视角对所有局部特征进行细致的分析和评价。20世纪40年代,K.莱温将格式塔心理学理论引入人的思想研究和意志研究领域,并通过对理论的优化调整,提出了拓扑心理学和B=(P,E)行为公式,认为人的行为变化与环境因素和人的思想因素密切相关。F.海德、M.谢里夫、S.E.阿施、T.M.纽科姆等学者在研究人类认知平衡问题与社会规范过程中,提出了社会认

---

① [美]库尔特·考夫卡:《格式塔心理学原理》,李维译,北京大学出版社2010年,第33—41页。

知理论。进入20世纪50年代之后,学者L.费斯廷格与H.H.凯利等基于社会认知理论提出了认知协调理论、认知归因理论以及社会比较理论。他们提出的观点为:人类在审视和评价各种现实事物的过程中,总会将自己的情感、思想、认知、信念作为参照的依据,无论情境是否具有稳定性或复杂性,人们对其应用某个概念,赋予其一定的意义,对人们在不同情境下的行为方式产生影响和作用①。与之相关的理论为:场论;心理调适理论;印象形成理论;隐含人格理论;社会规范理论;社会比较理论;归因理论;社会期望理论;社会公平理论;认知失调理论;认知均衡理论;自发知觉理论;参考群体理论;知觉定势理论;认知一致性理论;认知—情感一致性理论等。社会认知论内容丰富,应用广泛,在社会学的许多领域,人们可以用它来思考和解释问题。

五 "认知—情感—意动"理论

心理学家一致认为,心理过程或心理现象可以分为三个方面:认知(Cognition)、情感(Affection)和意动(Conation),他们称为"心灵三部曲"②。克莱格1994年通过分析提出了现代认知观,强调在分析群体或个体的行为及其产生的结果时,除探究其内部的心理活动外,还需要详细分析个体与人工物理环境和个体之间的动态交互作用,否则就无法获取心智活动的本质③。20世纪60年代,学者阿诺德创立了认知评价理论,认为个体的情感是在外部因素和特定事物的机理下产生的认知反应。个体理解和认识事物和因素之后,就会根据自己的知识和经验进行评价。学者阿诺德的思想不仅对"情绪—评价"的相关性研究具有重要的导向作用,还实现了对"情绪—动机"因果关系的完美阐释。她认为:人类是行为产生的主体,行为的表现与人的认知、情感、经验、需求存在密切的关联④。Kyro P认为除认知以外,还应该关注情感和意动。他提出了从认知、情感和意动

---

① [美]班杜拉:《思想和行动的社会基础:社会认知论》,林颖等译,华东师范大学出版社2001年版,第8—10页。

② 刘向阳、张程程、彭小丰等:《基于认知意动视角的心态调整模型构建》,《科技管理研究》2011年第5期。

③ Clegg C., "Psychology and Information Technology: The Study of Cognition in Organizations", *British of Journal Psychology*, No. 5, May 1994.

④ Gasper K. and Bramesfeld K. D., "Imparting Wisdom: Magda Arnold's Contribution to Research on Emotion and Motivation", *Cognition and Emotion*, No. 20, October 2006.

三个角度评价创业教育成就和影响的新方法①。在古希腊时期的哲学理论中，均可以发现诸多关于心理学的观点，并可以找出现代心理学理论的分类依据，证明"认知—情感—意动"之间的联系以及交互作用极为密切。

人类认知是基于个体信念的价值表达，情感是情绪与态度综合作用的结果，行为是个体为达成某种目标而产生的活动。本研究基于"认知—情感—意动"的理论视角，通过分析图书馆创客空间馆员培训的参与意愿与行为形成过程的影响因素，探讨馆员培训的参与心态、行为形成及调整过程。

六 集聚辐射效应

2021年9月20日，世界知识产权组织发布《2021年全球创新指数》显示，中国在创新领域的全球排名从2020年的第14位上升至2021年的第12位。虽然新冠疫情对各国生活和发展造成了巨大影响，但许多行业都展现出惊人的韧性，特别是那些注重数字化、技术和创新的行业，如软件、互联网和通信技术、硬件和电气设备等都加大了创新投资和研发力度，科学产出、研发支出、知识产权申请和风险资本等交易继续增长。② 近年来，中国的排名迅速攀升，2017年，中国拥有全球7个科技集群，2019年迅速增至18个，增速居世界第一。需要指出的是，中国当前共有17家科技创新企业进入全球百强，无论是企业数量还是创新指数均显著高于世界上绝大多数国家，位居世界第二。同时，中国首都北京科学技术研究集群数量最多，美国加州创新发明集群数量最多，中科院是中国集群中合作情况最多的学术机构。该报告有力证明了集群产生的集聚辐射效应对提升国内创新指数的综合影响力。

目前，学术界对集聚辐射效应（Accumulative Radiation Effect）的内涵没有统一的定义，它是一种常见的经济现象，经常出现在经济、文化、人才、交通、政治等领域③。它强调经济集中发展不仅可以促进增长方式的

---

① Kyro P., "A Theoretical Framework for Teaching and Learning Entrepreneurship", *International Journal of Business&Global Station*, Vol.2, No.1, January 2007.
② 《世界知识产权组织：中国已确立全球创新领先者地位》，新华网，2021年9月21日，https://news.cctv.com/2021/09/21/ARTITBzySGHZnJcLUzln2NPZ210921.shtml.
③ 魏浩：《中国30个省市对外贸易的集聚效应和辐射效应研究》，《世界经济》2010年第5期。

转变，还能够实现优势服务资源、资本资源、劳动资源的重合，使有限的优势资源发挥出更高的效用，形成规模效益，产生集聚效应和辐射效应，成为经济发展的驱动平台、体制和科技创新的实验平台。近年来，集聚辐射效应也运用到知识管理中，管理者可以扩大组织内特定知识传播和共享的深度和广度，对组织中知识传播、共享及发展起到一定的控制作用。

本书将集聚辐射效应的原理和方法运用到图书馆创客空间的馆员培训中，促进馆员的素养和技能提升行为的发生和发展。先运用扎根理论及方法对访谈资料进行编码和分析，识别馆员培训中集聚辐射效应的影响因素，分析馆员培训集聚辐射效应的发生和发展规律，不断促进空间培训资源的优化、汇集和共享，彰显馆员培训的效果与影响力。

七　投入—产出效益

（一）投入产出理论及分析

投入产出理论是由美国经济学家瓦西里·列昂惕夫（Wassily Leontief）于 1905 创立。他曾在 1936 年撰写了《美国经济制度中投入产出的数量关系》，其中详细阐述了投入与产出之间的关系。1953 年，他撰写《美国经济结构研究》，对投入与产出关系在不同阶段的发展特点进行了说明。20 世纪 30 年代，学者列昂惕夫在研究投入产出理论的过程中，通过拓展理论概念，创立了投入产出技术理论、投入产出知识理论等。1939 年，他基于建设型的思路编写投入产出表，并通过实践应用发挥较高的预测作用，从而引起了学术界对投入产出研究的高度关注[1]。在投入产出研究中，投入主要是指人们为达成经济活动目标投入的时间成本、资源成本、体力成本、脑力成本等。产出是指经济活动投入产生的回报：经济效益或物质效益，抑或是经济效益与物质效益的组合[2]。在投入产出分析中，一些学者引入了模型分析法和表单分析法。所谓的表单主要是以矩阵形式表达不同经济系统和经济要素之间的关系，描述产出与投入的使用方向。模型分析主要是在投入产出表中引入数学分析法构建得出的关系评价模型，模型中

---

[1] 于泽、朱学义、魏娟：《基于投入产出分析的文化产业波及效应研究》，《科技管理研究》2014 年第 6 期。

[2] 赵秀恒、宋辉：《基于投入产出分析的各部门价格指数模型》，《统计与决策》2016 年第 3 期。

详细罗列了投入产出数据之间的逻辑关系，能够将复杂经济变量因素之间的关系简单化①，从而更加准确地反映投入资源在不同环节的流转和使用情况，使不同劳动价值的形成过程得到直观的展现。在投入产出模型诞生的初期，主要以静态分析为主，随着相关研究的不断增多，一些学者引入了动态数据，创立了动态投入产出模型。

投入产出分析是将国民经济视为一个复杂的系统，系统内各部门间存在着广泛而密切的投入产出联系，某一部门在生产过程中的任何变化，都会通过产业关联对该部门产生连锁反应。采用投入产出分析法对国民经济发展过程进行分析，能够准确掌握不同生产活动与国民经济发展之间的联系②。近年来，投入产出理论在各个行业的决策制定方面获得实践和应用，并取得良好效果。

（二）图书馆创客空间投入产出效益机理

投入产出效益是某一组织在开展特定活动的过程中，投入的人力资源和物资资源对社会个体与社会组织造成的影响和作用③。在图书馆创客空间中，投入产出效益是指空间的投入多少能够引起空间需求与产出的变化情况，通常指投入产出的溢出效益。图书馆创客空间投入产出效益的运行机理是实现投入产出的均衡发展，使资源配置效益和空间/社会整体效益最大化。图书馆创客空间进行满意度评价是空间建设和发展的有力保障。

本书将投入产出的理论、分析及结果运用到图书馆创客空间的评价活动中，形成投入产出的效益机理，来评价空间的服务质量和运行效果。研究团队探讨了中国高校馆创客空间满意度评价影响因素及其作用机制，建立了一个适于分析高校馆创客空间发展特征及其量化研究的效率评价理论框架，以用户（创客）满意度为切入点，以国内高校馆创客空间的发展现状为基础，从大学生创客满意度的微观视角出发，即从"投入—产出"效率的视角来研究或评价空间的服务质量及创客满意度，为国内其他类型图书馆创客空间评价指标的优化选择提供有益的参考。

---

① 顾萍、田贵良：《基于投入产出模型的文化产业对区域经济增长贡献测度》，《学海》2016年第6期。

② Leontief, Wassily, ed., *Input-Output Economics*, New York: Oxford University Press, 1996, pp. 15–16.

③ Edward N. Wolff and Ishaq Nadiri M., "Spilover Effects Linkage Structure and Research and Development", *Structural Change and Economic Dynamics*, No. 4, April 1993.

第三章　国内外研究现状及述评

本章重点阐述国内外学者对图书馆创客空间的研究现状和述评，内容涵盖：国外相关研究的学术史梳理和研究动态，主要包括国外学者对图书馆创客空间的服务研究，国内学者对国外创客空间的实践研究及多案例比较与分析；国内相关研究的学术史梳理和研究动态，主要从空间馆员与创客协作发展的服务、培训、激励、评价等方面进行理论回顾和评述，为后期机制构建提供理论参考和指南。

第一节　国外学术史梳理及研究动态

一　学术史梳理

以中国知网（CNKI）的《中国学术文献网络出版总库》、Emerald 全文期刊库（管理学）、EBSCOhost Research Databases、Elsevier – Science Direct、Springer Link、Proquest、Web of Science 等数据库作为全文文献的数据获取来源，以主题词包含"Makerspace"或"Hackerspace"并且含"Library"进行检索，时间截至 2022 年 3 月 19 日，去掉重复文献、无意义文献，共检索到相关外文 339 篇，其中英文文献为 262 篇。根据检索结果的文献研究总体趋势分析，如图 3 – 1 所示，可知从 2012 年至 2021 年，图书馆创客空间的研究文献量逐年提升，从 2013 年开始相关的研究逐渐增多，目前仍然处于上升趋势，表明国外对图书馆建设创客空间的研究热度逐年增加，预计 2022 年的文献能达到 41 篇。研究者的学科覆盖面广，以图书馆学、计算机科学为主，涉及信息经济学、教育学、数学、网络科学、信息系统、数据挖掘、通信工程、自动化技术等，研究主题以"Makerspace""Hackerspace""3D Printing""Do It yourself""Creator

Education""Creativity""Innovation"以及"STEAM"等为主,研究方向从创客空间的概述、创客空间的建设与运营、3D 打印等逐步扩展到案例研究、移动创客空间、虚拟创客空间等研究领域。关于图书馆创客空间的学术研究成果集中体现在以下几个方面:

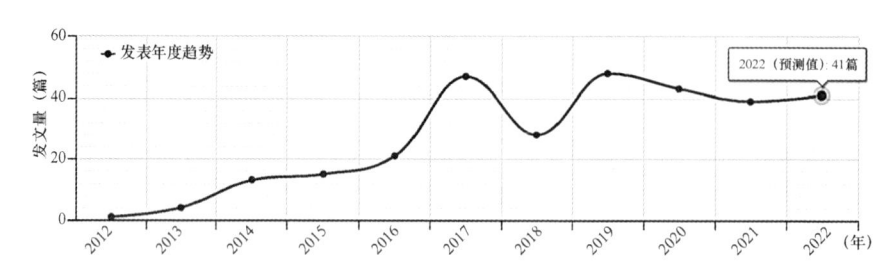

图 3-1 国外图书馆创客空间按主题发表文献的年度
总体趋势分布(2012—2022)

(一)国外学者对创客空间的服务研究

国外学者们注重从以下几个方面对创客空间的服务进行深入研究:

1. 成效显著的服务项目

Kajamaa and Kumpulainen[①]通过对一个学期内参与创客空间的四名五年级学生的社会活动进行实证分析,提出学生的变革能力是通过"转移""转换"和"转化"三种相互交织的行动层面表现和发展出来的,证明了创客服务项目的优化及设计对学生的学习转化能力,及其在数字化学习环境中开展的能力提升做出了独特的贡献。Heather Moorefield – Lang[②]运用内容分析法,通过设计思维、馆员访谈及 Nvivo11 软件分析,探索图书馆创客空间服务社区的规划过程,考察馆员在服务项目中所取得的成就,证明社区洞察力、有意识的规划、馆员的服务经验在图书馆创客空间的设计和项目实施中发挥着越来越大的作用。Ryan Litsey 等[③]等通过实地调研公共

[①] Anu Kajamaa and Kristiina Kumpulainen, "Agency in the Making: Analyzing Students' Transformative Agency in a School – based Makerspace", *Mind Culture and Activity*, Vol. 26, No. 3, 2019.

[②] Heather Moorefield – Lang, "Lessons Learned: Intentional Implementationof Second Makerspaces", *LibraryHi Tech*, Vol. 47, No. 3, 2019.

[③] Ryan Litsey, Chisholm Allen, Ryan Cassidy, Katherine E. DeVet, Matthew McEniry, "Shaping New Ideas: A case Study on a Library Developed 3D Model Service for University Instruction", *Journal of Access Services*, Vol. 17, No. 3, 2020.

图书馆创客空间开展暑期学生的创造性活动,比较和评估创客项目在非正式和正式教育环境中的异同,探讨创客空间如何通过开展创造者的活动项目来提升创客的创造性技能,如何以各种实践项目为特色,吸引来自不同背景、具有不同兴趣的创客积极参与。

2. 服务内容的优化及拓展

国外学者们认为图书馆创客空间的服务内容既包括特定领域的专题性创意服务平台,又包括根据用户需求设置服务项目的综合性创客空间;既包括3D打印技术的数字化创客空间,又包括通过非数字化技术进行制作的创客空间。据John Burke[1]的调查,一些非数字化技术的运用(艺术和手工、乐高玩具、编织、设计等)同样深受重视,如美国芝加哥公共图书馆Maker Lab提供机器编织课程,帮助用户使用电脑设计服装款式、花样,Hailey公共图书馆开展传统的手工活动等。Rebekah J. Lee[2]、Roxana Hadad[3]认为创客空间让学校有机会将空间与其学生群体的具体需求相匹配,创客空间和协作技术的小规模实施为图书馆提供了未来发展的试验场,可以鼓励教学部门在课堂上采用新的教学方案。除空间提供的服务外,学生还可以参与一种更具创造性的动觉学习过程,激发他们的决策能力。Amy Stornaiuolo等[4]、Christa Flores[5]、Rebekah Willett[6]均认为在创客空间服务内容中,重点应放在以学习者为中心的课程设置上,鼓励学生采用自主学习模式、开放式的问题驱动解决方式,而不是100%的老师领导;借以多样化的实践和实验室,提高学生的参与度,鼓励创客们践行科学家和发明家的心态和习惯,在设计思维、创造者教育与应用科学之间架起桥

---

[1] John Burke. Maker Sense: Can Makerspaces Work in Academic Libraries?, https://xueshu.baidu.com/usercenter/paper/show? paperid = a8eacf022c43523d0027e95de58c2d30&site = xueshu_ se.

[2] Rebekah J. Lee, "Campus – Library Collaboration with Makerspaces", *Public Services Quarterly*, Vol. 13, No. 7, 2017.

[3] Roxana Hadad, Xiaodan Tang, Qiao Lin, "Improving and Assessing Computational Thinking in Maker Activities: the Integration With Physics and Engineering Learning", *Journal of Science Education and Technology*, Vol. 29, No. 2, 2020.

[4] Amy Stornaiuolo, T. Philip Nichols, et al., "Building Spaces for Literacy in School: Mapping the Emergence of a Literacy Makerspace", *Library Hi Tech*, Vol. 17, No. 4, 2018.

[5] Christa Flores, "Problem – based Science, a Constructionist Approach to Science Literacy in Middle School", *International Journal of Child – Computer Interaction*, Vol. 16, No. 8, 2018.

[6] Rebekah Willett, "Learning Through Making in Public Libraries: Theories, Practices, and Tensions", *Learning, Media and Technology*, Vol. 43, No. 3, 2018.

梁，激发创客们接触新技术、掌握新技能以及更传统的制造技术，如电子、机器人、缝纫和木工等，提高他（她）们解决问题的能力以及协作发展能力。除此之外，国外学者对服务内容开展了优化及拓展研究，主要体现在以下方面：

（1）空间用户协议

用户协议及空间政策是构建和发展图书馆创客空间需要考虑的重要内容。Heather Moorefield-Lang[①]通过内容分析法调查和分析了24个公共和高校图书馆创客空间的用户协议及其问题，包括责任豁免、未成年人权限、安全、版权和技术重置成本。Heather Michele[②]利用Nvivo11数据分析软件，对24家公共图书馆和学术型图书馆创客空间用户协议的术语和主题、异同性内容进行分析，发现这些用户协议均涉及责任豁免、未成年人权限、安全、版权和技术更换成本等相关内容。

（2）空间合作

合作是图书馆创客空间完善服务内容及效果的重要方式，国外图书馆创客空间非常重视与中小学校、博物馆、大学、高科技公司等建立良好的互动关系，积极寻求额外的硬件资源和专家辅导。Nicole Dixon and Michael Ward[③]介绍路易斯维尔公共图书馆（LFPL）重视识别潜在的伙伴关系，与外部组织合作开展创客项目，经常与路易斯维尔数字协会和本地创客组织联合举办3D打印工作坊、现场展演活动和迷你创客嘉年华活动。Range Ellen and Schmidt Jessica[④]认为在发展创客空间时要充分考虑学生、专家的建议以及创客空间地理位置的选择，还重点分享了密歇根大学研究生如何与中学图书馆合作发展创客空间的经验。Jennifer Herron and Kellie Kaneshiro[⑤]认为

---

① Heather Moorefield-Lang, "When Makerspaces Go Mobile: Case Studies of Transportable Maker Locations", *Library Hi Tech*, Vol. 32, No. 4, 2014.

② Heather Michele, "User Agreements and Makerspaces: A Content Analysis", *New Library World*, Vol. 116, No. 7, 2015.

③ Nicole Dixon and Michael Ward, "The Maker Movement and the Louisville Free Public Library", *Reference & UserServices Quarterly*, Vol. 54, No. 1, 2014.

④ Range Ellen and Schmidt Jessica, "Explore, Plan, Create: Developing a Makerspace for Your School Community", *School Library Monthly*, Vol. 7, No. 3, 2014.

⑤ Jennifer Herron and Kellie Kaneshiro, "A University-Wide Collaborative Effort to Designing a Makerspace at an Academic Health Sciences Library", *Medical Reference Services Quarterly*, Vol. 36, No. 1, 2017.

做好空间的规划和开发，其中一个重要步骤是与图书馆外的不同部门和单位合作，建立伙伴关系，并提供了具体实施措施。

(3) 创客文化

Karen Beavers 等[①]探讨了创客空间对文科类大学创造者文化的培养过程，以及对学生学习和参与的正向影响，强调了图书馆在人文学科校园中支持创客文化有助于提高自身的文化创造价值。Susana Nascimento and Alexandre Polvora[②] (2018) 通过分析创客空间中有着共同利益的社会、文化、政治和道德价值等要素，指出创客文化正在渗透到每个人的设计、创造、生产和更新、改进的产品、机器或人工制品过程中，使图书馆更容易、更便捷地获得工具、技术和扩大服务范围。

(4) 空间效果评估

国外的创客空间理论研究体系较为完善，原因在于学者们对空间评价研究较为重视。在研究内容上，学者们从不同的切入点展开了深入研究，Heather Moorefield - lang[③]对创客社区中创客的态度、兴趣、习惯和技能开展实践调查和分析；还有学者基于图书馆创客空间的周边环境、选址与布局、定位与目标人群、成本与收益等内容进行评价和研究[④]。Maria Lille[⑤]从现代信息技术驱动的社会需求出发，通过问卷调查法和访谈法对爱尔尼沙的纳尔瓦公共图书馆 Maker Lab 的用户进行细致调查，评估纳尔瓦市政府在该图书馆创客空间开展的一个项目，重点了解图书馆创客空间如何影响用户的技能、知识和态度，项目设计了量化的指标及措施，以评价参加者从原型设计到新项目落地的过程和经历，结果显示，许多用户利用该创客空间进行原型开发和新项目创作，通过非正式途径学习新知识、新技术

[①] Karen Beavers, Jennifer Esteron Cady, Amy Jiang, Liberty McCoy, "Establishing a Maker Culture Beyond the Makerspace", *Library Hi Tech*, Vol. 27, No. 2, 2019.

[②] Susana Nascimento and Alexandre Polvora, "Maker Cultures and the Prospects for Technological Action", *Science and EngineeringEthics*, Vol. 24, No. 3, 2018.

[③] Heather Moorefield - Lang, "When Makerspaces Go Mobile: Case Studies of Transportable Maker Locations", *Library Hi Tech*, Vol. 32, No. 4, 2014.

[④] Andrew Milne, Bernhard Riecke, Alissa Antle, "Exploring Maker Practice: Common Attitudes, Habits and Skills from Vancouver's Maker Community", http://www.ca.linkedin.com/in/bernhard - riecke - 6745042b.

[⑤] Maria Lille, "Evaluating the Success of Makerspace in a Public Libraiy", *New Library World*, Vol. 117, No. 9, 2016.

和新技能，展示出用户的价值观、行为、认知和发展目标，彰显出图书馆的价值和影响力，提高了创客的团队协作能力和就业前景。Amber and Krystal[1]为图书馆创客空间服务提出了一个基于成果评估的计划、步骤及方法，这种方法侧重于将组织和服务点的任务说明与基于成果的评估计划目标、战略、方法和成功度量相关联，包括空间的发展历史、图书馆在校园空间环境中的作用、任务说明和评估计划间的联系，以及这种联系如何促进和推动空间的服务设计等。Aijuan Cun and Sam Abramovich[2]在现代评价研究的理论框架下，考察和评估了用户和馆员对图书馆空间的使用情况，研究图书馆参与者的类别及其评估需求——包括馆员及参与者，以满足不同用户、馆员和其他利益相关者的学习需求以及对评估工具的选择等。Gahagan Calvert[3]以新西兰奥克兰城市图书馆创客空间为案例，从文件、档案记录和受访者中收集证据，研究如何评估创客空间的服务结果，探索结构化和正规化的结果评估模型，在公共图书馆创客空间进行测试，以验证该方法的实用性和有效性。

（5）创客生态系统

Kylie Budg[4]（2019）通过澳大利亚悉尼城市图书馆创客空间的案例研究获取实证数据，挖掘空间在培养创造力和创新方面发挥的作用，他认为人力资本、社会关系、物质性和场景设置构成了空间的生态系统，其中场景设计是支持空间创造力和创新的关键，能够将创造力和创新嵌入在创客空间未来研究的潜在领域。Maria A[5]，Wendy Fasso and Allen Knight[6]（2020）指出创客空间提供了重要支持和资源，这些资源是促进学习、创造、大学构建和发展创业生态体系的重要组成部分。

---

[1] Amber N. Welch and Krystal Wyatt – Baxter, "Beyond Metrics", *Public Library Quarterl*, Vol. 36, No. 2, 2018.

[2] Aijuan Cun and Sam Abramovich, "The challenge of Assessment for Library Makerspaces", *Proceedings of the Association for Information Science and Technology*, Vol. 55, No. 1, 2018.

[3] Gahagan Calvert, "Evaluating a Public Library Makerspace", *Public Library Quarterly*, Vol. 39, No. 4, 2020.

[4] Kylie Budge, "The Ecosystem of a Makerspace: Human, Material and Place – based Inter – relationships", *Teacher Librarian*, Vol. 5, No. 1, 2019.

[5] Maria A. Halbinger, "The Relevance of Makerspaces for University – based Venture Development Organizations", *Tech Trends*, Vol. 10, No. 2, 2020.

[6] Wendy Fasso and Allen Knight, "Identity development in School Makerspaces: Intentional Design International", *Journal of Technology and Design Education*, Vol. 30, No. 9, 2020.

(二) 国内学者对国外图书馆创客空间的实践研究

国内学者通过研究和分析国外图书馆创客空间的实践活动，为我国图书馆创客空间的未来发展和建设提供参照、策略和启示。

其中，创客空间在美国的发展较为普遍，空间实践研究最早。费耶特维尔公共图书馆是美国首个建立创客空间的大学馆，该馆的功能定位是为所有初级创客提供设计及技术培训，其空间的名称为"童话般的实验室"[①]。随后，克利夫兰公共图书馆（Cleveland Public Library，CPL）、底特律公共图书馆（Detroit PublicLibrary，DPL）、维斯特港公共图书馆（The Westport Public Library，WPL）等都开展了空间服务及实践活动[②]，后期美国构建创客空间的高校和公共馆数量越来越多。国外政府及行业资金的支持也为创客空间的建设和发展带来更多的机遇，国外图书馆不仅有咖啡吧等低成本创客空间，还有配备 3D 打印等多功能设备的创客空间。比如博伊西州立大学图书馆的 Maker Lab 就有 3D 打印机、乙烯基刀等设备；卑尔根社区学院图书馆的 Maker Space 拥有数控设计、开源电子、3D 打印、激光切割设计等设备；南新罕布什尔大学图书馆的 Makerspace、纽约州立大学图书馆的 Maker Club、得克萨斯大学图书馆的 Fablab、韦尔斯利学院图书馆的 Makerspace 等[③]高校馆创客空间，均配备了 3D 打印等系列设备。从国内外文献资料和网络调查结果中可知，国外高校在空间发展过程中均有特定的发展目标，且非常重视空间的宣传和创客活动的推广。在图书馆网站中详细介绍了创客活动的内容和设备使用的规范，阐述不同设施设备的功能作用、注意事项、服务预约及空间运行状态等信息，方便用户查找和使用。国外图书馆创客空间主要有合作型、创业型和集中分布型 3 种运行模式，各具特色和优势，安全培训与教育、外展与伙伴关系、技术与活动方案、费用与成本控制及用户协议与政策是图书馆引入创客项目的有效保障[④]。

除美国外，澳大利亚、加拿大、新加坡、荷兰、德国、英国等也相继

---

① 杜瑾、杨志萍：《国外图书馆 IC 空间建设研究新进展》，《图书馆学研究》2013 年第 2 期。
② 王敏、徐宽：《美国图书馆创客空间实践对我国的借鉴研究》，《图书情报工作》2013 年第 12 期。
③ 明均仁、张俊、张玄玄：《中美图书馆创客空间构建对比研究》，《图书馆学研究》2017 年第 10 期。
④ 曾刚：《国外图书馆创客空间研究进展述评》，《图书馆建设》2016 年第 2 期。

开展了创客空间的探索性研究。国外在创客空间上的发展和建设经验均可为我国图书馆创客空间的发展提供参考。从整体上看,国外学术界的研究领域主要集中在公共馆、高校馆的创客空间,研究类型大致上可划分为实体创客空间、虚拟创客空间、大型创客空间、移动创客空间、小型及少儿创客空间等。

1. 美国公共、高校图书馆创客空间的实践研究

王敏、徐宽[1]介绍了美国图图书馆创客空间的服务现状,探讨了创客空间的内涵、价值和意义,为国内图书馆创客空间的实践提供参考。杜瑾、杨志萍[2]介绍了美国图书馆为用户提供优质服务的新动态,如芝加哥公共馆开设了YOUmedia创客项目,号召所有年轻人积极学习数字媒体新技术,深化与团队之间的协作,共同创建创客项目;底特律公共馆打造的HYPE创客空间主要以中小学生为服务对象,提供机械修理技术、平面设计技术、电子工艺技术、手工工艺技术的培训和教学服务。张波[3]、樊露露[4]等全面系统地介绍了国外图书馆创客空间的典型案例,为研究空间提供了翔实可靠的实例,如从必备资源、服务对象、收入来源等方面介绍克利夫兰公共馆的空间建设过程,总结出其在保障机制、品牌文化、服务策略和人员培养等方面的成功经验。

叶焕辉[5]、王阳[6]分别从基础资源、合作机制、运营模式等方面研究了美国费耶特维尔公共馆的服务内容,分析了不同年龄段、不同项目类型的创客活动内容和特点,认为该馆运营成功与服务对象的广泛性和技术培训的专业化密切相关。马骏[7]从信息技术中心、智造工作坊、青少年创意中

---

[1] 王敏、徐宽:《美国图书馆创客空间实践对我国的借鉴研究》,《图书情报工作》2013年第12期。
[2] 杜瑾、杨志萍:《国外图书馆IC空间建设研究新进展》,《图书馆学研究》2013年第2期。
[3] 张波:《芝加哥公共图书馆YOUmedia项目分析及启示》,《国家图书馆学刊》2015年第2期。
[4] 樊露露:《克利夫兰公共图书馆创客空间的构建分析》,《图书馆理论与实践》2014年第11期。
[5] 叶焕辉:《美国费耶特维尔公共图书馆创客空间建设研究》,《图书馆学研究》2015年第3期。
[6] 王阳:《美国费耶特维尔公共图书馆创客空间服务研究及启示》,《国家图书馆学刊》2018年第2期。
[7] 马骏:《克利夫兰图书馆创客空间构建实践及其有益借鉴》,《图书馆学研究》2015年第3期。

心等 7 种服务模式，研究克利夫兰公共馆的服务内容。张珍[①]分析了美国图书馆创客空间的发展概况和实践，内容包括经费来源、服务内容、培训等，提出中国公共馆开展创客空间不应盲目跟风，而应明确自身定位，增强空间运作的适应性，提高运作质量，强化反馈机制等。王建功[②]基于美国图书馆创客空间评估经历的发展阶段，总结其发展经验和发展趋势，指出我国图书馆要融合多学科成果丰富评估的内涵，运用系统化思维做好评估路径设计，调动用户与馆员能动性提高评估效率，加强多方协同促进图书馆创客空间评估持续发展。张晓庆等[③]基于美国布法罗大学研究人员采用的设计研究方法，以终结性和形成性评估理论为基础，利用多种评估工具评估创客空间学习成果的范围、评估工具和方法、创客空间的环境影响等，收集用户对图书馆创客空间利用情况及数据，建立起空间评估项目的实施策略。

2. 其他国家图书馆创客空间的构建研究

杜文龙等[④]通过调研澳大利亚社区图书馆创客空间，发现该空间高度重视对用户知识实践能力的培养，鼓励用户积极学习各种手工艺编织技术，将折纸创客空间作为空间特色服务的切入点，从一个热爱折纸的馆员教读者折纸开始，逐步吸引更多的人参与。德国科隆公共馆为用户提供创作空间，鼓励用户大胆尝试，将空间变成创作的天堂；众多英国图书馆积极探索创客空间的发展路径，大胆尝试电子创客空间与户外创客空间，依托互联网视频教学指导创客开展有意义的实践活动[⑤]。王静等[⑥]通过网站浏览、电话咨询、邮件咨询和文献查询等方式，对英国 12 所典型的高校馆创客空间建设现状进行系统的调查分析，认为其成功要素体现在政策和制度支持、服务内容的丰富性与合作方式的多样性等方面。

---

① 张珍：《美国图书馆创客空间实践及启示》，《图书馆工作与研究》2015 年第 7 期。
② 王建功：《美国图书馆创客空间评估研究与启示》，《图书馆工作与研究》2021 年第 8 期。
③ 张晓庆、刘青、马来宏等：《公共图书馆创客空间评估模式》，《图书馆建设》2020 年第 S1 期。
④ 杜文龙、谢珍、柴源：《全民创新背景下社区图书馆创客空间建设研究——来自澳大利亚社区图书馆的启示》，《图书馆工作与研究》2017 年第 9 期。
⑤ 于跃、张雅光：《德国、英国大学生创新创业政策比较》，《学理论》2018 年第 7 期。
⑥ 王静、冯利娜、明均仁等：《创客运动背景下英国高校创客空间建设现状及启示》，《图书馆学研究》2019 年第 9 期。

3. 图书馆移动创客空间的研究

移动创客空间是"固定式"创客空间的服务延伸，具有便捷、高效、低成本、占地面积小等特点，近年来在美国发展迅速。谢明亮①介绍了美国得州圣安东尼奥市推出的车载移动创客空间，实际上是一辆配有3D打印设备与微电子控制设备的汽车，其目标是为中小学生提供科学技术和工程技术，以及数学素养的培训与教学服务。这种推广方式，能为图书馆创客空间吸引更多的用户，不仅校内学生能参与，还可以使创客空间这种新兴服务方式传播到任意角落，促进高校馆创客空间的应用和推广。周清清②从建设背景、载体与创客工具、服务团队、管理规范、移动规划、创客项目和融资方式等方面，研究了荷兰弗里斯兰图书馆移动创客空间Frysk Lab，得到的启示是：创客空间应注重创客项目的开发、设计与实施，引入开放式产品设计；采取各种措施宣传推广创客活动，寻找互补伙伴开展合作；将创客教育融入学校教育环境。朱荀③分析了国外3家图书馆不同形式移动创客空间的载体、特点和服务内容。袁荃④以美国多所大学图书馆为实证研究案例，分析其移动创客空间的建设模式、目的和现状，探讨它们在构建过程中面临的困难和挑战，如资金来源、设备管理、馆员与用户培训等。探析美国图书馆移动创客空间构建的成功经验，指出国内图书馆可以依据自身特点选取不同模式的移动创客空间；构建在线互动服务；为跨学科背景配置各种方便紧凑的创客设备；合理筹集和使用资金，促进移动创客空间的可持续发展。明均仁等⑤在文献调研和案例分析的基础上，分析了美国移动创客空间的建设模式、服务范围、服务内容和关键要素等，提出合理筹集与使用资金，加强宣传推广以满足用户个性化、深层次需求，合理设计与运营移动创客空间等实践启示。梁荣贤⑥、

---

① 谢明亮：《图书馆移动创客空间构建研究》，《图书情报工作》2016年第10期。
② 周清清：《荷兰弗里斯兰图书馆移动创客空间Frysk Lab研究及启示》，《图书馆界》2019年第4期。
③ 朱荀：《国外图书馆移动创客空间创建实践研究》，《图书馆建设》2018年第12期。
④ 袁荃：《面向美国5所图书馆移动创客空间的构建研究》，《图书馆学研究》2018年第3期。
⑤ 明均仁、张俊、张玄玄：《美国移动创客空间建设现状及启示》，《国家图书馆学刊》2018年第3期。
⑥ 梁荣贤：《图书馆构建移动创客空间探讨》，《新世纪图书馆》2018年第11期。

董红丽等[①]分析了移动创客空间的概念、特征、优势及国内外发展概况，从服务对象、模式、内容等维度对移动创客空间进行深入探讨，提出图书馆应从配备微型与集成化设备、项目组织与策划、用户与馆员培训、众筹方式的应用等方面入手，构建符合国情、民情、馆情的移动创客空间。

4. 图书馆虚拟创客空间的研究

虚拟创客空间是"互联网+"时代创客空间发展的新形态。梁炜等[②]从内容框架、要素构成、功能定位等方面深入分析了美国卡耐基梅隆大学 IDeATe 虚拟创客空间。在案例总结的基础上，结合中国实情，提出完善虚拟空间的相关制度建设、发挥图书馆专业优势、加强虚拟空间建设的数据管理等发展建议。张海萍等[③]调查了国内外虚拟创客空间的发展现状，结合中国在空间建设中存在的典型问题，指出重视虚拟空间与实体空间的协同配合、挖掘用户知识需求是建设的基础和保障，内容的完善与关联是建设的核心和关键，服务创新与功能拓展是空间长久运营的重要因素。

5. 小型及少儿图书馆创客空间的研究

黄丽霞、马语谦[④]借鉴国外小型创客空间建设实例，分析其发展模式，总结各类小空间的构建方案，包括公共馆小型创客空间的实施计划和保障机制以及建成后的宣传推广活动等。石剑兰、廖璠[⑤]随机选取美国五星级图书馆中的 30 所公共馆为调查对象，其中有 22 所公共馆提供少儿创客空间服务，归纳总结出公共馆少儿创客空间服务的实践案例和服务特色，得出的启示是：重视培养少儿创客，推广少儿创客空间服务模式；加大宣传力度，推动少儿 STEAM 教育和创造活动，吸引女生关注科技；挖掘孩子的自主学习能力和创造力；丰富少儿创客空间服务项目和先进的技术设备；重视协同与互助，加强馆员人才队伍建设等。

[①] 董红丽、黄丽霞：《公共图书馆移动创客空间服务研究》，《图书馆》2019 年第 9 期。

[②] 梁炜、卢章平、刘桂锋等：《高校图书馆创客空间的虚拟空间构建研究——以美国卡耐基梅隆大学 IDeATe 创客空间的虚拟空间为例》，《图书馆杂志》2019 年第 11 期。

[③] 张海萍、李敏、卢章平等：《虚拟创客空间建设的理论、实践及启示》，《图书馆》2020 年第 8 期。

[④] 黄丽霞、马语谦：《国外公共图书馆小型创客空间模式对我国的启示》，《情报资料工作》2018 年第 8 期。

[⑤] 石剑兰、廖璠：《美国公共图书馆少儿创客空间服务调研与分析》，《图书情报工作》2019 年第 7 期。

6. 国外创客空间实践的多案例比较与分析

唐晓阳[①]采用对比分析法探讨了中国创客空间与美国创客空间建设现状之间的差异，认为政策支持、创客文化、空间功能定位、技术服务等是造成中美空间发展差异的关键因素。陈林[②]梳理、比较了100多所图书馆的运行现状、空间的技术应用、设备配置及多样化的培训服务等。孙建辉等[③]在对比分析中国图书馆创客空间与西方国家的差异过程中发现：中国图书馆创客空间配置的工具不够全面，为用户提供的服务内容存在较大的局限。朱坚等[④]对美国8所公共馆和14所高校馆创客空间的用户协议规则和具体内容进行了分析，指出中国需要进一步健全和完善空间用户协议机制，做好行业政策的顶层设计，维护用户的隐私权，拓展用户协议的访问与获取渠道；引入社会资本，扩大空间建设和运营理念、专业技术和专业指导人士等的发展契机等。吴卫华等[⑤]通过问卷调查、网站调研及文献计量分析等方法，以美国10所具有代表性的高校馆创客空间为研究对象，对其构成要素、服务对象、服务内容、设备设施、资金来源和运营模式等进行系统的调查分析，总结出美国高校馆创客空间建设对中国的发展启示。晋熠[⑥]调研和比较美国7所公共图书馆创客空间的管理模式，从服务类型、治理政策、资金来源和合作伙伴等角度进行对比分析，提出围绕图书馆资源构建有特色的创客空间；以用户需求为中心，策划并组织丰富的创客活动；完善治理政策，确保创客空间持续发展；开展广泛的社会合作，拓展资金来源渠道等系列建议。

二 研究动态

国外图书馆创客空间的发展起步较早，空间理论与实践研究十分丰

---

① 唐晓阳：《中美图书馆创客空间建设比较研究》，《图书情报工作》2015年第24期。
② 陈林：《美国图书馆创客空间调查报告解读》，《图书馆学研究》2015年第6期。
③ 孙建辉、魏靖、孙娇梅等：《我国高校图书馆"创客空间"构建研究及实践探索》，《图书馆理论与实践》2016年第7期。
④ 朱坚、袁永翠、张华阳等：《美国图书馆创客空间用户协议内容分析及启示》，《图书馆建设》2017年第3期。
⑤ 吴卫华、宋进英、王艳红：《美国高校图书馆创客空间建设实践与启示》，《图书馆工作与研究》2018年第6期。
⑥ 晋熠：《美国7所公共图书馆创客空间管理模式比较及其启示》，《图书情报研究》2020年第3期。

富，2012 年到 2014 年国外学者的研究主要集中在创客空间概述、3D 打印服务和案例研究上，从 2015 年开始学者们的研究内容日趋深入、细化，向着高端化、精准化方向发展。通过国外研究方向及研究内容的比较，总结出国外学者们对图书馆创客空间的研究动态具有以下特点：

（1）空间构建和发展的理论研究，全面细致、重点突出、体系完善。主要体现在研究内容新、涉及主题多、项目类型多、种类多、覆盖面广、技术应用广，主要包括图书馆创客空间的构建和发展，创客空间的价值及内涵，创客空间服务模式、服务项目的优化及拓展；移动创客空间、虚拟创客空间的构建研究；特殊群体的服务项目研究；特色化主题研究，如空间用户协议；空间合作；创客文化；预测技术；馆员培训及能力发展；创客空间效果评估、创客生态系统等，甚至开始为视觉障碍者发声。

（2）空间构建和发展的实践研究起步早，案例分析细，成果更丰富。

（3）国外空间的构建及发展不仅强调空间服务和技术，更注重图书馆"三要素"（人、资源和空间）中"人"的作用，非常重视馆员培训及能力提升、馆员培训的实现途径、创客培训以及 STEAM 教育等问题。

国外学者对图书馆创客空间在服务、培训、激励、评估等方面的理论研究和实践探索，对图书馆创客空间的构成、服务对象、服务内容、设备设施、资金来源、运营模式等进行系统的调查与分析，可为国内学者在空间服务、培训、激励、评估等方面的探索奠定研究基础，为我国图书馆创客空间的建设和发展提供借鉴和参考。

第二节　国内学术史梳理及研究动态

一　学术史梳理

"创客空间"的出现对图书馆发展产生了巨大的影响，这种转型服务模式逐渐被图书馆界接受和重视，学术界对此进行了深入研究。五年来，关于这一主题的研究热点频频涌现，研究内容不断拓展，图书馆创客空间的研究进入了一个稳定的发展时期。

（一）文献发文量及年度趋势分析

某一领域的研究文献在数量上的增减变化，可以彰显学者们对该领域的关注程度，因此，对相关文献数量进行统计和分析非常有价值。研究团队以中国知网（CNKI）检索项为"主题"，检索词为"图书馆创客空间"，检索时间设定为2013年到2021年5月，共检索出相关文献1013篇，其中学术期刊856篇，学位论文83篇，国内会议8篇，报纸8篇。2017年为229篇，2018年最多为231篇；输入篇名"图书馆创客空间"进行检索，共得出550篇与之相关的文献资料，也是以2017年、2018年的发文数量最多，文献类型主要是学术期刊和学位论文。见图3-2。

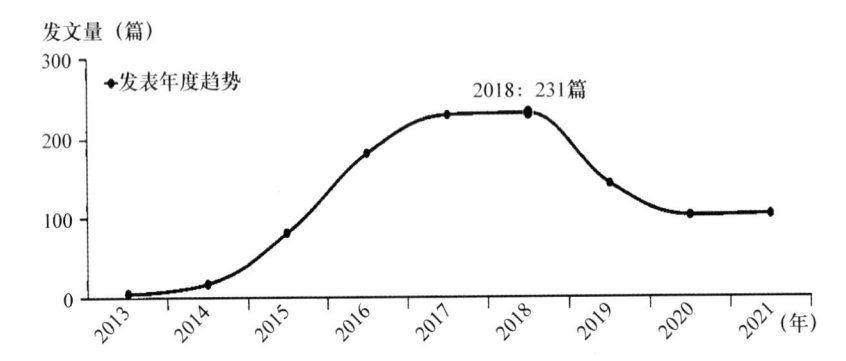

图3-2 我国图书馆创客空间文献发表的年度总体趋势分布（2013—2021）

数据来源：文献总数：1013篇；检索条件：（主题% ="图书馆创客空间" or 题名 ="图书馆创客空间"）or title = xls（"图书馆创客空间"）or v_ subject = xls（"图书馆创客空间"）；检索范围：总库。

八年来，我国图书馆创客空间的相关文献研究呈上升趋势，从下列的按主要主题、次要主题发表文献的年度总体趋势分布图以及研究者的机构、学科分布图可以看出，从2013年开始相关研究逐渐增多，目前仍然处于上升状态。据统计，该主题的高频率研究学者主要有王敏、陶蕾、李小聪、明均仁、张俊、曹国凤、吴卫华、王宇、车宝晶、曹芬芳、寇垠、谢守美等，文献主要刊登在《大学图书馆学报》《图书情报工作》《情报资料工作》《国家图书馆学刊》《图书馆学研究》《图书馆建设》《图书馆论坛》《图书馆工作与研究》《图书馆理论与实践》等图书馆学/情报学/文献学的核心学术期刊上。

从整体上看，我国学术界对图书馆创客空间的研究主要集中在高校图书馆（504篇）和公共图书馆（392篇）的创客空间研究，研究主题随着时间的推移逐渐在转移，这与政府政策、社会环境、技术发展状况等存在显著的相关性。根据中国图书馆创客空间在不同时期的关键词定量研究可知，研究者的学科覆盖面较广，以图书馆学和计算机科学为主，涉及管理、教育、新闻与传播、知识管理、信息服务、信息组织、信息经济学和自动化技术等学科。研究主题主要有"创客空间""图书馆""高校图书馆""创新服务""公共图书馆""空间再造""创客教育""创客文化"等，见图3-3。研究方向经历了从国内外典型案例的对比分析，到图书馆创客空间的创新创业服务，再到基于新技术的整合与交叉研究等的过渡与演进。

从职业、社区、专业及中小学图书馆创客空间按主题发表文献的年度总体趋势分布图中可以看出，虽然研究者对这些类型图书馆创客空间的关注度不是很高，未来对职业、社区、专业图书馆的研究将不断深入，但对中小学图书馆创客空间的研究当前仍处于停滞期。

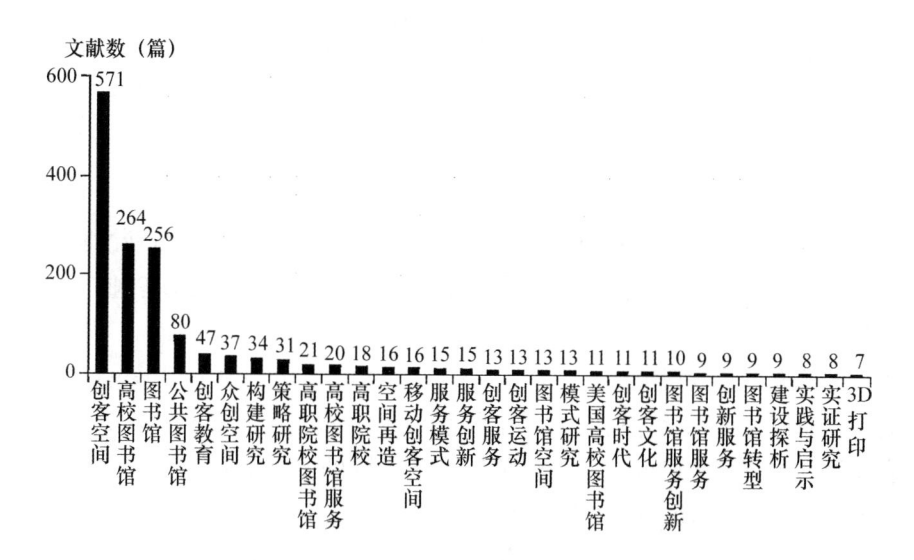

图3-3 我国图书馆创客空间研究文献按主要主题分布柱状图

（二）关键词分析及研究热点

关键词的设置，有助于判断词语在文章中的出现频率，进而确定研究内容的重点和热点。一般来说，频率越高，词语间的相关性越强。根据这一原则，研究团队基于 CNKI 对这些文献进行计量可视化分析，制作了此研究的关键词网络知识图谱，如图3-4所示，从中判断出图书馆创客空间这一主题的研究现状及发展趋势。在图中，通过观察可以发现，每个关键词的重要程度可以通过与其对应的标签字体来表示，字体越大，该词语越重要。此外，根据图谱聚类技术，将17个高频关键词设置为不同的颜色，其相互交叉的地方表示它们的类别。

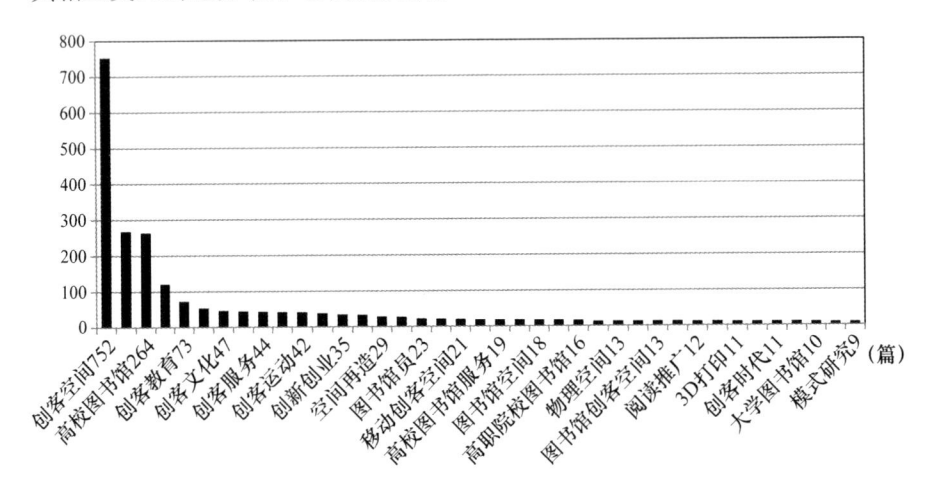

图3-4 我国图书馆创客空间文献研究数量

从各个聚类包含的高频关键词数量来看，"空间再造""图书馆服务""公共图书馆""高校图书馆""服务转型""创新服务""创新创业""创客教育""创客文化""创客运动"等关键词出现频率相对较高，是目前该领域研究的主要研究热点，从上面的分析可以看出，中国图书馆创客空间文献研究数量仍然存在处于上升趋势，图书馆创客空间还在吸引更多学者关注和进行相关研究，学者们关于某一主题的发文篇数如图3-4所示（统计时间截至2019年12月31日）。

二 研究动态

2012年以来，在"双创"和图书馆服务创新转型契机的影响下，国内学者积极开展图书馆创客空间的相关研究，该领域的研究呈现出稳定的增长趋势。学者李恺同年2012年7月发表了《美国公共图书馆的"新图书馆学"转向》一文，详细介绍了美国公共馆创客空间的产生和发展①。

---

① 李恺：《美国公共图书馆的"新图书馆学"转向》，《中国社会科学报》2012年7月25日。

2012年11月，在中国图书馆年会上，上海图书馆馆长吴建中描述了美国图书馆为用户精心设计的创意空间。2012年，时任中国科学院国家科学图书馆馆长的张晓林指出："在图书馆创设空间是一项系统化的工程，不仅要思考空间的功能规划，还要全面考虑运行模式与服务模式的创新与重组问题。"2013年，中国科学院国家科学图书馆成都分馆的杜瑾、杨志萍[①]介绍了美国图书馆创客空间的兴起，以及费耶特维尔公共馆Fab Lab、艾伦郡公共馆MakeiLa等经典案例。同年，孔祥辉、孙成江[②]探讨了公共馆创客空间建设的意义，并阐述了国内外公共馆在空间设置上的功能差异，开启了创客空间理论研究和实践探索的热潮。

2016年以来，国内图书馆关于创客空间的研究逐渐增多，研究主题逐渐由大到小、由细到精，研究内容在广度和深度上也逐渐拓展，从最初的基础研究，到空间建构研究，再提升到空间的发展问题研究，体现了"实践—理论—实践—理论"的循序渐进、不断升华、不断拓展的研究进程。研究团队重点围绕国内学者们对馆员与创客协作发展空间过程中开展的服务、培训、评价、激励以及发展问题等内容进行筛选、分析，归纳、总结出国内图书馆学界在空间馆员培训的途径方法，馆员与创客协作发展的影响因素，以及激励、评价机制等方面的研究不足，重点关注"空间服务理论研究""空间服务实践研究及案例分析""空间培训研究""空间激励研究""空间评价研究""空间发展及问题研究"等方面的研究内容。

（一）服务理论研究

主要涉及馆员与创客协作发展的服务模式、服务内容、影响因素、服务策略和建议等。

1. 服务模式

李燕波[③]、曾刚[④]等将国外图书馆创客空间运行模式归纳为创业型、协作性和集中分布型三种类型，并对其服务模式、运作机制和成果进行了详细分析。史雅莉[⑤]以密歇根大学图书馆创客空间为例，基于信息生态理论

[①] 杜瑾、杨志萍：《国外图书馆IC空间建设研究新进展》，《图书馆学研究》2013年第2期。
[②] 孔祥辉、孙成江：《公共图书馆创客空间服务研究》，《图书馆学研究》2013年第21期。
[③] 李燕波：《论图书馆创客空间的经营模式及发展策略》，《图书馆建设》2015年第2期。
[④] 曾刚：《国外图书馆创客空间研究进展述评》，《图书馆建设》2016年第2期。
[⑤] 史雅莉：《信息生态理论视角下高校图书馆创客空间构建研究》，《现代情报》2017年第7期。

探讨中国不同高校馆创客空间的最佳运营模式，以及创客空间的架构方式与路径。明均仁等[①]通过对比分析中国与美国图书馆创客空间在服务模式上的差异，认为美国图书馆的空间运行模式集中体现在合作创新、青少年教育和项目研发等类型。

黎晓[②]在网络和文献调研的基础上，分析当前中国高校馆创客空间的服务模式，将其归纳为头脑风暴型、活动实践型、创业创新型三种类型。曹芬芳[③]从组织架构、内容架构和服务架构等深入研究公共馆创客空间的运行模式。曹芬芳、刘坤锋[④]从空间构建的独立性角度，将高校馆创客空间分为独立构建、图书馆和校内相关部门合作构建、校企合作共同构建等模式。张孟子等[⑤]探讨了医学院校图书馆创客空间的服务模式。夏轶群，苏洪锐[⑥]基于创客创业生态系统视角，分别从创客创业精神、创客生态环境、资源生态环境和创业基础服务等系统维度，对用户参与图书馆创客空间的意愿进行了实证研究。结果表明，创业意愿、合作模式和人际关系网络等，与空间用户参与意愿呈正向显著相关，为图书馆创客空间更好地满足创客需求，完善其系统运行及服务模式提供了有价值的参考研究内容。

2. 服务内容

国内学者对馆员与创客协作发展空间的服务内容研究一般从以下两个角度展开，即高校馆及公共馆创客空间的服务研究。

（1）高校图书馆创客空间

于国英[⑦]、沈萍[⑧]等学者指出，高校馆创客空间应重视资源储存、设计制作和使用布局，以提高用户的参与度。黄文彬、德德玛[⑨]提出创客在高

---

① 明均仁、张俊、张玄玄：《中美图书馆创客空间构建对比研究》，《图书馆学研究》2017年第10期。
② 黎晓：《我国高校图书馆创客空间构建模式研究》，《图书情报工作》2016年第7期。
③ 曹芬芳：《公共图书馆创客空间架构研究》，《情报杂志》2015年第6期。
④ 曹芬芳、刘坤锋：《高校图书馆创客空间构建研究》，《图书馆建设》2017年第6期。
⑤ 张孟子、李芳薇、郑斐等：《创客空间及其在医学图书馆的创建》，《中华医学图书情报杂志》2016年第5期。
⑥ 夏轶群、苏洪锐：《图书馆创客空间用户参与意愿研究——基于创客创业生态系统视角》，《图书馆》2019年第8期。
⑦ 于国英：《高校图书馆空间布局改造与重新设计》，《图书馆建设》2014年第5期。
⑧ 沈萍：《高校图书馆"创客空间"构建》，《现代情报》2014年第9期。
⑨ 黄文彬、德德玛：《图书馆创客空间的建设需要与服务定位》，《图书馆建设》2017年第4期。

校馆创客空间获得工具场所、交流学习、启发咨询等协助服务的同时,需要图书馆在创意形成、原型开发、产品制造、推广销售等阶段为创客提供精准化定位服务。曹芬芳等[①]通过对比分析不同高校馆在创客空间服务功能、运行模式等方面的异同,指出空间是促进合作交流和知识创新的必由之路。孙鹏、胡万德[②]基于"产教学"功能一体化视角对空间运行模式进行分析,提出了高校馆创客空间的核心服务内容,指出创客空间是高校馆全面、全程、全力嵌入创新人才培养体系的切入点,是高校馆提升核心价值和地位优势的主要途径。刘静[③]提出了基于创客空间的高校馆服务创新理论模型及相关假设,构建了空间服务创新结构方程模型,并进行了实证研究。结果表明,服务创新驱动因素和创客空间对高校馆服务创新绩效均具有显著的正向影响;创客空间在服务创新驱动因素与创新绩效之间起着中介作用。

(2) 公共图书馆创客空间

陶蕾[④]详细介绍了图书馆创客空间的内涵、规划、运作成本和未来收益,探讨了公共馆构建创客空间的优势与机理,并介绍馆员与创客间的聚合、软硬件资源共享、创新指导和辅助服务。田晓银[⑤]从读者服务延伸的角度总结了公共馆创客空间的创新服务,提出应重视为儿童、青少年及普通市民读者提供空间服务。刘速[⑥]比较了公共馆创客空间的功能与特点,认为二者在信息共享、知识创新、社会教育等服务方面共性很多。刘思杭、黄丽霞[⑦]调研了国外公共馆创客空间的未成年人服务政策和内容,提出中国公共馆创客空间应开展针对未成年人的活动、加强对馆员的培训和

---

① 曹芬芳、王涵、黄倩:《图书馆创客空间用户使用影响因素实证研究》,《图书馆建设》2017年第10期。
② 孙鹏、胡万德:《高校图书馆创客空间核心功能及其服务建议》,《图书情报工作》2018年第2期。
③ 刘静:《基于创客空间的高校图书馆服务创新提升路径实证研究》,《图书馆工作与研究》2020年第4期。
④ 陶蕾:《图书馆创客空间建设研究》,《图书情报工作》2013年第14期;陶蕾:《创客空间——创客运动下的图书馆新模式探索及规划研究》,《现代情报》2014年第2期。
⑤ 田晓银:《创客空间与读者服务工作的延伸》,《图书馆理论与实践》2015年第11期。
⑥ 刘速:《创客空间:公共图书馆转型发展新途径》,《内蒙古科技与经济》2016年第4期。
⑦ 刘思杭、黄丽霞:《创客空间在国外公共图书馆未成年人服务中的启示》,《图书馆研究》2017年第1期。

考核。陶继华、龙耀华①通过文献调研和案例分析的方式，对长沙图书馆"新三角创客空间"的特色服务活动进行实地调研，发现"新三角创客空间"服务思路清晰，通过精心布局空间与设备，搭建多元互动平台，提供专业的馆藏资源支持，营造激发创客创新氛围等途径，实行社会化组织架构、专业化有序管理、引导志愿者协同参与、多重激励措施、多重跨界合作等方式，打造九大服务板块，是强化创客服务特色、完善创新服务体系、弘扬创客文化、树立服务品牌的国内典范。

3. 影响因素

陶蕾②指出，空间基础设施、资金筹集、功能定位和项目的内部管理等是影响空间建设和发展的重要因素。王晴③指出，空间的运行和发展受到诸多因素的共同影响，如设备的购买与使用、导师的引进和管理、外联和伙伴关系的建立和维持等。李小敏等④运用扎根方法剖析了影响馆员参与高校馆创客空间构建模式的深层次因素，认为馆员的参与意识、参与平台、参与成本和参与氛围等因素对馆员参与空间发展行为产生重要影响，并阐述了各影响因素的作用途径。明均仁等⑤构建了大学生参与高校馆创客空间意愿的影响因素模型，从参与态度、参与规范和参与知觉行等主要类别进行实证研究。曹芬芳等⑥基于技术接受模型对问卷数据进行分析，研究用户感知对图书馆创客空间服务效果的影响。杨锴⑦从用户体验的角度，运用DEMATEL法定量分析影响高校馆创客空间馆员服务能力的关键因素，并以某些高校为例进行应用。王宁、沈青青⑧运用扎根理论与方法，

---

① 陶继华、龙耀华：《图书馆创客空间特色服务的构建与分析——以长沙图书馆"新三角创客空间"为例》，《国家图书馆学刊》2020年第3期。
② 陶蕾：《图书馆创客空间建设研究》，《图书情报工作》2013年第14期。
③ 王晴：《图书馆创客空间的运行模式及影响因素研究——基于美国图书馆界实践案例的考察》，《国家图书馆学刊》2014年第5期。
④ 李小聪、赵敏、王惠：《馆员参与图书馆创客空间构建模式影响因素研究——基于扎根方法的探索性研究》，《图书馆工作与研究》2015年第12期。
⑤ 明均仁、张玄玄、张俊等：《大学生参与高校图书馆创客空间意愿的影响因素研究》，《图书情报工作》2017年第14期。
⑥ 曹芬芳、王涵、黄倩：《图书馆创客空间用户使用影响因素实证研究》，《图书馆建设》2017年第10期。
⑦ 杨锴：《高校图书馆创客空间服务能力识别及建设研究》，《图书馆学研究》2019年第17期。
⑧ 王宁、沈青青：《图书馆创客空间可持续发展驱动因素识别及模型构建——基于扎根理论的实证分析》，《图书馆工作与研究》2020年第5期。

围绕图书馆创客空间可持续发展的驱动影响因素，实地调研国内公共馆、高校馆及社会机构的创客空间，选取部分经验丰富的馆员/创客获取访谈数据，按照规范流程进行编码和分析，识别空间可持续发展的驱动因素，构建驱动影响因素模型，并采用 Spss24.0 进行相关性分析，验证扎根理论的识别结果，挖掘驱动要素、减少发展阻力，为图书馆创客空间提质增效提供借鉴和参考。

4. 服务策略及建议

国内学者也是从高校馆及公共馆创客空间两个角度，来分析和研究馆员与创客协作发展空间的服务策略及相关建议。

（1）高校图书馆创客空间

陈婧[1]调查了 18 个具有代表性的大学图书馆创客空间的运作模式，分析其不同的空间功能定位，为中国大学图书馆创客空间的建设和发展提出建议。张亚君等[2]指出：当前，中国高校馆创客空间在基础设施设备的配置方面较为完善，但馆员素质有待提高，知识交流环境需要优化，内外部资源整合力度应加强。叶焕辉[3]对两种不同类型的高校馆创客空间即校企合作构建的和单独建设的创客空间，进行案例分析，认为创客空间对专业技术的要求较高，尤其是艺术类、医学类院校等在空间建设初期更应做好发展定位。李琼艳[4]分析了美术院校图书馆构建创客空间的优势、劣势和必要性，提出这类院校应建设线上线下相结合、馆员素质优秀、人才和技术装备配置齐全的创客空间。

王春迎、黄如花[5]、储节旺、是沁[6]明确提出，图书馆创客空间应在积极响应国家号召的前提下寻求创新发展，立足于培育更多创新型人才的功

---

[1] 陈婧:《高校图书馆创客空间建构研究——以美国学术图书馆为例》,《图书情报知识》2016 年第 3 期。
[2] 张亚君、唐鹏、李建强等:《美国高校图书馆创客空间实践研究》,《图书馆工作与研究》2015 年第 4 期。
[3] 叶焕辉:《我国高校图书馆创客空间建设研究》,《四川图书馆学报》2017 年第 5 期。
[4] 李琼艳:《美术院校图书馆构建创客空间的可行性研究》,《河南图书馆学刊》2016 年第 5 期。
[5] 王春迎、黄如花:《创新驱动的图书馆创客空间发展情况探析》,《数字图书馆论坛》2016 年第 5 期。
[6] 储节旺、是沁:《创新驱动背景下图书馆创客空间功能定位与发展策略研究》,《大学图书馆学报》2017 年第 5 期。

能定位，找准平衡点、寻求内外合作，拓展创新型服务，提升空间的创新发展能力。蒋逸颖[①]以中美 10 个具有代表性的高校馆的创客空间为调查对象，从空间名称、官网链接、开放模式、管理机制、资金来源、专业团队建设、设备设施和与服务内容等方面，对比两国的空间建设情况，分析中国高校馆创客空间的建设现状，并借鉴美国经验，提出加强文化宣传、增强对外开放、完善管理制度、拓宽资金来源、充实专业团队、优化服务内容等发展策略。张亚宏[②]以美国 25 家高校馆创客空间为研究对象，通过网站调查、文献调研、电子邮件咨询等方法，从空间名称与服务时间、技术设备与空间功能、培训模式与运营方式、师资力量建设与经营管理等方面进行了全面的总结，提出中国高校馆应制定管理规范，合理筹措资金，完善基础资源建设；以需求为导向，加强对馆员/创客的培训，夯实人才队伍等发展策略。万力勇[③]针对中国高校创客空间目前存在的问题和不足，基于美国高等教育创客空间联盟高校（HEMI）实践的成功经验，提出"加强学生自治，优化组织管理""降低入门门槛，激励学生参与""加强安全管控，优化运行监控""提供运行支持，实现外部对接"等建议。

（2）公共图书馆创客空间

包鑫[④]认为，公共馆创客空间应集中资源优势和资金力量建立起完善的服务机制，加强对创客文化的宣传力度。石志松[⑤]在对比分析国内外优秀创客空间的过程中提出了与中国国情相符的空间实施策略。龚雪竹[⑥]调查了国内 12 家发展时间相对较长的公共馆创客空间，通过对空间功能规划、创客活动模式的对比分析提出发展建议。赵岚[⑦]分析了中国公共馆创

---

① 蒋逸颖：《高校图书馆创客空间建设现状及发展策略研究》，《图书馆工作与研究》2019 年第 11 期。
② 张亚宏：《美国高校图书馆创客空间调查研究》，《图书馆工作与研究》2019 年第 4 期。
③ 万力勇：《高校创客空间运行机制研究——基于美国高等教育创客空间联盟高校的实践启示》，《中国电化教育》2021 年第 4 期。
④ 包鑫：《高校图书馆 Makerspaces 建设研究》，《现代情报》2014 年第 7 期。
⑤ 石志松：《国内外公共图书馆创客空间实践对比研究》，《山东图书馆学刊》2016 年第 2 期。
⑥ 龚雪竹：《国内公共图书馆创客空间发展现状调查研究》，《图书馆学研究》2017 年第 24 期。
⑦ 赵岚：《共赢组合：中美公共图书馆中的创客空间构建》，《图书馆》2017 年第 2 期。

客空间发展的有利条件、遇到的困难和解决方案，并提出相关建议及展望。李玲丽、曾林源[①]从公共馆创客空间运管人员的视角出发，结合杭州图书馆科技分馆创客空间三年来的创客服务实践，运用空间思维、平台思维、系统化思维、关系思维，探讨公共馆创客空间向 STEAM 创客教育空间转变的实施路径与发展机制，并从跨界合作、平台联动运作、深入融入社区、合作监管等方面提出建议和措施。

（二）服务实践及案例分析

此小节的内容主要涉及馆员与创客协作发展空间的实践活动，国内学者对国外图书馆创客空间的实践及案例分析，国内外图书馆创客空间的案例分析与研究等内容。

1. 创客空间实践活动

在国内外理论研究浪潮的推动下，国内创客空间的实践活动相继诞生。2012 年，中国科学院文献情报中心打造了国内首个专业图书馆创意空间"科技创新与创业平台"；2013 年 5 月，国内首家公共图书馆——上海图书馆创新·空间正式对外开放。随后，杭州、长沙、成都等国内多家公共图书馆，清华大学、上海交通大学、西南交通大学、深圳大学、山东大学等部分高校相继推出创客空间服务。这些创客空间的出现和发展有力推动了国内图书馆创客空间的实践研究。在国内外创客空间理论研究和实践活动的基础上，创客空间的多案例及个案分析也掀起了一股热潮，推动了馆员与创客协作发展创客空间的实践研究。

2. 国内图书馆创客空间的实践案例总结

由于中国图书馆创客空间的实践时间较短，短期内很难对诸多问题进行规律性探讨。目前，关于图书馆创客空间的案例研究大多源于西方理论和实践，也有学者对国内图书馆创客空间的案例实践进行了深入剖析，如表 3-1 所示。在实践分析中，学者们对地方图书馆创客空间的实例进行细分，未来的研究重点是将理论研究与实际案例相结合，抓住"双创"活动的核心要素、用户需求和图书馆发展方向，构建出中国图书馆创客空间案例研究的理论体系。

---

① 李玲丽、曾林源：《STEAM 创客教育空间的实施路径与发展机制研究——以杭州图书馆科技分馆为例》，《图书馆研究与工作》2020 年第 4 期。

表 3-1 国内图书馆创客空间案例实践的文献研究

图书馆类型	图书馆创客空间	研究人员	研究内容
公共图书馆	济南市图书馆创客空间	赵文利①	空间定位、空间建设
	大庆市图书馆创客空间	刘芮搏②、暴丽岩③	创新平台、空间服务
	上海图书馆创·新空间	曲蕴④、熊泽泉⑤、杨绎⑥	空间实践探索、发展模式、服务策略 资源服务、功能布局、空间推广、思考建议
	长沙图书馆新三角创客空间	刘芳⑦、韩晓雪⑧	融合与创新、构建模式 空间建设、空间服务、实践活动
	成都图书馆阅创空间		融合与创新、构建模式 空间建设、空间服务、实践活动
高校图书馆	沈阳师范大学图书馆创客空间	车宝晶⑨	空间服务设计与创新实践 服务构建、运行模式、思考建议
	西安航空学院图书馆创客空间	柴源等⑩	空间服务质量评价指标的建构与应用 服务质量评价体系、问卷调查、实证分析

---

① 赵文利:《公共图书馆"创客空间"建设构想——以济南市图书馆为例》,《河南图书馆学刊》2016 年第 8 期。

② 刘芮搏:《公共图书馆创客空间建设探索及意义——以大庆市图书馆为例》,《大庆社会科学》2017 年第 2 期。

③ 暴丽岩:《公共图书馆创客空间的实践探索——以大庆市图书馆为例》,《开封教育学院学报》2017 年第 4 期。

④ 曲蕴:《公共图书馆"创客空间"实践探索——以上海图书馆"创·新空间"为例》,《新世纪图书馆》2014 年第 10 期。

⑤ 熊泽泉、段宇锋:《上海图书馆"创·新空间"》,《图书馆杂志》2018 年第 2 期。

⑥ 杨绎、金奇文:《公共图书馆创客空间发展模式研究——基于上海图书馆的实践》,《情报探索》2017 年第 2 期。

⑦ 刘芳:《融合与创新——公共图书馆众创空间的实践与发展》,《图书馆学刊》2016 年第 5 期。

⑧ 韩晓雪、宋甫:《我国图书馆 MakerSpace 构建研究》,《图书馆学研究》2016 年第 12 期。

⑨ 车宝晶:《高校图书馆创客空间服务的设计与实践研究——以沈阳师范大学图书馆为例》,《图书馆学刊》2017 年第 9 期。

⑩ 柴源、杜文龙、刘晓东:《高校图书馆创客空间服务质量评价指标的建构与应用——以西安航空学院图书馆为例》,《图书馆研究》2016 年第 2 期。

续表

图书馆类型	图书馆创客空间	研究人员	研究内容
高校图书馆	河北经贸大学图书馆创客空间	汤沙沙等[①]	构建要素、构建步骤、构建内容 空间构建、思考建议
	电子科技大学图书馆"创新实验室"	高晓晶等[②]	培养模式优化创新、创客反馈信息分析、实际问题优化解决方案
	辽宁大学图书馆创客空间	冯悦[③]	图书馆特色资源利用与"创客空间"发展途径 空间构建
	海口经济学院图书馆创客空间	郭菊华[④]	服务模式创新与空间功能拓展及环境优化 构建模式、创客活动内容、取得成果
	浙江财经大学图书馆创客空间	宋怡晓等[⑤]	空间功能规划与运行模式优化 运营模式、思考建议
	河北师范大学图书馆"L微课"空间	刘青端等[⑥]	空间构建、服务内容设计及建议
专业图书馆	中国科学院文献情报中心科技创新创业服务平台	贾苹等[⑦]	科技创新创业项目平台即专业图书馆的信息服务新实践 实践活动、空间服务

3. 国内创客空间的多案例比较与分析

黄耀东等[⑧]运用实地调查和问卷调查法,从空间类型设置、服务设施

---

① 汤沙沙、王师怡:《高校图书馆创客空间建设构想——以河北经贸大学图书馆为例》,《河北科技图苑》2018年第1期。
② 高晓晶、雷萍:《高校图书馆创新空间服务的实践与探索——以电子科技大学图书馆"创新实验室"为例》,《图书情报工作》2016年第1期。
③ 冯悦:《高校图书馆特色资源利用与"创客空间"发展研究——以辽宁大学图书馆为例》,《农业图书情报学刊》2017年第6期。
④ 郭菊华:《创客服务在高校图书馆的发展探索——以海口经济学院图书馆为例》,《大众文艺》2017年第10期。
⑤ 宋怡晓、施政、王怡娇等:《创客空间模式下大学图书馆空间利用及运营模式初探——以浙江财经大学为例》,《农业网络信息》2017年第8期。
⑥ 刘青端、黄闽、刘绍荣:《高校图书馆"创客空间"的设计与思考——以"LC微课"空间实践为例》,《河南图书馆学刊》2016年第9期。
⑦ 贾苹、刘雅静、刘细文等:《科技创新创业早期项目平台:专业图书馆的信息服务新实践——以中国科学院文献情报中心为例》,《图书馆杂志》2017年第6期。
⑧ 黄耀东、高波、伍玉伟:《高校图书馆空间服务现状与分析——以广州大学城高校图书馆为例》,《图书情报工作》2018年第11期。

建设、空间预约管理和服务再造等方面调查分析了广州大学城10所高校馆的空间服务现状，从空间资源、设施资源、人力资源和服务评估4个方面构建服务框架，提出制定科学的空间服务发展规划；建立多元化的服务空间；构建空间服务评估体系；积极挖掘学科特色和地方特色文化元素，构建图书馆特色服务等发展策略。曹芬芳等[1]在回顾国外图书馆创客空间实践研究的基础上，采用问卷调查法对137份有效样本数据进行统计分析，发现国内高校馆创客空间的存在问题有：空间发展潜力大，但使用率较低；预算内支出和预算外专款是资金的主要来源；数字类技术应用比例较高，制作类技术应用比例偏低；很少为馆员提供空间培训等。

4. 国内图书馆创客空间的个案研究

研究之一：公共图书馆创客空间个案研究。

目前，国内学者主要以上海、长沙、深圳、广州、成都图书馆等为例，介绍中国公共馆创客空间的实践情况。曲蕴[2]、金志敏[3]对上海图书馆创·新空间的功能规划方案进行分析，阐述不同区域的功能和作用，该空间主要由展示中外创意类书籍的阅读空间、多媒体交流体验空间、IC知识共享空间、专利标准服务空间、创意设计及展示空间等部分组成。田晓银[4]以长沙图书馆新三角创客空间研究对象，深入探讨空间的运行情况，认为该空间能够为创客提供稳定的知识服务环境和技术平台，能够满足创意知识培训、专利查新、创意成果展示、创意实践等需求。谢守美等[5]研究了深圳图书馆创客空间的服务定位、服务对象、服务支撑、服务内容、合作模式和管理机制等内容，探讨公共馆创客空间的运行模式。建议公共馆创客空间应明确服务定位，提供精准化创客教育与服务；融合 STEAM 教育，制定跨学科的创客教育课程体系；引进社会资本，推广 Public – private partnership（PPP）运行模式。

---

[1] 曹芬芳、杨海娟、黄勇凯等：《我国高校图书馆创客空间现状调查与分析》，《大学图书馆学报》2019 年第 3 期。

[2] 曲蕴：《公共图书馆"创客空间"实践探索——以上海图书馆"创·新空间"为例》，《新世纪图书馆》2014 年第 10 期。

[3] 金志敏：《创客空间与图书馆服务模式的创新》，《图书馆学刊》2015 年第 7 期。

[4] 田晓银：《创客空间与读者服务工作的延伸》，《图书馆理论与实践》2015 年第 11 期。

[5] 谢守美、聂雯、赵文军：《深圳图书馆创客空间运行模式研究》，《图书情报工作》2018 年第 8 期。

研究之二：高校图书馆创客空间个案研究。

随着对公共馆创客空间的实践研究逐渐展开，对高校馆的研究也掀起了热潮。李志杰、段小虎[①]以西安体育学院图书馆创客空间为例，介绍了该校图书馆创客空间的构建原则、策略和形式，该空间包括重大课题研究空间、数字技术体验空间和体育事件研讨空间。该空间还开展了红色体育研讨会、红色体育体验、红色体育讲座等活动，得到了校内外用户的认可和支持。孙超、李霞[②]以南京工业大学图书馆创客服务为例，探讨了高校馆借助资源和专业优势嵌入到大学生创客活动中，为创客提供科技查新、文献传递、期刊推荐、专题服务、专利信息服务等一站式全方位服务。

从目前的发展状况来看，沈阳师范大学图书馆创客空间对国内高校馆，乃至公共馆创客空间的建设和发展均起到了示范性的引领和导航作用。近4年来，在馆长的鼓励和影响下，该馆的馆员在图书馆核心刊物上已发表图书馆创客空间的相关文章近30篇。该馆用实践探索和理论提炼证明了空间再造是新时期图书馆转型发展的重要举措，是图书馆服务变革的优选路径与转向模式。其中，王宇、车宝晶[③]分析了创客空间的内涵和发展态势，以沈师大图书馆创客空间改造以及双创活动为例，揭示高校馆对原来空间改造以适应空间发展的必要性和可行性，并探讨了空间构建的适切性原则。王宇、王磊[④]介绍了沈师大馆空间再造的定位、体系、功能、过程以及特色，根据服务对象确定了空间管理原则和新型服务方案，细化出空间再造的方案和策略。王宇等[⑤]分析了能动型空间的含义、特征、功能和作用，从空间服务理念、资源、实践和活动方式等方面，提出图书馆能动型空间的服务思路，指出能动型空间是大学图书馆空间再造的选择方向，符合当前和未来高校人才的

---

① 李志杰、段小虎：《体育院校图书馆引入创客空间的探索——以西安体育学院图书馆为例》，《图书馆论坛》2015年第7期。

② 孙超、李霞：《高校图书馆为大学生创客提供一站式服务探索》，《图书馆论坛》2015年第7期。

③ 王宇、车宝晶：《图书馆创客空间构建及其适切性探索》，《大学图书馆学报》2018年第4期。

④ 王宇、王磊：《大学图书馆空间再造与服务转型——以沈阳师范大学图书馆为例》，《大学图书馆学报》2019年第4期。

⑤ 王宇、车宝晶、王磊：《能动性学习与图书馆能动型空间再造》，《大学图书馆学报》2019年第8期。

培养目标。

研究之三：专业图书馆创客空间建设实践研究。

陶蕾[①]介绍了中国科学院图书馆的成功案例。该馆经过4次改造，2014年，国家科学图书馆完成智能化硬件升级改造之后，"智慧中心"的服务功能得到补充和完善，基于科技、创业、信息三位一体的服务模式，实现了"创意空间"的成功建设。贾苹等[②]详细介绍了中国科学院文献情报中心形成的以信息资源为信托、以信息服务数据为主要形式的科技创新创业服务模式。该空间被定位为一个具有开放性的知识技能实践平台与"产教学"服务平台，空间配置了高端的科技设备和专业服务人员，构建了一套完善的创客服务体系和运行机制。从整体上看，中科院打造的专业化创意空间的目标定位、服务内容与其他机构的创客空间略有不同，其提倡技术资源、技术工具、信息资源、馆员能力的高效利用，充分发挥专业图书馆的专业人才优势，为不同年龄段的创客提供针对性强的技术支持和培训服务。

研究之四：职业学院图书馆创客空间建设实践研究。

张丽[③]以顺德职业技术学院图书馆 ARTIC "手作学堂"为例，认为"小而美"是一种走向精准的内涵式空间服务。该馆的空间服务特色体现在：一是服务对象聚焦。依托功能明确的图书馆区域，面向细分的目标用户开展精准服务。二是服务细节深化。针对用户的差异化、多样化和个性化需求，提供精细化服务。工作人员热情、专业、态度友好，与用户保持良好的互动，能及时跟踪用户的需求变化，满足用户的各类需求。最后，服务过程和服务实效具有持续性，基于现代化的发展目标和服务理念，依托优势人力和物力资源的高效组合和利用，实现空间功能、服务项目的持续优化与改进，使空间始终保持旺盛的发展活力。此案例为国内职业学院图书馆创客空间的建设和发展提供了参考。

---

① 陶蕾：《创客空间——创客运动下的图书馆新模式探索及规划研究》，《现代情报》2014年第2期。
② 贾苹、刘雅静、刘细文等：《科技创新创业早期项目平台：专业图书馆的信息服务新实践——以中国科学院文献情报中心为例》，《图书馆杂志》2017年第6期。
③ 张丽：《高校图书馆"小而美"空间服务研究——以顺德职业技术学院图书馆 ARTIC "手作学堂"为例》，《图书馆工作与研究》2019年第11期。

研究之五：中小学图书馆创客空间建设实践研究。

中国中小学图书馆创客空间建设实践仍处于起步阶段。任瑞茁[①]提出，中小学图书馆创客空间的建设应充分发挥图书馆的服务职责与能动作用，结合中小学科技创新教育，培养专业师资力量队伍，构建创客空间教育联盟共同体，有针对性地开展各项服务。吴玥[②]从上海市中小学图书馆空间再造的时代背景、成功案例和关系处理等方面，研究了中小学图书馆在空间再造中存在的问题和不足，并提出了一些指导性建议。

（三）空间培训研究

国内学者对馆员与创客协作发展空间的培训与教育活动开展了相关研究。陈艺[③]提出高校馆创客空间应注重创客培训，重视创客资源的知识产权保护。晋熠[④]重点剖析与空间项目规划、运营管理相关因素，包括费用与成本结构、融资和收入来源、惩罚和治理政策、空间馆员与创客培训等，合理的规划与管理可有效帮助创客获取资源支持，帮助馆员识别和发展其服务能力。吴瑾[⑤]基于创客需求总结出馆员必须具备的沟通协调、信息挖掘、数据管理和团队协作等服务能力，为馆员创新能力的提升及培训提出相应的解决方案。张巧娜[⑥]剖析美国图书馆创客馆员的培育实践，其采取的在图书馆研究生院设置创客相关课程、设立和资助馆员培育项目、构建线上线下互联互通的馆员培训环境、跟踪调查馆员学习体验等措施，为国内图书馆解决创客馆员培育问题提供了重要启示：构建联盟组织，协同多方厚植创客培育土壤，将创客教育融入图书馆学专业教育，设置创客馆员培训项目，多途径改善馆员学习环境，重视创客馆员培训数据的收集与调研。

[①] 任瑞茁：《图书馆创客空间对中小学科技创新教育的推动与启示》，《福建教育学院学报》2018年第12期。

[②] 吴玥：《基于空间再造理论的中小学图书馆空间再造的实践与探索——以上海市中小学图书馆为例》，《图书馆理论与实践》2020年第5期。

[③] 陈艺：《高校图书馆创客空间的构建》，《高校图书馆工作》2015年第2期。

[④] 晋熠：《公共图书馆创客空间运营管理的思考》，《数字图书馆论坛》2018年第11期。

[⑤] 吴瑾：《创客空间环境下高校图书馆员的作用与能力提升》，《图书情报工作》2018年第1期。

[⑥] 张巧娜：《美国图书馆创客馆员培育实践与启示》，《图书馆工作与研究》2019年第12期。

项目主持人王宁①从认知心理学的角度，分析馆员在空间培训的认知、情感以及意动与行为四个阶段的参与心态与行为调整过程，并以心态调整模型（"认知—情感—意动—行为"）为核心，将此模型和方法运用到实践中，提出空间培训中馆员参与心态与行为调整的实施途径，形成"心态—状态—行为—效果"的良性循环。有助于图书馆创客空间的组织管理者从不同层面把握馆员的培训心态，调整心态，采取有效措施应对行为，进而产生组织效益，增强培训效果。王宁、朱扬清②通过实地调研国内公共馆、高校馆及社会机构的创客空间，获取了 52 名经验丰富的优秀馆员的访谈数据。在此基础上，利用扎根理论与方法探究图书馆创客空间培训中馆员素养和技能提升的影响因素，提出创客馆员素养和技能提升的实施途径。王宁③将集聚辐射效应的原理应用于创客空间的馆员培训，运用扎根理论对访谈资料进行编码和分析，识别馆员培训中集聚辐射效应的影响因素，构建空间馆员培训集聚辐射效应的影响因素模型，阐明馆员培训集聚辐射效应的形成和发展规律，促进空间培训的资源优化、汇集和共享，激励空间管理者在培训方式和内容上寻求新突破、新思路，彰显馆员培训的效果与影响力。

（四）空间激励研究

创客空间服务推动着图书馆的人力资源重组与变革，激励馆员积极面对变革、参与变革。目前，国内学者对馆员与创客协作发展空间的激励研究较少。项目组成员储结兵④通过分析馆员服务需求因素与激励效果的相关性，运用扎根方法识别出空间发展的创客激励因素，构建了相应的模型，并从理论和操作两个层面对模型的激励机理进行了阐释。储结兵⑤又从馆员需求的视角，运用扎根方法构建了馆员参与创客空间转型服务的激励机制，并运用因子分析法验证和完善激励机制的有效性，得出结论：馆

---

① 王宁：《基于"认知—情感—意动—行为"的馆员心态形成与行为调整过程探析——以图书馆创客空间中馆员培训为视角》，《渭南师范学院学报》2020 年第 2 期。
② 王宁、朱扬清：《创客馆员素养和技能提升的实施途径——基于扎根理论的创客空间馆员培训分析》，《图书馆理论与实践》2020 年第 8 期。
③ 王宁：《创客空间集聚辐射效应的影响因素及形成探析——基于扎根理论的馆员培训分析》，《情报资料工作》2020 年 10 期。
④ 储结兵：《图书馆创客激励因素识别与模型构建》，《图书馆学研究》2019 年第 13 期。
⑤ 储结兵：《图书馆员参与创客空间转型服务激励机制研究》，《新世纪图书馆》2020 年第 3 期。

员正向激励包括工作条件和与环境、服务能力建设、参与动机强化、馆员获得感知4个维度。该激励机制对增强馆员参与转型服务的意愿与行为具有较好的促进作用。

(五) 空间评价研究

在国外学者的影响和带动下，国内学者也开始了馆员与创客协作发展空间的评价研究，陆续取得了一些研究成果。柴源等[1]、刘哲[2]通过文献研究、用户及专家访谈法建立了空间服务质量评价体系，通过问卷调查探讨了沈阳工业大学、西安航空学院图书馆创客空间的现状与创客满意度，最后通过实证分析验证了此评价体系的可行性。李燕萍、陈武[3]运用扎根理论和方法，提炼出创客空间发展质量评价结构维度和功能模型，构建了一套由6大核心指标，19个子指标组成的空间发展质量评价指标体系。陈奇等[4]以能力成熟度模型为视角，从发展服务能力、创业服务能力及服务管理等角度系统构建了空间服务能力成熟度评价体系。孙荣华[5]通过总结和综合国内外相关文献，依托绩效理论和系统理论，采用层次分析法构建了以用户满意度为指标的评价模型。

王岚[6]运用KANO模型分析方法，从环境与设施、创客馆员、资源与获取、用户服务等维度设计图书馆创客空间信息服务需求调查问卷。从调查结果的统计分析中，得出图书馆创客空间用户信息服务需求指标类型，并构建满意度矩阵。提出根据创客用户需求类型完善信息服务、依据满意度矩阵确定信息服务改进的关键因素、随创客用户需求变化不断调整信息服务、构建信息服务满意度评价及反馈机制等策略。

杨锴、黄诗童[7]运用凯利方格法识别影响图书馆创客空间服务质量的

---

[1] 柴源等：《高校图书馆创客空间服务质量评价指标的建构与应用——以西安航空学院图书馆为例》，《图书馆研究》2016年第2期。

[2] 刘哲：《高校图书馆创客空间服务质量评价指标的构建——以沈阳工业大学图书馆为例》，《农业图书情报学刊》2017年第7期。

[3] 李燕萍、陈武：《基于扎根理论的众创空间发展质量评价结构维度与指标体系开发研究》，《科技进步与对策》2017年第4期。

[4] 陈奇、郑玉华、洪珈珈等：《基于CMM的众创空间服务能力评价研究》，《科技管理研究》2018年第20期。

[5] 孙荣华：《高校众创空间创客满意度评价研究》，硕士学位论文，云南大学，2018年。

[6] 王岚：《图书馆创客空间用户信息服务需求分析与服务策略》，《图书情报工作》2018年第12期。

[7] 杨锴、黄诗童：《图书馆创客空间服务质量识别及评价研究》，《图书馆》2020年第8期。

因素，从用户感知视角评价空间的服务质量，构建了基于决策者偏好的服务质量评价模型，并以9家图书馆为样本进行了案例应用。得出场地服务、移动服务和综合服务为影响服务质量的主要因素，据此从满足创客需求和发挥特色优势两方面，为创新空间服务体系提供管理启示。项目组成员储结兵[1]运用扎根理论和访谈法，从创客感知的视角构建了图书馆创客空间服务质量评价指标体系，并基于问卷调查数据，通过探索性因子分析对指标体系进行验证和完善。最后从服务环境、服务条件、服务项目和服务绩效四个层面，构建出包含44个末级指标的服务质量评价指标体系，有助于从创客感知的角度全面衡量空间的服务效果。项目主持人王宁、沈青青[2]从大学生创客满意度的微观视角，即从"投入—产出"效率的角度，研究或评价空间的服务质量及创客满意度；运用回归分析法及多层线性模型，定量分析了投入和产出效率的创客满意度，构建基于"投入—产出"效率的创客满意度评价行为矩阵图，指出高校馆创客空间的创客满意度评价包含馆员配置、馆员/创客互动、管理、空间建设等投入指标；创客发展能力即基础性发展及提高性发展能力等产出指标；最后针对实证分析中创客满意度较低的评价指标，提出了针对性改进措施。

（六）空间问题研究

在中国图书馆创客空间的发展和探索过程中，已暴露出一些困难和障碍，呈现"设施孤岛""资源孤岛""平台孤岛"的状态，形成了对空间发展的前进阻力。陈莉、金群[3]指出，图书馆创客空间建设方面遇到的发展瓶颈有：空间功能定位单一、空间建设专项经费不足、专业人才不足等。马燕[4]也提到，图书馆创客空间面临一些发展困境，资金、认知、环境和人才等都是限制因素。周东华[5]指出空间存在管理力度不足、服务模式单一等弊端；人员配置不符合空间的发展要求；缺少有关政府部门的监管和政策支持，且因缺乏经费的支持，图书馆创客空间的可持续发展受到

---

[1] 储结兵：《创客感知视角下图书馆创客空间服务质量评价指标体系研究》，《国家图书馆学刊》2020年第3期。
[2] 王宁、沈青青：《基于投入—产出效率的创客满意度评价研究》，《图书馆理论与实践》2021年第1期。
[3] 陈莉、金群：《高校图书馆创客空间发展的瓶颈与策略探讨》，《当代教育实践与教学研究》2019年第1期。
[4] 马燕：《高校图书馆创客空间发展的瓶颈与应对策略分析》，《传媒论坛》2019年第6期。
[5] 周东华：《高校图书馆创客空间理论与实践》，《智库时代》2019年第7期。

阻碍。程焕文、刘佳亲①明确指出，中国高校馆正面临着"缺经费""缺馆员""缺读者"的三重现实困境，空间发展更是如此。为此，必须直面现实，主动亮剑，采取回归常识、回归专业、回归本质的基本对策，为高校馆增加经费，提升馆员的专业性，最大限度地吸引用户参与。

针对这一现象，国内学者展开了相关研究，关于馆员与创客协作发展空间的问题研究主要集中在人力资源配置、空间创新创业环境、资金来源与支持、管理制度、空间定位、服务模式等方面。人力资源配置涉及馆员的招募和培训、优秀创客和创客团队的管理等，空间创新创业环境涉及国家法律法规政策及行业学会的支持和保护、馆员观念的转变等。

1. 人力资源配置问题

陶蕾②指出创客空间的受众群体范围不够广，人员配置上缺乏优秀的指导者和馆员，创客团队主要参与竞赛等少数活动，空间的外部合作难以拓展。吕亚娟、张兴③指出，图书馆创客空间发展中应注意的关键问题是：人力资源、设备配置、创新资源、成长环境、知识产权等问题。聂飞霞、罗瑞林④利用文献计量分析法，分析图书馆创客空间的研究现状及主题演进，探讨空间发展的多种问题，强调今后应注重理论研究与中国图书馆创客空间的实践案例研究相结合，构建系统化、本土化的图书馆创客空间理论与实践体系；还要加强图书馆相关工作人员和空间参与者的教育培训，构建适合中国图书馆创客空间发展的教育培训理念、机制和与模式。

2. 图书馆行业学会扶持问题

项目组成员储结兵⑤通过文献调研、座谈和专家访谈等方式，剖析中国图书馆创客空间建设中发展滞缓、服务质量参差不齐等问题，筛选出图书馆期望得到行业学会扶持的8项要求，通过问卷调查对需求进行验证，

---

① 程焕文、刘佳亲：《挑战与回应：中国高校图书馆的发展方向》，《中国图书馆学报》2020年第4期。

② 陶蕾：《创客空间——创客运动下的图书馆新模式探索及规划研究》，《现代情报》2014年第2期。

③ 吕亚娟、张兴：《创客空间：高校图书馆服务新动向》，《图书馆学刊》2014年第1期。

④ 聂飞霞、罗瑞林：《近五年我国图书馆创客空间发展情况和策略研究》，《图书馆建设》2019年第5期。

⑤ 储结兵：《图书馆行业学会推动创客空间建设策略研究》，《图书馆学研究》2020年第13期。

并针对行业学会如何在政策扶持、创客文化宣传、学术研究与经验交流、培训教育、规划与协调、服务评估、馆外合作等方面促进图书馆创客空间的发展提出建议及措施。

3. 其他问题

张亚君等[①]对比分析中美高校图书馆创客空间的资金配置模式，指出中国在该方面的不足之处。寇垠、任嘉浩[②]通过分析中国公共馆、高校馆在空间建设和运行方面存在的问题，指出中国图书馆创客空间的建设和发展可借鉴其他发达国家的成功经验，引进科学的理论指导体系，更加注重对案例解读、机制保障、功能利用和规划设计等方面的投入，从根本上提高空间的服务质量与发展水平。黄耀东、高波[③]采用德尔菲法分析了阻碍中国高校馆发展创客空间的资金不足、专业人才缺乏、设备投入不足等阻碍因素，并提出了具体解决方案。杨锴[④]指出，各图书馆打造的实体空间和在线"创客交流平台"发展的主要障碍是缺乏足够的资金，创客培育培训、组织管理制度、创客活动宣传及文化建设等方面存在不足。多数创客空间在孵化、组织、管理、扶持等方面仍停留在探索的初级阶段，创客导师如何助力大学生就业、为创客找寻合适的项目，如何合力促进空间的发展等，均是需要解决的现实问题。

第三节　国内研究现状总结及述评

一　研究特点

通过梳理和总结，发现国内图书馆创客空间的研究自2012年开始，到2015年有所增加，至2016年出现爆发式增长。目前，图书馆创客空间已成为图书情报领域的研究热点，呈现出以下研究特征：

---

① 张亚君、唐鹏、李建强等：《美国高校图书馆创客空间实践研究》，《图书馆工作与研究》2015年第4期。

② 寇垠、任嘉浩：《基于体验经济理论的图书馆创客空间服务提升路径研究》，《图书馆学研究》2018年第19期。

③ 黄耀东、高波：《我国高校图书馆创客空间建设研究——基于德尔菲法的调查》，《图书馆理论与实践》2018年第6期。

④ 杨锴：《高校图书馆创客空间服务能力识别及建设研究》，《图书馆工作与研究》2019年第17期。

1. 研究基础多来源或借鉴于国外，研究方法单一

纵观九年的研究历程，中国图书馆创客空间的理论和实践研究大多源于国外，行业学者对此开展了精湛的专业分析和总结，为中国图书馆创客空间的建设提出了建议或相关策略。理论研究主要涉及图书馆创客空间定义、起源与发展、功能与意义等；实践研究的内容主要集中在构建流程、步骤、方法、内容、运行等方面，研究领域集中在公共及高校馆创客空间，且重复研究较多，研究方法单一，实证研究偏少，没有深入调查分析空间建设和发展过程中存在的实际问题，提出解决问题的措施和方案。近年来，已有少数学者从用户角度对图书馆创客空间的感知行为进行了量化研究，但本土化的理论基础和实证研究相对薄弱。与国外相比，在理论研究、空间构建、发展探索、定性与定量结合以及实证研究等方面差距较大，尚未形成具有中国特色和优势的理论架构和价值体系。

2. 研究领域及主题单一，研究整体实力不强

目前研究领域主要是国内公共馆和高校馆为主，而对职业院校、军事院校、专业、社区及中小学图书馆等领域的研究较少，研究主题比较分散，许多问题没有得到持续的研究和重视，整体研究实力不强。尽管国内图书馆创客空间的研究已初具体系，但学界的视角仍局限于国内外现状调查、案例分析和构建措施等方面，研究主题较单一，缺乏对图书馆创客空间的服务导向、创客文化、培训机制、服务评价、馆员激励、用户意愿、空间利用效率、馆员与创客协作机制构建等问题的深入研究。

二　研究发展趋势

国外成功案例的研究对中国图书馆创客空间建设和发展具有借鉴和参考价值，然而，与国外相比，中国图书馆在经济文化、社会环境、政策取向和客观需求存在显著差异，空间的构建、发展、服务和内容上也应区别对待，我们不仅要学习国外的优秀经验，还要结合中国图书馆的实际情况酌情应对。今后，在研究方法上，国内学者应注重对用户意愿、使用效果等影响因素进行定量分析，多开展空间服务效率及相关技术的评价研究，采取从理论积淀到实证考察，从定性分析到定量研究相结合的多元化研究方式，开展更全面、系统、深入的本土化实证研究。在研究领域和研究主题上要进一步拓展和延伸，针对中国图书馆创客空间在构建内容、功能定位、运行模式、服务途径中存在的共性和个性问题，应组建更多有实力、

多学科合作，且有创新精神的研究团队，夯实研究基础，凝聚自身研究的增长点，增强综合研究实力，向着高端化、精细化、多元化的研究方向迈进。主要研究发展趋势体现在：

1. 开展更全面、系统、深入、细致的空间理论研究

理论研究的结论与成果对实践研究具有重要的导向作用。当前，中国学者针对国内外图书馆创客空间开展了大量的实践研究，取得了众多有影响力的成果。然而，也暴露出一些问题，如原创性理论缺乏、理论研究深度不够等。虽然学者们总结了空间构建和发展中存在的一些问题，但对有些问题深入剖析不够，如对职业、军事院校、专业、社区及中小学图书馆等构建和发展创客空间的政策解读、技术支持、服务评估、馆员培训、空间知识产权保护及相关法律法规等问题的研究不足。此外，目前对图书馆创客空间的研究多数大多是个案分析，通过对某个图书馆创客空间的案例解析，分析其服务模式、管理制度、馆员参与方式等。但这种通过案例分析对图书馆创客空间进行的研究多数缺乏足够的理论支撑，说服力不强。因此，有必要对支撑图书馆创客空间发展的理论进行归纳和整理，如用户需求理论、可持续发展理论、社会认知理论、自我效能理论、集聚辐射理论、激励理论等，为馆员与创客协作发展的机制构建提供理论支撑。

2. 开展跨学科、跨行业的空间协同研究

中国不少图书馆在创客空间的构建和发展方面缺乏政府、行业组织、科研单位、企业等的支持，导致创客空间发展的专业化、多元化、差异化程度较低，品牌影响力弱，尚未形成广泛的跨学科、跨行业合作局面。特别是在满足创客层次化、个性化需求过程中，单一组织（图书馆）的资源与能力显得非常有限，非常不利于其成长和发展。未来，学者们需要从图书馆学、人力资源、创新管理、经济学、社会学、心理学等角度，探索创客空间的影响因素及发展规律，开展跨学科、跨行业空间协同研究，扩大图书馆的内生动力和外来合力，在研究层面推动图书馆创客空间服务效能的持续增长。

3. 开展类型多样、运行模式多元化的空间实践研究

目前，国内图书馆创客空间的实践探索时间较短，构建数量有限，以公共和高校馆为主，职业院校、社区、中小学和专业图书馆等开展较少，且高校馆以知名大学为主，中、小型图书馆构建创客空间更是凤毛麟角，少之又少。从构建模式来看，运行模式较为单一，仅有集中分布和协同工

作型、创业型的图书馆创客空间较少。未来，国内图书馆应探索适宜国情、馆情、校情、区情的运行模式，发展更多的高校、中小学、专业及社区图书馆参与创客空间实践，实现创客空间的多元化发展。

4. 加强创客教育与馆员培训的机制研究

从目前的研究情况看，中国创客教育与馆员培训机制尚处于探索阶段。如何将馆员/创客的教育培训机制与传统的教育方式嫁接，如何改进馆员对创客的教育引导、培训方式和培训途径等，实现馆员的服务增值，需要学者们继续深入探讨。加强对创客文化的推广宣传，深化创客教育，馆员技术培训等方面的研究，探索适合本国国情的创客空间教育理念和培训模式，培育出更多能为创客提供优质服务的创客馆员。

5. 加强空间发展与实施效果的评价研究

为推进"双创"建设，中央和地方政府相继出台了创新发展政策，政策支持的力度和广度很大。但从研究与发展现状来看，既呈现出繁荣的发展态势，又隐含着令人担忧的因素。是否只是赶时髦，"一窝蜂"地跟风冒进，政府的创新发展政策和图书馆的创新服务能否达到预期成效？围绕这一问题，虽然已有学者对空间再造的效果进行了一些研究，但研究方法仍以定性研究为主，研究内容较为浅显，缺乏对图书馆创客空间的运营和用户协议等相关内容的研究，尤其是对空间发展及实施效果的评价研究亟待深化、细化。未来需要更多的空间建设者、参与者和研究者，结合用户体验、用户行为和用户需求等，从用户的角度探究和评价空间再造与服务的深度融合，并结合各种量化方法，对空间的服务质量和效果进行实证研究，细化图书馆创客空间实施效果的评价指标体系，为完善空间发展政策提供顶层设计和科学依据。

一言以蔽之，目前，学者们很少关注图书馆创客空间中馆员与创客协作发展的机制问题，本研究拟在此方面开展深入、细致的相关研究，构建完善的服务、培训、激励及评价机制，为中国图书馆创客空间的建构和发展提供借鉴和参考。

第四章　图书馆创客空间发展现状的调查与分析

本章通过文献分析，浏览国外公共、高校图书馆创客空间的相关数据及资料，实地/电话/邮件/网络调研国内公共、高校、专业图书馆以及高职院校、中小学图书馆创客空间的发展状况，获得第一手访谈资料和第二手文献资料（图片、音视频等），按照扎根理论的规范化操作程序，采用 Nvivo 软件进行三级编码，得出质性分析结果。

第一节　问卷调查及实地调研情况介绍

表 4-1 至表 4-7 将分别介绍问卷调查对象（342 名馆员、371 名创客）的基本情况；项目研究方式、研究结果和软件使用情况；基于实地调研的创客空间名称；基于实地、电话和邮件调研的国内公共、专业图书馆以及高校图书馆、国内高职院校图书馆创客空间情况等。

表 4-1　　　　　调查对象（342 个馆员）基本情况

基本情况	选项内容	人数	百分比（%）
性别	男	167	48.83
	女	175	51.17
年龄段分布	30 岁以下	123	35.96
	31—40 岁	133	38.89
	41—50 岁	68	19.88
	50 以上	18	5.26

续表

基本情况	选项内容	人数	百分比（%）
受教育程度分布	专科	57	16.67
	本科	153	44.74
	硕士及以上	109	31.87
	其他	23	6.73
学科背景	文科	176	51.46
	理工科	166	48.54
类型	高校图书馆	153	44.74
	公共图书馆	183	53.51
	专业图书馆	6	1.75
在空间的工作年限	<1年	82	23.98
	1—2年	116	33.92
	2—3年	54	15.79
	>3年	90	26.32
职务	普通员工	191	55.85
	中层管理/领导	110	32.16
	馆领导	41	11.99
月收入	<3000元	42	12.28
	3000—4000元	97	28.36
	4000—5000元	61	17.84
	5000—6000元	64	18.71
	>6000元	78	22.81

表4-2　　　　　调查对象（371个创客）基本情况

基本情况	选项内容	人数	百分比（%）
性别	男	212	57.14
	女	159	42.86
年龄段分布	17岁以下	2	0.54
	18—22岁	122	32.88
	23—25岁	69	18.60
	26—30岁	58	15.63

续表

基本情况	选项内容	人数	百分比（%）
年龄段分布	31—40 岁	85	22.91
	40 岁以上	35	9.43
受教育程度分布	专科	66	17.79
	本科	212	57.14
	硕士及以上	68	18.33
	其他	25	6.74
学科背景	文科	156	42.05
	理工科	215	57.95
类型	高校图书馆	162	43.67
	公共图书馆	202	54.45
	专业图书馆	7	1.89
成为创客的年限	<1 年	141	38.00
	1—2 年	126	33.96
	2—3 年	75	20.22
	>3 年	29	7.82

表 4-3　　　　项目研究方式、研究结果及软件使用情况

研究方式	研究结果及软件使用
实地调研	获取国内图书馆创客空间资料及数据
文献分析	获取国外图书馆、高职院校、中小学图书馆创客空间资料及数据
网络浏览	获取国外图书馆、高职院校、中小学图书馆创客空间资料及数据
问卷调查	采用 Spss 软件、问卷星平台及技术
扎根理论	采用 Nvivo12 软件

表 4-4　　　　基于实地调研的创客空间名称（2017.10—2020.12）

地区	公共图书馆	高校图书馆	学校其他机构或社会构建的创客空间
东部地区（12 所）	上海图书馆"创·新空间"	上海交通大学图书馆交大—京东创客空间	

续表

地区	公共图书馆	高校图书馆	学校其他机构或社会构建的创客空间
东部地区（12所）	南京图书馆"创意空间"	上海海事大学图书馆众创空间	
	杭州图书馆科技分馆 STEAM 创客空间	南京工业大学创客空间（由图书馆和学校的教学事务部合作）	南京创客空间
	嘉兴市图书馆数字众创空间	江南大学图书馆创客空间（筹建中）	
	宁波图书馆创客空间	浙江财经大学图书馆共享空间	浙江理工大学聚元众创空间（学校大学生活动中心）
西部地区（3所）	成都图书馆"阅创空间"	电子科技大学图书馆"创客学社"	西南交通大学创客空间（工程训练中心）
南部地区（4所）	广州图书馆创客空间		广东工业大学创客空间创业基地（学校教务处）
	深圳图书馆创客空间	华南师范大学图书馆创客空间	
北部地区（9所）			清华经管学院创业者加速器
			北大创业孵化营
		南开大学图书馆共享空间	
		天津大学图书馆长荣健豪文化创客空间（和学校团委合作）	
	辽宁省图书馆众创空间	沈阳师范大学图书馆创客空间	辽宁大学产业科技园（学校团委）
	大连市少儿图书馆创客空间	辽宁师范大学图书馆共享空间	
中部地区（12所）		武汉大学图书馆创客空间	
		三峡大学创客空间（图书馆与"库X咖啡"众创空间合作）	

续表

地区	公共图书馆	高校图书馆	学校其他机构或社会构建的创客空间
中部地区（12所）	长沙市图书馆"新三角创客空间"	国防科技大学图书馆创客空间	
	合肥市图书馆创客空间	安徽农业大学图书馆创客空间	
	安徽省图书馆文创空间	安徽大学图书馆创意创作空间	
	铜陵市图书馆文创空间		安庆师范大学创业梦工场创业实验室
	长丰县图书馆创客空间		安徽师范大学创客空间
北部地区（1所）	专业图书馆		中国科学院文献情报中心创新空间

表4-5 基于实地、电话和邮件调研的国内公共及专业图书馆创客空间情况

图书馆创客空间名称	主要服务项目及培训内容	发展特色	发展障碍	创建时间、空间布局及功能区划分
中国科学院文献情报中心创新空间	搭建科技创新创业平台，提供前沿科技情报、产业规划、产业情报发布会等精准化知识服务，开展产业情报发布、路演对接、主题沙龙、创业分享交流、创业辅导等实践活动	依托图书馆信息资源，开展以信息服务和数据分析为重点的科技创新创业知识服务，通过实践活动提供信息服务、数据分析和技术趋势分析等专业化知识服务	需要进一步探索与创客开展合作的途径和氛围；受空间发展的功能定位、活动噪声、活动场地等方面的限制较多	2012年4月 设有学习共享空间、互动研讨空间、培训交流等空间
上海图书馆"创·新空间"	开展文献阅读与检索、3D打印、多媒体展示、软件培训、专家座谈、实操指导、互动教学等活动，构建创客、馆员、专家、读者、教授、专业人士的多方交流机制，厂商助力开展教育培训	注重文化影响力及社会效益，强调空间书刊资源的专门配置，将科技查新等特色服务与文化创意产业服务有机结合，提供专利标准服务、全媒体交流体验等活动	开展创新服务及品牌营销有难度，每年出一个高品质服务项目比较难；存在噪声干扰、宣传力度不够、开放时间不够、馆员配置结构不合理等问题	2013年5月 设有阅读空间、创新专利服务空间、IC技术分享空间、创新创意产品展示空间、网络交流体验空间等

续表

图书馆创客空间名称	主要服务项目及培训内容	发展特色	发展障碍	创建时间、空间布局及功能区划分
长沙图书馆新三角创客空间	针对不同类型的创客开展不同内容的培训及活动：开展项目跟踪、文献咨询、创客沙龙、创品展示、创意生活DIY、小小创想家、创意竞赛等活动；组织创客项目小组讨论、创意制作、"创客护照"安全培训；开展大型讲座、国际创客交流会、创业项目路演等	依托图书馆的文献资源，通过"文化+科技+创意"的碰撞，阅读和实践相结合，为创客提供必要的技术资料、专利文献、数据图表等各种知识、信息和情报服务，对接各领域的专家学者和投资人，提供技术指导和创业支持	在创客流动营的建设；创客项目孵化；融合阅读与创造，创客文化的阅读推广活动；馆员的能力及素质提升；个人发展与空间发展的对接；馆员的职业发展定位等方面有障碍	2014年6月设有设备区、制作区；设有创意工坊、创意课堂、创意体验、创意展览等功能区
成都图书馆阅创空间	以科技创新和文化创作为主，为创客提供创新、创造的文献信息支撑平台，推出多种系列品牌活动，如"创客散打""乐学乐创机器人""力剧场""麋鹿青年成长计划"等系列活动	一个既包含实体空间又包含虚拟空间的大型创意平台和创客信息交流平台。提供多媒体设备、在线虚拟社区等服务，主要特色服务项目是版权登记及知识产权服务	实体空间面积的限制；馆员管理的难度较大；专职参与空间管理和服务的馆员数量偏少	2015年6月设有阅读、数字媒体、创客工作室、小组讨论等功能区
杭州图书馆科技分馆STEAM创客空间	设立3D打印、智能机器人、无人机、乐高玩具等创客类产品展示，开展木工创意产品设计、绘画作品、创客产品竞赛等，宣传创客文化和服务品牌，成功举办首届MINI"创客节"，开展表演、青少年创客大赛、论坛、社区研讨等活动。主要服务及培训对象是青少年	开展科技资源支撑的公共文化服务；提供科技与文化的组合实践，以及STEAM（前沿科技、工程技术、文化艺术、数学技能）课程培训，打造"青少年创客成长培养计划"定期制订创意活动计划，举办系列创意主题活动	参与空间管理和服务的专职馆员数量偏少，馆员在完成空间工作之余，仍需完成馆内其他工作；短期内提升馆员服务创客的专业技能难度较大；馆员积极性、主动性不高	2016年5月设有多功能活动区、科技体验区、多媒体体验区、沙龙活动区、创客活动区等

续表

图书馆创客空间名称	主要服务项目及培训内容	发展特色	发展障碍	创建时间、空间布局及功能区划分
嘉兴市图书馆数字创客空间	为创新创业群体提供全流程知识服务；为中小微企业提供知识和信息服务；形成课程中心、知识服务中心、产业专题数字图书馆，创客协同创作、创客在线学习、创客服务支撑等平台，科技项目创新成果库、创客社区等数字创客空间模块	整合嘉兴地方数字资源和各种创业就业等文献资源，为"创客"提供线上线下服务；为科技人员提供个性化定制服务；和上海科学技术情报所合作开展科技信息服务；主动服务、上门培训服务是该馆的特色和亮点	专职参与空间管理和服务的馆员数量偏少、工作量大，有些创新服务难以开展；实体空间的场地面积有限，新馆的创客空间正在筹建中	2017年5月设有创新知识学习空间、创业知识学习空间、妙趣手工坊等
广州市越秀区图书馆"互联网+"创客空间	空间配备3D打印机、模型开发、激光雕刻设备及实操技术、编程控制软件开发、编程工具应用及相关技术，为创客提供创作指导，提供线上线下制作工具、作品分享交换平台等，为创新创业需求者提供创意转化空间和技术支持，为学生提供创新知识培训和团体社交平台，打造良好的创新创业生态环境	依托馆藏文献、数字资源、场地、创作工具等开展1+N服务模式，"1"指"越图创客空间"，"N"包括24小时线上讨论平台、创客工作室、创客集市、创客分享会、作品展览区、创客培训班、创客服务进社区等多元化服务	参与空间管理和服务的馆员数量偏少；短期内提升馆员服务创客的专业技能难度较大；馆员管理空间的难度较大	2016年3月设有创新创意空间、创客知识学习园地、创客交流园地、创客经验分享区、创意作品展示区、创新创业技术学习区等
广州图书馆创客空间	提供平台、设备、材料和技术指导；与社会创客教育机构合作开展创客培训；组织创客大赛、创意设计等活动；开展情报分析和多文化媒体鉴赏等服务。馆员的职责是提供一个平台，帮创客连接不同的资源，发挥桥梁的作用	整合创客服务与馆藏资源，开展多元化公共文化服务。既有青少年创意馆，还专门设有一个少儿图书馆创客空间，鼓励和支持全社会参与创新活动。和社会上一些创客教育机构合作开展培训活动	空间发展不仅需要人才、技术和资金，还需要政策、市场、管理等创新资源的支撑，更需要这些资源的直接自由流动、紧密衔接以及高效利用，其在此方面有发展障碍	2016年11月设有空间活动区、空间交流区、创客创新主题展览等区域

续表

图书馆创客空间名称	主要服务项目及培训内容	发展特色	发展障碍	创建时间、空间布局及功能区划分
宝安图书馆"创客e家"	为创意工作者及爱好者提信息共享、创意成果展示及创新经验交流的公益性平台；常年开展3D打印、DIY和其他培训活动；开展创科小学堂活动	开展公益活动、科普创新及文化传播等服务。引进新潮的科技——虚拟现实设备，引导广大市民和读者体验先进科技。主要服务对象是青少年	在人员、技术、设备、经费等方面有障碍；开放时间的限制；活动的噪声；开展馆际合作和交流难度大	2015年7月 设有展示创意的数工坊、提供智能硬件和3D打印的造梦馆、举办活动的汇客厅以及聆听音乐的音炫室等功能区
深圳图书馆创客空间	借鉴国外先进的创客文化体系，为创客提供3D打印设备操作指导、机器人控制技术培训等服务，结合STEAM科教内容，推出了"青少年创客成长培养计划"，为青少年提供公益性创客教育和空间服务，培育青少年的创新意识、创新能力	与外界（深圳市编玩编学科技有限公司和新东方）等机构长期合作，每年（每周一期）开展少儿编程培训，每月按活动主题安排特定的短期培训活动，一些有共同愿景的创客团队和创客组织参与其中，为创客项目提供技术支持和设备支持	在馆员与创客间的深度合作、人员培训、吸引高层次人才为空间服务、社会志愿者参与管理与服务等方面存在发展障碍	2016年4月 设有创意实践专区、创意作品展览区、学习研讨区、团队交流区、实践操作训练区、资料阅览区等
辽宁省图书馆众创空间	常年开展3D科技类、多米科普类、东方裁艺类、壹心木艺类、心理沙龙类、电影、音乐等系列创意设计体验和成果展示等活动；在读书节活动期间，开展立体阅读、视频剪辑、录音、3D电影放映、摄影作品展、大型纪录片放映等活动；开展创业咨询、专家指导及创客间互动交流等活动	与政府、高校、企业联合开展文化创意服务。空间配置了各种智能化办公设备、办公工具、投影机、动画制作工作站、影视Box图形工作站、工业3D打印机、现代化切削机床等高科技设备，为创客们提供丰富的创新实践工具和文献资源、社交资源、网络资源等	专职参与空间管理和服务的馆员数量偏少；短期内提升馆员服务创客的专业技能难度较大；馆员的专业知识及背景对空间发展的制约和限制比较多	2016年9月 设有智能会议区、创新创作工作区、知识技能学习区、资料查阅区、知识经验分享区、智能输出区等

续表

图书馆创客空间名称	主要服务项目及培训内容	发展特色	发展障碍	创建时间、空间布局及功能区划分
大连市少儿图书馆创客空间	常年在双休日及节假日，按照不同主题开展3D打印、3D建模、3D激光雕刻、迷你机床、沙画培训、家庭教育讲座、少儿朗诵艺术沙龙、创意少儿美学课堂、美术画展、朗诵作品展、绘本精读等活动；组建"义务小馆员"优质志愿者服务团，开展数字资源推广活动	与书籍结合是该馆空间活动的特点。定期开展"科学世界、科普读物、视频资料及电子资源"等活动，分为：生命起源、物种起源、科技等模块，每个模块做一期科普知识推广；长期与社会力量（专业公司）合作，持续开展培训活动	参与空间管理和服务的专职馆员数量偏少；短期内提升馆员服务创客的专业技能难度较大；空间的开放主要靠社会力量（义工）的支持，缺乏发展资金	2017年4月 设有创客互动体验区、创客产品制作区、创客产品展示区等
大庆图书馆创客空间	定期举办创客读书会、创客影视教学等活动，以研讨会、沙龙等形式不定期开展创客分享会、创客导师会等活动。搭建青少年创新平台、创建成人创客教育平台、项目预孵化平台等	特色服务是"沙话"作文课。该课程以沙盘和沙具为载体，把头脑中抽象、虚幻的构思转化为形象、个性化的构图，以此激发同学们的创作欲望，增强学习的内在动力	空间发展受服务对象、服务项目拓展、馆员个人能力及专业化技能发展等方面的限制较多	2016年3月 由创意设计制作区、创意作品展示区、研究学习区、讨论交流区四个功能区域组成
山东济宁图书馆创客空间	专门为青少年读者打造的创意交流和实践空间。服务对象主要是未成年人，幼儿组为幼儿园儿童提供适龄课程、工具包及师资；小学组培养孩子们的文创基本技能和创造性思维，用基础工具和设备实现孩子们的奇思妙想；初高中组，在专业文创导师的带领下，完成可行性作品，组织参加各类赛事	和山东博航信息科技有限公司合作，共同推出一整套创客文化服务体系。每年开展数场3D打印竞赛、手工机床设计竞赛、机器人训练竞赛，创新创造知识技能实训等活动，优拓展泥塑、陶艺等各类文创活动，基于前沿STEAM教学标准，制定"青少年创客成长培养计划"，每个月开办一个新主题活动	空间发展受人员、技术、设备、经费等方面的限制较多；开展馆际合作和交流难度大；拓展服务项目、服务内容难度较大	2016年3月 除成人创客活动区域外，空间专门开设了少儿活动室供儿童进行创客活动

第四章　图书馆创客空间发展现状的调查与分析

续表

图书馆创客空间名称	主要服务项目及培训内容	发展特色	发展障碍	创建时间、空间布局及功能区划分
云南省图书馆文化创客空间	服务对象主要是未成年人，是云南省第一家面向公众开馆的创客交流中心和先锐创客教育示范基地，仅在2016年，该空间共举办了69场不同主题的创客活动，线上报名人数超过6000人，线下参与人数超过2000人。在馆员及老师的指导下，孩子们积极参加制作模型、科技比赛等空间系列活动	定期开展教育类、创客类系列讲座和培训活动，每周六在阅览室定期举办"创客文化活动"，成立专门的空间活动小组，随时与读者保持联系和交流，形成新的特色服务品牌，充分发挥公共馆作为"城市课堂"的社会职能	空间发展需要在管理模式、服务内容拓展、服务项目对接等方面进一步探索，克服前进的障碍和阻力	2016年1月云南省图书馆成立文化空间，专门开设了少儿活动室供儿童进行创客活动
南京图书馆"创意空间"	为公众营造科普教育的环境和氛围，常年开展3D打印、建模、软件设计、视频剪辑、创客大赛、青少年夏令营等服务；图书馆专门成立了创客小组，共同承担创意空间的管理和活动	常年开展科普类公共服务，空间的资源丰富、活动多样；服务多元、创新求变。与中小学合作开展系列科普培训活动，如VR科普活动、人工智能、无人机、视频拍摄等	参与空间管理和服务的馆员数量偏少；馆员管理空间的难度较大；空间成立时间较短，与外界的合作有待加强	2017年11月设有自修、创意、朗读、研讨、体验和培训等功能区
铜陵市图书馆文化创客空间	数字化技术项目有：全息语音智能、3D打印公共技术服务平台、数字动漫公共服务平台；非数字化技术项目有：书籍的在线阅读服务和文学创作，传统剪纸产品的开发设计，大汉铜官印、青铜工艺品创意设计，绘画的技法创新等。服务内容涵盖孵化器服务、企业咨询、电子商务、创业培训、创客沙龙、创客体验、公共技术平台的运营等方面	构建创客的创新、创业、扶持一体化、全链条体系，包括创客交流分享、风险投资、自主创业、项目孵化等。既注重多元化文化的交融发展，又注重地方特色文化资源及文化+科技发展。该空间签署校企合作协议，加强与高校的技术和业务合作；聘请知名创客导师，积极参与空间的技术和创新创业指导	在专业创业导师的队伍建设、专项资金的支持、帮助入驻创客或项目参加各类大赛等方面有障碍；还有创客的隶属关系不清晰、国家及政府相关发展政策的支持力度不大、经费来源单一等	2016年7月设有创客工坊、创客驿站、创客培训区、创意展示区、创客商务洽谈区、公共服务平台、超级工作室等功能区

续表

图书馆创客空间名称	主要服务项目及培训内容	发展特色	发展障碍	创建时间、空间布局及功能区划分
合肥市图书馆悦创空间	为青少年及成年人提供交流、研讨和创作空间，包括音乐欣赏、3D打印体验、青少年科普视频，如以实体化模型及3D建模的形式展现发动机的工作原理，从形式到内容吸引读者的关注	拓宽公共图书馆的服务领域和服务能力，打造24小时开放的公共图书馆；常年开展读者科普教育及手工制作培训活动；定期开展馆员培训活动	参与空间管理和服务的馆员数量偏少；短期内提升馆员服务创客的专业技能难度较大；受馆员的专业知识及背景的限制	2016年7月 设有"悦书房""趣空间""创空间"等区域
安徽省图书馆文创空间	创客空间为读者提供发挥创意的场所，数字阅读区是省级图书馆面向社会公众提供数字化技术资源教学、展示、阅读、学习的空间和创客收集和查阅数字资源的知识空间。将二者结合在一起，读者既能体验VR观影、蛋壳视听椅、3D私人影院、瀑布流等各类数字阅读设备，又能在创客空间发挥创意、开展创新创造活动	数字阅读区集成了图书馆丰富的音视频教育、技术培训、文献资料查阅、专利授权、影音数码资源、科学杂志期刊等；设置了小型电影院、VR体验空间、AI光影阅读屏、蛋壳视听椅等多种体验设施；为读者提供kindle、QQ墨水屏、超星阅读本的借阅等服务，能够激发读者的创造力和创新能力	目前空间刚成立，需要必备的硬件设施及软件资源来支撑，未来空间发展缺乏充足的资金支持；缺乏专业馆员，需要配置更多的馆员来开展空间的深度服务工作；馆员培训的支持力度不够	2020年9月 设有数字阅读区、创造空间、轻餐饮休憩空间等功能区
长丰县图书馆创客空间	该馆2018年5月被评为"国家一级图书馆"，作为知识摇篮和创新基地，从2017年2月、4月、8月开始，定期为小创客们举办电子书创作培训以及软件使用教学、电子书创作和收藏等活动。此活动持续开展，营造出人人乐于阅读、学习、创新创作的良好氛围，激发了小读者的求知欲，保存了宝贵而美好的童年记忆	大力提倡创意创造，鼓励服务模式的创新和发展。活动前，馆员带领读者详细了解电子书的软件使用、制作和修饰等方法。在实际操作过程中，培训老师与馆员对读者进行一对一的指导，加强对照片处理、绘图、文字编辑等操作步骤的掌握，完善小创客们的作品	参与空间管理和服务的专职馆员数量偏少；短期内提升馆员服务创客的专业技能难度较大；空间的开放主要靠社会力量的支持，缺乏发展资金	2016年12月 空间位于图书馆二楼，专门供儿童进行创新创造活动

第四章　图书馆创客空间发展现状的调查与分析

续表

图书馆创客空间名称	主要服务项目及培训内容	发展特色	发展障碍	创建时间、空间布局及功能区划分
宁波图书馆创客空间	通过3D打印活动，读者对3D打印的工作原理、建模软件、打印材料、应用领域有了更直观的认识；通过书衣工厂DIY活动，读者学习装订、手绘等方法，制作独一无二的"书的衣裳"；通过"自然之趣"VR体验，读者体验虚拟世界的真实感。空间为学生和儿童提供新技术的体验和交流，激发读者的好奇心、想象力和创造力	围绕创新文化、创新环境和决策者的实际需求，定位空间的发展目标和方向，选择合适的运营模式，提供技术支持、设备或配套服务。一是将创新需求与技术提供商联系起来，实现资源对接，为创客线上研发和项目承接提供服务；二是在平台上发布创新需求者的信息或者制造者的新技术信息	运营模式过度依赖政府补贴，自身造血功能较差，没有可持续发展能力，产生高质量的创新成果比较困难。空间管理者倾向于在硬件设施上下功夫，有时忽略了空间的内容建设，客观上制约了空间的发展	2018年12月空间位于新馆四楼，设有文献阅读区、VR体验区、3D打印区、展示陈列区等区域

数据来源：访谈资料及文献资料整理而成。

表4-6　基于实地、电话和邮件调研的国内高校图书馆创客空间情况

图书馆创客空间名称	主要服务项目及培训内容	发展特色	发展障碍	创建时间、空间布局及功能区划分
上海交通大学图书馆交大—京东创客空间	由集装箱改造而成，开创了校企合作创新的典范，提供24小时阅览室；开展智能新品发布、创业交流、"京东派"校园服务店等活动；为师生提供创业平台资源分享、智能新品推广等多层面体验；弘扬创客文化，促进学校教育与社会实践的高效融合，重点培育有创造能力的实用性、综合型创业精英；开展校企合作帮助优质品牌孵化	空间集合创意研修基地、创意互动研讨等，结合不同主题，在不同的时间为不同客户开展活动；重视馆员培训及课程开发；馆员辅导创客写申请书或方案；邀请各领域的成功创业者进行创业指导和项目推广；鼓励师生积极参与各类创新和创造竞赛	空间在项目及产品的研发、学校骨干教师的配合与使用、企业资助等方面存在发展障碍	2015年11月馆外有京东空间，馆内有焦土空间、3D打印社等空间

续表

图书馆创客空间名称	主要服务项目及培训内容	发展特色	发展障碍	创建时间、空间布局及功能区划分
天津大学图书馆长荣健豪文化创客空间	基于"互联网+印刷"，开展"云印刷"体验，实现个性化定制，产品应用范围广；开展校园招聘、培训和策划，如开展信息素养教育、专利查询、科技路演、学术沙龙、创客作品展示等活动，不定期为学生提供创业实践、教育培训、设计展示和经验交流等，为学生组织各种创业知识讲座，引导学生开展创新活动，组织学生设计创业项目	图书馆品牌战略下市场化、专业化、集成化、网络化、产学研一体化的体现。利用计算机技术、3D打印技术、物流体系，提供远程可视化网络教学，通过线上与线下教育培训的有机结合，打造创客孵化平台，为学生提供创意实践、创新实践、创业实践渠道，提供创新作品商业化运营支持，为学生提供劳动报酬，助力学生积累创业资本	空间在资金、团队的组建和支持，成果转换，与企业管理运转体系及创业资源的对接和推广等方面存在发展障碍	2015年10月 空间坐落在学校北洋园校区图书馆内一楼
贵州大学图书馆迎贤居·In One创客空间	为不同创业阶段的创客团队和创业者提供政策落实、导师协助、金融服务、创业指导、创业培训等服务，提供合适的发展空间和平台	构建"团队招募""孵化+创业投资""团队注册""团队规划"等综合服务模式，深化与高校、科研院所、大型商业企业和各类投资机构的合作，探索创新项目、资金和孵化相结合的新模式	空间在如何整合经开区政企要素资源，开展校企深度融合、双轮驱动，产、学、研、创一体化的发展模式等方面存在发展障碍	2015年9月 空间坐落在贵大新校区图书馆一楼

续表

图书馆创客空间名称	主要服务项目及培训内容	发展特色	发展障碍	创建时间、空间布局及功能区划分
三峡大学图书馆X咖啡"大学生创客空间"	图书馆为学生提供创新创业活动空间、技术支持、资源支持，助力大学生创客设计创业项目；开展创业辅导培训和创业扶持资金项目申报；邀请商业伙伴、成功创业者、本校名师等创业者或成功校友开展技能传授、经验分享或产品展示等活动；每周末定期举办项目路演、创新创业讲座、创新创业沙龙及主题活动；空间获国家奖项及高校创新大赛奖项较多	宜昌市第一个由高校与专业创客团队合作开发设计的创新空间。其前身为咖啡馆，改造成创客空间后，能够为大学生创业者提供技术共享、技术研究、创意孵化的平台。搭建一条龙的创业服务体系，为创业者提供实训平台、项目申报、成果转化和展示平台，提供公共技术服务、空间营销共享、融资服务、增值服务等	空间发展需要在管理模式、拓展服务内容、投融资的项目对接等方面需要进一步探索，克服前进的障碍及阻力	2015年9月空间采用"图书馆+咖啡馆+众创空间"的服务模式，坐落在图书馆二楼
武汉大学图书馆创客空间	提供免费的影音播放、创业路演、会展平台，定期开展3D打印设计和竞赛活动。服务重点是创新创意与学科建设的融合，为大学生创造多元化、个性化、针对性的创新服务。重视馆员的转型与提升，将馆员由"地图管理员"提升为"3D打印专家"，工学馆馆长参加专业学习班提升为AR/VR专家，书库管理员成为创客活动联系人和组织专员	依托图书馆现有文献资源，鼓励师生参与创新创业实践活动；3D打印已成为武大馆的创新聚焦领域，馆员多次讲授3D打印技术的原理、3D设计、打印流程，围绕3D产品的制作提供建模设计、工艺制作和和竞赛指导，邀请有创业经验的校友担任导师，为大学生提供社会实践、文化交流的机会和场所	参与空间管理和服务的专职馆员数量偏少，受馆员的专业及背景知识的限制较多	2016年3月设有创客小聚区、创客分享会、创客工作坊、创想时空、创意教育等多个活动区域

续表

图书馆创客空间名称	主要服务项目及培训内容	发展特色	发展障碍	创建时间、空间布局及功能区划分
沈阳师范大学图书馆多功能共享空间	经过三次升级扩建,现已打造出13个设施完善、主题鲜明的复合型创客空间,以满足用户多方面需求。空间拥有先进的软硬件设施和丰富的信息资源,常年开展创新创业路演、学术研讨、学术报告、创意展示、创新赛事、社团活动、影音欣赏、古诗文诵读比赛与视唱练耳等活动;开展音乐鉴赏、朗诵技巧等系列通识培训;开展创新创业基础课程教育;馆员指导学生申报创新训练项目、创业训练项目及创业实践项目等。2017年该馆的文创项目获国家级项目立项	利用平台优势将团队、学生、资源和空间相融合,实施"全面、全程、全员"的育人政策。除完备的空间布局和丰富的活动内容外,主要优势是建立起了一支知识结构、专业结构、年龄结构合理,年富力强、精干高效的馆员队伍,能够帮助学生成长和促进自我发展,形成"创新带动服务,创新引领育人"的良好态势。空间配有咨询馆员和技术专家,为不同层次和年级的学生提供差异化服务,空间的服务新、服务细、服务实、服务专业化	缺乏发展资金;专业馆员的配置数量有限;馆员的服务能力有限;在馆员及创客创意的形成和萌发阶段存在发展障碍;与政府、企业、科研机构等单位的合作有待加强	2013年9月 设有创意工作坊、创客大讲堂、创意展示、新功能体验、多媒体制作、星空创意绘本馆、读者研讨、写作指导、诵读(微课录制)、语言交流、开放学习、信息素养、信息咨询等空间
沈阳建筑大学图书馆创客空间	通过提供场地、硬件设备、资源和技术支持,发挥搜索、导航、推送等作用;开展提升研究生信息素养的专题讲座;开通创新树、创新知识服务等平台;开通全国首个"创新"类大型数据库,全库以"创新"为核心内容,汇集创新视频、创新案例、创新思维、创新研究、创新成果等全球创新要素,从最初"引发创新兴趣"到最终"保护创新成果"	促进图书馆体验式服务的开展,充分发挥学生社团的作用和优势。学生社团可以借助图书馆的"创客空间"开展活动,而图书馆提供的资源服务可以缩短学生从想法到实现的时间和过程。学校"书法协会"、图书馆善智社、云舟书友社等社团已充分利用"创客空间"开展活动	参与空间管理和服务的兼职及专职馆员数量偏少;受馆员的专业及背景知识的限制较多	2016年10月 对原有空间进行重组、改造,设有"博客研修站""研空间""绘空间"等区域

续表

图书馆创客空间名称	主要服务项目及培训内容	发展特色	发展障碍	创建时间、空间布局及功能区划分
哈尔滨工业大学图书馆学习研究空间	提供3D打印、扫描仪、建模工具、开源软件和多媒体数字设备。在原有文献资源和信息服务的基础上，协助创客掌握创新设计和研发，推动创新设计及项目进程。设立创客培训讲堂，针对3D打印等先进设备的使用方法和相关技术问题开展培训，定期邀请资深专家学者为大学生提供创新创业新锐CEO讲座等，集思广益，开展交流与分享	设置创客馆员，在整合原有的学科馆员和咨询馆员的基础上，联合构成空间创客服务团队。通过深化与校外企业、社会机构的创客空间、科研机构、产教组织等的合作，定期为创客提供技术辅导、技术培训、知识培训、创意孵化、创意项目设计、创新产品商业化助力等服务	空间在工具设施、人员配备、项目类别、运行模式，以及如何保障空间的有效运行等方面存在发展障碍	2020年3月设有创意设计制造区、创意成品展示区、数字多媒体区、全新激光影院、微课录播室、小组讨论区、小型会议室等区域
上海海事大学图书馆众创空间	利用原有闲置零散的空间进行低成本改造，将图书馆新型服务模式融入整个校园创新创建活动。培养和激发大学生的创新意识和创造力；支持学生与教师深化交流互动。定期开展创新创业学术研讨会议、学术交流、项目研究、论文交流、手工制作等活动，为大学生创业、科学技术研究、求职模拟、论文写作、讲座培训、导师见面会、社团活动等提供支持	发挥图书馆的资源优势，依托"软创+协作"模式，以人文带动创新，在创新中加入人文。积极配合学校其他部门，如教务处、团委、科研处和各系部等联合开展各种培训活动。在"软创"中探索馆员的能动作用，馆员运用学科专长为学生提供科技查新、专利申请、空间、设备和工具的使用，注重在创新和创意的前端发挥引领作用	专业馆员的数量有限；缺少以图书情报知识为支撑、熟练掌握空间工具及使用方法的馆员，缺少能开展创新、产业辅导，类似创业导师之类的馆员；馆员的服务能力有限；受专项经费的金额限制等	2015年5月设有创新研讨室、学习研讨空间、双创展示空间、学术交流中心、专题工作室、软实验室、多功能厅等

续表

图书馆创客空间名称	主要服务项目及培训内容	发展特色	发展障碍	创建时间、空间布局及功能区划分
南京工业大学图书馆"创客梦工场"	按照"一场多地"的建设思路，将国家大学科技园和江苏省大学生创业园创新创业基地对接，实行项目制、导师制和助管制管理模式，开展互联网+创客比赛、大数据比赛、中美创客大赛等各类专项比赛等，以及各种交流会、成果展示会，聘请专业创客导师及培训师辅导学生解决创新和创业中的难题	打造集"创新意识、创新精神、创新能力"于一体的创客培育平台。根据创客的年龄、性别及兴趣、类型提供个性化和差异化的服务。空间设有完善的评价体系和评价方法，管理者定期对创新创业项目进行评估、验收、审核和评价；开展科技查新和专利服务	专职参与空间管理和服务的馆员数量偏少，馆员在完成空间工作之余，仍需完成馆内其他工作；受馆员专业及背景知识的限制较多	2015年9月设有阅读区、展示区、设计区及操作区，还有创客研讨及交流区
西南交通大学工程训练中心创客空间	开展创新创业课程体系建设，"创客夜校"常年举办IOT之夜、创客工作坊、创客马拉松等活动；积极参加教育部中美青年创客大赛筹办工作，连续4年承办中美青年创客大赛成都分赛区活动；积极参加国际创客交流活动	建立开放式的师生管理团队，举办各类技术开发和培训活动，搭建学校之间，学校与企业、社区、社会、区域创客之间的交流平台，实现全方位的开放式创新教学服务，促进创客教育与专业教育的深度融合	空间管理人员较少；设备的损耗及维修难度大；管理体制不合理、不规范；科研评价体制及教学体制束缚较多；拓展创客项目的内容及形式有难度	2013年12月设有3D打印中心、激光切割中心和PCB制作中心）、设计创意坊、数字媒体工坊、金工坊、木工坊等区域
国防科技大学图书馆创客空间	在深化基础性服务的同时，通过推广创客作品、辅助创意实现等方式创新服务内容；以国防科技创客教育课程为主体，辅助音频录制设备、多媒体编辑设备以及相关文献资源等，提供无人机飞行观摩、户外军事拓展、拆弹机械手、3D创意设计、3D打印、3D建模修补、无人机装配、智能编程等活动	将创客服务与空间服务、信息素养教育、阅读推广等业务工作有机地结合、融合式推进，尤其是数字音乐的录制和视频制作成效显著。2018年6月成功主办的"仗剑天涯，青春万岁"毕业季原创主题音乐会，现场表演学生自己精心创作的词曲	领导重视程度不高，认为空间服务不是图书馆的主要业务；缺乏专业馆员专职开展空间服务工作；馆员培训的支持力度不强；馆员对创客服务工作缺乏创新思路	2017年9月设有机械加工区、3D打印区、无人机体验区、智能等区域

续表

图书馆创客空间名称	主要服务项目及培训内容	发展特色	发展障碍	创建时间、空间布局及功能区划分
湖南理工学院图书馆南湖创客空间	为大学生创客提供资源、场地、设备和工具，如3D打印机、3D扫描仪、数控雕刻机、激光切割机、工业缝纫机、小型五金车床、手持车库等，开展交流合作平台，开展创作工作坊、分享会、创新体验、创意展览等活动	举办图书馆创客空间作品展，展出的所有作品都是社团成员运用所学知识创作而成，有3D打印作品、无人机、机器人等	参与空间管理和服务的专职馆员数量偏少；受馆员的专业及背景知识的限制较多	2014年9月空间坐落在湖南理工学院图书馆一楼多功能厅
安徽大学图书馆创意创作空间	开展3D设计打印、3D扫描、数字教育以及电子书的收藏、制作等服务；全年对外开放研修间及创意创作空间实验室。与学校的100多个社团，如书法协会、绘画协会、文协会等，合作开展空间活动，激发学生的创新创业兴趣和积极性	以"品茗话诗词"为主题，通过真人图书馆的形式开展阅读经典活动，受到大学生的欢迎和支持。2020年在创意创作空间书写区，购置了书法练习水写布、毛笔、砚台和墨等用具，供学生练习书法，提高空间的影响力和活跃度	目前空间刚成立，需要必备的硬件设施及软件资源来支撑，未来空间发展缺乏资金；缺乏专业馆员，目前只有3位专职馆员，需要配置更多的馆员来开展空间的深度服务和创新服务；馆员培训的支持力度不够	2019年4月位于磬苑校区文典阁六楼，设有3D设计打印、微信与App设计区、数字媒体加工区、电子设计区、手工制作区、写作区、动漫设计区等功能区
安徽农业大学大学生创客空间	2017年获批为省级众创空间，由校教务处、科技处、招生就业处、团委组建领导小组负责管理及运营，图书馆提供部分场地及支撑服务。空间定期开展创新创业沙龙、创新创业讲座、模拟实训、参观交流等活动，依靠三方资源协同发展，学校资源包括创新课程、创客招募；就业处安排创业项目、团委组织社团活动；政府资源鼓励创客项目申报，使空间成为大学生的实践和育人基地	构建五级教育平台，一级是做A区和B区的通识教育，安排MOOC课程、创业沙龙、创业大讲堂，培养创新创业意识；二级是实践阶段，参加各类创新创业大赛，进行创业模拟实训、路演及训练；完成教育和实践后进入三级实训阶段，形成固定项目；四级是A区的孵化，助力创业团队注册公司；五级是B区的实战，入驻的学生注册落地的公司	学生的创业与学习时间不能完全匹配，如何突破想创业的学生在教育体制上的束缚和矛盾；管理人员的缺乏，空间管理人员如何与师资队伍和职称评定形成对接，如何调动空间工作人员的积极性等都是发展的障碍	2016年11月空间分为三大区域，其中A区设在现欣苑三楼，有1个项目路演厅，2个会议室和30个团队入驻；B区在研究生公寓负一楼，有1个创咖，5间门面，7个大办公室和1个路学厅；C区在图书馆一楼，为休闲开放式创空间

续表

图书馆创客空间名称	主要服务项目及培训内容	发展特色	发展障碍	创建时间、空间布局及功能区划分
山东师范大学图书馆创客空间	配备3D打印机、非线性编程系统等科技设备，以志愿者为主体，让志愿者先学习、先做实验，为读者提供服务。多次在"挑战杯""创青春""互联网+"等大学生创业竞赛中获奖。2018年图书馆创客空间获第二届山东省大学生智能控制大赛3D打印项目一等奖	探索创客教育新模式，面向全体在校学生招募志愿者团队，建立3D打印、视频制作、AI机器人三支创客队伍，搭建学生创新创业实践的新平台，为读者获取前沿科技开辟新阵地	空间发展缺乏资金；馆员培训的支持力度不够；缺乏专业馆员，也缺乏创新创业导师或创新创业助理	2015年9月设有3D打印工作室、非线性视频编辑室
福州大学图书馆创意空间	提供信息资源保障服务、问题解决方案的知识服务、创新创业人才培训等服务；开展乐高墙、音乐球、3D打印、朗读亭、科普沙龙、读者分享会、多媒体展示等活动	理论传授与实践培训相结合；提供创新创业环境和氛围；和教育学院附属小学联合开展培训活动，激发学生的创新思维和意识，增强图书馆的文化影响力	空间发展缺乏资金；缺乏专业馆员；馆员培训的支持力度不够	2017年7月设有立体阅读区、多功能试听空间、3D打印展示区、头脑风暴室、同声传译室、微课堂等区域

表4-7 基于实地、电话和邮件调研的国内高职院校图书馆创客空间情况

图书馆创客空间名称	主要服务项目及培训内容	发展特色	发展障碍	创建时间、空间布局及功能区划分
顺德职业技术学院图书馆艺创空间	开展参考咨询和信息素养嵌入课堂的专业服务，开展契合用户需求的专项服务。其中手作学堂是图书馆艺创空间的活动平台，该平台链接资源，嵌入创意思维，挖掘活动深度，创造组合效果，提升用户体验。在形式上采取常态化与差异化结合的模式，每学期举办三场体验活动，放映多部纪录片，安排多场次展览或者分享会。在宣传上采取前期宣传与后期报道、线上线下相结合方式，通过用户的微信群开展针对性宣传	将小而美塑造为品牌，以艺术空间为载体，开展内容丰富的手作活动，致力于培养用户的动手力、创新力、审美力，推广手作艺术传统工艺，夯实有形要素的基础，侧重无形要素的升华。有形要素包括图书馆为主导的手作联盟主体、线上线下结合的推广渠道、丰富多彩的主题形式和内容、感兴趣用户的反馈和改进，无形要素包括体验创新、互动美学和情感等	空间发展在资金、团队的支持、成果转换、与企业管理运转体系及创业资源的对接和推广等方面存在发展障碍	2017年4月 空间坐落在于佛山市德胜东路碧桂园畔的图书馆6楼，设有阅读区、多功能试听空间、展示区、头脑风暴室、微课堂等区域
贵州轻工职业技术学院图书馆数字化视听创客空间	主要是以应用型技能为主，融合高职院校学生的特点，保留学生实习实训空间和创新创业空间。空间将创客文化融入图书馆的建设和发展中，以创客服务、重大科研课题研究室、数字视听创客空间、数字国学体验室、多功能技能大赛厅等为载体，验证图书馆创客文化建设对学生创新能力、独立思考、团队协作能力培养的促进作用	高度重视服务的多样化，一是在多人数字视听区开辟小型讨论区；二是延伸和补充课堂教学，学生根据自己的兴趣选择相关学术视频；三是为学院各系不同专业提供网络课程、重大会议、技能竞赛视频和综合素质教育资源。创办创客专刊，数字作品分享区展示各种数字创意作品、Flash、视频、图片	空间发展在项目及产品的研发、学校骨干教师的使用、企业资助等方面存在障碍	2019年3月 地下负一层为创客空间。分为个人数字视听区、两人和三人数字视听区、多人数字视听区、个人数字作品分享区

续表

图书馆创客空间名称	主要服务项目及培训内容	发展特色	发展障碍	创建时间、空间布局及功能区划分
江苏食品药品职业技术学院图书馆创客工作室	在电子阅览室划分出专门空间，配置高性能计算机及其他摄影器材，成立创客工作室，汇聚全院热爱摄影、制作、编导的专业人才，聘请专业老师进行业务指导，开展课外拓展型创客活动，即在课外实践中发挥专业知识和专业技能拓展理论学习。利用视频学习区组建视频兴趣小组，拍摄微视频	与新道科技等公司开设创客精英班和训练营，提升学生的创新创业技能。在电影制作过程中，馆员与指导老师全程参与指导。工作室成立以来的第一部作品是由馆员指导学生拍摄的微型宣传片《一本书的自白》。此影片荣获江苏省高校图书馆入馆教育优秀案例	空间发展缺乏资金支持；缺乏专业馆员，也缺乏创新创业导师或创新创业助理	2016年9月 空间坐落在贵大新校区图书馆一楼，设有阅读区、展示区、设计区及操作区，还有创客研讨及交流区
海南软件职业技术学院图书馆体验式创客空间	利用图书馆丰富的文献资源、购买和共享的电子资源和数字资源库，借助本馆开发的"创新资源监管平台《中科 Job Lib 就业与创业创新知识总库》"等网站资源，对学生的创新资源进行监管和服务，鼓励学生参与，激发创新创业的视野，培养创新创业的知识和技能，通过团队合作和头脑风暴体验创造的乐趣，获得新创意的成就感	依托创客大赛、高职院校职业技能大赛、大学生创业大赛、创业文化周、互联网+等，开展培训班、研讨班、演讲会、俱乐部、创业训练营等活动，利用微信、QQ群、视频会议、现场讨论、工艺作品展、室内设计创意产品展、动漫设计作品展、微电影流动播放墙等，构建立体化宣传平台，提供专业的个性化服务和沉浸式、参与式学习	空间发展缺乏资金支持；专职参与空间管理和服务的馆员数量偏少；受馆员的专业及背景知识的限制较多	2019年6月 工作空间包括实验室、加工车间、非正式洽谈区、培训教室、开放工作区、私密工作区、会议室等。活动空间包括沙龙交流、创客沙龙、技术交流会、路演活动、项目宣传、体验空间、产品展示、休闲空间、服务空间等

续表

图书馆创客空间名称	主要服务项目及培训内容	发展特色	发展障碍	创建时间、空间布局及功能区划分
深圳职业技术学院创客中心	实现创客培育、创客教育、项目孵化的综合平台，2018年获得全球Fab Lab联盟官方认证。与腾讯、硬蛋、小米、讯飞等知名公司开展深入合作，与知名企业共建国际青年创新平台，与全校二级学院分中心实现设备、师资、项目共享，打造"从创意到设计到制造"的全过程、全链条的产品试制服务体系	与图书馆合作举办新生创客体验月、创客文化阅读推广活动，与社会机构合作开展跨界项目研发、创客大赛等多形式的创客创新教育教学活动。至今已举办多场创客文化阅读推广活动，培育了200多个创客项目，涌现出一大批市场化的创新产品	馆员相关知识欠缺，创客项目多由学院协会、专业老师主导或指导，馆员心有余而力不足	2018年7月图书馆参与创业学院建设的创客中心位于西丽湖校区图书馆一楼东侧，中心分为电子信息、智能制造、大数据、智慧生活主要功能区域

第二节　图书馆创客空间的访谈案例及服务情况简表

空间服务是馆员与创客协作发展的基础和保障，在图书馆创客空间开展的服务及管理过程中，涵盖了培训、激励、评价等过程，对空间服务及管理的重点分析，可以挖掘出培训、激励、评价过程中的核心要素和环节，为后期培训、激励、评价机制的构建奠定基础，提供参考。为详细了解和掌握目前国内公共、高校、高职图书馆及社会其他机构创客空间的服务现状和服务及差别，研究团队分别针对3种类型的创客空间开展实地调研和深度访谈活动，3种类型创客空间的服务情况如表4-8、表4-9、表4-10所示。

表4-8 公共、专业图书馆创客空间访谈案例及服务情况

访谈案例名称	图书馆类型	创客空间类型	服务对象	服务类型	特色服务项目	服务地点
长沙图书馆新三角创客空间	公共图书馆	文化及科技创新	青少年/大学生/成人	图书馆自建自营	多元化文化创新	实体/固定空间
上海图书馆创新空间	公共图书馆	文化及科技创新	青少年/大学生/成人	图书馆自建自营	专利查新服务	实体/固定空间
成都图书馆创客空间	公共图书馆	文化及科技创新	青少年/大学生/成人	图书馆自建自营	知识产权服务	实体/虚拟空间
广州图书馆创客空间	公共图书馆	文化及科技创新	儿童/青少年	图书馆自建自营	儿童及青少年服务	实体/固定空间
深圳图书馆创客空间	公共图书馆	文化及科技创新	儿童/青少年	图书馆自建自营	儿童及青少年服务	实体/固定空间
杭州图书馆科技分馆创客空间	公共图书馆	文化及科技创新	儿童/青少年/成人	图书馆自建自营	创客教育及培训	实体/固定空间
辽宁省图书馆众创空间	公共图书馆	文化及科技创新	儿童/青少年/成人	图书馆自建自营	创客教育及培训	实体/固定空间
嘉兴市图书馆数字众创空间	公共图书馆	文化及科技创新	青少年/大学生/成人	图书馆自建自营	数字平台应用及推广	实体/移动空间
大连市少儿图书馆创客空间	公共图书馆	文化及科技创新	儿童/青少年	图书馆自建自营	儿童科普教育及培训	实体/固定空间
铜陵市图书馆文化创客空间	公共图书馆	文化及科技创新	儿童/青少年/大学生/成人	合作共建共赢	科普教育及培训	实体/固定空间
合肥市图书馆阅创空间	公共图书馆	文化及科技创新	儿童/青少年	合作共建共赢	科普教育及培训	实体/固定空间

续表

访谈案例名称	图书馆类型	创客空间类型	服务对象	服务类型	特色服务项目	服务地点
南京图书馆创意空间	公共图书馆	文化及科技创新	儿童/青少年	图书馆自建自营	科普教育及培训	实体/固定空间
大连市少儿图书馆创客空间	公共图书馆	文化及科技创新	儿童	图书馆自建自营	科普教育及培训	实体/固定空间
长丰县图书馆创客空间	公共图书馆	文化及科技创新	儿童	图书馆自建自营	科普教育及培训	实体/固定空间
中国科学院文献情报中心创新空间	专业图书馆	文化及科技创新	大学生/研究生/成人	图书馆自建自营	科技创新创业服务	实体/固定空间

表4-9 高校图书馆创客空间访谈案例及服务情况

访谈案例名称	图书馆类型	创客空间类型	服务对象	服务类型	特色服务项目	服务地点
上海交通大学图书馆京东创客空间	高校图书馆	创新创业服务	大学生/研究生	合作共建共赢	创新创业服务	实体/固定空间
上海海事大学图书馆创客空间	高校图书馆	创新创业服务	大学生/研究生	图书馆自建自营	校内机构合作创新	实体/固定空间
武汉大学图书馆创客空间	高校图书馆	创新创业服务	大学生/研究生	图书馆自建自营	3D打印设计及比赛	实体/固定空间
电子科技大学图书馆创客空间	高校图书馆	创新创业服务	大学生/研究生	图书馆自建自营	创新创业服务	实体/固定空间
三峡大学创客梦工场	高校图书馆	创新创业服务	大学生/研究生	合作共建共赢	创新创业服务	实体/固定空间
南京工业大学创客工场	高校图书馆	创新创业服务	大学生/研究生	合作共建共赢	创新创业服务	实体/固定空间
国防科技大学图书馆创客空间	高校图书馆	创新创业服务	大学生/研究生	图书馆自建自营	音视频制作服务	实体/固定空间
沈阳建筑大学图书馆创客空间	高校图书馆	创新创业服务	大学生/研究生	图书馆自建自营	创新创业服务	实体/固定空间
沈阳师范大学图书馆创客空间	高校图书馆	创新创业服务	大学生/研究生	图书馆自建自营	创新创业服务	实体/固定空间
山东师范大学图书馆创客空间	高校图书馆	创新创业服务	大学生/研究生	图书馆自建自营	创新创业服务	实体/固定空间
安徽农业大学图书馆创客空间	高校图书馆	创新创业服务	大学生/研究生	合作共建共赢	创新创业服务	实体/固定空间
安徽大学图书馆创意创作空间	高校图书馆	创新创业服务	大学生/研究生	图书馆自建自营	创新创业服务	实体/固定空间

表 4-10　社会机构创客空间访谈案例及服务情况

访谈案例名称	创客空间类型	服务对象	服务类型	特色服务项目	服务地点
南京创客空间	社会机构创客空间	大学生/研究生/成人	社会力量构建	多元化文化创新	实体/固定空间
清华经管加速器、北大孵化器	社会机构创客空间	大学生/研究生	社会力量构建	创新创业教育及培训	实体/固定空间
天津大学创客空间	高校创客空间	大学生/研究生	合作共建共赢	创新创业教育及培训	实体/固定空间
广州工业大学创客空间	高校创客空间	大学生/研究生	合作共建共赢	创新创业教育及培训	实体/固定空间
浙江理工大学创客空间	高校创客空间	大学生/研究生	合作共建共赢	创新创业教育及培训	实体/固定空间
西南交通大学创客空间	高校创客空间	大学生/研究生	合作共建共赢	创新教育及培训	实体/固定空间
杭州师范大学图书馆共享空间	图书馆共享空间	大学生/研究生	图书馆自建自营	创新教育及培训	实体/固定空间
浙江财经大学图书馆共享空间	图书馆共享空间	大学生/研究生	图书馆自建自营	创新教育及培训	实体/固定空间
辽宁师范大学图书馆共享空间	图书馆共享空间	大学生/研究生	图书馆自建自营	创新教育及培训	实体/固定空间

第三节 编码参考点及编码内容简介

研究团队主要从服务意识、服务成本、服务平台（管理体制、运行机制、服务模式、服务策划、服务经验、人员配置、资源配置、服务项目、特色服务、平台功能）、服务氛围等方面详细展现了编码的节点分布情况。在编码过程中，同一个节点的概念可以类属于多个上级节点，如馆员配置及作用、服务项目中服务内容的层次性、针对性及增值性特色服务等内容，同样都是三级节点，可以属于不同的二级节点。编码参考点、名称、参考文件、创建日期、创建人、修改日期及修改人，以及代码、合计编码参考点数及编码项数分别如表 4-11 所示：

表 4-11　　　　节点代码的合计编码参考点数及编码项数

代码	合计编码参考点数	合计编码项数
节点\\保障政策	10034	176
节点\\便利程度	23748	179
节点\\产品展示区	4483	175
节点\\成功校友技能分享会	4993	175
节点\\创客导师及师徒	6503	176
节点\\创客的成果出版	3056	173
节点\\创客的成果交流	16445	178
节点\\创客的成果宣传	15819	179
节点\\创客的成果展示	13777	178
节点\\创客的创业精神	21648	179
节点\\创客的服务需求	27449	179
节点\\创客的工具使用	10046	179
节点\\创客的积极性	27798	179
节点\\创客的技能学习	23336	179
节点\\创客的交流分享会	25341	179
节点\\创客的交流分享会\科技路演	912	148

续表

代码	合计编码参考点数	合计编码项数
节点\\创客的交流分享会\学术沙龙	1577	157
节点\\创客的交流分享会\学术研讨会	1577	157
节点\\创客的竞赛活动	10731	178
节点\\创客的免费公开课	13881	179
节点\\创客的能力提升	24232	178
节点\\创客的设计分享会	12104	178
节点\\创客的社会实践	14234	178
节点\\创客的手工制作	7279	176
节点\\创客的体验活动	24256	179
节点\\创客的体验活动\创客集市	656	136
节点\\创客的体验活动\创客马拉松	656	136
节点\\创客的文化交流	24031	179
节点\\创客的项目分享会	15544	178
节点\\创客的项目孵化	3182	173
节点\\创客的项目评审	5797	175
节点\\创客的项目筛选	7249	176
节点\\创客的阅读推广活动	12282	178
节点\\创客的专项训练	19321	179
节点\\创客的资源对接	26846	179
节点\\创客馆员	17600	179
节点\\创客行为分析	24057	178
节点\\创客互相合作	24073	178
节点\\创客互相学习	22819	178
节点\\创客嘉年华活动	2020	168
节点\\创客教育与服务	24924	179
节点\\创客节活动	1654	171
节点\\创客联盟	3484	172
节点\\创客流动营活动	447	164

续表

代码	合计编码参考点数	合计编码项数
节点\\创客项目对接筛选	10968	177
节点\\创客项目介绍	13639	178
节点\\创客项目申报	11255	176
节点\\创新、创业导师及培训师	10743	178
节点\\创新成果转化	4660	177
节点\\创新创业基地	3162	173
节点\\创新创业经验分享	21533	179
节点\\创新创业能力锻炼	24231	179
节点\\创新创业生态链、生态圈	2422	173
节点\\创新创业素质	21240	179
节点\\创新创业训练营	3604	174
节点\\创新创业研究	2496	173
节点\\创新精神	27141	179
节点\\创新人才培养	24237	179
节点\\创新实验平台	8817	177
节点\\创新文化氛围	24366	179
节点\\创新意识	26740	179
节点\\创意设计服务	22443	178
节点\\创造性思维	26963	179
节点\\大学生创新创业孵化服务	1107	152
节点\\大学生创新创业服务	19645	179
节点\\大学生创新创业教育	19771	179
节点\\大学生创新创业能力	19323	179
节点\\大学生创新创业实践	19551	179
节点\\大学生创新训练项目	6480	175
节点\\大学生创业实践项目	5562	176
节点\\大学生创业训练项目	5058	174
节点\\大学生创业园	1276	166

续表

代码	合计编码参考点数	合计编码项数
节点\\大学生科创空间	7037	176
节点\\大学生文创空间	11391	176
节点\\大学生艺创空间	1544	158
节点\\多元化合作共赢服务	16332	179
节点\\儿童创意制作课程	2889	173
节点\\儿童及青少年服务	5097	175
节点\\发展规划	12914	177
节点\\发展障碍	1271	161
节点\\孵化器服务	303	148
节点\\服务策划	25987	179
节点\\服务对象	16149	179
节点\\服务反馈系统	8650	177
节点\\服务氛围	29050	179
节点\\服务环境	27982	179
节点\\服务经验	17899	178
节点\\服务模式	27798	179
节点\\服务内容的变通性	12041	179
节点\\服务内容的层次性	7652	179
节点\\服务内容的多样性	13993	179
节点\\服务内容的品牌化	16815	177
节点\\服务内容的特色性	21368	179
节点\\服务内容的针对性	20400	179
节点\\服务内容的专业性	12407	176
节点\\服务平台监管	17628	178
节点\\服务时间	5526	177
节点\\服务体系	29870	179
节点\\服务拓展	4032	175
节点\\服务项目	27534	179

续表

代码	合计编码参考点数	合计编码项数
节点\\服务效果	24884	179
节点\\服务优势	25539	179
节点\\服务宗旨	24378	178
节点\\个体兴趣	14254	178
节点\\个性化定制服务	4463	175
节点\\公共服务及文化创客空间	2547	165
节点\\公益性创新普惠服务	10841	176
节点\\功能定位	27182	179
节点\\功能区划分	8029	177
节点\\官产学合作服务	7963	177
节点\\馆员的辅助服务	24460	179
节点\\馆员的岗位素质能力要求	11099	179
节点\\馆员的鼓励作用	20919	179
节点\\馆员的积极性	23268	179
节点\\馆员的内容支撑服务	19096	179
节点\\馆员的启发思维作用	16362	179
节点\\馆员的全程跟踪服务	9136	178
节点\\馆员的推动作用	24975	179
节点\\馆员的指导作用	24839	179
节点\\馆员的纽带作用	24580	179
节点\\馆员互相合作	1440	169
节点\\馆员进行宣传策划	15210	177
节点\\馆员进行政策解读	12881	177
节点\\馆员项目申报	3220	174
节点\\馆员学术研究的积极性	2102	169
节点\\馆员与创客间的交流、合作	24876	179
节点\\管理机制	28188	179
节点\\基础设施	16167	178

续表

代码	合计编码参考点数	合计编码项数
节点\\基础知识来源	25438	179
节点\\技术及科技创新服务	6225	176
节点\\服务拓展	4032	175
节点\\绩效考核及评价	3822	173
节点\\加速器服务	125	108
节点\\经费来源	10900	178
节点\\经济成本	7870	176
节点\\经济收益	3924	175
节点\\精准化知识服务	4886	175
节点\\科研数据资源支撑服务	6522	175
节点\\空间布局	14683	178
节点\\空间的对外交流合作	25565	179
节点\\空间的社会机构或组织	20086	179
节点\\空间地理位置	7546	177
节点\\空间读者协会及社团服务	13676	178
节点\\空间对创客开展讲座培训活动	21484	179
节点\\空间对创客实行预约管理	3201	176
节点\\空间对馆员开展培训活动	7308	178
节点\\空间入驻团队介绍	3647	175
节点\\空间志愿者服务	6699	175
节点\\领导重视	21123	179
节点\\品牌服务	17737	179
节点\\平台服务	27332	179
节点\\平台功能	26138	179
节点\\青少年创新能力	6776	176
节点\\青少年创新意识	6681	176
节点\\群体约束	7598	177
节点\\人员配置	21779	179
节点\\认同感	21209	179
节点\\社会力量支持	20241	178
节点\\社会效益或价值	21920	178

续表

代码	合计编码参考点数	合计编码项数
节点\\社会影响力	22277	178
节点\\特色服务	14168	178
节点\\同行交流合作活动	5207	176
节点\\投融资服务	4078	174
节点\\文化及科技育人	19498	179
节点\\文化融合、科技普及创新服务	23985	179
节点\\相关风险	734	170
节点\\校方力量支持	12232	177
节点\\校内合作服务	15155	178
节点\\校园文化建设	15112	178
节点\\效力感知	25789	179
节点\\学科馆员	132	96
节点\\音视频创作特色服务	361	138
节点\\舆论宣传	21953	179
节点\\运行机制	28060	178
节点\\责任意识	27234	179
节点\\政府支持	9469	177
节点\\知识产权或版权服务	2132	173
节点\\执行力度	25728	179
节点\\制度管理	17684	178
节点\\专利服务	593	155
节点\\专业老师进行培训指导	10507	177
节点\\转型发展	8249	178
节点\\资源共享	25281	179
节点\\资源配置	30972	179
节点\\组织机构	30009	179

下面表4-12从服务意识、服务成本、服务平台、服务氛围等方面，详细列出各节点编码的参考点数、覆盖率以及Pearson相关系数等情况。

表 4-12　节点编码的参考点数、覆盖率及 Pearson 相关系数

一级节点编码 （主轴编码）	二级节点编码 （选择性性编码）	三级节点编码 （开放性编码）	编码 参考点数	覆盖率 （%）	Pearson 相关系数
服务意识	服务意识		2306	56.73	0.999017
	领导重视		281	17.87	0.997887
	功能定位		451	25.67	0.998218
		创客馆员	276	19.84	0.411399
		转型发展	94	9.01	0.987675
		发展规划	191	18.68	0.994383
	服务类型		810	33.56	0.998044
		科技普及创新服务	312	21.67	0.997896
		公益性创新普惠服务	149	29.82	0.983892
		多元化合作共赢服务	207	20.64	0.997286
		公共服务及 文化创客空间	27	16.07	0.849422
		大学生艺创空间	20	9.91	0.570719
		大学生文创空间	156	13.69	0.982987
		大学生科创空间	88	22.72	0.976701
	服务宗旨		378	23.77	0.997856
		创造性思维	381	24.84	0.999237
		创新人才培养	320	22.35	0.997619
		创客的创业精神	281	22.17	0.996299
		创客的技能学习	308	25.42	0.998366
		创客的服务需求	424	27.41	0.998299
		青少年创新能力	76	21.35	0.463733
		大学生创新创业能力	271	22.65	0.992414
		文化及科技育人	229	19.69	0.997896
	责任意识		423	24.8	0.998038
	个体兴趣		204	23.92	0.992688
		馆员的积极性	329	23.35	0.998306
		创客的积极性	402	25.97	0.998605
	基础知识	基础知识来源	357	22.84	0.998007

续表

一级节点编码 （主轴编码）	二级节点编码 （选择性性编码）	三级节点编码 （开放性编码）	编码参考点数	覆盖率（%）	Pearson相关系数
服务意识	服务对象		228	20.62	0.992419
	责任意识		407	24.86	0.992865
		认同感	297	24.49	0.995977
		创新意识	382	24.61	0.99862
		创新精神	388	25.59	0.999237
服务成本	服务成本		1112	45.81	0.995693
	基础设施		235	19.98	0.993626
		功能区划分	110	17.24	0.987633
		产品展示区	45	5.82	0.975789
		空间布局	187	12.87	0.991385
	经费来源		180	21.35	0.990827
	经济成本		121	16.52	0.983824
	经济收益		52	16.48	0.976774
	相关风险		19	23.14	0.971412
	便利程度		351	21.63	0.998486
		服务时间	83	20.49	0.974017
		空间地理位置	98	8.64	0.984153
服务平台	服务平台		3297	69.57	0.999026
	管理体制		428	25.27	0.999026
		制度管理	252	22.25	0.994957
		空间对创客实行预约管理	36	9.92	0.979739
	运行机制		419	23.43	0.999026
		服务反馈系统	85	17.72	0.991833
		绩效考核及评价	38	10.92	0.986542
	服务模式		428	24.43	0.999089
		空间的对外交流合作	386	24.95	0.998503
		创客的文化交流	315	18.83	0.998331
		馆员与创客间的交流、合作	361	23.97	0.998155
		同行交流合作活动	68	25.65	0.930783

续表

一级节点编码（主轴编码）	二级节点编码（选择性性编码）	三级节点编码（开放性编码）	编码参考点数	覆盖率（%）	Pearson相关系数
服务平台	服务策划		383	24.72	0.998415
		创客互相学习	293	24.01	0.999132
		创客互相合作	304	21.83	0.998556
		创客交流分享会	356	21.16	0.999192
		学术沙龙、研讨	65	11.39	0.999914
		科技路演	30	10.27	0.910302
	服务经验	成功校友技能分享会	49	12.05	0.988485
	资源配置		270	20.85	0.996177
			524	26.37	0.998746
		创新创业生态链、生态圈	23	25.53	0.973603
		创新创业基地	26	13.79	0.986542
	人员配置	创客的资源对接	456	23.31	0.998395
		资源共享	337	22.74	0.997489
			316	22.29	0.997167
		空间社会机构或组织	240	19.75	0.995616
		空间入住团队介绍	108	5.8	0.979179
		创新、创业导师及培训师	121	21.58	0.991621
		创客导师及师徒	78	15.98	0.986349
		学科馆员	6	0.84	0.288247
	馆员配置及作用	空间志愿者服务	71	8.38	0.986887
		空间读者协会及社团服务	148	12.77	0.993886
			2695	23.69	0.999256
		馆员的岗位素质能力要求	132	18.28	0.989588
		创新创业素质	271	23.68	0.997309
		馆员进行政策解读	137	19.24	0.992216
		馆员进行宣传策划	169	20.36	0.998321

续表

一级节点编码 （主轴编码）	二级节点编码 （选择性性编码）	三级节点编码 （开放性编码）	编码 参考点数	覆盖率 （％）	Pearson 相关系数
服务平台		馆员的启发思维作用	195	21.71	0.996698
		馆员的全程跟踪服务	100	21.59	0.984407
		馆员的辅助服务	335	21.35	0.998824
		馆员的内容支撑服务	261	22.44	0.997286
		馆员的鼓励作用	265	22.35	0.998747
		馆员的纽带作用	335	21.54	0.998291
		馆员的指导作用	338	22.76	0.999057
		馆员的推动作用	338	23.13	0.999256
		馆员的合作服务	19	5.59	0.930783
		馆员学术研究的积极性	29	14.02	0.311136
		馆员辅导创客项目申报	42	12.21	0.896426
	服务项目		556	27.59	0.997141
		大学生创新训练项目	100	10.26	0.992311
		大学生创新创业教育	280	16.27	0.998758
		大学生创新创业实践	285	18.98	0.996803
		大学生创新创业孵化服务	18	45.42	0.721215
		大学生创业园	13	12.98	0.940683
		大学生创业实践项目	68	8.13	0.994335
		大学生创业训练项目	258	26.23	0.992311
		创意设计服务	165	21.65	0.998233
		创新创业研究	22	5.66	0.980459
		创客项目介绍	182	14.29	0.993945
		创客项目申报	162	22.17	0.991621
		创客项目对接筛选	72	19.64	0.992964
		创客的项目评审	58	8.77	0.994467
		创客的项目分享会	182	16.81	0.995741
		创客的阅读推广活动	135	7.79	0.992087

续表

一级节点编码 （主轴编码）	二级节点编码 （选择性性编码）	三级节点编码 （开放性编码）	编码参考点数	覆盖率（%）	Pearson相关系数
服务平台		创客的体验活动	333	21.69	0.997516
		创客马拉松、创客集市	25	15.74	0.999543
		创客的社会实践	175	19.2	0.996793
		创客的免费公开课	157	13.74	0.996084
		创客的交流分享会	186	21.17	0.999192
		创客的成果宣传	204	11.16	0.998318
		创客行为分析	309	25.25	0.993278
	内容的丰富性		167	9.23	0.995392
		创客的免费公开课	157	13.74	0.996084
		创客的项目分享会	182	16.81	0.995741
		大学生创业训练项目	258	26.23	0.992311
		空间志愿者服务	71	8.38	0.986887
		儿童创意制作课程	52	34.89	0.960269
	内容的层次性		84	13.74	0.990334
		创客的工具使用	114	26.08	0.991251
		创客的竞赛活动	142	19.33	0.994888
		创客项目对接	126	19.64	0.992109
		创客的项目孵化	35	16.02	0.982039
	内容的增值性		767	18.21	0.996486
		创新创业经验分享	273	22.69	0.997301
		创客的成果展示	190	11.16	0.997359
		创客的成果交流	208	11.21	0.998317
		创客的成果转化	49	13.19	0.987964
		创客的成果出版	37	25.98	0.920535
	内容的针对性及个性化		804	25.43	0.996767
			286	8.01	0.996767
		大学生创业实践项目	68	8.13	0.994336
		大学生创业训练项目	258	26.23	0.992311
		大学生创新创业教育	280	16.27	0.998758

续表

一级节点编码 （主轴编码）	二级节点编码 （选择性性编码）	三级节点编码 （开放性编码）	编码 参考点数	覆盖率 （%）	Pearson 相关系数
服务平台		大学生创新训练项目	100	10.26	0.992311
		大学生创新创业实践	285	18.97	0.996803
		大学生创新创业 孵化服务	18	45.42	0.721215
	内容的专业性		155	19.78	0.992853
		专业老师进行 培训指导	146	22.37	0.991113
		创客的设计分享会	129	16.15	0.994888
		创客的专项训练	225	22.04	0.996669
		大学生创新创业教育	180	16.27	0.998758
	内容的特色性		291	22.03	0.997333
		创客的手工制作	74	13.72	0.983528
		空间读者协会 及社团服务	148	12.77	0.993886
		创意设计服务	274	21.65	0.998233
		成功校友技能分享会	49	12.05	0.988485
	内容的品牌化		201	17.98	0.995169
	特色服务		2647	18.06	0.997557
		知识产权或版权服务	23	16.97	0.966318
		专利服务	16	61.19	0.757392
		音频视频创作服务	8	16.18	0.571032
		品牌服务	203	15.69	0.996217
		个性化定制服务	44	17.85	0.985156
		空间志愿者服务	71	8.38	0.986887
		空间读者协会 及社团服务	148	12.77	0.993886
		校园文化建设	188	9.75	0.991067
		校内合作服务	206	18.17	0.993256
		科研数据资源 支撑服务	65	19.15	0.994521

第四章　图书馆创客空间发展现状的调查与分析

续表

一级节点编码 （主轴编码）	二级节点编码 （选择性性编码）	三级节点编码 （开放性编码）	编码参考点数	覆盖率（%）	Pearson相关系数
服务平台		知识产权或版权服务	23	16.97	0.966318
		精准化知识服务	44	17.26	0.994521
		技术及科技创新	69	24.63	0.990221
		投融资服务	43	13.63	0.985249
		孵化器服务	6	3.81	0.792496
		官产学合作服务	85	29.55	0.991067
		加速器服务	8	4.79	0.779477
		公益性创新普惠服务	149	29.82	0.983892
		科技普及创新服务	312	21.67	0.997905
		文化及科技育人	229	19.65	0.997896
		多元化合作共赢服务	207	20.64	0.996145
		儿童及青少年服务	70	18.68	0.970428
		大学生创新创业服务	303	20.19	0.997159
		创客流动营活动	12	19.64	0.906086
		创客节活动	33	8.13	0.982875
		创客教育与服务	353	21.31	0.998772
		创客嘉年华活动	35	13.79	0.982876
	平台功能		1154	24.36	0.998854
		服务拓展	54	20.25	0.971176
		服务平台监管	251	21.72	0.996927
		创新实验平台	94	23.1	0.992565
		平台服务	369	22.05	0.998854
服务氛围	服务氛围		429	23.79	0.999198
	政府支持		118	17.86	0.987195
	保障政策		122	15.18	0.989289
	舆论宣传		281	20.69	0.996278
	执行力度		349	21.96	0.998753
	效力感知		357	22.41	0.998526
	群体约束		124	31.25	0.980022
	服务环境		413	24.21	0.998856

续表

一级节点编码 （主轴编码）	二级节点编码 （选择性性编码）	三级节点编码 （开放性编码）	编码 参考点数	覆盖率 （%）	Pearson 相关系数
服务氛围		创新文化氛围	324	20.52	0.998331
	服务体系		485	25.38	0.998551
		创新创业训练营	42	19.34	0.966955
		创客联盟	33	16.63	0.968854
		组织机构	508	25.39	0.998551
	服务优势		397	23.76	0.995883
		社会力量支持	279	24.44	0.997877
		校方力量支持	175	16.63	0.981341
		馆员支持及作用	2666	25.79	0.997298
		空间对馆员开展培训活动	104	13.12	0.980935
		空间对创客开展培训活动	328	36.67	0.982818
	发展障碍		375	51.15	0.882834
	服务效果		381	22.96	0.998245
		青少年创新意识	76	21.71	0.453519
		青少年创新能力	76	21.35	0.463733
		大学生创新创业能力	271	22.65	0.992414
		创造性思维	381	24.84	0.999237
		创新创业素质	271	23.68	0.998348
		创新创业能力锻炼	312	23.04	0.998142
		创客的技能学习	308	25.42	0.998366
		创客的能力提升	309	21.16	0.998266
		馆员的能力提升	132	18.97	0.989588
		社会影响力	324	25.16	0.997397
		社会效益及价值	284	22.35	0.999488

注：二级节点编码参考点数是其自身编码参考点数与下属三级节点编码参考点数之和。

第五章　协作发展服务机制的构建及策略

"双创"政策促进中国各行业、各领域的创新创造不断发展。图书馆作为知识信息文化传播、参与社会教育职能的机构，紧跟时代步伐，关注社会与行业的需求与变化，通过空间改造实现服务转型，利用创客空间服务营造"知识、创新、发现、共享"的服务氛围。随着图书馆创客空间服务的深入，创客对服务提出了更高要求，但多数图书馆对日趋多元化、个性化的服务需求支持力度并不理想，其中一些图书馆因为缺乏清晰的服务架构和职能定位，加上经费和人力供给不足，造成了服务质量不高、创客满意度低、服务效果不理想，空间运营进退两难的尴尬局面。"服务"归根结底还是依赖"人"发挥起承转合的作用，服务的提供者——馆员是体现图书馆创客空间服务效应的核心要素。对此，本章运用实地考察、问卷调查、扎根理论、数据分析、实践探索等方法，针对国内图书馆馆员服务现状、问题进行系统调查，分析馆员服务的影响因素，阐释馆员服务机理，在此基础上构建馆员服务机制因素模型，提出基于社会认知理论的馆员服务机制构建策略。

本章前半部分重点对馆员服务进行深度调查，分析访谈结果及其影响因素，运用扎根理论对访谈资料进行编码，层层递进地归纳馆员服务影响因素，包括个体因素、自我认知、行为能力、环境因素和组织机能五个方面，并对其机理进行阐释，提出基于扎根理论的馆员服务机制理论模型。在理论与实践并举基础之上，运用社会认知理论的核心"三元交互理论"，从"认知、行为、环境"层面提出馆员服务机制构建策略，主要包含个体认知、行为能力、环境因素三个方面。

本章在理论层面，完善了图书馆创客空间馆员服务理论体系，构建了图书馆创客空间馆员服务机制；在实践层面，调研中国创客空间馆员服务实际状况和实践，提出图书馆创客空间馆员服务机制策略。该研究呈现一定的科学性、系统性和可操作性。力图为图书馆创客空间服务困境破局，为馆员服务的良好运行与建设发展提供理论与实践参考，最终目的是实现图书馆创客空间服务能力与价值的提升，实现图书馆创客空间馆员与创客的协作发展、共同前进。

第一节 馆员服务概述

本节主要针对馆员为创客提供空间服务的重要性、核心任务及主要内容进行概述。

一 馆员服务的重要性

"服务"是图书馆创客空间成败的基础，也是创客空间核心任务落实的关键。作为图书馆新型服务方式，创客空间活动的策划、组织、监管等业务需要馆员的引导、协助、沟通和拓展，馆员服务直接影响创客空间的质量与成效。随着中国图书馆创客空间服务的深入，用户（创客）对服务的内容、服务的方向、服务的层次等需求日益呈现多元化、复杂化、个性化的特点，对图书馆创客服务的精细化、专业化提出更高要求，以上均需要高素质、高技能馆员的协同与加入，需要馆员有效行为的支持与把控。

随着图书馆传统服务模式的不断转变升级，馆员的工作职能也相应地转变拓展，在"万众创新，大众创业"的浪潮下，创客空间应运而生，馆员在为创客服务的工作中起着极其重要的作用。关于馆员服务的重要性及其价值作用，根据2016年11月中国举办的"开启未来新形态"图书馆创客研习营上，与会国内图书馆专家与来自美国、英国、丹麦的图书馆馆长和机构专员发表的相关见解，得出下列两项重要结论：

一是对创新活动的促进作用。从管理的层面来说，馆员运用知识管理对创客创新过程进行管理和服务，运用隐性知识和人力资源，负责创客之间的交流，疏导创客创新思维，传播新技术，提高创客服务的质量，提升创客的创新效率。从组织的层面，创客空间由于馆员的介入，易于在创客中形成学习型组织，营造新的组织文化，让创客始终充满活力，在创新中发挥巨大潜力，具备应变能力、竞争能力和可持续发展能力。

二是馆员自身价值的实现。用户价值战略已经成为图书馆发展战略的重要内容。所以，图书馆员的价值是在不断满足用户需求、实现用户价值的过程中实现的。新技术环境下，图书馆转变职能，承担创新创造的重任主要体现在馆员身上，馆员以用户需求为导向，提供专业化、信息化、科学化的服务和监管，同时为实现社会创新贡献力量、体现专业价值。具体归纳为：（1）除传统服务之外，在创客空间中馆员为创客提供设备使用、专业指导、个性服务以及活动组织等，帮助其在兴趣领域内进行探索和实践创造，满足创客在创意创新情境下的知识获取需求；（2）馆员服务的指导思想是结合创客需求让服务落地，重点培养创客创新创造、创业能力；（3）数字化发展、多元文化融合、用户体验需求趋势的变化，使得创新服务成为图书馆转型和革新的机遇，在此需要馆员积极成长为"知识交流的促进者、创客活动的组织者、创客文化的推广者"①。由此可见，馆员是图书馆新型服务模式的承担者，相较于传统服务内容，创客服务更具专业化、个性化、前瞻性、科学性的特征，对馆员服务能力也提出更深层化的要求。

二 馆员服务的核心任务及主要内容

馆员服务的核心任务分为三层，一是馆员要满足创客对创新创意和创造的需要，积极为创客提供资源、组织、活动等服务，使创客从中受益；二是馆员要突破传统服务的思维定式，遵循创客服务的运行规律，及时掌握服务变化和趋势，在创客空间的各个环节发挥协助性、调适性的作用；三是馆员服务的核心目标就是通过服务的良性运转，使空间服务趋于一个自适应系统，即当外部条件发生变化时，服务系统能自动迅速作出反应，调整原有的策略和措施，最终实现管理目标的推进和优化。

根据实践情况看，现图书馆创客空间馆员服务内容总体可概括为"活动指导、资源协作、创新创业"三类②。服务内容的建立是依据馆情实际状况，根据服务对象（创客）的不同特点和需求设计服务项目、提供服务

---

① 张久珍、钱欣、王明朕等：《图书馆创客服务——中外专家对谈实录》，《图书馆建设》2017年第2期。

② 陶继华：《基于扎根理论的创客空间馆员服务现状与建设途径》，《贵州师范学院学报》2019年第10期。

行为。围绕这三类服务，馆员以创客的创新意识培养为定位，从图书馆擅长的创新素养培育、创新创业培训、文献资源支持入手，开展3D打印建模、创新创意课程、创客创新竞赛、创业资源引入、创客情报服务等。在内部力量受限情形下，馆员或与成熟的个人创客工作室、企事业单位共同合作，或依靠内部资源为支持，与校学生处、科研处或大学生就业指导办等职能部门合作，在创客活动组织、创新创业竞赛、项目开发各个环节给予服务支持。当创客的创新创造能够达到更高阶段时，譬如项目或创造能力能够进入创业体系，则会考虑整合更多资源对其项目进行专业的培育与孵化。综上，馆员服务内容和任务繁杂且多样，不是靠单纯的个体就能有效完成，其中蕴含着管理、制度、协作、环境、经费等诸多要素。但当前对创客空间馆员服务的相关理论和实践研究较少，缺乏较为完善的服务理论体系，因此，构建有效的服务机制对馆员服务形成支撑有着重要的理论作用与现实意义。

三 馆员服务的宗旨及发展目标

馆员为创客提供服务是一项新的工作内容，需要馆员转变服务模式，改变思维方式，从图书馆层面和馆员层面考虑如何为创客提供优质服务，遇到问题时能够寻求积极的应对策略。对此，馆员要树立的服务宗旨及发展目标是：

1. 转变馆员职能，提升服务能力

为创客提供相关服务，管理创客活动及过程是馆员参与创客活动的核心内容。馆员要转变服务职能，提升服务能力；要成为发现和培养创客的培训师，发挥积极性、主动性和创造性，从文献管理员转变为向创客提供服务的培训人员和监管人员，由信息资源专家发展为创新创业服务专家。

2. 健全保障体系，加大支持力度

要构建一个强有力的保障体系，首先，馆员需要获取领导层的支持，形成由上至下的、集全馆人力物力资源共享，优势互补的总体服务框架。其次，需要注重线上服务模式，构建交流平台，加强馆员与创客、创客与创客、创客与外界的沟通和交流。

3. 优化团队建设，提高服务质量

图书馆必须造就一大批懂得新型设备管理使用，熟练设计和组织创客活动的复合型人才。馆员要系统学习培训知识，掌握培训技能，运用理论指导实践；不仅能熟练使用计算机，掌握外语、联机检索和网络技术，还要具备过硬的综合素养，有效处理创客空间活动中的协调交流、知识产权等问题。

4. 协同解决服务中的困难和障碍

针对专业性人才缺乏的问题，图书馆应该考虑引进专业匹配度高的技术人员，同时，定期培训创客馆员的专业技能，拓展和延伸专业相关的知识，提升和强化专业水平。馆员针对服务难度大的技术类问题，要统筹考虑团队人员的学科分布，相对于图书馆的场所、设备等有形资源，空间的服务和管理人员更应该优化组合、动态分配。总之，无论是技术还是人力，馆员参与并引导创客活动都是一项艰巨的工作，需要各个领域、不同知识背景的专家们共同规划、统一协调，克服技术和管理难关，才能更好地促进创客的创新创造活动。

第二节 研究方法及理论基础

一 研究方法

本章以服务实践为根基，以质性分析为技术手段，以理论创新为基础，四种研究方法逐步深入、层层递进，前期以实践性方法为抓手，后期通过理论方法加以阐述归纳，确保该问题研究的扎实性和科学性。

（1）实地考察法：自2017年10月起至2019年12月，调研上海、湖北、安徽、辽宁、浙江、广东、深圳、湖南、四川、江苏10个省市中设有"创客空间"的图书馆，共30家，其中专业图书馆1家，少儿图书馆1家，公共图书馆12家，高校图书馆16家，采访相关馆员182名，创客221名。

（2）问卷调查法：针对国内已开展图书馆创客空间服务的管理者和馆员发放纸质问卷300份，回收286份，对创客发放问卷350份，回收314份；同期开展网络问卷调查，共得问卷113份，后期对上述问卷进行整理、评估、删选，共得有效问卷713份，其中，馆员342份，创客371份。

（3）扎根方法：以收集的样本资料为基础，从实践观察入手，对资料文本内容进行整理与数据化分析，归纳问题与经验，利用扎根理论提取馆员服务的影响因素，基于因素间关系和作用分析，为馆员服务机制的建立构建理论模型。

（4）社会认知法：基于社会认知理论视角，探究"三元交互决定论"中的认知、行为和环境因素对馆员服务的作用与影响，以此展开多方位、深层次的探讨，为馆员服务机制的构建提供具体对策。

二 理论基础

1. 扎根理论

关于扎根理论及质性研究方法在第一章节中已有详细阐述，此处省略。

2. 社会认知理论（Social Cognition Theory，SCT）

目前，该理论广泛用于心理学、教育学、企业经济学、管理学等众多学科，它强调个体认知、个体行为和环境因素之间存在的关系。此前，对于行为到底是由外部力量决定还是由内部力量决定的，长期存在两种争论：个人决定论和环境决定论，个人决定论强调人的内部心理因素对行为的调节和控制，环境决定论强调外部环境因素对行为的控制。社会认知理论是在前人基础上的深化，其探讨环境、个体及其行为之间动态的相互决定关系，将环境因素、行为、人的主体因素看成相互独立，同时又相互作用、相互决定的理论实体。社会认知论关注人的信念、期望、动机以及自我强化等认知因素，探讨行为产生的环境要素，也注重认知对行为产生的影响作用，是研究人的内、外在一系列活动与表现的社会学理论。

第三节 馆员服务机制研究过程

一 研究设计

（一）样本收集与选取

为全面了解中国图书馆创客空间的服务现状，自 2017 年 10 月起至 2019 年 6 月，笔者所在的研究团队实地调研了上海、湖北、安徽、辽宁、浙江、广东、深圳、湖南、四川、江苏 10 个省市的图书馆创客空间。采用深度访谈法（In-depth Interview）采访相关馆员69名。深度访谈法为社会科学研究方法，它采用直接的个人访问方法，深入访谈被调查者，以揭示某一问题的潜在动机、信念、态度和感情，它适合于了解复杂、抽象的问题。通过与受访者的交谈，收集资料和数据，此方法能深入了解受访者的思想与看法，利于自由地交换信息，能提高信息的真实度。后期对访谈内容进行分析与整理，对样本做效度处理，删除无效访谈内容，选取16家图书馆的52位创客馆员为主要数据来源，具体情况见表5-1。访谈旨在了解馆员在创客服务中的真实状况，对现状进行客观分析，提取馆员服务的共性和个性要素，阐明影响馆员服务机制的要素关系。

表5-1　　　　　　　　　访谈对象基本情况

项目	分类	人数	比例
性别	男	22	42.3%
	女	30	57.7%
年龄	20—30岁	12	23.1%
	30岁以上	40	76.9%
教育程度	本科	16	30.8%
	研究生及以上	36	69.2%
所属类型	公共图书馆	32	61.5%
	高校图书馆	20	38.5%

相比样本的数量，质性研究更加注重样本所提供数据的有效性和丰富性，样本选择范围侧重于以下几方面：一是采访对象选取现为图书馆创客空间提供服务的馆员，样本选择上考虑馆员的年龄、性别、学科背景、服务内容等要素；二是为体现服务的纵深度，着重研究成立至今长则5年、短则2年的图书馆创客空间；三是样本来源的范围，涉及中国华东、华中、华北和华南四大区域，多为经济较为发达、创新型产业集中、创新知识引领氛围良好的地区；四是服务影响力和效力，选取的公共馆是国内该领域的引领者，如上海、成都、长沙图书馆等均是中国图书馆创客空间的行业标杆；高校馆以综合性大学的图书馆为主，凸显图书馆创客服务的多样性、经验的丰富性。力求通过样本全面展现中国图书馆创客服务馆员服务状况，以保证访谈结果的真实与可靠。

(二) 访谈设计

为便于采访者清晰地表达思想，获得有价值的信息，在形式上采用问题设计和现场访谈相结合的方式，提前设计访谈提纲（见表5-2）。访谈提纲的设计思路以图书馆创客空间服务认知、体验、行为等因素为主线，涉及服务现状、服务作用、服务诉求及对未来发展的思考，受访者可以就所提问题进行自由回答，访问者再根据实际情况对某些重点进行追问。访谈信息的数据整理来源于此，而后对采集数据进行编码分析。访谈过程40—60分钟，通过录音软件记录访谈内容，在访谈结束后及时进行文字转录以及访谈资料的整理，形成条理清晰的笔录，进行类属提炼和比较验证，当发现获得的信息不再有新的理论属性时，理论即为饱和，访谈结束。

表5-2 深度访谈提纲

访谈主题	提纲内容
馆员对创客空间服务认知、行为与思考	1. 贵馆构建创客空间是基于什么考虑？ 2. 贵馆已开展的创客服务项目有哪些，运行状况如何？ 3. 您从事创客空间工作多长时间，专业背景是什么？ 4. 您认为从事创客空间服务工作的作用和意义在哪？ 5. 相对于过去的传统服务，您认为创客空间的服务有何不同？ 6. 馆员能发挥哪些服务优势作用？ 7. 能否根据创客不同需求适时调整服务内容，实现针对性多元化服务？ 8. 针对馆员提升服务有没有专门的培训？ 9. 对创客馆员的付出有激励措施吗？ 10. 您认为馆内目前服务创客空间的障碍和弊端主要有哪些？ 11. 对于馆员更好地服务创客空间有没有好的建议和想法？ 12. 以上访谈内容主要用于引导访谈过程，如果对创客空间服务还有什么想法和问题，可以再多谈谈

二 研究过程与分析

(一) 开放性编码

开放性编码以原始数据为准，扎根于访谈数据，构建简明且全面的初始代码体系，再以新方式重新组合为范畴，概括和反映事物本质属性和普遍联系。本文对访谈资料进行删选，逐个形成编码，开放性编码共获得

406 条原始语句（用 a...表示），得到服务认知与体验、服务手段和内容、服务调节和作用、服务前景和影响因素等 14 个有效范畴（用 A 表示），具体内容包括范畴化、初始概念、代表性原始语句 3 项内容，开放式编码形成的初始概念和范畴如表 5-3 所示。

表 5-3　　　　　　　　　　　　开放性编码

范畴化	初始概念	原始资料
A1 创建因素	a1 内在需求 a2 外部影响	领导有创新的想法，对创客空间认同、支持；图书馆传统服务需要转型 社会发展对图书馆行业要求在提高；这两年国家的"双创"政策影响很大
A2 服务内容	a3 丰富多样 a4 比较单一	按读者的需求安排服务，内容还是很多的，主要是设计和手工类的制作：如科普、乐高、无人机等；创新创业项目支持、跟进和推广 图书馆的优势还有文献服务、专利服务和参考咨询，太多的做不了
A3 运维情况	a5 有序发展 a6 遇到困难	能保留下来的项目大多是受到欢迎，有些不太顺利的自然就淘汰了 创客的要求在不断变化，甚至比你知道的都全面，后期有力不从心的情况
A4 服务成效	a7 需要长期 a8 短期见效	成功的创客至少要培养 2 年以上，馆员对创客的有效服务是一个长期磨合的过程 要看服务项目，有的短期可以做，有些则要中长期的跟踪和孵化
A5 学科背景	a9 专业选择 a10 特长发挥	对学科背景是有要求的，主要选择理工科背景；情报方面的专业背景要考虑整个团队的搭配，只有各取所长，根据需求搭配才能发挥作用
A6 服务手段	a11 主要方法 a12 优先途径	加微信、建微信群或 QQ 群进行交流，建立图书馆微信公众号，有什么活动会及时沟通，公布；不定期开展问卷调查和创客座谈会；利用学生组织架构，对服务的帮助很大，毕竟他们的沟通宣传更有影响力
A7 服务体验	a13 自我肯定 a14 条件有限	对图书馆来说，这是一个新生事物，需要积累和摸索，就社会发展和公众层面说，是有价值和前景的 目前的情况是图书馆做创客服务缺人、缺技术、缺资金，只能做到这样，只有说在现有条件下，尽力而为

续表

范畴化	初始概念	原始资料
A8 服务作用	a15 作用明显 a16 难以评估	很多孩子在这儿得到创新意识的培养和启蒙，还是无偿不收费的，其他组织比不了了；图书馆的创客空间作用主要还是注重创新意识的激发和培养 馆员目前更多是借助外界的合作进行服务；至于馆员能发挥多少作用，还真不好说，有些创客比馆员的知识面更广
A9 自我认知	a17 积极乐观 a18 消极悲观	有付出也有收获，在帮助创客实现想法时，得到创客认可，还是很激动的；为创客服务时，自己也在学习；很多创客都和我们成为朋友 创客的需求是不断变化的，感受最深的是需要你不断地学习、充电，就是一个逼着自我不断成长的过程
A10 服务行为	a19 自由调节 a20 无法掌控	会根据创客的需求改变服务形式和内容，但客观上很难自我掌控，主要看能力能否达到；基本是固定的，细节上可以调节，但多元化、个性化还是有难度
A11 提升方法	a21 学习途径 a22 组织培训	基本上是自发学习，有的读研，有的报名学习专业知识 如有与创客服务相关专题的3—4天的短期培训班单位会安排参加；会定期参观创新展览，还有一些讲座和公共课的学习
A12 激励措施	a23 物质激励 a24 精神激励	现在图书馆的经费管理都是统一入财政，不可能有特殊的物质激励，外出学习的机会多一些 还是"事业留人、感情留人"吧；更多的是自我激励，在创客服务中自己得到成长也是一种激励
A13 困难障碍	a25 发展障碍 a26 现状问题	我想可能遇到的问题都一样，人、政策、资金、专业匹配度等，可能大家情况都差不多；做创客空间要熟悉创客群体，打破思想固化，对馆员的综合能力要求高，可没有太多的时间和空间去支撑馆员的再学习 空间规划上有局限，细节上考虑不足，如展示空间有限；专职人员不够，既要做宣传，又要布置现场、后期推广、后期报道；经费是问题，很多项目进入了二期需要新的投入

续表

范畴化	初始概念	原始资料
A14 发展思考	a27 个体发展 a28 整体建设	如果说馆员做，那最好是专职，兼职难以投入太多的精力和体力。目前在图书馆没有专门的部门做这项工作，多是综合服务部和一些相关性高些的部门在兼做；想要做好创客空间服务，必须有匹配的专业团队和组织机构，否则靠个别馆员只能提供较浅的服务 与成熟的社会创客、创新空间比，图书馆的差距很大；我认为不能丢掉图书馆的本质，做图书馆擅长的，能做好就行；哪怕是一两项创客服务做精、做强，那就可以说是成功了；从整体来说，创客空间在图书馆是新鲜事物，想要做好，还有很多需要完善的地方，人才、经费、政策相应的都要有配套

（二）主轴编码

开放式编码的范围还较为浅表和模糊，它的作用主要是发掘各个范畴间的联系，建立起逻辑层面的主范畴。本节通过对上述14个有效范畴进行聚类和总结，共归纳出个体因素、自我认知、行为能力、环境因素、组织机能5个主范畴，其内涵包含馆员对服务的体验感受，影响服务内外力作用、环境要素和组织政策引导等12个范畴。这5个主范畴虽有不同，却存在紧密的联系，主轴编码以及对应范畴内涵如表5-4所示。

表5-4　　　　　　　　主轴编码过程

主范畴	范畴	范畴内涵
个体因素	个体承受	馆员在服务过程中所接触到的创客数量、规模、要求是否在馆员能够接受、消化的范围之内
	个体表现	馆员在服务过程中的外在表现是否具有协调性、科学性、相关性和针对性等
	结果反馈	服务结果传达给馆员的反馈，使馆员产生动力或其他情绪的客观事实
自我认知	感知体验	馆员对服务行为产生的内在感受和体会，会使个体产生警觉、兴奋、紧张的生理和心理反应状态
	自我效能	馆员对自己是否有能力完成某一服务行为所进行的推断与评估
	成就满足	馆员在活动过程中、后期得到愉快或者成功的感觉，即自我价值感和需求感得到满足

续表

主范畴	范畴	范畴内涵
行为能力	知识素养	馆员自身的知识结构在服务中合理地表达、传递、利用的素质
	行为调控	馆员对自身行为和服务行为的调节和控制能力
环境因素	内部支持	服务需要得到的内部支持因素
	外力协作	外部合力对服务产生的影响作用
组织机能	制度策略	能够运用制度对服务进行全面把控、开发和挖掘,进而采取相应策略对服务实行有效监管
	引导系统	系统可对服务问题及时反应,能意识到服务发展问题与趋势,掌握服务需求变化

(三) 选择式编码

选择性编码是从逻辑关系角度研究形成的主范畴间的联系,通过反复推理进而创建一条清楚明确的主线,以确定主范畴之间的关系作用,最后形成图书馆创客空间服务机制的理论模型。为保证研究的信度和效度,笔者通过对访谈初始语句进行饱和性验证,没有发现新的类属,则该理论模型已经达到理论饱和状态。主范畴的典型关系见表5-5。

表5-5　　　　　　　　　　选择性编码

范畴路径	关系作用	路径内涵
自我认知→组织机能	因果关系	自我认知是馆员对服务产生的内在感知,组织机能会促进馆员自我认知的强化和信心
个体因素→自我认知	因果关系	个体因素是馆员自我认知的外在表现,自我认知促成个体因素实施
环境因素→自我认知	因果关系	环境因素影响馆员的自我认知,自我认知取决于环境因素等外部条件
行为能力→个体因素→自我认知	调节关系	行为能力使馆员产生不同的服务表现,进而影响馆员自我认知
行为能力→环境因素→自我认知	调节关系	行为能力受环境因素影响,进而使馆员产生不同的自我认知

(四) 服务影响因素的作用关系

通过主轴编码和选择性编码,厘清了图书馆创客空间馆员服务的5个主范畴及子范畴间的路径、关系及内涵。通过编码发现形成服务的内外部因素是复杂的,其相互作用也是叠加和交织的。根据扎根理论研究发现,图书馆创客空间馆员服务的影响因素包含:个体因素、自我认知、行为能力、环境因素。其中,个体因素和环境因素属于馆员在服务过程中表现与接收到的外在因素,自我认知、行为能力是馆员对自我内在判断和能力的呈现,组织机能是指构建馆员服务的组织形式和引导系统。个体因素和环境因素显著影响馆员的情绪和认知结果,同时,行为能力会表现出对接收到的个体因素和环境因素的差异性,当馆员服务能力不足以接受外界的反馈时,会产生负面的自我认知,形成行为障碍,这时需要通过组织机能来协调引导,以促进其服务能力的适应与发展。

三 实证分析

上文对馆员服务影响因素进行了界定,并对各因素关系进行了分析,为进一步验证馆员服务各因素的饱和度与有效性,本书以独立范畴为机制变量,以在线问卷调查形式进行实证研究,共回收342份有效问卷,借助Spss24.0完成实证分析。问卷按李克特五级量表进行选项设置,即"非常满意、比较满意、一般、不太满意、很不满意",对应"1、2、3、4、5"进行赋分。

(一)描述性统计

对回收问卷中的23项馆员服务机制变量的平均分和标准差进行了统计和计算。根据上述赋分原则,平均得分越低表示该项指标对馆员的满意度越高,标准差越小表示多数馆员对该项满意度作用的认可度越接近一致。计算结果已按平均值升序进行排列,详见表5-6。

表5-6 馆员服务机制变量的平均值、标准差统计(N=342)

变量	均值	标准差
领导重视	1.74	0.786
功能定位	1.75	0.797
个体兴趣	1.83	0.803
责任意识	1.84	0.807
服务项目	1.84	0.808
政府支持	1.85	0.812

续表

变量	均值	标准差
保障政策	1.86	0.813
执行力度	1.87	0.815
群体约束	1.87	0.825
服务效果	1.88	0.861
舆论宣传	1.88	0.864
经费来源	1.90	0.876
经济成本	1.90	0.877
基础设施	1.94	0.882
经济收益	1.94	0.913
便利程度	1.94	0.924
相关风险	1.95	0.941
人员配置	1.96	0.950
平台功能	1.96	0.953
资源配置	1.97	0.968
管理体制	1.99	0.973
效力感知	2.07	0.983
运行机制	2.08	0.987

结果显示：23项指标中，效力感知和运行机制处于"比较满意"与"一般"之间；其他项指标处于"非常满意"与"比较满意"之间，且偏向于"比较满意"。

（二）相关性分析

以上述23项指标作为自变量，以满意度作为因变量，对每项自变量与满意度进行相关性分析。在Spss24.0的相关性分析中，选择Pearson系数以及双侧显著性检验，并将结果按相关性降序进行排列，具体结果详见表5-7。

表5-7　　　　　**变量指标相关性分析**（N=342）

变量	满意度效果	Sig
群体约束	0.695**	0.000

第五章　协作发展服务机制的构建及策略

续表

变量	满意度效果	Sig
相关风险	0.677 **	0.000
政府支持	0.654 **	0.000
个体兴趣	0.627 **	0.000
经济成本	0.625 **	0.000
便利程度	0.624 **	0.000
功能定位	0.620 **	0.000
基础设施	0.615 **	0.000
领导重视	0.609 **	0.000
责任意识	0.605 **	0.000
保障政策	0.598 **	0.000
平台功能	0.596 **	0.000
管理体制	0.585 **	0.000
经济收益	0.580 **	0.000
经费来源	0.578 **	0.000
舆论宣传	0.576 **	0.000
服务效果	0.569 **	0.000
服务项目	0.567 **	0.000
人员配置	0.557 **	0.000
资源配置	0.549 **	0.000
效力感知	0.548 **	0.000
执行力度	0.585 **	0.000
运行机制	0.542 **	0.000

表5-7的结果显示，23项指标与服务机制的满意度均存在相关性关系。其中，相关风险、个体兴趣、经济成本、政府支持、功能定位、基础设施和领导重视等指标属于强相关性关系（p值≥0.6）；其他指标属于中等程度相关（0.6>p≥0.4）。实证研究发现：馆员对服务的组织支持与功能定位、基础设施等满意度高，在人员配置、资源配置、效力感知、执行力度方面满意程度有所降低，可见馆员注重服务的内在感受与外部因素，而目前从个体兴趣、执行力度及机制运转的满意度看，还未能给馆员带来良好的感知与支持，如果长此以往必然难认达到理想的服务效果，势必会

影响图书馆创客空间服务的有效运转，造成服务的停滞和困顿。

四 结语

本节利用扎根理论法对访谈资料进行编码分析，将深度访谈结果生成文本性资料，并逐级登录进行编码，从采集的资料中抽象出共性特点，生成馆员服务影响因素，并采用实证研究验证了馆员服务各因素的饱和度与有效性，对各因素的内涵进行分析阐述，建立各因素之间严密互通的逻辑关系，以正确识别馆员服务的主要影响因素；研究的目的是在全面了解馆员服务现状及问题的基础上，引出下文馆员服务影响因素的机理阐释，据此构建馆员服务理论模型。

第四节 馆员服务因素机理阐释与模型构建

一 馆员服务因素的机理阐释

（一）个体因素对服务的影响

个体因素是指馆员对服务产生的承受、表现和对结果接收等外部刺激因素。个体承受是指服务对象的人数、规模、需求是否在馆员能力接受与消化的范围之内，过多或者超出馆员能力范围，会导致馆员对服务难以做出积极的、理性的选择，这种压力给馆员带来了极大认知负担，会降低服务的效率。馆员服务表现的协调性、科学性、相关性和针对性等对服务质量、服务效能产生直接的作用，高效的表现能够协助创客更好地进行创新创造，低效的表现会提高创客信息理解、技术应用的难度，它是服务核心功能的表现。服务结果可能是创客对服务认知和感受的传达，也可能是馆员对自我服务效果和价值的衡量与评价，结果的反馈是形成馆员诸多情绪产生的客观事实，当结果呈正向时，馆员感知信心和成功；反之，结果消极时会让馆员产生焦虑和沮丧，结果会影响服务能否进入下一轮的正常运转。在访谈过程中很多馆员表示，服务人数较多、活动频率高、多元化和专业化的需求使其承受着压力；而提供针对性、科学性和精准化的服务目前有很大难度；服务结果有积极的，同时也有消极的反馈，只有靠自我认知去消化和处理。由此可见，个体因素是服务的外在形式，其动能表现直接对服务产生影响，个体因素的强化与改进需要相应的措施进行有效的介入和作用，单纯依靠个体承受、消化和接受难以保证服务有效运行。

（二）自我认知对服务的影响

自我认知是馆员的一种内在感受，本章节从访谈数据中析出感知体验、自我效能和成就满足三个范畴。自我认知对馆员服务意识、行为有直接作用，属于内生因素。感知体验是馆员在服务过程中产生的内在感受和体会，呈现为积极或消极的情绪，能导致个体产生或愉悦、或兴奋、或紧张的生理和心理反应状态，当感知体验积极时，会使馆员兴趣提高、信心和行为能力增强，反之则会降低、减弱。自我效能是馆员的一种自我判断，自我效能感强会对新的问题产生兴趣并全力投入其中，能不断努力去战胜困难，并且在这一过程中自我效能还会不断得到强化与提高，如果自我效能感差则会产生自我否定和怀疑，遇到问题时会有畏难逃避的情绪。成就满足是馆员对服务过程或结果感到愉快或者成功的认可，即自我价值感和需求感的满足；当服务结果对馆员产生正向判定时，其心理会得到满足，否则容易产生心理落差导致疑虑失望。在访谈中发现，绝大多数受访者自我认知呈正向态度，对服务持肯定、积极的感知体验；但对自我效能的估量有犹豫和迟疑，主要是对人员配置、专业能力和服务作用存在不稳健的自我判断；馆员的成就满足感还源于和创客形成良好的协作关系，并由此获得自身能力的提高。自我认知的三个范围看似是馆员的内在、隐性的心理活动，但自我认知的强弱、好坏、积极抑或消极对服务行为能否落实至关重要，它是服务重要的内生动力，自我认知需要服务制度和能力引导体系的建立与保障。

（三）行为能力对服务的影响

行为能力主要由知识素养和行为调控两个范畴组成，是馆员对服务进行调节的内部因素。其中知识素养是馆员的知识结构在服务中表达、传递、利用等素质及综合能力的集合，包括知识应用、服务意识、专业技能等方面，馆员对自身技能和知识认可且自信，会产生愉悦和激励的情绪，会呈现乐于服务的积极态度。行为调控是馆员对自身行为，如注意力、耐心、习惯的控制和调节能力。知识素养较好的馆员在表达、传递、利用、调节等服务过程中具有较强的主动性，更有信心实施自己的服务目的，而知识素养难以保证服务需求时，馆员会对服务目标的实现表现出担忧与无力。行为调控能力较强的馆员能抵抗外界刺激的干扰,而行为调控较弱的馆员在服务过程中难以全身心投入,其后续的调节和控制能力容易造成服务失衡。访谈结果表明,大多数馆员对知识素养表现出担心,认为其专业知识过于单一、固化,难以跟上创客需求的节奏,而行为调控存在个体差异,与自身的性格、能力、认知有关,也与外力作用有关。从馆员服务因素中看出,行为能力从正反两个方面对服务产生影响,行为能力与自我认知相关,也依赖于知识素养的更新,需要通过学习来改善现状。

(四) 环境因素对服务的影响

环境因素是指对馆员服务产生影响的内部要素以及由各种情境所构建的外部因素,主要包括内部支持和外部协作两个主范畴。创客空间服务的延伸与发展,需要馆员服务技能更新与迭代,对馆员的服务能力需求显著。内部支持是巩固馆员的服务决心和效能的基础,是构成服务的内部环境要素之一,馆员服务心理和行为需要得到内部因素的加持。外部协作是除内部支持外,能够帮助馆员解决服务障碍的有效途径,汇聚服务的外部力量构成另一种环境支持因素。访谈结果反映,几乎所有受访者表示服务需要领导重视,即需要得到内部顶层组织的支持,从内部自上而下构建起有效的保障体系,共同形成对服务的优化与推进。而外部协作主要指服务团队建设,它既可以采取内部优化型的搭建模式,也可以借助外力协作形成合力,以解决馆员力所不及的问题。实际上,创客空间运营、服务较好的图书馆,都已建成内外协作的环境支撑体系。如果内部支持体系健全、引导有力,服务的功效自然会增强,呈现良好的服务局面;外部协作在释放馆员服务压力的同时,使服务困顿时有可以舒缓的渠道,还可为馆员服务水平的提升寻求更广泛的支持途径。

(五) 组织机能对服务的影响

组织机能是机构对于服务涉及事项的管理与引导在组织层面的保障。制度策略是组织对服务的根本保证,制度形成对服务的全面统筹、把控和监管,采取相应配套措施解决问题,对服务中个体因素、环境因素共同形成有效的推动。引导系统是机构对服务自我认知和行为能力的疏导和调节,当服务中某个问题发生时,引导系统能够依据自身组织能力及时作出反应,解除问题与障碍,提前预判可能产生的趋势,使服务行为达到自调适状态,服务的监管与调控很大程度依赖于组织机能的助推。访谈表明,馆员对创客空间组织机能的完善表示支持，认为在制度策略上宜采取渐进式变革与激进式变革交替进行的方式，组织机能在宏观上直接影响创客空间的规模与发展进程，在微观上利于馆员提高工作积极性与自我肯定。组织机能的建立有利于对创客空间服务形成统一思想，合理分配责、权、利，给予馆员服务灵活、富有弹性的保障措施，使问题产生时能有合理的引导措施与导向纠偏，以保证服务顺利实施与最终成效。组织机能对于服务产生的内外部作用就是构成宏观上的监管和引导，服务需要制度的"护航"、策略的"推动"，同时也需要引导系统的"助力"与"调节"。

二 理论模型构建

通过以上研究已深入了解图书馆创客空间馆员服务现状及问题，探究馆员服务影响因素，分析了各因素的关系作用，阐述各因素对服务产生的重要影响，利用这些因素对馆员服务心理建设、能力开发、行为支持、资源配置等形成的有效干预和支持，是本节理论核心框架。基于此，以下提出基于扎根理论的馆员服务机制理论模型，如图5-1所示。

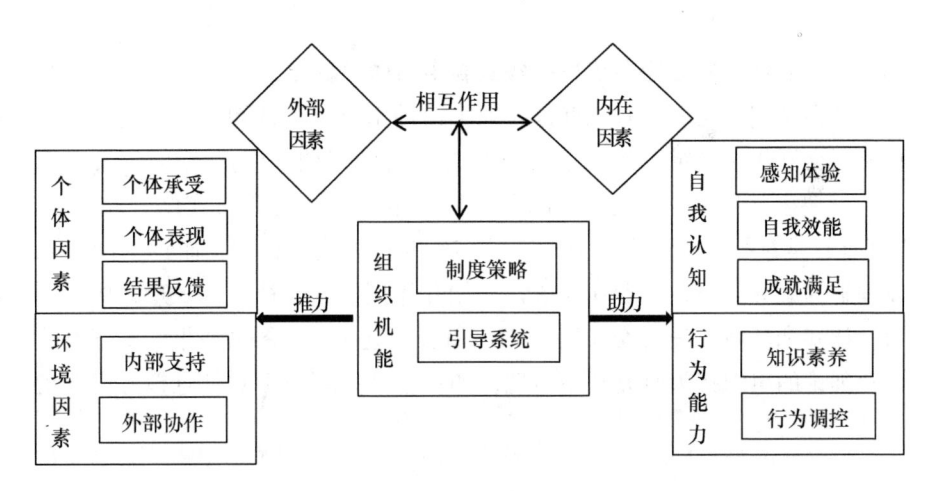

图5-1 基于扎根理论的创客空间馆员服务机制理论模型

三 结语

本小节对馆员服务影响要素的机理进行详细阐述，探讨个体因素、自我认知、行为能力、环境因素和组织机能在馆员服务中的影响和作用，并结合访谈分析上述机理对于服务的重要意义；从理论和实践层面，提出五个服务要素的应用价值和建设途径，以此推动馆员服务行为、认知、能力等方面的建设、强化及发展。在此基础上，构建基于扎根理论的馆员服务机制理论模型，此是本节的理论核心，目的是为下文中馆员服务机制的实践与探索建立理论依据。

第五节 馆员服务机制的构建策略

关于创客空间馆员服务构建的理论策略，近年来学界也有一些思考，如体验经济理论[1]、情感认知理论[2]、创客感知理论[3]和以用户为中心的服务理论[4]研究，这些研究为服务的实践和发展提供策略，视角新颖。但从研究对象上看，上述理论从服务对象—创客的角度阐述居多，缺少对馆员服务感知与行为的探讨。从实践情况看，创客空间馆员服务机制的构建策略需要成熟的、可靠的理论为依据，方能实现"知行合一"，对此本章提出下列观点。

一 社会认知理论在馆员服务机制中的适用基础

社会认知理论的核心观点是：人类活动由行为、认知及所处的环境三种要素交互作用决定，即"三元交互决定论"。图书馆创客空间服务主要由"三要素"组成，即人、资源和空间。"人"指的是服务实施者和对象，"资源"是对服务或静态，或动态的多种支持方式和行为，而"空间"可以理解为服务环境，三者互为依存，相互作用，这与社会认知理论中的行为、认知和环境"三元交叉论"不谋而合。近年来，图书情报学基于社会认知理论的组织行为研究开始出现，如社会认知理论下对信息搜寻行为的

---

[1] 寇垠、任嘉浩：《基于体验经济理论的图书馆创客空间服务提升路径研究》，《图书馆学研究》2018年第19期。

[2] 王岚：《图书馆创客空间用户信息服务需求分析与服务策略》，《图书情报工作》2018年第12期。

[3] 储结兵：《创客感知视角下图书馆创客空间服务质量评价指标体系研究》，《国家图书馆学刊》2020年第3期。

[4] 丁丽鸽：《图书馆开展创客空间服务何以可行——基于理论基础和现实依据的分析》，《情报探索》2018年第9期。

影响因素①；社会认知理论在信息系统中的应用与展望等②；以社会认知理论探索行为、认知、环境对信息行为和信息系统的影响与应用。社会认知理论在阐释行为、认知意愿与环境对于人格与结果产生的综合作用方面有深厚的理论积淀和应用价值。据此，本节基于社会认知理论探讨馆员内在（认知）、外在（行为）及环境因素在馆员服务机制中的影响和作用，为创客空间馆员服务机制的实践和强化提供契合的社会学理论支持，并就三者的交互关系与作用，提出针对馆员服务机制建设的具体途径和策略。

二 社会认知理论在馆员服务机制中的应用

（一）个体认知在馆员服务机制中的应用

社会认知理论在传统的行为主义人格理论基础上加入了认知成分，扩展了行为获得的渠道，其重点放在个体的主观意识上。个体认知因素包括行为主体的生理反应能力、认知能力等身心机能，这些机能含有信念、期望、态度及知识等成分，具有双向互动和决定关系。在馆员服务机制中，为创客提供优质的服务是馆员追求的目标，当馆员具有良好的个体认知，自我认知感强，其生理反应表现为愉悦和激励，而这会使馆员产生与人分享的积极态度；如果馆员认知带有消极情绪及挫败感，自然会回避目标任务，无法形成良好的服务态势。而个体认知的构建策略就是要增强馆员信心、结果期望、正确归因和自我评估，树立积极自信的态度，使其认知呈现乐观积极的期望及肯定的信念，从而践行服务目标，优化服务效能，这是馆员服务内在不可忽略的重要组成部分。

（二）行为因素在馆员服务机制中的应用

行为要素取决于两个层面，一个层面"自我效能"。社会认知理论强调自我效能是行为的决定性因素，"自我效能"来自三个方面：（1）成功经验，这是馆员效能感最有力的来源。（2）生理和情绪唤醒，积极或消极的情绪会导致馆员产生或警觉、或兴奋、或紧张的生理和心理反应状态，这种情绪唤醒积极时，自我效能提高、增强，反之则会降低、减弱。

---

① 金帅岐、李贺、沈旺等：《用户健康信息搜寻行为的影响因素研究——基于社会认知理论三元交互模型》，《情报科学》2020年第6期。

② 徐娟、黄奇、袁勤俭：《社会认知理论及其在信息系统研究中的应用与展望》，《现代情报》2020年第6期。

(3) 社会性劝说,即鼓舞个体的激励性言辞,馆员从可信赖的资源处(如领导、创客或重要的他人)获得对特定行为的积极反馈,也是其自我效能感增强的重要原因。另一个层面是"观察学习"。自我效能激发与强化需要自我调节达成,自我调节需要"元认知的、有动力去学习且具有策略的"学习过程,即"观察学习"。传统行为学认为学习是以直接经验为基础的,而社会认知理论认为除直接学习外,个体更重要的是通过观察进行间接学习。经由对他人的行为及其强化性结果的观察,获得某些新的反应,或对现存行为进行矫正。自我效能和观察学习使馆员从自我和他人身上感知到高度的社会暗示时,并不一定采取直接强化式的行为反应,但使馆员接受潜移默化的影响,促使他们会对社会临场感[①]有更好的感知进而对服务行为产生显著影响。

(三)环境因素在馆员服务机制中的应用

社会认知理论倡导环境因素对个体认知和行为的重要性,已有关于社会认知理论的研究多围绕自我效能进行分析,而对环境给予个体认知及行为的作用没有给予广泛的关注,其实环境这一要素也是社会认知理论"三元交互决定论"不可或缺的一环。首先,从个体的行为来说,长期的、持续性的环境影响会导致个体行为的改变。Dah-kwei L等的研究表明,互惠关系、社会规范和外部激励等环境因素会对行为有显著的正向影响[②]。馆员服务机制中组织策略、人才资源、政策倾向等宏观环境因素,均会对馆员的服务心理和行为产生直接作用。其次,从个体认知来说,环境还作为舆论影响因素存在。舆论环境多来自他人,如媒体宣传、创客反馈、领导激励等,会对馆员产生自我认知产生影响,继而引发馆员行为变化。但这种环境因素并不是所有个体都会受到影响,且影响程度也不尽相同,主要取决于个体特性。环境因素在馆员的服务机制中起到以环境支持自我认知、利用环境因素对馆员服务行为表现进行引导和促进。就目前中国创客空间馆员服务现状来看,馆员对环境因素的期待还有很大提升空间。

[①] 杨玉芹、郑之姿、左明章等:《在线学习支持学习者赋能的影响因素及作用机理》,《现代教育技术》2022年第6期。

[②] Dah-Kwei L and Logistics C Y L, "The Study of the Antecedents of Knowledge Sharing Behavior", *Internet Research Electronic Networking Applications & Policy*, Vol. 6, No. 4, August 2016.

三 "三元交互决定论"在馆员服务机制中的联动作用

基于社会认知理论,提出行为(自我效能、观察学习)、认知(信念、期望、态度以及知识)、环境因素(资源、用户、榜样、物理设置及支持因素)三个维度在馆员服务机制中的应用。社会认知理论的核心"三元交互决定论"认为这三个要素既相互独立、各有内涵,又相互作用、互为因果,具有密不可分的交互关系。所谓"交互"是指行为、认知、环境间是双向的互动和决定作用,如图5-2所示:

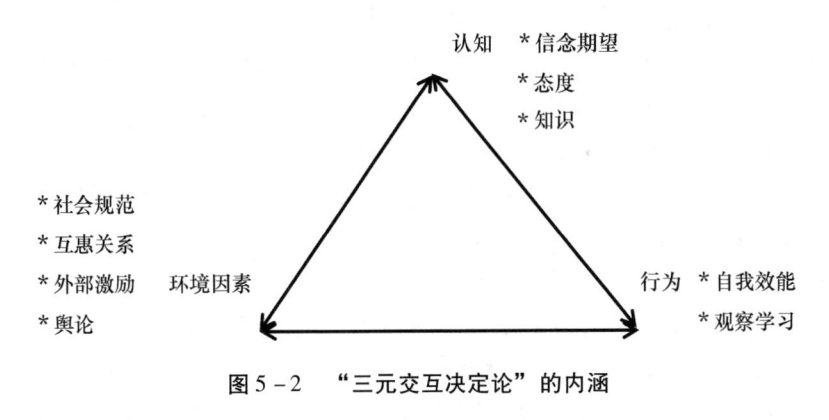

```
                    认知    *信念期望
                           *态度
                           *知识

*社会规范
*互惠关系
*外部激励    环境因素              行为  *自我效能
*舆论                                   *观察学习
```

图5-2 "三元交互决定论"的内涵

依据"三元交互决定论"内涵可见,服务机制中个体(馆员)的信念、态度等强有力地支配并引导其行为,行为及其结果反过来又影响其认知,并最终决定思维(认知)的内容与状态。在服务机制实践中,其场景为:馆员在开展某项活动或实施某类服务任务前,首先会产生生理反应,推测自己的能力能否达到目标要求,是否具备实施这一行为的信心与知识储备,这种推测和评估的心理过程,实际上就是个体在行为前的认知基础。在这一过程中,认知因素会对馆员产生心理暗示,直接影响行为表现,行为的反馈需要经过一定的时间积累,又会进一步作用于个体认知。馆员可以通过行为特征引发或激活不同的环境反应。行为作为馆员与环境之间的表征,可以让个体(馆员)用以改变环境,使之达到适合的目的,成为改善个体与环境之间的适应关系的手段,而它不仅受个体认知的支配,同时也受环境因素的制约。通过"三元交互决定论"的内涵关系,可以看出馆员服务机制不是单方面依赖于某一个因素发挥作用,实际上行为、认知、环境不可能孤立存在,只有将三者融为一体,发挥三者间的交互关系作用，形成三者联动机制，才能将该理论的价值更好地应用于馆员服务机制建设策略和实践中。

四　馆员服务机制构建及实施策略

（一）宏观上：推进组织平台建设，创新服务管理模式

1. 构建全国图书馆创客空间联盟

经调研发现，中国图书馆创客空间分散于各个地区，遍布各类型图书馆，其建设与管理基本处于"各自为政"的独立状态，没有一个统一的组织或机构能聚合这股新型服务力量，形成有效的组织管理和机制保障。而作为一个服务运营体系，无论是工作的开展，还是后续发展，都离不开宏观层面的组织和规划。2018年，借助跨区域"创新大赛"的契机，长沙图书馆联合广州图书馆共同发起构建"全国图书馆创客空间联盟"倡议，不失为有识之举。近些年，中国的"双创"政策及社会创新创造发展已催生不少品质优良的民间"创客空间"组织，与其优良、有机、成效显著的服务相较，图书馆创客空间服务还存在不小的差距。以行业学会、协会负责牵头组织，建成中国图书馆创客空间联盟，从组织层面开启行业领导功能，号召成员馆参与，可以很大程度上融合中国图书馆创客空间资源和人才。通过联盟组织实现的"大联盟"运作，群策群力地共同布局和建设图书馆创客空间、组织管理者资源、建设管理者队伍，实现对创客空间服务机制的共商共讨，形成以联盟为核心的馆际合作，解决图书馆创客空间服务发展问题，形成服务的优势互补，是实现馆员人才支持机制、提升馆员服务水平的重要组织保障。

2. 搭建图书馆创客空间服务"云平台"

随着人工智能和高科技的应用，图书馆创客服务要打破固化的服务思维和服务状态，更多地借助平台去创建服务支撑环境。研究组在对民间"四大创客空间"之一——"南京创客空间"调研时，发现他们从专业角度提出"集"与"云"的建议，很有新意，值得探讨。所谓"集"，即会集更多的创客服务专业人士，集合资源和人才；"云"即通过搭建线上应用平台，满足馆员人力聚合、互通和交流的需求。"云平台"的建设可由创客空间影响力大或服务成效显著的图书馆负责，连同多个图书馆创客空间共同开发，也可利用专项资金外包给社会专门机构来搭建。"云平台"建设能够达到"资源共享、服务共建、成果共展"的目的，以线上平台连接线下的人与人、人与项目、项目与项目间的沟通与合作，使馆员的服务需求借助平台实现跨时空对接，通过平台寻找到协作伙伴，利用平台扩大服务宣传。"云平台"的快捷和数字化形式，缩短了馆与馆、人与人之间交流与传播的距离，搭建起线上的图书馆创客空间交流社区，为馆员的服务创新意识、行为、环境建立了智慧监管渠道，推进了中国图书馆创客空间服务现代化、科学化、便捷化的进程。此平台还可实现深覆盖功能，链接更多的优质创客资源，吸纳民间创客组织和有识之士共同参与，以助图书馆创客服务向网络化、深层次、智能化迈进。

3. 开拓馆员系统培训体制

近年来，中国各类型图书馆为了激励创客参与创新创业实践，建立了系统的学习和激励支持机制，但馆员服务技能的培养和提升则很大程度上还是依赖于自我学习和完善，这是馆员服务效力难以延展的一个"壁垒"。国外图书馆在"创客空间"馆员能力建设和培养方面，制订详细的馆员培训计划、采取多样性主题活动，为其学习和提升积极创造条件，如美国博物馆和图书馆服务协会（ALA & IMLS）与创意制品分享社区合作，建立Maker It@ Your Library 培训课程，IMLS 单独发起名为"Maker@ You"的馆员培养项目[①]，帮助馆员开发创客项目、提升精准服务能力，使馆员边实践边学习，积极培养其创新意识和创新精神，增强馆员在创新领域的专业化核心技能。各个图书馆也制定相应的馆员服务培训课程，如美国费耶特维尔公共图书馆向馆员提供每月一次的"创客论坛（Forums）"课程；克利夫兰公共图书馆每周四对馆员进行集中培训，就馆员技术水平和信息素养进行精准辅导。国家图书馆培训中心和中国图书馆学会于 2016 年 11 月举办"创客研习营"，开创了中国创客空间馆员集中培训的先河，但这种学习的制度化和持续化氛围仍显不足。创客空间服务作为图书馆新兴服务模式，很多服务内容在以往的业务中未曾涉及，因此对馆员服务能力的培训显得更为紧迫和重要。当前中国图书馆学会、各级图书馆协会、各个图书馆都应针对创客空间服务较传统服务要求多元化、知识更新迭代快的特点，自上而下地建立制度化的培训体系，让馆员有组织、有目的、有计划地接受系统的学习。对此，有学者提出要从技能培训、临境体验、自主学

---

① 刘小芳：《图书馆创客空间的馆员能力及培育研究》，《河南图书馆学刊》2015 年第11 期。

习、创新实践、团队协作和实战演练多个方面入手[①]，如根据创客服务业务需求和实践，聘请创客专家对馆员进行培训，引导馆员找到服务兴趣点；就实践中的技术障碍进行技能化的培训，提高馆员创新服务能力；安排馆员进行考察和学习，开拓馆员服务思维和视野；还应开拓培训的渠道和力度，将培训的触角深入心理建设、技术设备、资源调配等多个层面。培训对于馆员树立积极的自我认知、建立良好的行为支持、拥有服务的底气和智慧大有裨益，培训的制度化是馆员服务素质整体提升的必由之路。

（二）中观层面：完善制度目标体系，提供能力支持渠道

1. 明确制度及目标任务

通过调研发现，对于尚处于探索发展阶段的图书馆创客空间而言，当前馆员队伍建设及图书馆创客服务最终的定位和走向，是困扰各个图书馆创客服务管理与发展的难题。在调查走访中也发现运营成功的图书馆创客空间或民间创客组织，如清华创客加速器、北大创客加油站、南京创客空间、上海图书馆新空间等，在制度制定、服务内容、发展途径上，均有成熟的保障措施。这些保障措施体现为制度的建立和准确的目标定位，例如有的创客空间重点打造创新创意设计方面的服务，有的将服务特长用于培养创客创新素养、激发创新意识，还有的通过资源平台的优势，专门从事创客的数字化服务工作。服务现状已表明，图书馆创客服务应先明确制度和内容，即提倡依据馆情与创客需求"谋划在先"，不宜"跟风"，对于服务目标的设立不宜"过多过杂"。明确的制度和清晰的目标定位，是建立馆员服务认知，保障实践个体投入与承诺的前提条件。服务制度和目标的制定取决于领导层对创客空间服务的组织与监管能否统一思想，合理优化人员组织结构，细分责、权、利。做到"三个明确"，即"明确创客空间服务制度、明确馆员服务理论及目标定位、明确创新服务实践的方向和任务"。只有明确以上三点，方能避免服务"杂而不实""雷声大、雨点小"。服务制度及目标任务确定了馆员管理任务及服务标准，对馆员服务认知的树立、服务行为的开展与实施指明了方向、提供了依据。

2. 建立客观的服务评价体系

如果说服务制度及目标任务是馆员服务的前提和基础保障，那评价考

[①] 吴瑾：《创客空间环境下高校图书馆员的作用与能力提升》，《图书情报工作》2018 年第 2 期。

核体系则是对馆员服务实绩和结果考察的重要手段。科学合理的服务评价是馆员服务健康发展的助推器，对提高馆员服务的积极性、主动性和创造性至关重要。服务评价体系主要包含馆员服务成绩及效能的考核标准和指标细则规定。首先，要确保对馆员服务成绩及效能考核标准的客观公正，保证评价体系的科学合理。实践证明馆员与创客的互动协作需要时间的积累，培养出有成果的创客或项目长则需要4年，短则需要1年，不能简单地以"一年接待了多少'创客'，办了几场活动，指导几个项目"为量化的考核标准，应赋予每个评价指标相应的权重，依据评价指标进行综合考察，才能得出更为客观准确的评价结果。其次，要将评价体系中的指标细则涵盖馆员服务的各个方面，比如以年为周期，让馆员提出年度有效服务方案，并保证方案的实践价值和服务深度；对于馆员年度参与的实践服务活动，依据创客对馆员服务的反馈，将服务态度、服务效果、服务作用等纳入评价指标。并能针对馆员服务现状，及时调整和完善已有指标，努力构建一套能够全面、真实、客观反映馆员服务情况的评价标准。此体系还应对馆员服务成绩及效能设立弹性的时间界定，避免服务评价"求量不求质"的形式主义。通过客观公正的评价体系，能真实反映馆员服务效能和价值，促进馆员自我认知，也促进其认识到专业知识、服务技能上的欠缺与提升的方向，从而实现自我历练与成长。

3. 保持广泛的合作形式

创客服务本身具有不重复性，有极强的前瞻性和独特性，多要在不重复的个案思考与实践中推行，而满足创客的个性化需求只有突破固有思维方式，运用新知识和新技能协助、解决问题，不夸张地说其实馆员在服务过程中也呈现"创客"的潜质。在这种动态、活性的服务环境下，如果单靠图书馆或馆员"内生式""自发式"服务难以突破服务困境，需要借助更广泛的外部力量，积极调动社会资源，与馆员服务形成对接，给予馆员服务外部支撑。这些外部力量包括政府、企业、团体和个人。具体途径是：图书馆在确立服务目标后，评估自身服务能力，认真选择社会合作对象，通过与合作单位或组织签订合作协议，运用社会资本推动创客项目建设，帮助创客寻求到更为宽广的项目途径；利用图书馆空间环境优势，寻找有合作意向、有创新服务能力的企业或个人进驻，形成双方专业化的服务互助；加强与高校及科研院所的沟通与合作，借助这些高科技平台，将创客成果与"产学研"对接。馆员和创客实际上也是存在合作潜力的，创客是服务最直观的接收对象，第一时间与馆员产生交流与碰撞，他们大多具有积极向上的思想意识，是实践的探索者，是馆员直接学习和合作的积极源泉。无论哪种合作方式都应以馆员服务能力支撑为基点，以满足创客服务需求为纽带，形成双方的互动与共建、共享，这样才能保持合作的有效性和长久性。广泛的合作协作关系使馆员掌握了更加前端的信息渠道，拥有了专家队伍、专业人才和孵化机构的支持，打破服务单一化的模式，利于馆员知识更新和能力强化，利于图书馆获得更有效的社会援助，利于减少馆员服务成本的投入，也利于扩大图书馆创客服务社会影响力。只有拥有开放互助的合作意识创客空间的服务才会亮点纷呈。

（三）微观上：关注馆员认知行为，加大舆论宣传力度

1. 尊重意愿引导认知

根据调研发现，中国图书馆创客空间馆员与服务存在脱节现象，造成这一现象的原因，从个人意愿上看，馆员有介入服务的心理准备，却因实践中能力和作用难以发挥或发挥不利而产生认知障碍，造成服务态度和行为的低迷，如得不到及时的关注与矫正，自然会导致服务的后继乏力。服务意识及服务行为发端于认知，因图书馆传统服务与创客服务独特性、新颖性有很大差异，容易给馆员造成压力和情绪困惑，所以关注和引导馆员的认知，建立积极正向的服务意识是第一要务。创客服务对于图书馆是新鲜事物，服务认知单纯地依靠馆员的自觉、自愿、自发只能是"昙花一现"，此情形下，管理者需要放弃过往以"服从分配"为核心的用人观念，在尊重每一位馆员的个体意愿前提下，关注、发现、培养有兴趣、有潜力的馆员，从中发掘、引导可用之才；要从思想上关心、关注馆员认知行为，突破传统理念造成的服务思维的固化，要让馆员能"走出去""稳下来"，注重培养馆员的创新服务意识，以创新发展的大环境带动其对服务转型必要性的认知，引导激发馆员创新服务思维模式，提升和激发馆员的认知层面；要帮助其及时分解服务"无用论"和消极感，消除馆员存在的情绪障碍，让馆员对服务认知产生积极的心理建设，以饱满、稳定、积极的心态去创造开放、互动和协作的优质服务氛围。

2. 利用团队推动行为能力发展

2017年"全国图书馆新型服务能力建设学术研讨会"就创新驱动环境下图书馆新型服务能力建设的战略思考与创新实践进行了重点探讨，可见"第三代"图书馆服务内容、模式、能力问题已是业界关注重点。调研发

现，创客空间服务内容涉及空间设施指导、服务资源对接、项目规划辅助、创新创业推动等诸多专业化过程，依据当前创客需求和业务态势，对于具有"意愿＋专长＋能力"的馆员团队的建设，提升馆员服务行为能力、形成服务合力是很多馆员呼吁和关注的问题。虽有个别馆通过单个馆员的突出能力，实现了服务的蓬勃发展，但这只是个案，其间还蕴含着很多其他影响因素，不具备可复制性。从长远看，甄选组建馆员服务团队是顺应馆员服务要求，避免个别馆员身兼数职、分身乏术、身心俱疲的现象，也是实现人员结构的优化，储备和培养创客服务人才的重要方法和途径。馆员服务行为的实施、能力的强化以及服务措施的落实，均需要有共同兴趣、共同事业的伙伴一起分享、学习和成就。团队建设需要优选有潜力、有意愿的馆员，并考虑馆员学科、专业方向，以及是否具备接受新技术的能力、授业解惑的能力、启迪用户创造力的能力等要素。因此，建设面向创客空间服务的高素质馆员服务团队，不仅需要经过上述系统培训，更要重视整个团体的知识储备和人员结构，根据知识组织挖掘、培养创客创新视野、促进产学研互动、推动创新成果转化方面的专长和特点，形成馆员能力和行为的优势互补，从而实现个人行为能力的提升与服务创客水平的共同发展。创客空间服务对馆员的行为能力提出了全新的要求，服务不能仅仅依靠馆员"单打独斗"，要"运筹在先，以人为本"，通过团队建设发挥馆员各自的优势和潜能，以团队化建设促进个人能力行为的发展和更新，更为图书馆培养强有力的人才梯队。

3. 加大舆论宣传力度

图书馆创客空间服务的公益性、开放性及普适性展现了其独有的优势和特点，但在宣传馆员服务成果和服务特色方面仍旧局限于较小的行业范围内，与成熟的社会创客空间如"清华经管学院创业者加速器、北大创业孵化器、虫洞之家、南京创客空间"相比，其服务成果和服务效应的宣传还存在较封闭和故守的态势，宣传的覆盖面较为窄小。其实在实践中，有些图书馆馆员服务的实力早已得到创客与社会的认可与赞许，比如长沙图书馆。但多数图书馆的馆员服务成果和成功案例却未能冲出业内，形成广泛的品牌效应。"酒香不怕巷子深"的观念已与这个需要展现自我个性、让世界了解并关注的时代观念相悖，大多图书馆对于服务品牌的推广和营销，一是缺乏意识，二是缺乏渠道。当然，舆论宣传仅仅依靠图书馆独自"吆喝"很难达到理想效果，既要通过媒体平台宣传和展示，如传统纸媒、电视、公益广告等，也可利用新兴的互联网、自媒体平台来展现，加大对馆员服务的宣传不仅是让馆员得到更为广泛的舆论关注和支持，更是为了吸引更多社会力量关注、加入图书馆创客空间服务。舆论宣传的重要性在于：在物质激励无法实现的情形下，筑就馆员的"精神家园"，让馆员感知其服务行为得到社会的支持和肯定，吸引更广泛合作组织的加入，进而带动服务环境和条件的改善，形成内外"双循环"的服务舆论环境。舆论宣传的效果在于：能让图书馆创客服务获得国家和地方政策与资金的扶持，解决图书馆创客空间经费上的障碍。舆论宣传还使馆员乐于成为富有创新精神和实践能力的创客"志愿者"，乐于担当图书创客空间发展重任，从而让馆员推出的服务成果有品质、有创新、有实力，被社会需要和接纳，真正践行其服务的初衷和理想。

五 结语

本小节阐释社会认知理论的核心内容"三元交互决定论"中的个体认知、行为因素和环境因素在馆员服务机制中的应用，针对其联动作用和相互关系提出馆员服务机制的建设策略。策略分为三个层面，一是从宏观层面的行业组织行为入手，结合图书馆的业务实际和馆员队伍建设具体情况，提出联盟建设、平台建设和培训体制的整体规划和发展布局；二是从中观层面通过制度目标、评价体系、合作形式推动馆员服务需求的建设与发展；三是从意愿认知、行为能力和舆论宣传的微观层面不断完善馆员服务的意识和能力，促进馆员服务的认知和行为。三个层面立体化、全方位的建设策略对推进中国图书馆创客空间馆员服务的建设和发展有重要的实践意义和作用，也是本研究最终实践层面的落脚点。

第六章 协作发展培训机制的构建及策略

目前，国内图书馆学界对创客空间中馆员/创客培训的途径、方法及影响因素的研究略显不足，没有有的放矢地提出馆员/创客素养及技能提升的实施策略。虽然创客空间馆员与创客培训的出发点和落脚点不相同，两者的素养与技能提升各有侧重，但都是在图书馆创客空间的整体培训环境及培训条件下开展培训活动，两者的培训途径、方法基本相同，仅在培训目标、内容及培训效果上有所区别。总体上说，在馆员与创客协作发展空间过程中，馆员培训在空间培训中发挥着统领和决定性作用，如果把创客空间比喻为一列"火车"，那么馆员就是"火车头"，培训就是"发动机"。馆员素养与技能提升直接影响和决定着创客的素养与技能提升，馆员培训的质量和效果直接影响着创客培训的质量和效果，馆员培训机制的创建可为创客培训的策略选择和实施途径提供指引，馆员培训是创客培训的基础和保障，更是创客培训的驱动力和助推器。因此，本章重点分析馆员培训的影响因素、模型构建及机制创建，为创客培训的机制构建和策略实施提供参照、指南和示范。

本章将"心态—状态—行为—效果"的认知理论、集聚辐射效应的原理应用到空间馆员培训中，先总后分，前半部分重点运用扎根理论及方法对访谈资料进行编码，分别从不同层面即认知层面、行为层面和效果层面识别出馆员/创客培训的影响因素，层层递进地归纳、总结出馆员培训认知、行为及效果层面的发生、发展规律，为馆员与创客协作发展培训机制的构建提供素材和参照。机制构建侧重于从馆员培训的视角，即从馆员培训的认知层面，构建馆员与创客协作发展的"心态—状态—行为—效果"培训机制；从馆员培训的行为层面，构建馆员与创客协作发展的集聚辐射效应培训机制。认知、行为层面的机制构建可为后期效果层面的机制构建提供铺垫，最终目标是在空间培训中实现馆员与创客的协作发展、共同进步。

在前期影响因素分析及机制构建的基础上，后半部分从馆员培训的效果层面，以馆员培训和创客培训为视角，分开论述馆员/创客素养和技能提升的实践策略，分别提出馆员/创客的针对性实施措施，不断推进空间培训的资源优化、重组、汇集和共享，调整和规范空间培训中馆员/创客参与培训的心态与行为，启发空间管理者克服馆员/创客培训的瓶颈和障碍，探寻培训模式的新突破，培训内容和方法的新思路，发挥馆员/创客的专业优势与专业创新能力，彰显馆员/创客培训的效果与影响力。培训机制的构建及实施策略如图6-1所示。

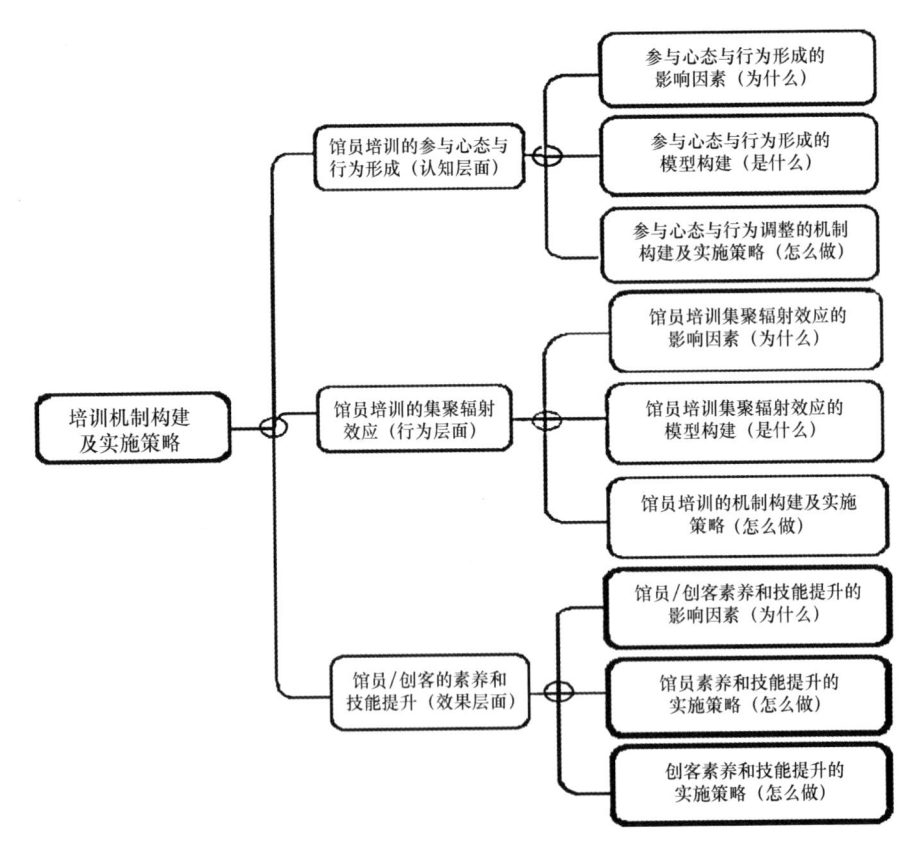

```
                                   ┌─ 参与心态与行为形成的
                                   │  影响因素（为什么）
                   馆员培训的参与心态与 ─┼─ 参与心态与行为形成的
                   行为形成（认知层面）  │  模型构建（是什么）
                                   └─ 参与心态与行为调整的机制
                                      构建及实施策略（怎么做）

                                   ┌─ 馆员培训集聚辐射效应的
                                   │  影响因素（为什么）
 培训机制构建 ─── 馆员培训的集聚辐射 ─┼─ 馆员培训集聚辐射效应的
 及实施策略      效应（行为层面）      │  模型构建（是什么）
                                   └─ 馆员培训的机制构建及实施
                                      策略（怎么做）

                                   ┌─ 馆员/创客素养和技能提升的
                                   │  影响因素（为什么）
                   馆员/创客的素养和 ─┼─ 馆员素养和技能提升的
                   技能提升（效果层面） │  实施策略（怎么做）
                                   └─ 创客素养和技能提升的
                                      实施策略（怎么做）
```

图6-1 馆员与创客协作发展培训机制的构建及实施策略

第一节 馆员培训概况

一 馆员培训的重要性

创客空间是图书馆的新型服务方式,馆员素质和技能的高低直接影响着空间的服务质量和水平。虽然图书馆可以聘请相关专业人员协助完成空间多样化的创客活动,但空间活动的策划、组织、协调和落地执行,绝大部分仍需要馆员来实施,如指导创客使用各种先进技术设备,对创客进行业务培训,指导 3D 打印及模型设计等,这一切都需要高素质、高技能的馆员才能实现。创客馆员,是指参与图书馆创客空间管理和服务的所有馆员,包括创新馆员、普通馆员、数据馆员、技术馆员和查新馆员等。目前,国内图书馆创客空间发展面临的主要障碍是如何储备和培养专业人才。硬件设备、软件系统等可以通过购买或租赁方式获得,但具有一定专业素养和较强管理和业务技能的创客馆员,则需要长期的积累和培养。

目前,国内关于图书馆创客空间的研究焦点主要集中于空间构建、服务探究、实践讨论等,而对馆员在空间中的作用、角色转变、业务重组及培训提升等方面的研究略显不足。新媒体联盟地平线报告(2015 图书馆版)提出的"反思图书馆员的角色和技能",将是图书馆未来面临的挑战之一[1]。在"图书馆创客—中外专家对谈"专场论坛中,朱强馆长指出:馆员对创客空间的重要性是不可替代的,他(她)们需要充当知识产权管理者、创客文化推广者、知识交流引导者以及创新思维推动者等多重角色,为了保证服务质量与效率,图书馆应定期开展专业培训活动,以此来提高馆员的综合素质与工作能力[2]。通过广泛的实地调研活动发现,专业人才的缺乏是制约中国图书馆创客空间建设与发展的主要原因,软件系统和硬件设备均可通过各种渠道购买或租赁,但培养具有一定专业服务技能、管理能力及业务素养的创客馆员却需要耗费相当长时间的精力和财

---

[1] 王宁、朱扬清:《创客馆员素养和技能提升的实施途径——基于扎根理论的创客空间馆员培训分析》,《图书馆理论与实践》2020 年第 4 期。

[2] 吴瑾:《创客空间环境下高校图书馆员的作用与能力提升》,《图书情报工作》2018 年第 2 期。

力。因此，馆领导及空间管理者应注重馆员的职业素养和技能提升，有目的、有计划地对馆员进行培训，从培训氛围、培训投入、培训过程和培训效果等方面入手，多措并举、聚焦重点、精耕细作，通过培训和积累，鼓励馆员不断学习新知识和新技能，边实践边学习，从点滴做起，集腋成裘，逐步掌握多项数字素养及技能，实现从普通馆员向创客馆员的飞跃，完成教学合作伙伴、硬件维护者、知识提供者等多重角色转换，成为真正意义上的创客培训师、创客导师，为空间的发展壮大提供强有力的人力资源支持。

二 馆员培训的核心任务及主要内容

空间馆员培训受到培训氛围、培训投入、培训过程、培训效果等影响因素的综合作用。为提升为创客服务的素质和技能，馆员必须明确角色定位、熟悉馆员培训的核心任务及主要内容，掌握空间培训中馆员素养和技能提升行为的运行机理，为馆员素养和技能提升行为的实施提供指导和依据。

（一）创客馆员的角色定位

创客馆员在图书馆创客空间的监管和服务中发挥着重要作用。馆员的角色分工不同，相应就有不同的岗位职能、目标要求及任务指标，如图6-2所示的创新馆员、管理馆员、技术馆员、数据馆员和查新馆员等。这些新角色、新任务都对馆员的素质和能力提出了新的要求。馆员的专业技能、服务理念和服务质量等，对创客的创意转化及创造活动有很大的促进和引导作用，这就需要空间为馆员提供相应的培训，让馆员具备相应的岗位技能。馆员自身也要有创新意识和创造能力，愿意参与不断的学习和培训，使获得的技能符合空间的发展要求。创客素质与技能直接影响岗位目标及任务的完成情况，馆员素质与技能培训的提升行为与空间的发展与壮大密切相关。

（二）馆员培训的核心任务

图书馆创客空间这种新型服务模式打破了馆员与创客脱离的传统形态，实现了馆员、创客多角色、参与互动的开放形态。创新服务模式的开展需要馆员角色和任务的调整、重塑或升级，其中，创新馆员的主要任务是启发及引导创新创意思维，规划创客项目和竞赛，指导创客活动及实践，以及对创客开展培训及个性化辅导等；管理馆员的主要任务是搞好创客空间的日常监管及服务工作，合理规划布置创客空间，开展宣传推广创客文化及相关活动等；技术馆员的主要任务是搭建创客服务平台，为创客提供知识组织、检索、计算机软硬件管理及服务等；数据馆员的主要任务是收集、存储、整合和利用各类创客资源及创新创业资源；查新馆员的主要任务是开展科技查新、专利服务、知识产权培训，指导创客成果的转化及应用。此外，数据馆员还要与查新馆员、技术馆员共同构建和完善创客知识库及创客案例库，一方面，便于创客通过模仿或移植案例库中的创意成果激发新的创意，另一方面，便于馆员收集与创客活动相关的信息资源，利用监管工具创建专业数据库，及时总结、分析国内外创客服务经验，实现互通互鉴、资源共享。创客馆员的核心任务如图6-2所示。

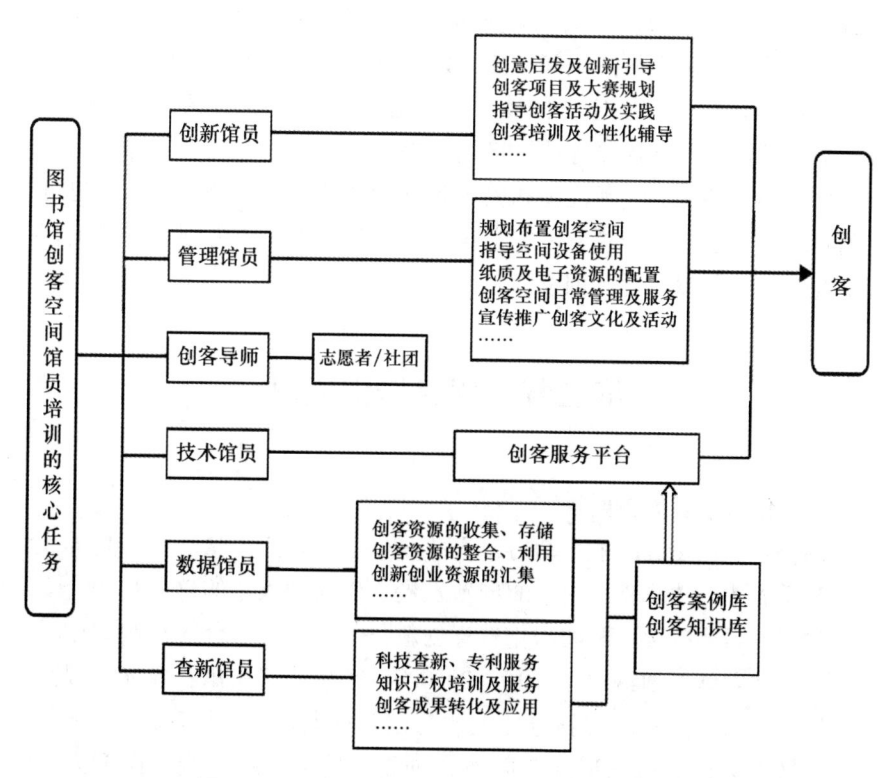

图6-2 图书馆创客空间中创客馆员的核心任务

创客馆员的另一个核心任务就是要吸纳来自各学科的高素质人才，与创客导师、志愿者或社团协同开展工作。对创客的管理与服务不能局限于馆员自身，针对不同的主题活动，创客馆员要招募相关专业的社会或师生志愿者以及相关企业人才积极参与，为创客活动提供理论和实践指导，打造一支由志愿者、创客馆员、创客导师组成的高素质服务团队，共同开展一系列高质量的空间服务及培训活动。

（三）馆员培训的主要内容

针对不同类型的创客馆员，空间应开展与其岗位职能、角色分工、目标任务相匹配的培训活动，提升创客馆员的专业素质和各项技能。创新馆员应侧重于学习创新理论，提高接受新事物的信息敏感度和前瞻性，夯实学科专业知识，增强创新服务意识和专业素养；普通管理馆员要定期接受针对性的培训活动，使他（她）们不断学习新业务、新知识，提高监管和服务创客空间的能力，即组织管理能力、沟通协调能力、团队协作能力、宣传推广能力、多学科知识储备能力以及创新实践能力等；数据馆员、技术馆员和查新馆员等则应巩固图书馆专业技能，加强信息检索、设备操作、软件开源、硬件检测等技能培训，提升数据加工处理、软件应用及其他计算机运用能力，不断提高和完善各项专业技能。此外，图书馆也可在优秀馆员中遴选和培养具备一定学科背景的学科馆员，为创客提供更多的专业化、特色化以及更有创意的服务。

第二节 创客培训概况

一 创客培训的重要性

创新是国家发展的核心动力，人才是创新的核心力量。只有培养大量的高素质人才，才能支撑国家的创新发展。创新型人才的培养是一个系统化的过程，需要持续不断的深化教育创新。中国政府出台的《国家中长期教育改革和发展规划纲要（2010—2020年）》中明确指出：要加快提高国民素质，大力培养和培育创造性人才与创新型人才[①]，持续优化人才教育模式、教育方法、教育形式，以教育创新、教学创新打造全面型人才集

---

① 《国家中长期教育改革和发展规划纲要（2010—2020年）》，人民出版社2010年版。

群，为国家的兴盛发展和创新发展夯实基础。

但是中国教育模式与西方发达国家教育模式存在较大差异，中国高校教育沿袭了数十年的灌输式教育思想，枯燥乏味的教导，死板的教育方法是扼杀与磨灭创客创新思想和创新精神的重要因素。要想培育创客的创新意识，提高创客创新能力，必须引入启发式教育模式和引导式教育模式，并通过教育方法、教育思想、教育手段的创新，提高创客的学习能动性、实践能动性，让创客更好地掌握知识内涵，正确认识学习和实践的意义。在未来，学习空间不仅是桌椅、黑板、教师主宰的传统空间，而且是灵活多变的创作空间和发挥创客自主学习动能的空间。图书馆创客空间是未来教育模式转型发展的方向，是教育教学变革的必然趋势，创客培训对传统教学模式的创新发展具有重要的启示意义。它可以为创客提供实践、构思、设计、创新的工具和知识，以及专业教师的指导；提高创客的自主学习动能，开拓创客的知识视野，强化创客的创新实践能力，为人才培养提供了无限可能，图书馆更应加大创新教育和创新技术培训。

1. 有利于创客更好地应对未来劳动力市场的需求

当今时代，世界格局随时都可能发生巨大的变化，日新月异的科学技术催生大量的新产业和新事物，全球经济一体化进程正稳步推进。在这种背景下，如何紧随世界的发展步伐，是中国教育创新过程中必须重点思考的问题。未来的劳动力市场必然会在智能化机械设备的应用下发生巨大变革，对于创客而言，要想在未来实现良好的发展，就必须正确认识未来的发展与变革，通过不断地提高知识素养和技能素养，发散思维，开阔眼界，团队协作，素质历练，掌握更多的生存能力与发展能力。

2. 有利于加强创客与行业伙伴密切合作的能力

在社会经济与行业经济飞速发展的新时代，社会与行业对人才的要求不断提高，创客不仅要具备较高的理论素养，还必须具备较强的知识应用能力、创新能力、创造能力、思考能力。创客教育强调了专业人才的培育和培养，要求创客必须深化团队协作，共同应对挑战解决困难，提高综合素养。创客教育高度重视跨学科学生之间的合作，不仅实现了学校与行业、学校与社区、学校与企业之间的协作，还能够为创客的知识实践提供渠道和平台，让创客实现高质量成长。同时，创客教育以创客创新设计思维的启发为核心，鼓励创客思考各种创新问题和创业问题，积极与合作伙伴、教育伙伴紧密开展创客活动。

3. 有利于教育模式的创新

教育需要创新，而如何实现有效创新是必须重点思考的问题。教育的效果应当符合社会发展需要，与时代发展步伐保持同步，只有持续优化教育内容、创新教育模式，才能实现现代化与可持续化。现代化的教育需要现代化的教育思想、内容、制度、管理、方法、质量。教育现代化水平的高低能够间接反映国家软实力的高低。创客教育是传统教育模式的深层次变革，其强调了以创客学习特点和学习需要为导向的教育思想，实现教育方法的现代化，是提高创客创新能力，提高创新质量的必然要求。

4. 有利于培养创客的前瞻性技能

经济学人智库《全球未来教育指数》（Worldwide Educating for the Future Index，WEFI）以教育效率为主要衡量标准，对全球 35 个经济体的教育系统进行研究评估。数据显示，新西兰在此评估中脱颖而出，继续排名第一，加拿大、芬兰、瑞士和新加坡紧随其后，位列第二到第五名。英美仅位列第六和第十二名[1]。该评估报告的调查对象为相关国家 15—24 岁年龄段的大学生，评价指标为学生的人际交往能力、思维能力、判断能力、数字技术水平、自动化发展能力、问题应对能力等。"教育未来指数"给出的评语是：新西兰的教育系统对于学生未来的发展将会产生非常积极深远的影响。事实证明，只有高度重视学生前瞻性技能（Future Focussed Skills）的培养，才能让学生创客具备更强的未来发展能力，更好地适应未来的社会环境。

二 创客培训的主要内容

首先，创客教育及培训对创客的知识学习潜能具有积极的激发作用。创客教育以其前瞻性的教育功能，鼓励创客实践创新、思维创新、行动创新，积极迎接各种挑战。在探究各种生活问题答案的过程中，开展实践创造活动、知识创新活动，启发创客的智力发展。其次，优化设计创客教育内容对创客的学习能力和创新能力以及实践能力的提升具有积极的促进作用。创客在知识学习中可综合应用已经掌握的知识，探究各种问题的答案和解决方法，以灵活的思维来应对各种难题。最后，创客教育学习活动内容丰富而有趣，对创客学习行为和学习思想具有良好的引导作用，能够深

---

[1] 《经济学人智库公布"全球教育未来指数"评估，新西兰夺得魁首！》，搜狐网，2019 年 6 月 22 日，https://www.sohu.com/a/322340766_120068453.

化学生的责任意识，引导创客树立正确的生活观、科学观、发展观。此外，创客教育课程设计对创客的创新能力、创新素养具有积极的培养作用。创客在丰富的实践活动中，陶冶自己的性情，培养核心素养，基于批判性思维探讨各种问题的本质，丰富和发展学生（创客）的协作能力以及动手实践能力[1]。可知，创客教育与创客培训能够以学生的学习特征为导向，采用与学生需求相符的培训方式和教育方式激发学生的学习潜能，提高学生的学习积极性；创客课程设计的目标是全面提高学生各项综合实践能力，实现学生（创客）的核心素养的全方位、高层次培养和发展。

第三节 馆员培训的认知层面：参与心态与行为调整的培训机制构建

一 研究设计

认知可以体现信念的价值；情感反映的是态度上的感受与情绪；行为是指个体借助一定的方式围绕某事或某人表现出来的行动意向[2]。馆员在空间培训中的参与意愿会对馆员的心态造成影响，进而影响其行为。从工作实践来看，馆员的心态在很大程度上取决于培训绩效，而馆员个人的培训绩效又会对组织绩效产生深远的影响。馆员培训心态的好坏直接决定了组织能否顺利开展培训活动，同时决定了空间组织能否提高其运行绩效。

因此，从馆员培训的认知层面，构建参与心态与行为调整的培训机制，对馆员与创客协作发展空间有着很强的理论价值和实践意义。理论上，从认知心理学的角度，结合"认知—情感—意动"理论，以图书馆创客空间中馆员培训为视角，探究空间馆员培训的参与心态与行为形成和改善过程，创建出认知、情感、意动以及行为等四个阶段的影响因素模型；实践中，以心态调整模型为核心，提出空间馆员培训参与心态与行为调整的实施途径，便于空间组织及管理者从不同层面把握馆员的培训心态，对

---

[1] 庞敬文、唐烨伟、钟绍春等：《创客教育支持学生核心素养发展模型研究》，《中国电化教育》2018年第5期。
[2] 刘向阳、张程程、彭小丰等：《基于认知意动视角的心态调整模型构建》，《科技管理研究》2011年第9期。

其进行心态调整并应用于馆员培训中，为馆员培训在认知、情感、意动及行为等阶段采取相应措施提供参考和依据。

本小节通过分析空间培训中馆员参与意愿与行为形成过程的影响因素，探讨馆员参与心态和行为形成及调整过程，构建"认知—情感—意动—行为"的馆员心态及行为调整模型。该模型系统探究了馆员培训的心态形成及行为调整的变化过程，便于空间组织及管理者构建馆员参与心态与行为调整的培训机制，从多个角度分析不同馆员的培训心态，同时帮助其调整心态，应用于馆员培训中，产生良好的组织效益。研究步骤是：影响因素剖析→模型构建→机制构建及策略分析。

二 研究方法

和第五、第七章一样，本部分的研究方法也是采用扎根理论与Nvivo12软件对访谈数据进行处理。虽然研究步骤及研究过程是一样的，但在数据收集及分析过程中，对访谈对象的选取有所侧重，深度访谈内容（半结构化访谈提纲）也有所区别。由于访谈数据和编码分析材料不同，所以最终的分析结果及结论与前面章节不尽相同。下面重点介绍一下访谈对象及半结构化访谈提纲。

（一）访谈对象

研究小组按照理论抽样的方法，即根据扎根理论的分析框架和概念归纳的具体要求来确定访谈对象。研究组成员通过实地调研国内12个公共图书馆、16个高校图书馆、1个专业图书馆及7个社会机构的创客空间，从中选取部分优秀馆员作为受访者开展深度访谈，其中成都图书馆阅创空间2人，长沙图书馆新三角创客空间1人，广州图书馆创客空间2人，深圳图书馆创客空间2人，杭州图书馆创客空间3人，嘉兴市图书馆数字众创空间5人，沈阳师范大学图书馆创客空间6人，上海交通大学图书馆的京东创客空间3人，三峡大学图书馆创客空间4人，西南交通大学工程训练中心的创客空间4人，国防科技大学图书馆创客空间1人，南京工业大学创客空间6人，清华大学经管学院的加速器2人，天津大学的大学生众创活动中心3人，广州工业大学的创业基地3人，安徽大学图书馆创意创作空间3人，铜陵市图书馆文化创客空间2人，共52人。

（二）半结构化访谈提纲

本小节在前期文献分析的基础上，形成半结构化访谈提纲初稿，对武汉大学图书馆创客空间和上海图书馆的创·新空间的 12 位馆员、创客进行预调研，了解他（她）在空间建设和发展中的不同体验、经历与收获，再对半结构化访谈提纲进行修改，形成定稿（见表 6-1），然后，对 52 名馆员进行了正式的深度访谈，了解他（她）对空间培训所感、所思和所想。为了从根本上保证信息和访谈数据的完整性与真实性，在采访准备阶段，访谈者提前一个月将访谈提纲发给每位馆员，便于他（她）预先准备好后续需要访谈的内容；正式访谈开始前，为确保受访者不受自身认知的影响，访谈者向每位馆员讲解相关概念，并留给每位馆员充分思考和回答问题的时间；访谈过程中，访谈者也会关注受访者的语气、语调和面部表情，认真记录，全程录音，便于全面、准确地把握受访者想要表达的真实观点，避免误解和信息遗漏。

表 6-1　　　　　　　半结构化访谈提纲（空间培训）

序号	内　容
1	您认为创客空间开展培训活动的主要目的是什么？
2	空间领导对培训活动的重视程度及支持情况如何？
3	创客自身对空间培训的重视程度及兴趣如何？
4	空间培训的管理机制（如相关制度及机构设置情况）如何？
5	空间培训的硬件设施及软件系统如何？
6	创客空间开展培训活动的经费来源情况如何？
7	创客空间的培训内容和项目情况如何？
8	创客空间采用哪些方式开展培训活动？
9	创客空间的培训时间、周期及效率情况如何？
10	空间是否随着馆员的需求变化，适当调整培训内容？
11	空间是否随着馆员的需求变化，适当调整培训方式？
12	培训后馆员的收获及提升主要体现在哪些方面？
13	培训后创客的收获及提升主要体现在哪些方面？
14	对空间培训的评价及反馈情况如何？

三　研究过程

（一）数据收集

本小节的数据分析与处理分为两个阶段：第一阶段为 2017 年 10 月至

2018年8月，第二阶段为2018年9月至2019年12月。第一阶段，研究组成员分批次从全国各地区选取52名经验丰富、工作业绩卓越的馆员进行深度访谈，访谈结束后，研究小组及时将访谈录音转化为文本信息，共获得采访记录21万字。通过整理52份馆员的访谈记录，按照扎根理论的标准化步骤开始质性分析，进行三级编码和范畴提炼。第二个阶段是在第一阶段的基础上，对范畴及逻辑关系进行饱和度检验。深度访谈采取两种形式：小组访谈和一对一访谈。每个小组的访谈时间约为60分钟，一对一的访谈时间约为40分钟。

历时四个月，通过对52位馆员的谈话资料实行开放式编码，生成了246种概念，然后对其加以筛选、重组以及合并，总结出影响空间馆员培训参与心态及行为调整的相关概念27个，包括4个主范畴和6个副范畴。在主轴编码形成主、副范畴的基础上，归纳出4个核心类属，即培训氛围、培训投入、培训过程及培训效果。与培训氛围相关的范畴有：领导重视、培训意识、个体兴趣、管理制度、机构组织、培训目标、宣传推广等，这些范畴体现在图书馆空间培训中馆员对心态认同及行为调整过程的必要性认知方面；与培训投入相关的范畴有：培训经费、资源投入、硬件设施、软件系统等，这些范畴体现在空间培训中馆员对心态认同及行为调整过程的可行性认知方面；与培训过程相关的范畴有：内容的丰富性、实用性、针对性、层次性、专业性、特色性，馆员培训方式，形式的易懂性、多样性、变通性、时间效率、培训周期等，反映了空间培训中馆员对心态认同及行为调整过程的参与程度和知情程度；与培训效果相关的范畴有：培训情况、成效表现、效果反馈及效果评价等，反映了空间培训中馆员对心态、行为形成及调整过程的收获和感受。

因此，在图书馆创客空间培训中，馆员的参与心态与行为调整过程受到培训氛围、培训投入、培训过程、培训效果等影响因素的综合作用，其逻辑关系是：馆员在认同空间培训的前提下，参加空间馆员素养和技能提升行为的培训活动，通过培训获得体验和收获，产生成就感与满足感，收获技能提升，进而推动下一轮培训的启动和循环，促进图书馆空间培训的良性发展。

（二）编码过程及结果

研究小组使用Nvivo12软件，将编码分为三个阶段：开放性编码、主轴编码、选择性编码。先后经过一级节点编码（选择性编码）、二级节点编码（主轴编码）、三级节点编码（开放性编码）三个阶段，得出4个一级节点、5个二级节点和28个三级节点，经过三重编码技术之后再进行理论构建。各节点的频次、覆盖率及皮尔逊（Pearson）相关系数如表6-2所示。表6-2中所有皮尔逊系数都介于0.94和0.99之间，这表明各要素节点之间均为强相关关系。各编码参考点（节点）在空间馆员培训中的重要性对比及影响关系在表中一目了然、清晰可见。其中，培训氛围中的培训意识、个体兴趣、宣传推广，培训内容中的内容的实用性、内容的针对性，培训投入中的资源投入等编码参考点数、覆盖率及皮尔逊相关系数的数值比较高，说明在图书馆空间培训中，这些要素对馆员培训的心态、行为形成及调整过程的影响程度比较强，应加以重视和引导。

表6-2　　节点编码的参考点数、覆盖率及Pearson相关系数

一级节点编码（选择性编码）	二级节点编码（主轴编码）	三级节点编码（开放性编码）	编码参考点数	覆盖率（%）	Pearson相关系数
氛围因素	培训氛围	领导重视	242	45.76	0.989215
		培训意识	524	69.11	0.998808
		个体兴趣	523	69.34	0.998219
		管理制度	424	62.57	0.997232
		培训目标	370	59.77	0.997745
		机构组织	264	46.82	0.995078
		宣传推广	301	55.39	0.998077
投入因素	培训投入	培训经费	182	39.43	0.941667
		硬件设施	243	45.77	0.995784
		软件系统	269	47.76	0.995278
		资源投入	415	60.57	0.998386
过程因素	培训内容	内容的丰富性	308	56.77	0.999022
		内容的层次性	161	37.16	0.981586
		内容的实用性	350	72.28	0.999003
		内容的针对性	309	71.42	0.997033
		内容的专业性	213	42.76	0.997341
		内容的特色性	232	43.67	0.995716
		馆员培训形式	236	43.76	0.994159

续表

一级节点编码 (选择性编码)	二级节点编码 (主轴编码)	三级节点编码 (开放性编码)	编码参考点数	覆盖率(%)	Pearson相关系数
过程因素	培训内容	创客培训形式	311	58.77	0.999035
		形式的变通性	103	32.05	0.994322
		形式的多样性	204	41.76	0.995083
		形式的易懂性	126	36.68	0.997273
	培训时间	时间效率	169	37.29	0.996136
		培训周期	67	19.42	0.979717
效果因素	培训效果	培训情况	280	48.76	0.998008
		效果显现	270	47.76	0.998556
		效果反馈	145	36.43	0.995275
		效果评价	56	16.15	0.957782

注：二级节点编码参考点数是其自身编码参考点数与下属三级节点编码参考点数之和。

(三) 理论饱和度检验

历时四个月，在完成第46位馆员的访谈和编码后，研究组成员发现没有新的概念和关系出现。为了增强研究的精确性、代表性与规范性，研究者又随机抽取了6位馆员的工作日志、观察笔记及访谈记录，采取专业手段对其进行了饱和度检验，检验结果表明，没有新的关系、概念和构成元素再出现，因此可以判断该理论已经达到饱和状态。

四 馆员培训参与心态与行为形成影响因素分析

(一) 影响因素的总体分析

在空间馆员培训中，培训氛围、培训投入、培训过程和培训效果等因素对馆员心态认同及行为调整过程均存在显著影响，各影响因素的编码覆盖百分比分别如图6-3、图6-4、图6-5、图6-6所示。其中，培训氛围和培训投入是外部驱动因素，对空间馆员培训的心态认同及行为调整产生外在影响；培训过程和培训效果属于空间培训的内在驱动因素，直接决定和影响馆员心态认同及行为调整过程的产生和发展。从下图可以看出，培训投入、培训过程、培训内容、馆员的专业技能提升等因素的编码参考点覆盖比例最多，对馆员心态认同及行为调整过程的影

第六章 协作发展培训机制的构建及策略

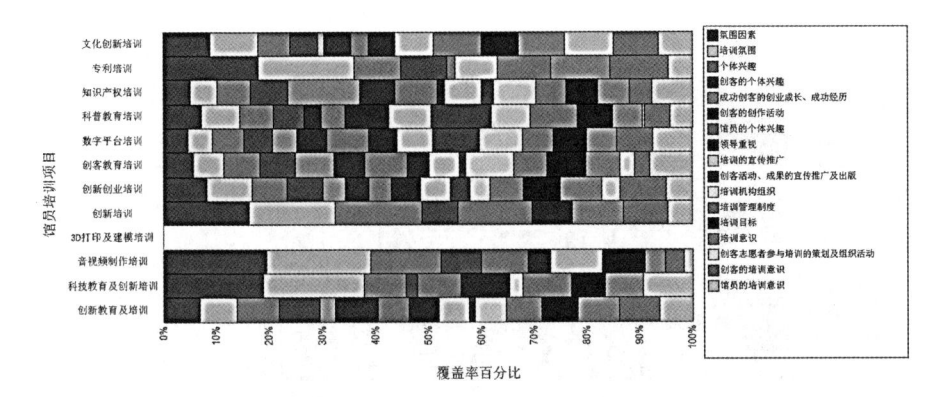

图6-3 馆员培训的氛围因素编码参考点覆盖百分比示意图

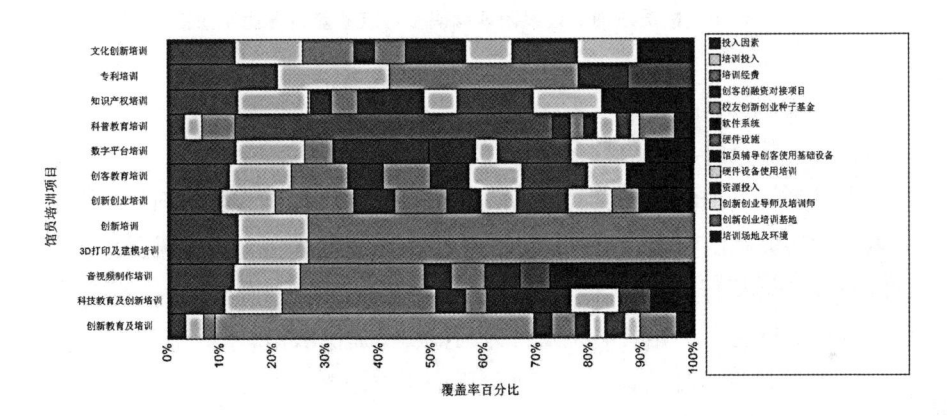

图6-4 馆员培训的投入因素编码参考点覆盖百分比示意图

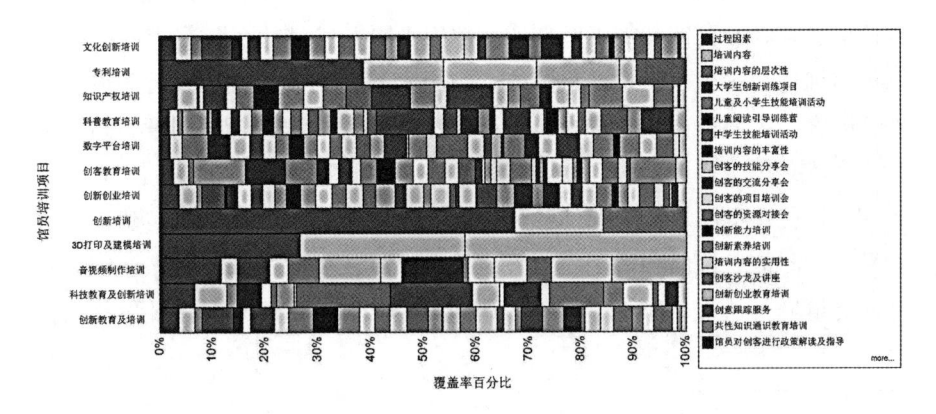

图6-5 馆员培训的过程因素编码参考点覆盖百分比示意图

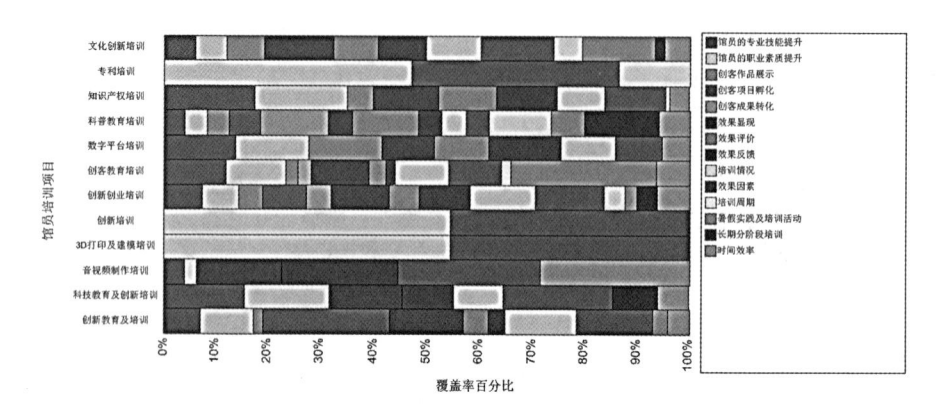

图 6-6　馆员培训的效果因素编码参考点覆盖百分比示意图

响最为显著。

(二) 影响因素的阶段分析

通过分析下列认知阶段、情感阶段、意动阶段及行为阶段对应的影响因素,即培训氛围、培训投入、培训过程和培训效果等,掌握馆员参与培训的心态变化及行为调整的发生、发展和变化规律,为构建"认知—情感—意动—行为"的馆员心态及行为调整模型提供依据。

1. 馆员培训认知阶段——培训氛围的影响因素

认知阶段所描述的是意识形成与知识获取的过程,主要涵盖知觉、想象、感觉、推理和决策等多个方面。认知属于层次清晰的心理过程,一般包括信息编码、存储和加工等环节,常用于回答"是什么"之类的问题[①]。馆员培训认知阶段——培训氛围的影响因素是影响参与心态及行为调整的外部因素,主要有:领导重视、培训目标、机构组织、管理制度、培训意识、个体兴趣、宣传推广等。

当馆员在空间培训中遇到各种情境时,就会试图寻找信息、建立信息意义、估测信息价值和运用信息等,并在形成新概念的基础上来认识和接受此类情境,从而构成行为意向。诸如此类的意向和概念有很强的指向

---

① 汪和平、何凯利:《基于"认知—情感—意动"的研究生调剂心理变化研究》,《齐齐哈尔大学学报》(哲学社会科学版) 2017 年第 8 期。

性，指向决定了此情境的相关培训事件①。在认知阶段，馆员只有对空间培训中培训氛围的影响因素，如领导重视、培训目标、机构组织、管理制度、培训意识、个体兴趣、宣传推广等相关信息建立初步的了解，并对培训氛围的相关信息产生一种认可意识或倾向，形成一种初步情绪，才能为情感、意向、行为的发生奠定基础，为馆员后期在情感、意动和行为阶段的心态形成及行为调整提供指向。

2. 馆员培训情感阶段——培训投入的影响因素

不同于认知阶段，情感是个体形成认知后出现的特定情绪。在这一阶段，馆员会主动分析和处理信息，判断情境中的各种培训事件，从而更加全面地理解事件。情感涵盖了性格、态度以及情绪等方面。性格这种情感较为特殊，因为不同馆员有不同的性格，即使身处同样的外部环境，馆员的心态形成及行为调整也千差万别。在空间馆员培训中，部分馆员比较乐观，在整个培训过程中总能选取积极主动的方式，显露出积极的情感；然而，有些馆员的态度却比较消极，一遇到困难和风险就采取回避的态度及行为。情绪是个体的外在表现，它主要通过信息的获取、感知和存储等认知过程来影响馆员的培训。情绪是馆员参与培训行为的原动力，馆员培训行为动机的完成离不开情绪的触发，积极的情绪有利于促使馆员主动参与培训，促使馆员执行或完成空间的培训任务②；而消极的负面情绪往往会阻碍馆员参与培训的行为，易造成事倍功半的效果。态度是个体对客观事物、观念以及信息等做出的评价，从工作实践来看，态度在很大程度上影响个体的行为，是观测个体行为的有效指标，与情绪相似，但更稳定。

馆员培训情感阶段——培训投入的影响因素是影响馆员参与心态及行为调整过程的外部因素，主要有：培训经费、资源投入、硬件设施、软件系统等。馆员在积累认知的前提下，产生一定的情绪感受，图书馆空间组织及管理者可以在情感阶段对信息进行准确处理，从培训经费、资源投入、硬件设施、软件系统等方面帮助馆员深刻理解培训事件的价值和意

---

① 刘向阳、张程程：《组织中员工心态的形成过程研究——基于"认知—情感—意动"理论视角》，《科技管理研究》2011年第20期。

② 汪和平、何凯利：《基于"认知—情感—意动"的研究生调剂心理变化研究》，《齐齐哈尔大学学报》（社会科学版）2017年第8期。

义，促使馆员经过判断后产生的情绪和态度得到进一步认同和固化，形成积极、乐观、向上的性格、情绪和态度趋势，即情感形成阶段，这是心态形成的初级萌发阶段。

3. 馆员培训意动阶段——培训过程的影响因素

意动是动机的努力要素，它联结认知、情感和行为，将认知和情感转化为行为的动力。著名心理学家斯托特曾经指出，"意动，顾名思义就是意识性动机，即在发现内部不平衡时，试图通过努力恢复平衡的一种动机"[①]。意动阶段侧重于从行为效应的角度进行认知，回答"怎么办"的问题，作为促进发展的一种导向，促使认知转向情感，再转向意动。从认知阶段到情感阶段，再发展到意动阶段，馆员在历经识别与认知之后所形成的态度与情绪得到固化，向心态成熟阶段迈进。馆员在认知意动过程中，凭借组织的帮助（如参加在线学习、组织文化建设等）与自己的努力（如参加集中学习、培训等）对培训事件及过程进行再认知，建构新的知识体系，以适应和识别不断变化的环境和结果。在馆员与环境的互动中，馆员不断补充和完善以往的知识结构，创建出更丰富、更灵活的科学认知结构，最后，形成馆员持续、稳定的培训心态，为后期行为过程的实现提供牢固的支撑和保障。

馆员培训意动阶段——培训过程的影响因素也是影响馆员参与心态及行为调整过程的内部因素，是促使馆员培训心态及行为实现的关键因素，主要有：培训内容的丰富性、实用性、针对性、层次性、专业性、特色性；培训形式的易懂性、多样性、变通性；培训的时间效率、培训周期等。在空间馆员培训中，若空间组织及管理者没有采取积极的措施，使馆员个人目标和组织目标相背而行，馆员会形成不良的培训态度。相反，如果馆员可以重新认知客观环境，并进行自我调节和引导，或是接受组织对馆员的再培训和再教育，帮助馆员形成持续的、稳定的精神状态和态度，这一阶段也就是心态形成的成熟稳定期。

总体而言，在认知阶段，馆员初次接触意义构建事件，形成原始情绪；在情感阶段，馆员再次思索、收集相关信息，形成更深层次的情感；在意动阶段，馆员凭借组织帮助与自身努力再次进行认知，形成最终的

---

① 刘向阳、张程程、彭小丰等：《基于认知意动视角的心态调整模型构建》，《科技管理研究》2011年第9期。

心态①。

4. 馆员培训行为阶段——培训效果的影响因素

行为阶段展现的行为是认知、情感以及意动等共同作用的结果，是个体围绕某一事件表现出来的行为意向。Huitt 在分析的基础上指出，意动决定行为，行为影响着绩效②。借助心态调整，可以影响人们的行为，实现相关目标，获得良好的组织绩效。从行为上来看，这种积极的影响一方面是基于关系的，另一方面是基于角色的。建立在关系之上的行为表现是指个体必须依靠团队合作，才能实现组织绩效；以角色为基础的行为表现是指不同岗位上的员工，凭借自身努力来完成各自的工作目标。

馆员培训行为阶段——培训效果的影响因素是影响馆员参与心态及行为调整过程的内部因素，主要有：培训情况、行为调整、培训效果显现、效果反馈、效果评价等。在空间培训的第一阶段——认知阶段，馆员通过获取知识，形成对指向事件的认知，完成意义建构过程；因为馆员受组织因素与个体因素的影响存在一定的差异，形成意义建构的途径不同，所表现出来的情绪反应也不同，所以，由开始产生的萌发心态进入情感阶段后，馆员有可能保持积极的心态，也有可能处于消极的状态；在第三阶段——意动阶段，馆员通过个体的主动调适，或通过组织的被动调适，及时完成心态重构过程；最后，通过一系列的心态的调整和固定过程，馆员在第四阶段——行为阶段产生行为，彰显出行为阶段的执行力和执行效果。

五 馆员培训参与心态与行为形成的影响模型

本小节以态度三维度框架"认知—情感—意动"为基础，结合前期的现状调查及分析，构建空间馆员培训参与心态与行为形成及调整过程的四阶段影响模型，如图 6-7 所示。该模型系统探究了馆员培训的心态形成及影响其行为的过程，有助于空间组织及管理者分析馆员心态及行为的转变过程，掌握心态及行为调整的最佳时机。

---

① 刘向阳、张程程、彭小丰等：《基于认知意动视角的心态调整模型构建》，《科技管理研究》2011 年第 9 期。

② William G. Huitt, "Conation as an Important Factor of Mind", https://www.docin.com/p-89451779.html.

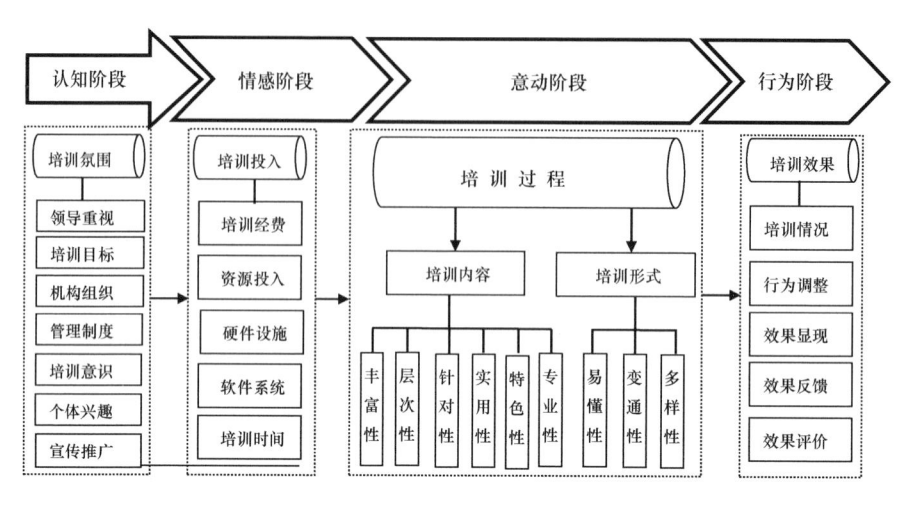

图 6-7 认知、情感、意动、行为阶段馆员培训的影响因素模型

在认知阶段，馆员的认知与对空间培训的感知有关，包括对空间的人、设施、制度、环境等多层面、多属性的感知；在情感阶段，馆员对培训过程及结果的个人感受，使馆员对培训活动产生积极或消极的感觉，影响馆员以有利或不利的方式应对空间培训；在意动阶段，显示出馆员的个体意愿（包括行为倾向），对馆员能否持续参与培训产生影响；在行动阶段，清晰地展现出馆员对培训行动或行为的支持和参与程度。这四个阶段由浅入深，层层推进，反映了馆员个体的培训态度及行为意向，涵盖了馆员对培训活动的想法、感受和行为趋势。

六 馆员培训参与心态与行为调整的机制构建及实施策略

基于上述影响因素模型，分析在空间培训的认知、情感以及意动与行为等阶段中，馆员参与意愿与行为实践过程中的调节机制与心态形成，便于管理者从多个角度掌握馆员的心态，帮助其进行调整，进而获得更高的培训绩效。

（一）认知阶段馆员参与心态与行为调整的机制构建

在认知阶段的心态认同及行为调整中，此心态调整模型为馆员的心态认同及行为调适提供了认知检验。在这个阶段，馆员对岗位职责及角色的认同至关重要，态度决定了馆员在培训过程中的行为导向，是馆员培训行为的动力和指挥棒，馆员的培训意识越强，兴趣程度越高，培训态度越端正，参与培训活动的行为就越主动、积极，能充分发挥其主观能动性，帮助馆员在培训过程中提升素养和各项技能。

在图书馆空间培训中，空间管理者除了让馆员认识各自的角色及所承担的岗位责任，还要呼吁各级领导从各方面重视和支持空间培训，设置功能完善的组织机构及培训管理制度，策划和推广培训的宣传活动，不断增强馆员的培训意识及个体兴趣，使所有参训馆员都能积极投入到各自的角色培训中，这将对馆员空间培训积极心态的形成及行为调整发挥积极的引导和影响作用。

（二）情感阶段馆员参与心态与行为调整的机制构建

在情感阶段的心态认同及行为调整中，此心态调整模型为馆员的心态认同及行为调整提供了情感检验。在此阶段，重视馆员培训的价值观形成非常重要，图书馆创客空间应借助相关培训活动向所有馆员介绍组织的价值观和培训目标，为馆员提供方向性指导，并确保每次培训活动都有充足的资金来源，空间里的基础设施（硬件和软件）及平台建设完备，系统稳定，空间能有效开展系统化、专业化的培训活动，能引导馆员合理选材、正确使用工具、规范操作，确保空间设施使用的零差错、零失误，空间一直处于良性循环的发展态势。这样，馆员自身的培训目标、价值观与组织目标相匹配和一致，巩固了馆员培训的价值观，使馆员在情感上支持和认同组织的培训行为，积极参与各项培训活动。

（三）意动阶段馆员参与心态与行为调整的机制构建

在意动阶段的心态认同及行为调整中，此心态调整模型为馆员的心态认同及行为调整提供了过程检验。空间管理者要以上述四个阶段影响模型所包含的调整机理为依据，协助馆员们进入良好的培训状态。从人力资源管理来看，能够调整心态的主要渠道包括心理援助计划、员工思想工作、心态培训以及组织建设等。

1. 心态培训

心态培训是一种良好的心态调整方式，目的在于帮助员工形成良好的心态。如今，越来越多的管理者开始意识到心态培训可以增强心理素质，调整工作心态。对于心态培训，西方学者总结出一种"综合集成训练法"，鼓励员工维持良好的工作心态。主要内容包括：誓言激励训练、角色换位训练、端正心态训练、愿景训练和成就感训练等，采用的方法包括案例分析、角色扮演、演讲比赛以及情景模拟等①。

在空间馆员培训中，空间管理人员可以借助相关培训活动来改变馆员的消极心态，使其合理认识培训的目标、意义和价值，采用灵活有趣的培训方式，吸引馆员积极完成培训任务。此外，心态训练也可以视为一种干预手段，当馆员在培训中出现好高骛远、角色模糊、模棱两可的认知时，应及时组织馆员开展相关角色的调整活动，使其在合理认知培训活动的基础上，积极参与、适时改正各种偏见和不当想法。

2. 员工心理援助计划

员工心理援助计划是一项综合性服务，其功能相当完善，现已被多数组织选用。从相关统计资料来看，美国25%的公司可以为员工提供EAP服务；英国有10%以上的员工接受过EAP服务；尽管日本部分企业选用的是爱抚管理模式，但它其实是EAP的翻版，某些企业还专门设置了发泄室、放松室以及茶室等，帮助员工缓解压力②。在创建"馆员情绪监管系统"的基础上，空间管理者可以全方位关爱馆员，及时了解和掌握员工情绪上的波动和变化情况，协助其走出负面情绪的困扰③。在图书馆所有工作人员的共同努力下，逐渐消除馆员们的不良情绪，在积极情绪力量的不断推动下，馆员以积极、乐观的心态参与培训，顺利完成培训的目标和任务。

在空间馆员培训的实施过程中，此心态调整模型为馆员的心态认同及行为调整提供了实施途径。空间管理者可以在培训内容及形式上实施员工心理援助计划的模式和方法，如强调培训内容的丰富性、实用性、针对性、层次性、专业性和特色性，根据馆员的不同任务，在空间培训的不同阶段设置不同的培训内容，针对馆员的不同层次和个性化需求，分为初级、中级及高级，且对每个级别的难易程度进行区分，分别开展层次性、差异性培训活动，这种培训内容丰富，针对性强，有助于馆员培训的心态认同及行为调整。在培训形式上更要强调易懂性、多样性和变通性。创客

---

① 刘向阳、张程程、彭小丰等：《基于认知意动视角的心态调整模型构建》，《科技管理研究》2011年第9期。
② 王娟：《大学生就业心理压力与EAP的导入实施》，《现代管理科学》2010年第2期。
③ 王宁、刘贵勤：《图书馆员工援助计划评估体系的构建及实施》，《图书馆建设》2013年第11期。

空间为馆员提供的培训形式应多样化,强调易懂性,既要有短期培训,也要有长期培训,既要有集中学习,又要有分散学习及一对一的培训,既要有在线培训学习、面对面研讨培训,又要有线下自主学习。馆领导及空间管理者应鼓励馆员充分利用业余时间,主动参加各种培训,经常浏览与空间有关的网站、博客和论坛等,借助各种途径获悉最新资讯①,在更新已有知识的基础上不断掌握新技能,使心态认同及行为调整与空间发展相协调。

（四）行为阶段馆员参与心态与行为调整的机制构建

在行为层面的心态认同及行为调整中,此心态调整模型为馆员的心态认同及行为调整提供了效果检验。通过培训,可发挥馆员的主体地位和主人翁精神,积极为创客提供信息和指导,引导馆员使用更多的新技术、新设备和新工具,帮助馆员获取更多的资源和服务,促使馆员进行跨学科学习、合作及创业发展,馆员的动手操作能力和创造力得到提升,其他技能也同步提升,这些显现的效果将直接影响空间馆员培训的参与心态与行为调整。效果反馈及评价也影响空间培训馆员的参与心态与行为调整。培训结束后,馆员可通过电话、QQ、微博、微信和面对面交流等方式,及时反馈活动的收获及相关情况,也可以通过网络调查及纸质调查等方式对培训活动做出评价,提出合理化建议,便于空间组织及管理者调整和改进下一步的活动。

七　结语

馆员是空间服务的执行者和引导者,培养和发展一批创新能力强、创意水平高、业务素质和技能强的创客馆员,是优化空间服务的重要途径。馆员培训心态的好坏在很大程度上决定了培训活动能否成功开展,同时还决定着空间组织能否获得良好的运行绩效。本小节从"认知—情感—意动"的理论视角出发,分析馆员心态形成及行为调整的影响因素,构建了认知、情感、意动及行为四个阶段的影响因素模型,即"认知—情感—意动—行为"的馆员心态及行为调整模型。该模型以心态调整为核心,分析馆员在认知、情感、意动和行为阶段的参与心态及其行为改善过程,形成

---

① 吴瑾:《创客空间环境下高校图书馆员的作用与能力提升》,《图书情报工作》2018年第2期。

馆员"心态—状态—行为—效果"的良性循环，便于空间组织及管理者构建馆员参与心态与行为调整的培训机制，从多角度引导和调整馆员的培训心态，规划和改善馆员的培训行为，为馆员培训在认知、情感、意动及行为阶段采取对应措施提供参考和依据，也为后阶段馆员素养和技能提升提供方法和路径。

第四节 馆员培训的行为层面：集聚辐射效应的培训机制构建

目前学术界对集聚辐射效应的内涵还没有统一的定义。它是一种常见的经济现象，经常出现在经济、文化、人才、交通、政治等领域[①]。近几年来，集聚辐射效应也被运用到知识管理中，管理者通过拓展特定知识在组织内传播和共享的深度和广度，对组织内知识的传播和共享起到非常好的控制作用。结合已有文献的研究成果，本书将图书馆创客空间培训中的集聚辐射效应界定为：集聚水平相对较高的馆员与集聚水平相对较低的馆员间在空间培训中发生优势要素的转移和流动。通过这种流动和传播，馆员素养和技能提升行为较高的馆员，其集聚程度的变化可以影响其他参训馆员，集聚程度越高，辐射效应越明显，产生的正向影响作用越强，能带动或促进空间培训中其他馆员的素养和技能提升行为。集聚与辐射效应的产生过程就是聚集空间培训各要素（设备、资源、技术、信息、制度等）→产生合力→辐射影响力，集聚过程是为辐射过程做铺垫，在集中和聚合阶段产生的是集聚效应，发展到高级阶段，就形成了辐射效应。

一 研究背景

截至2020年12月31日，通过学术检索发现，近5年以"图书馆创客空间"为主题发表的学术论文共计843篇，其中以"图书馆创客空间馆员培训"为主题的只有14篇，占比仅为0.01%，而以"图书馆创客空间馆

---

① 魏浩：《中国30个省市对外贸易的集聚效应和辐射效应研究》，《世界经济》2010年第4期。

员培训"或"馆员培训集聚辐射效应"为篇名的文献检索结果是 0 篇。目前，国内关于图书馆创客空间的理论研究焦点主要集中于空间构建、服务探索和实践讨论等方面，针对馆员角色定位、角色转变及培训提升等方面的研究略显不足，尤其是探索和研究馆员培训的新途径和新方法，更是少之又少。

通过文献梳理发现，国外高校与公共馆都高度重视创客空间的馆员培训，注重将馆员培训过程中的各种优质要素与资源进行汇集、聚合、重组，促进了馆员培训集聚辐射效应的形成。以费耶维特尔公共图书馆（美国）为例，该馆持续开展空间的馆员培训活动，培训后的馆员可以熟练掌握空间内的设备使用与机器技能操作等知识，并可以提供小型或一对一的创客培训课程①。另外，创客空间的全体员工每月都会积极参与"创客讨论会"，大家聚集在一起探讨需要培训的内容，接受相应的培训。新罕布什尔南方大学 Shapiro 图书馆创客空间也为馆员提供相关培训课程，在培训内容和途径上挖掘优势，为馆员重点培训空间的安全程序、规章制度、3D 打印机的常见故障、操作知识及解决方案等，在为创客讲授课程时可借助 3D 扫描仪进行数字化肖像制作、专业海报的设计及打印等②，培训效果极佳。国外图书馆创客空间注重在培训内容和方式上汇聚优势要素，打造精品培训课程，取得了极好的培训效果。然而，国内大多数公共及高校馆的馆员培训工作才刚刚起步，在实施途径和方法上缺少创新与运用，很少关注馆员培训集聚辐射效应的产生和发展，需要引起重视和加以改进。

曹芬芳等通过对中国高校馆创客空间的现状调查，明确提出在开展馆员培训时，应调整空间馆员的构成，建立起高效、专业的创客馆员服务团队。譬如，根据专业技能和年龄，将馆员细分为老、中、青三类，从三个年龄段选派出相应人员进行与其年龄匹配的空间培训③。卢静等通过对合肥地区高校馆馆员培训情况的调查，得出结论：高校馆应充分发挥馆藏资

---

① 王阳：《美国费耶特维尔公共图书馆创客空间服务研究及启示》，《国家图书馆学刊》2018 年第 2 期。
② 王敏、徐宽：《美国图书馆创客空间实践对我国的借鉴研究》，《图书情报工作》2013 年第 12 期。
③ 曹芬芳、杨海娟、黄勇凯等：《我国高校图书馆创客空间现状调查与分析》，《大学图书馆学报》2019 年第 3 期。

源与人员优势,深挖老馆员(一般年龄超过四十五岁)拥有的宝贵经验和经历,再联合各部门的核心力量构建起培训小组,通过"带与教"形式培训其他馆员,在各小组中其他馆员亦可组织相关培训,一起进行交流与探讨,有效提升中青年馆员的知识和技能[①]。像这样,按照年龄层级划分的老、中、青空间人员梯队,能够合理配置高校馆的人力资源,充分发挥不同年龄段的资源优势,展现"传承、帮扶、带动"的培训影响力,产生薪火相传式的培训集聚辐射效应。因此,今后的馆员培训在实施途径及方法上应深入探索,即注重理论的指导,更要重视理论的应用和发展。研究馆员培训中聚集辐射效应的形成,既是对聚集辐射效应理论的创新应用,又是对聚集辐射效应的推广和实践,尤其是探寻馆员培训集聚辐射效应的形成规律,有助于引导图书馆组织对馆员进行系统、持续的培训,选择有效的培训方法和途径,提升培训活动的质量和效果。

本小节将集聚辐射效应的原理运用到空间馆员培训中,运用扎根理论及方法对访谈资料进行编码分析,识别馆员培训中集聚辐射效应的影响因素,分析馆员培训集聚辐射效应的发生、发展规律,不断推进空间培训的资源优化、重组、汇集和共享,形成馆员培训的集聚辐射效应,彰显馆员培训的效果与影响力。

二 研究思路及过程

(一)研究思路

研究小组运用深度访谈法收集文献资料,为各项研究提供充足的资料来源;在此基础上,利用扎根理论编码、归纳范畴;以此构建馆员培训集聚辐射效应的影响因素模型(AIPE),为探寻集聚辐射效应的形成提供参考和依据,具体研究思路如下:本小节的资料收集过程(如文献研究、访谈提纲、访谈对象等)及处理流程(包括饱和度检验等)与前一节都相同,只是在数据处理过程中,侧重于对馆员培训行为的发生、发展规律,即对集聚辐射效应影响因素的分析。首先,从国内外两方面对图书馆创客空间馆员培训的相关文献进行研究,形成半结构化访谈提纲(参见表6-1),再选择访谈对象(馆员)开展深度访谈;其次,按照相关要求与规则,对访谈数据进行编码,重点围绕馆员培训行为的发生、发展及变

[①] 卢静:《合肥地区高校图书馆馆员培训研究》,硕士学位论文,安徽大学,2019年。

化过程来确定核心范畴，并对不同范畴间的关系进行编码验证，构建理论模型；最后，对馆员培训集聚辐射效应构建的影响因素模型及其形成机理进行阐释。研究过程中，团队成员通过持续性分析、对比观察笔记与访谈资料，对现有的理论假设进行修正、改进或补充，直至达到理论饱和为止。

（二）研究方法

研究小组采用扎根理论的编码方法，从访谈资料入手，从实践（访谈资料）—理论（扎根理论）—实践（访谈资料）—理论（扎根编码），反复循环，最后形成理论模型（馆员培训的集聚辐射效应）。本小节的研究来源于第一手访谈资料，形成的理论模型完全建立在对现实材料分析的基础上，具有充分的理论基础和科学合理的分析过程。与其他理论的最大区别是，扎根理论收集、分析资料、产生理论是同时进行的，简言之，每次获得数据之后，研究人员都在既定时间内对其进行分析，与已有范畴和概念进行对比，以此作为收集数据和选择样本的依据。

（三）访谈过程

整个访谈过程中，访谈者围绕拟好的访谈提纲和访谈对象进行深入交流，将空间馆员培训集聚辐射效应的影响因素作为主轴，让馆员以叙事的方式交流自己参与空间培训的经验和体会，主要交谈内容包括：吸引馆员参加空间培训的目的及缘由，馆员参加空间培训活动的体验与收获，对空间培训的反馈及评价等，重点围绕馆员培训过程中的行为发生、发展规律来开展深度访谈。采访结束后，研究小组及时将访谈录音转化为文本信息，共获得52份馆员的访谈记录。针对这些访谈记录，兼顾到国内各地区的分布情况（东部、西部、中部、南部、北部），随机选出46份访谈记录来编码分析，剩余6份访谈记录用于理论饱和度检验。编码和访谈交叉开展，也就是说，访谈完馆员之后即刻开始文本编码，编码时对编码数据与访谈文本进行反复对比阅读，直到新的关系与概念不再出现，即理论饱和，才停止编码。

三　资料分析及结果

为了保证资料分析过程的规范化、系统化及标准化，研究小组引入NVivo12软件进行编码分析，详情如下：

(一) 开放性编码

和前面章节进行的开放性编码一样,它是扎根理论构建模型的第一个步骤,是对原始访谈资料进行初始概念化呈现的过程,编码所选语句应尽量保持其原意。研究小组通过提取空间馆员培训行为的语句和结论,将其概念化,形成馆员培训的节点编码,具体流程参见表6-3、图6-8。

表6-3 开放性编码形成的概念

概念	原始语句
领导重视	馆领导非常重视创客空间的培训活动,在场地的提供、人员的配备及经费的使用等方面提供多种便利和支持,还经常和学校的大学生创新创业指导中心、教务处、团委等单位沟通、联系,合作开展培训活动
培训意识	馆员的培训十分重要,馆里要提供很多机会让馆员去学习、去调研,更多的时候是任务带动自学,各种工具、软件的实际操作能力,通过系统培训之后,在任务的带动下学得比较快、容易掌握
个体兴趣	因为我们空间活动是实践性的,针对为创客服务的馆员,我们选派参加了国家图书馆举办的"创客训练营",提升馆员的知识和技能,增加他(她)们与创客间的黏合性,促进空间服务的开展
管理制度	图书馆创客空间的培训活动还没有形成固定的模式和管理制度,每个月开展的活动都是随机的,没有对每次的培训内容进行系统规划和设计,尤其是在培训的宣传、推广方面缺乏制度和执行力度
培训经费	用于空间培训的经费来源比较多,有馆里申请专项预算获得的,有政府赞助和支持的,也有长期固定的项目合作方提供的,还有部分企业提供的,每个馆的情况不太一样
资源投入	图书馆的资源丰富、数据库比较多,尤其是知网、读秀、万方等数据库都比较好用,全是学术论文,查资料针对性强,可以直接查阅想要的信息;藏书也很丰富,翻书查资料比翻手机快得多,书的话可以先看目录,再仔细翻阅、对比着看,手机的话,只能看一页不能对比
硬件设施	空间的硬件设施比较齐全,电脑、座椅、设备的使用都比较便利
软件系统	创客空间的电脑配有专门的设计软件如3D打印、视频剪辑、计算机编程、数字音乐录制等,电脑的系统配置比较高,也比较稳定,能满足各类培训及参加各类活动的需求

续表

概念	原始语句
内容丰富性	空间充分结合嘉兴数字图书馆现有数字资源及特色服务，针对不同研究领域的创客，一方面，提供全面系统的、专业化精准化的创业知识服务和行业知识服务，满足创客多元化的知识资源需求。另一方面，还为创客创业提供在线交流服务、创业咨询、创业培训、项目众筹等多样化服务，实现协同效益的最大化
内容实用性	公共图书馆创客空间的培训内容大多数是关于3D打印、3D建模的实践性培训，还有一些缝纫、编制及手工艺品制作、乐高玩具等技术，一般一个下午就能学会、掌握
内容针对性	针对目前同学积极的参赛状态，作为一名馆员，我觉得有必要做一次精准的针对性辅导，让图书馆和比赛活动做更深度的合作，如提供设计培训、3D打印技术支持、设备参观、产品优化等培训，为同学们参赛提供更好的帮助，让武大3D打印赛事的影响力更强
内容层次性	我觉得馆员的层次很多，不同的馆员人群，其需求是不一样的。不同类型的图书馆应针对服务人群，提供不同的服务内容、服务方式。在大学图书馆创客空间开展的培训会分为初级、中级及高级，每个级别的难易程度会有所区分。大多数是分专业、分院系开展培训活动的
内容专业性	在高校图书馆创客空间开展的培训大多数和学校的专业设置相匹配，如我们学校是西南交通大学，培训的内容大多数与工程学相关
内容特色性	图书馆创客空间会根据馆员的个性需求，提供一些特色培训项目，如知识产权培训、申请专利辅导及英文写作培训等；鼓励馆员积极参加中国图书馆学会或图书馆联盟组织的各项专业技能和业务培训
形式易懂性	创客空间的培训很多都是小班形式的培训，个别的项目还是一对一地进行辅导，听完老师的讲解再操作，比自己在网上学习容易掌握
形式多样性	创客空间为馆员提供的培训形式多样化，既有短期培训，也有长期培训，既有集中学习，又有分散学习及一对一的培训，既有网上在线培训学习、面对面研讨培训，又有线下自主学习
形式变通性	创客空间会根据馆员的不同需求调整培训形式及内容，如开展一对一的专项设计培训、创意课程培训等
时间效率	空间的短期培训时间是3个小时左右，长期培训时间一般会按照内容分成几个模块，每次培训也是3个小时左右，时间的利用效率比较高，参加培训的馆员比较多。如果是编程类课程培训，每次培训的学员控制在25—30人，便于培训老师提供一对一的教学辅导，确保培训的质量和效果

续表

概念	原始语句
培训周期	创客空间为馆员提供的培训活动,有固定的周期及频率,大多数培训都是在双休日或周五晚上进行,每个月进行2—3次,寒暑假的培训周期时间要长一些,一般是3—5天
效果显现	通过培训,馆员能激发创客动手操作能力及创造力,能引导创客更多地使用数字化、非数字化技术,引导创客进行跨学科学习、合作及创业发展等;通过培训,能辅导创客使用更多的新技术、新设备及新工具,帮助创客获取更多的资源和服务,馆员自身的综合服务技能及素质也得到提高,能有效推动空间活动的开展
效果反馈	主要有2种方式,第一,可根据馆里业务发展以及创新发展的需要,首先推出这样的服务,然后再来刺激馆员的需求、吸引馆员来参加。第二,馆里先了解馆员的需求是什么,再提供相应的服务。馆员会通过电话、QQ、微信及面对面交流等方式及时反馈活动的收获及相关情况,我们也填写过网络调查及纸质调查表,如提出增强培训活动趣味性、灵活性等建议
效果评价	馆员会在图书馆的QQ、微信平台上对活动做出评价,图书馆的领导及部门领导也会采纳我们的合理建议,并在下一次活动中做出调整和改进

名称	文件	参考点	创建日期	创建人	修改日期	修改人
时间效率	27	66	2019/5/6 23:22	WN	2019/6/30 23:13	WN
创客作品展示会	16	71	2019/5/18 22:20	WN	2019/6/30 23:10	WN
培训经费	29	79	2019/5/6 23:02	WN	2019/6/30 23:01	WN
创客活动及成果的宣传推广及出版	11	80	2019/5/16 12:32	WN	2019/6/30 23:08	WN
馆员辅导创客参与各项比赛	24	81	2019/5/13 19:55	WN	2019/6/30 23:12	WN
创客的竞赛活动	19	81	2019/5/25 14:46	WN	2019/6/30 23:09	WN
成功创客的创业成长经历	14	91	2019/5/25 14:38	WN	2019/6/30 23:12	WN
馆员对创客进行政策解读	19	99	2019/5/19 23:17	WN	2019/6/30 23:10	WN
培训形式的变通性	24	101	2019/5/6 22:54	WN	2019/6/30 23:13	WN
培训形式的多样性	26	102	2019/5/6 22:57	WN	2019/6/30 23:11	WN
培训内容的丰富性	25	105	2019/5/16 23:40	WN	2019/6/30 23:13	WN
培训内容的专业性	19	112	2019/5/26 11:53	WN	2019/6/30 23:11	WN
馆员辅导创客进行设计及策划	21	116	2019/5/19 13:30	WN	2019/6/30 23:10	WN
儿童及小学生技能培训活动	8	117	2019/5/24 16:09	WN	2019/6/30 22:57	WN
领导重视	28	119	2019/5/6 23:18	WN	2019/6/30 23:13	WN

第六章 协作发展培训机制的构建及策略

名称	文件	参考点	创建日期	创建人	修改日期	修改人
领导重视		28	119 2019/5/6 23:18	WN	2019/6/30 23:13	WN
馆员辅导创客使用基础设备		27	120 2019/5/19 13:32	WN	2019/6/30 23:12	WN
创业辅导式培训		24	121 2019/5/13 18:26	WN	2019/6/30 23:12	WN
培训形式的易懂性		30	124 2019/5/6 22:53	WN	2019/6/30 23:13	WN
创新创业导师及培训师		23	127 2019/5/18 22:16	WN	2019/6/30 23:10	WN
技能分享会		23	129 2019/5/13 18:27	WN	2019/6/30 23:11	WN
培训内容的特色性		24	130 2019/5/6 22:56	WN	2019/6/30 23:11	WN
馆员培训方式		29	136 2019/5/6 22:46	WN	2019/6/30 23:10	WN
大学生创新训练项目		17	138 2019/5/18 22:14	WN	2019/6/30 23:12	WN
硬件设施		28	140 2019/5/6 23:05	WN	2019/6/30 23:10	WN
创新创业教育培训		23	140 2019/5/19 23:32	WN	2019/6/30 23:10	WN
馆员对创客提供文献支持服务		25	140 2019/5/19 23:34	WN	2019/6/30 23:12	WN
创客的项目培训会		26	141 2019/5/18 22:21	WN	2019/6/30 23:12	WN
效果反馈		24	143 2019/5/6 23:21	WN	2019/6/30 23:11	WN
设备使用培训		25	147 2019/5/22 13:39	WN	2019/6/30 23:11	WN

节点

名称	文件	参考点	创建日期	创建人	修改日期	修改人
设备使用培训		25	147 2019/5/22 13:39	WN	2019/6/30 23:11	WN
面对面交流培训		23	147 2019/5/24 22:53	WN	2019/6/30 23:13	WN
请专家学者辅导馆员创客		35	152 2019/5/9 22:31	WN	2019/6/30 23:11	WN
创客的创作活动		22	152 2019/5/24 16:05	WN	2019/6/30 23:12	WN
软件系统		31	161 2019/5/6 23:06	WN	2019/6/30 23:11	WN
馆员的专业技能提升		26	161 2019/5/19 13:42	WN	2019/6/30 23:12	WN
培训机构组织		13	161 2019/6/15 12:34	WN	2019/6/30 23:11	WN
馆员对创客提供知识传授服务		26	163 2019/5/19 23:34	WN	2019/6/30 23:12	WN
馆员与创客间的交流学习		28	170 2019/5/13 19:22	WN	2019/6/30 23:10	WN
馆员的职业素质提升		25	172 2019/5/19 13:42	WN	2019/6/30 23:12	WN
外界交流学习		37	173 2019/5/6 23:20	WN	2019/6/30 23:13	WN
创客的交流分享会		29	177 2019/5/18 23:07	WN	2019/6/30 23:12	WN
请专业老师辅导馆员创客		34	182 2019/5/12 21:32	WN	2019/6/30 23:13	WN
馆员的个体兴趣		29	184 2019/5/6 22:47	WN	2019/6/30 23:12	WN
创客的资源对接会		28	189 2019/5/13 18:27	WN	2019/6/30 23:12	WN

节点

名称	文件	参考点	创建日期	创建人	修改日期	修改人
创客的资源对接会		28	189 2019/5/13 18:27	WN	2019/6/30 23:12	WN
专项技能培训		30	198 2019/5/18 23:12	WN	2019/6/30 23:13	WN
创客沙龙及讲座		30	204 2019/5/18 23:10	WN	2019/6/30 23:12	WN
培训内容的针对性		40	206 2019/5/6 22:51	WN	2019/6/30 23:13	WN
馆员的培训意识		30	209 2019/5/6 22:47	WN	2019/6/30 23:12	WN
创客的培训意识		39	209 2019/5/6 22:49	WN	2019/6/30 23:09	WN
创意跟踪服务		23	211 2019/5/19 23:14	WN	2019/6/30 23:12	WN
培训的宣传推广		28	213 2019/5/8 22:52	WN	2019/6/30 23:11	WN
创客之间交流学习		35	218 2019/5/11 11:34	WN	2019/6/30 23:10	WN
馆员对创客的培训引导		34	220 2019/5/6 22:48	WN	2019/6/30 23:10	WN
效果显现		31	221 2019/5/6 23:15	WN	2019/6/30 23:13	WN
短期培训活动		34	222 2019/5/13 18:27	WN	2019/6/30 23:12	WN
创客的个体兴趣		40	232 2019/5/6 22:58	WN	2019/6/30 23:12	WN
创新素养培训		25	232 2019/5/19 23:19	WN	2019/6/30 23:12	WN
创新能力培训		26	240 2019/5/19 23:19	WN	2019/6/30 23:10	WN

名称	文件	参考点	创建日期	创建人	修改日期	修改人
培训的宣传推广	28	213	2019/5/8 22:52	WN	2019/6/30 23:11	WN
创客之间交流学习	35	218	2019/5/11 11:34	WN	2019/6/30 23:10	WN
馆员对创客的培训引导	34	220	2019/5/6 22:48	WN	2019/6/30 23:10	WN
效果显现	31	221	2019/5/6 23:15	WN	2019/6/30 23:13	WN
短期培训活动	34	222	2019/5/13 18:27	WN	2019/6/30 23:12	WN
创客的个体兴趣	40	232	2019/5/6 22:58	WN	2019/6/30 23:12	WN
创新素养培训	25	232	2019/5/19 23:19	WN	2019/6/30 23:12	WN
创新能力培训	26	240	2019/5/19 23:19	WN	2019/6/30 23:10	WN
培训内容的实用性	37	248	2019/5/6 22:56	WN	2019/6/30 23:13	WN
培训场地及环境	28	257	2019/5/6 23:16	WN	2019/6/30 23:13	WN
培训目标	33	267	2019/5/16 23:47	WN	2019/6/30 23:11	WN
培训管理制度	29	275	2019/5/6 23:12	WN	2019/6/30 23:13	WN
培训情况	42	276	2019/5/6 22:45	WN	2019/6/30 23:11	WN
创客培训方式	42	298	2019/5/6 23:02	WN	2019/6/30 23:06	WN
资源投入	33	314	2019/5/6 23:08	WN	2019/6/30 23:13	WN
创新孵化培训活动	14	50	2019/5/13 18:29	WN	2019/6/30 23:10	WN
馆员外出开展培训活动	14	53	2019/5/26 12:11	WN	2019/6/30 23:10	WN
创新创业路演活动	9	54	2019/5/31 22:39	WN	2019/6/30 23:10	WN
暑假实践及培训活动	12	55	2019/5/25 22:32	WN	2019/6/30 23:05	WN
网络或在线学习	10	56	2019/5/31 22:17	WN	2019/6/30 23:13	WN
科技创新创业服务	9	59	2019/5/26 11:46	WN	2019/6/30 23:11	WN
培训内容的层次性	18	60	2019/5/6 22:55	WN	2019/6/30 23:12	WN
请单位领导讲解项目申报	13	61	2019/5/13 19:17	WN	2019/6/30 23:13	WN
共বৈ知识通识教育培训	20	62	2019/5/24 22:51	WN	2019/6/30 22:57	WN
馆员辅导创客写项目申请书或方案	15	65	2019/5/9 22:29	WN	2019/6/30 23:12	WN
时间效率	27	66	2019/5/6 23:22	WN	2019/6/30 23:13	WN
创客作品展示会	16	71	2019/5/18 22:20	WN	2019/6/30 23:10	WN
培训经费	29	79	2019/5/6 23:02	WN	2019/6/30 23:01	WN
创客活动及成果的宣传推广及出版	11	80	2019/6/16 12:32	WN	2019/6/30 23:08	WN
馆员辅导创客参与各项比赛	24	81	2019/5/13 19:55	WN	2019/6/30 23:12	WN

图 6 – 8　空间馆员培训主要节点编码

(二) 主轴编码

1. 主轴编码形成的主范畴、副范畴

主轴编码是指通过"因果条件→现象→脉络→中介条件→行动/互动策略→结果的典范模型,将各类范畴连接起来的过程"。主要任务是提炼"核心范畴",将初级编码的概念进行抽象、归类、提升和综合,即开发故事线,划分出主范畴及副范畴,并验证范畴和概念间的联结关系。为了保证研究结果的准确性与规范性,研究小组对 52 位馆员的访谈资料进行了深入分析和开放式编码,经统计,形成了 246 个概念,通过对这些概念的合并与重组,总结出影响空间馆员培训行为的相关概念 26 个,其中主范畴 4 个,副范畴 6 个,详见表 6 – 4。

表6-4　　　　　　　　　　　　主轴编码

主范畴 （一级编码）	副范畴 （二级编码）	概念 （三级编码）
氛围效应	培训氛围	领导重视、培训意识、个体兴趣、管理制度、机构组织、培训目标、宣传推广
投入效应	培训投入	培训经费、资源投入、硬件设施、软件系统
过程效应	培训内容	内容的丰富性、实用性、针对性、层次性、专业性、特色性
	培训形式	形式的易懂性、多样性、变通性
	培训时间	时间效率、培训周期、培训情况
效果效应	培训效果	效果显现、效果反馈及效果评价

2. 主轴编码确定的范畴类属关系

在主轴编码形成的主、副范畴的基础上总结出培训氛围、培训投入、培训过程及培训效果4个核心类属，主轴编码确定的范畴类属关系见表6-5。与培训氛围相关的范畴有：领导重视、培训意识、个体兴趣、管理制度、机构组织、培训目标、宣传推广等，这些范畴体现馆员对空间培训集聚辐射效应的必要性分析上。与培训投入相关的范畴包括培训经费、资源投入、硬件设施、软件系统等，这些范畴体现在馆员对空间培训集聚辐射效应的可行性分析上。与培训过程相关的范畴有：内容的丰富性、实用性、针对性、层次性、专业性和特色性；形式的易懂性、多样性和变通性；时间效率、培训周期等，反映了馆员对空间培训集聚辐射效应的认识和参与感受等。关于培训效果的范畴包括：效果显现、效果反馈及效果评价等，反映了馆员对空间培训集聚辐射效应的收获和体验。

表6-5　　　　　　　主轴编码确定的范畴类属关系

典型关系结构	范畴	内涵
培训氛围 ↓ 氛围效应	领导重视、培训意识、培训目标、机构组织、个体兴趣、管理制度、宣传推广	图书馆创客空间中馆员对培训行为集聚辐射效应的必要性进行分析

续表

典型关系结构	范畴	内涵
培训投入 ↓ 投入效应	培训经费、资源投入、硬件设施、软件系统	图书馆创客空间中馆员对培训行为集聚辐射效应的可行性进行分析
培训过程 ↓ 过程效应	培训内容的丰富性、实用性、针对性、层次性、专业性、特色性；培训形式的易懂性、多样性、变通性；时间效率、培训周期、培训情况	图书馆创客空间中馆员对培训行为集聚辐射效应的知晓程度、参与程度等体验
培训效果 ↓ 效果效应	效果显现、效果反馈、效果评价	图书馆创客空间中馆员对培训行为集聚辐射效应的收获和感受

(三) 选择性编码

选择性编码又称核心编码，指围绕核心范畴，采取有效手段证明核心范畴的统领性特征，分析其概念与代码，并将其归纳到一个理论范围内，从而保证编码过程的有效性[①]。也就是说，从主轴编码中比较、分析后形成的核心范畴与其他范畴的关系，显现出建构理论的雏形。本小节通过使用 Nvivo12 的一级节点编码（选择性编码）、二级节点编码（主轴编码）、三级节点编码（开放性编码）等阶段，得出 4 个一级节点、5 个二级节点和 27 个三级节点。

通过下面馆员培训编码参考点的计数图及层次结构分布图（图 6-9，图 6-10，图 6-11），可以看出编码参考点的数量大小、覆盖率、结构分布情况，它们清晰展现了各编码参考点（节点）在空间馆员培训中的重要性程度及相关关系。从中以推断出空间培训中氛围、投入、过程和效果因素对馆员培训集聚辐射效应均存在显著影响。馆员培训要素的节点之间有很强的相关性，包括节点编码培训氛围中的培训意识、个体兴趣、宣传推广；培训内容中的内容的实用性、内容的针对性；培训投入中的资源投入等编码参考点、覆盖率的数值比较高，说明这些要素对空间馆员培训集聚

---

① 费小冬：《扎根理论方法论：要素、研究程序与评价标准》，《公共行政评论》2008 年第 3 期。

第六章 协作发展培训机制的构建及策略

图书馆创客空间中馆员培训

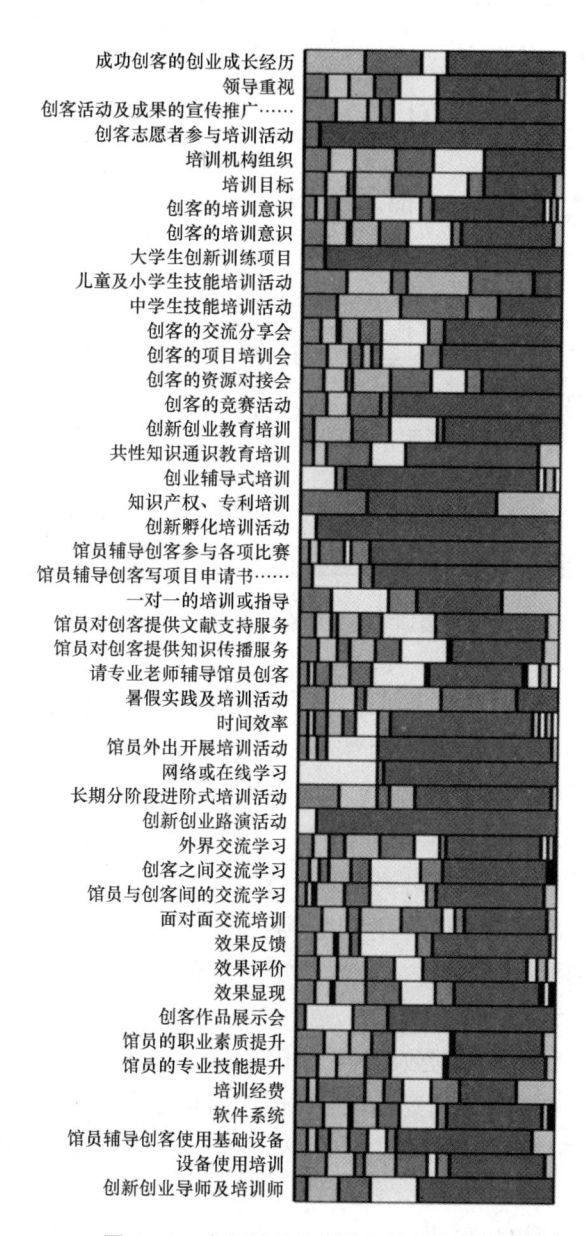

成功创客的创业成长经历
领导重视
创客活动及成果的宣传推广……
创客志愿者参与培训活动
培训机构组织
培训目标
创客的培训意识
创客的培训意识
大学生创新训练项目
儿童及小学生技能培训活动
中学生技能培训活动
创客的交流分享会
创客的项目培训会
创客的资源对接会
创客的竞赛活动
创新创业教育培训
共性知识通识教育培训
创业辅导式培训
知识产权、专利培训
创新孵化培训活动
馆员辅导创客参与各项比赛
馆员辅导创客写项目申请书……
一对一的培训或指导
馆员对创客提供文献支持服务
馆员对创客提供知识传播服务
请专业老师辅导馆员创客
暑假实践及培训活动
时间效率
馆员外出开展培训活动
网络或在线学习
长期分阶段进阶式培训活动
创新创业路演活动
外界交流学习
创客之间交流学习
馆员与创客间的交流学习
面对面交流培训
效果反馈
效果评价
效果显现
创客作品展示会
馆员的职业素质提升
馆员的专业技能提升
培训经费
软件系统
馆员辅导创客使用基础设备
设备使用培训
创新创业导师及培训师

图 6-9　空间馆员培训主要编码参考点计数图

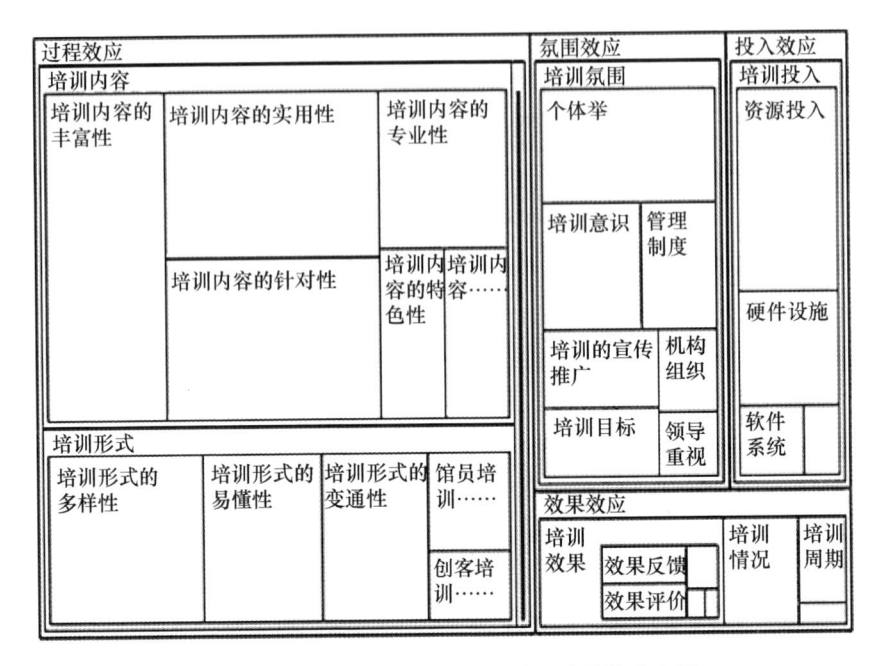

图6-10 馆员培训编码参考点的层次结构分布图

辐射效应的影响程度比较强,图书馆组织应该予以重视和引导。其中,氛围、投入因素是外部影响因素,对馆员培训的集聚辐射效应产生外在影响;过程、效果因素是内部影响因素,直接决定和影响培训集聚辐射效应的产生和发展。在过程因素中,培训内容、培训形式等编码参考点的覆盖比例最多,对馆员培训集聚辐射效应的影响最为显著。由此可见,图书馆创客空间的管理者应多在培训内容、培训形式等影响因素上施力施策,促进集聚辐射效应的形成和发展,提升馆员培训的质量和效果。

四 研究发现:集聚辐射效应的影响因素分析

空间培训中影响馆员培训集聚辐射效应的因素是多方面的,本小节在前期节点编码的基础上分别从氛围、投入、过程及效果效应等因素进行阐述。

(一)氛围效应影响因素

氛围效应的影响因素是影响空间馆员培训集聚辐射效应的外部因素,主要影响路径为:领导重视→集聚辐射效应;培训目标→集聚辐射效应;

第六章　协作发展培训机制的构建及策略

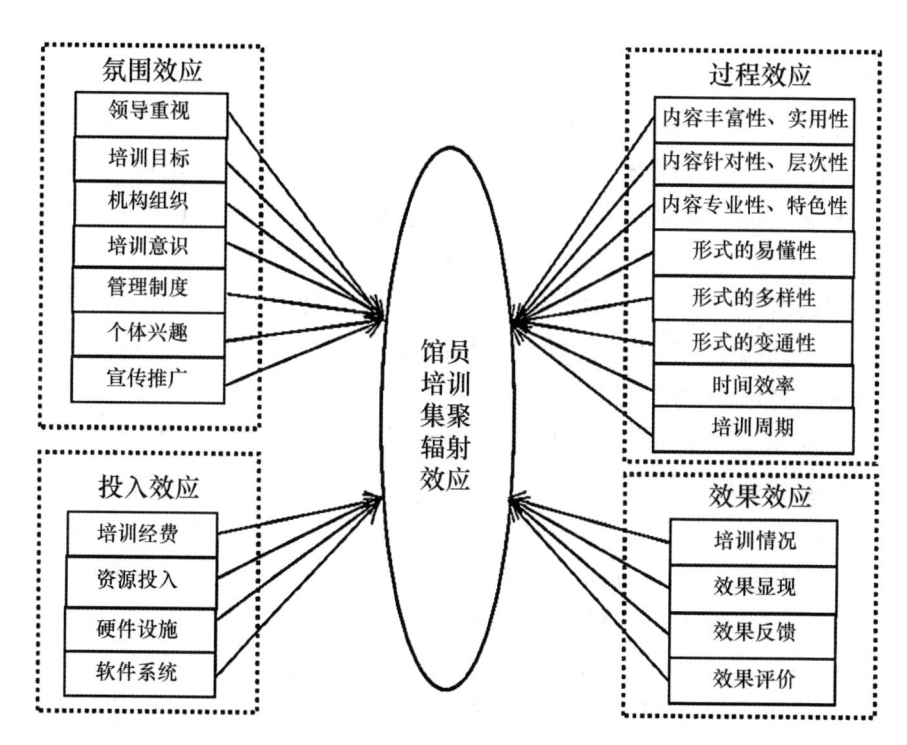

图 6-11　空间馆员培训集聚辐射效应的影响因素模型

氛围效应：领导重视、培训目标、机构组织、培训意识、管理制度、个体兴趣、宣传推广

过程效应：内容丰富性、实用性；内容针对性、层次性；内容专业性、特色性；形式的易懂性；形式的多样性；形式的变通性；时间效率；培训周期

投入效应：培训经费、资源投入、硬件设施、软件系统

效果效应：培训情况、效果显现、效果反馈、效果评价

馆员培训集聚辐射效应

机构组织→集聚辐射效应；管理制度→集聚辐射效应；培训意识→集聚辐射效应；个体兴趣→集聚辐射效应；宣传推广→集聚辐射效应。

领导的重视和支持程度，培训机构、组织及目标的设置情况，培训活动的宣传推广及策划等，对馆员培训的集聚辐射效应能产生直接影响。通过调研发现，国内外运营成功的图书馆创客空间，无一例外，馆领导都十分重视馆员的培训工作，重视发挥馆员培训的集聚辐射效应。如 DeLa Mare 科学与工程图书馆（美国首家开设了创客空间实践的图书馆）的馆长强调，其创客空间之所以能成功运营，关键在于配置了素质高的专业馆员，且经过培训的馆员不仅拥有丰富的相关领域知识，还具有一定的前瞻性和预测性[①]。

馆员个体的培训意识及兴趣也影响着馆员培训的集聚辐射效应，馆员

---

① 张亚君、唐鹏、李建强等：《美国高校图书馆创客空间实践研究》，《图书馆工作与研究》2015 年第 4 期。

自身的特点包括馆员的培训动机、培训需求、知识背景、个人经历、兴趣程度等，无形之中影响着馆员参与培训的态度。态度决定馆员培训的行为导向，是培训集聚辐射效应的动力源和指挥棒。章洁通过对广州图书馆创客空间的馆员进行调查发现，大多数馆员希望通过专业技能培训来提升自身的业务技能。她建议图书馆为馆员提供相应平台来满足馆员的培训需求[1]。具有这种心态的馆员，其培训意识较强，兴趣程度较高，参与培训活动的行为积极、态度端正，能充分发挥其主观能动性，有助于馆员在培训中掌握新技术、提升新技能，带动和影响周围更多的馆员，发挥培训的集聚辐射效应及作用。

馆员培训中相关管理制度的建立和完善，也会对馆员培训集聚辐射效应产生重要影响。若空间有统一规划的馆员培训活动，已制订相对稳定的月计划和年度培训计划，在培训和管理方面设有鼓励、宣传、组织和保障培训活动的相关制度，培训活动有章可依、有章可循。图书馆创客空间在功能定位、培训目标、服务模式等方面区别于其他机构的创客空间，能以"创意＋培训"为核心，围绕知识中心和学习中心，发挥图书馆的文献信息服务优势，为创客提供各类创新服务。这样的馆员培训符合图书馆发展需要和员工成长规律，有利于馆员培训的可持续发展。

（二）投入效应影响因素

投入效应也是影响空间馆员培训集聚辐射效应的外部因素，主要影响路径为：培训经费→集聚辐射效应；资源投入→集聚辐射效应；硬件设施→集聚辐射效应；软件系统→集聚辐射效应。

持续稳定的资金来源是空间建设和运营的保障。培训经费的来源渠道和数量多寡直接影响馆员培训集聚辐射效应的产生。由于图书馆是非营利性服务型机构，其运营所需的一切费用都需要社会赞助或财政拨款。美国高校馆具有多样化的经费来源渠道，可以通过学校拨款、政府资助、企业赞助、网络自筹、收取服务费等多种途径筹集款项[2]。国内图书馆创客空间在解决资金问题上，可从中国的实际情况出发，在争取政府资助的同

---

[1] 章洁、伍玉伟：《公共图书馆创客空间服务实践与探索——以广州图书馆创客空间为例》，《图书馆学研究》2019年第12期。

[2] 张希胜等：《美国高校图书馆创客空间构建的经验及其对国内的启示》，《大学图书情报学刊》2017年第3期。

时，可与外部机构合作，如通过人力资源培训、科技研发、资源优化等方式，获取社会组织、企业及其他政府机构的更多捐献、赞助和投入。此外，还可接受网站募集、个人捐资和校友会募捐等。国内一些图书馆已与社会企业构建合作关系，如上海交通大学、三峡大学、南京工业大学等图书馆的创客空间都采用这种合作模式，可以有效缓解空间在资金使用上的压力。显然，如果创客空间能以开源的方式吸引资金，空间拥有充沛的资金、完善的设备、稳定的系统、齐全的功能，各类培训项目及活动能够有效有序地开展，一直处于良性循环的发展态势中，这样就能不断激发馆员参与培训的积极性，促进馆员培训集聚辐射效应的形成。

资源投入主要包括图书资源、空间布局、培训场地、硬件设施、软件系统及网络资源等。培训活动的空间场地及距离会影响培训馆员间的信息共享和交流模式，距离越近，交流越频繁，面对面分享和处理信息越高效，特别适合团队合作项目的培训；距离越远，不便于馆员间的沟通和交流。例如，铜陵市图书馆文创空间鼓励创客积极开展不同知识背景下的共识性探索与交流，搭建多元化文化交融发展平台，已成长为一个紧密团结的社会集群：使剪纸与动漫结合，搭建高校学生动漫与公共技术服务平台；青铜工艺品与3D打印技术服务平台；喵喵绘本与社区机构合作，豚精灵IP与"阅享宝贝计划"、全息智能查询机、铜陵市豚精灵儿童艺术剧团、地方特色旅游等紧密结合。使空间培训的设备、资源、技术、信息、制度等要素聚集在一起，形成合力，联动产生集聚辐射效应。

空间培训涉及的图书资源与网络学习资源的可获取性与充裕度，会对馆员评价、收集、利用信息的方式产生影响；空间的硬件设施及软件系统也影响着馆员培训的集聚辐射效应。图书馆创客空间提供的资源丰富、全面、更新及时，便于馆员在培训中快速查找各类信息及资源。另外，优越的空间设备和资源供给可为参训馆员提供一个良好的信息查询和交流环境，为培训活动提供软硬件设备及技术支持；促进馆员之间的合作与共享，聚集有共同兴趣和不同专业、各有特长的馆员成为合作伙伴；促进馆员与企业合作，以优势互补为亮点，形成产学研合作发展的新生态模式[①]。

总之，创客空间应重视基础设施（硬件和软件）及平台建设，保证空

---

① 吴瑾：《创客空间环境下高校图书馆员的作用与能力提升》，《图书情报工作》2018年第2期。

间内的硬件设施齐全、软件系统稳定，使空间能有效开展系统化、专业化的培训活动，使馆员能引导创客合理选材，正确使用工具进行规范化操作，保证空间设施使用的零差错、零失误，这样，可以吸引更多的馆员参与培训活动，提升馆员的素养和技能。

（三）过程效应影响因素

过程效应的影响因素是影响空间馆员培训集聚辐射效应的内部因素，是促使馆员培训集聚辐射效应形成和发展的关键因素，主要影响路径为：培训内容的丰富性、实用性、针对性、层次性、专业性、特色性→集聚辐射效应；培训形式的易懂性、多样性、变通性→集聚辐射效应；培训的时间效率、培训周期→集聚辐射效应。

培训内容的丰富性、实用性、针对性、层次性、专业性和特色性直接影响空间馆员培训的集聚辐射效应。创客空间的监管和服务是一项开创性的业务工作，对馆员的要求是全方位的，馆员培训的涉及面广、内容丰富，除涵盖空间服务所需的基本技能与综合素养外，还需学习其他学科（包括知识产权保护、信息技术、法律知识、网络技术、管理学及前沿科技等）知识，如对馆员开展管理知识、专利数据库检索、专利文献挖掘、创新创意产品、知识产权保护、文献信息可靠性评价、新技术及创新方法的应用等培训，还应增加对信息检索、学科主题、协调沟通等技能的训练[1]。在创客空间工作的馆员就像"全科医生"，图书馆可通过聘请学者、专家的方式对馆员实际工作中需要掌握的技术、技能进行专项培训，以增强培训的针对性与实用性，做到有的放矢，真正让馆员快速掌握相关知识，正确处理各种问题[2]。

空间培训的层次性对集聚辐射效应的产生也有影响。空间培训应根据馆员的不同任务，在不同阶段设置不同的培训内容，针对馆员的不同层次和个性化需求将其分为初级、中级及高级，且对每个级别的难易程度进行区分，分别开展层次性和差异化的培训活动。此外，培训时还应强调专业性及特色性，在高校馆创客空间开展的培训，应尽量和学校的专业设置相

---

[1] 吴瑾：《创客空间环境下高校图书馆员的作用与能力提升》，《图书情报工作》2018年第2期。

[2] 高梦麟：《我国"一流大学"高校图书馆创客空间建设研究》，硕士学位论文，安徽大学，2018年。

匹配，和学校的发展相契合；在培训过程中，应引导馆员学会在专业性网站上获取信息资源，如在北大法宝网站上查询政策法规、在官网查询数据、在其他网站查询新闻等；请专业老师讲解 Proe、Creo、Solidworks、Ansys、UG、Rhino 等3D软件的建模基础及综合应用，帮助创客进行创意设计，处理模型设计过程中的常见问题等。这样，有助于提升不同层次、不同需求馆员的培训行为及效果，促进过程效应的形成，推进集聚辐射效应的形成和发展。

培训形式的易懂性、多样性和变通性影响馆员培训的集聚辐射效应。创客空间为馆员提供的培训形式应多样化，强调易懂性，包括短期培训和长期培训、集中学习和分散学习、面对面研讨和在线交流培训等。如沈阳师范大学图书馆的馆领导及空间管理者鼓励和支持馆员利用业余时间参加短期培训，通过案例学习、集中授课、情景模拟等灵活方式进行培训，将馆员的教育学习及图书馆组织的参观考察与培训讲座都纳入规划，助力馆员提升技能与素养，确保馆员能够按照各自的业务水平、岗位需求和职业发展前景灵活选择培训时间、课程与方式[①]。这种多种形式的培训容易吸引馆员积极参与，一传十、十传百，馆员的正向引导作用得以发挥，馆员培训的影响力和执行力得到加强，集聚辐射效应得以产生、延续和发展。

培训的时间效率和培训周期对馆员培训的集聚辐射效应产生也有影响。空间培训要注重时间的利用效率，能针对不同馆员设置不同的培训目标，进行个性化指导和专项技能培训。经过访谈发现，多数馆员在技能提升行为过程中强调"省时、省力、省钱"的原则，力求做到"学一项、通一项"，他（她）们不片面强调参加培训的次数，追求培训的质量和效果，且要求空间开展的培训有固定的周期及频率，便于更多的馆员能够定期参加培训。曹芬芳通过调研发现，中国部分高校馆创客空间注重与院系合作，共同进行培训内容的研发和实施，为教学、科研与实践等提供一站式辅助活动，不仅帮助馆员构建基于知识服务的空间服务框架，还有效提升了空间培训的时间效率[②]。

---

① 刘丽娟、郝群、王宁等：《创客空间服务中图书馆员的角色定位及能力提升研究综述》，《情报探索》2019年第2期。
② 曹芬芳、杨海娟等：《中国高校图书馆创客空间现状调查与分析》，《大学图书馆学报》2019年第3期。

（四）效果效应影响因素

过程效应的影响因素也是影响空间馆员培训集聚辐射效应的内部因素，主要影响路径为：培训情况→集聚辐射效应；效果显现→集聚辐射效应；效果反馈→集聚辐射效应；效果评价→集聚辐射效应。

培训情况及效果显现影响空间馆员培训的集聚辐射效应。通过培训，馆员的动手操作及创造力得到提升，其他技能也同步提升，能引导馆员使用更多的新技术、新工具和新设备，引导馆员进行跨学科学习、合作及创新发展；通过培训，馆员能够更好地熟悉科学数据监管、知识组织、计算机软硬件、检索技能等专业知识，可为创客供给更多的技术指导和信息支撑；能更好地汲取外部知识，帮助创客/创客群体追求创意，实现产品设计、创造、利用及转化①，这些显现的效果将直接带动或影响馆员培训的集聚辐射效应的形成。

效果反馈及评价也影响空间馆员培训的集聚辐射效应。培训后，馆员可通过电话、QQ、微信及面对面交流等方式，及时反馈活动的收获及相关情况，也可以通过网络调查、纸质调查等方式对培训活动做出评价，提出合理化建议，便于空间组织者对下一步活动做出调整和改进。图书馆组织应强化对培训活动的监管，从制度层面合理规划设计培训中的各类要素资源，构建绩效评估、责任追究、工作报告、信息公开、岗位管理等制度体系②。完成培训之后，应及时梳理每次活动的实施细节与组织流程，特别是对公众参与、用户体验、社会反响等重点环节进行总结和评估，进而不断改进组织流程，及时调整培训模式，帮助图书馆组织优选、设计培训方案，使培训的执行力和执行效果落到实处。

可知，在馆员培训的氛围、投入、过程及效果效应等的共同影响和作用下，这些效应将不同程度、分阶段影响和决定馆员培训集聚辐射效应的形成和发展。图书馆创客空间的组织和管理者，只有在培训氛围、培训投入、培训过程和培训效果等方面精准施力，聚集、优化各类优质资源和要素，不断激发馆员参与培训的积极性，才能号召、影响、带动更多的馆员投入其中，促进馆员培训集聚辐射效应的发生、积累和扩展。

---

① 谢守美：《基于图书馆创客空间服务的协同信息行为研究》，《情报杂志》2017年第9期。
② 金淑娟、蒋合领：《创新驱动的图书馆创客空间生态系统研究》，《图书馆工作与研究》2016年第4期。

五 研究结论

（一）馆员培训集聚辐射效应的模型

本小节在对上述概念、范畴和关系类属进行不断比较分析的基础上，挖掘出馆员培训集聚辐射效应的影响因素，其中氛围效应的影响因素有：领导重视、培训意识、个体兴趣、管理制度、机构组织、培训目标、宣传推广；投入效应的影响因素有：培训经费、资源投入、硬件设施、软件系统；过程效应的影响因素有：内容的丰富性、实用性、针对性、层次性、专业性、特色性；形式的易懂性、多样性、变通性；时间效率、培训周期；效果效应的影响因素有：效果显现、效果反馈及效果评价等。其逻辑关系如下：馆员在认同空间培训的前提下，积极参与空间技能与素养提升的培训活动，通过参与培训获取体验，在体验中获取知识、得到满足感，收获技能提升感，推动进下一轮培训的启动和循环，逐步实现从普通馆员向创客馆员的跨越，促进图书馆空间培训的良性发展。在前期编码的基础上，构建了空间馆员培训集聚辐射效应的影响因素模型，如图 6-11 所示。

（二）集聚辐射效应的形成机理

从模型上看，空间馆员培训集聚辐射效应的形成来源于四种效应，即氛围效应（Atmosphere）、投入效应（Income）、过程效应（Process）及效果效应（Effect），故将此模型简称为 AIPE 模型，这四种效应从四个方面相互作用、相互影响，不同程度、不同阶段地影响和决定馆员培训集聚辐射效应的形成和发展。也就是说，空间馆员培训的集聚辐射效应，受到氛围、投入、过程及效果效应中各影响因素的综合作用，通过构建以上的 AIPE 集聚辐射效应影响因素模型，有助于空间组织与管理者从培训投入、氛围、过程、效果等方面凝聚合力、优势互补，推动空间馆员的培训工作，促使四种效应共同发挥作用，促进馆员培训集聚辐射效应的形成，其形成机制是：

第一，集聚辐射效应的形成过程是先进行集聚，后进行辐射。馆员培训集聚与辐射效应的产生过程就是聚集空间培训各要素（培训氛围、培训投入、培训过程、培训效果等）→产生合力→辐射影响力。集聚与辐射效应包括集中和扩散两个过程，集聚的过程是为辐射做准备，在集聚初期，产生的主要是集聚效应，随着集聚效应的影响逐渐扩大，就以辐射效应为主，集聚与辐射效应是密切相关、正向推进的关系，有集聚效应就有辐射效应。

第二，集聚效应的形成重心来源于氛围效应和投入效应，辐射效应的形成重心来源于过程效应和效果效应。集聚辐射效应的形成和发展主要受氛围、投入、过程及效果效应的控制和影响，先形成氛围和投入效应的集聚现象，再形成过程和效果效应的辐射现象。也就是说，集聚效应的形成和发展主要受控于氛围和投入效应，辐射效应的产生和发展主要受控于过程和效果效应。

第三，过程效应是激发馆员培训集聚辐射效应的内部因素，是实现馆员培训集聚辐射效应的关键因素，其中培训内容的丰富性、实用性、针对性、层次性、专业性、特色性；培训形式的易懂性、多样性、变通性，直接影响馆员培训中过程效应的形成速度和强度，进而影响集聚辐射效应的产生和发展。

由此可知，在空间馆员培训中，空间管理者可以遵循馆员培训集聚辐射效应的形成规律，先从氛围和投入效应上寻找突破，引导氛围和投入效应中集聚水平相对较高的馆员，持续对其他馆员产生正向影响作用，带动或促进其他馆员在空间培训中的素养和技能提升行为，使更多的普通馆员转变为优秀的创客馆员，促使集聚效应的不断形成和发展，继而带动氛围和投入效应中辐射现象的产生和发展，使集聚过程和辐射过程在不同阶段有机融合，最大限度地聚集设备、资源、技术、信息、制度等要素，实现空间培训的配置优化和资源汇集、共享，形成"强强联手、强者更强、以强带弱、弱者变强"的良性互动。

六　结语

本小节利用扎根理论和方法对访谈资料进行编码和分析，识别出集聚辐射效应的主要影响因素，构建影响因素模型，阐述馆员培训集聚辐射效应的形成规律，便于空间领导及管理者大胆探索、努力实践，在培训氛围、培训投入、培训过程及培训效果等环节，多措并举，集思广益，集腋成裘，营造良好的氛围、投入、过程及效果效应。习近平总书记指出："发展是第一要务，人才是第一资源，创新是第一动力。"图书馆创客空间要实现高质量发展，必须"聚天下英才而用之"，瞄准馆员培训的集聚辐射效应，聚集空间培训的设备、资源、技术、信息、制度等要素，持续产生合力，持续辐射影响力，推进空间馆员培训的优质、高效、有序、稳定、可持续发展。

第五节 馆员培训的效果层面：馆员/创客素养和技能提升的实施策略

通过前面两小节的机制构建，即从馆员培训的认知层面，构建馆员与创客协作发展的"心态—状态—行为—效果"培训机制；从馆员培训的行为层面，构建馆员与创客协作发展的集聚辐射效应培训机制。为强化馆员/创客培训的实施效果，本小节从馆员/创客培训的实践层面，即从馆员/创客的素养和技能提升方面进行扎根分析，探究图书馆空间培训中，馆员/创客素养和技能提升的特征和影响因素，论述馆员/创客培训的实施内容及方法，为空间开展馆员/创客的素养和技能培训提供参考。即分别提出馆员/创客素养和技能提升的实施策略，启发空间管理者克服馆员/创客培训的瓶颈和障碍，不断推进空间培训的资源优化、重组、汇集和共享，寻找培训方式的新突破，寻找培训内容和方法的新思路，彰显馆员/创客培训的效果与影响力，促进馆员与创客协作发展空间的培训进程。

一 研究方法与数据收集

本小节的资料收集过程（如文献研究、访谈提纲、访谈对象等）与前面的2个小节都相同，研究方法、步骤与数据处理过程（包括饱和度检验等）基本相同，仅有两点不同，第一，增加了访谈对象的数量。前面两小节的访谈对象为52位馆员，本小节增加了50位创客的访谈资料，因而对数据处理的访谈资料有所增加。第二，在资料编码分析过程中，提取的概念和范畴仅与馆员与创客的素养及技能提升相关，侧重于培训效果即实施过程，减弱对前期分析过的馆员/创客培训氛围、投入及过程等因素的关联性，对这类文本信息在编码中忽略不计。具体研究过程是：首先，对国内外空间培训中馆员素养和技能提升的相关文献进行梳理、分析，形成半结构化访谈提纲（参见表6-1），通过实地调研国内公共、高校图书馆及社会机构的创客空间，选取102名经验丰富、工作业绩卓越的馆员/创客开展深度访谈工作，获取访谈数据；其次，在Nvivo12中采用扎根理论对访谈数据进行编码、归纳范畴，即根据相关要求与规则，运用科学、合理的方式，在数据处理过程中重点分析和探讨不同范畴之间存在的相关关系，挖掘空间培训中馆员/创客素养和技能提升的影响因素；最后，在此基础上构建模型，提出馆员/创客素养和技能提升的实施策略。研究小组通过持续性分析、比较观察笔记和访谈资料，根据资料对现有的理论假设进行修正、改进或补充，直至达到理论饱和。与前一节略有不同的是，为了验证质性分析，本节增加了定量分析，以验证空间馆员/创客培训的扎根编码结果，为馆员/创客的素养及技能提升提供实施依据。

二 访谈对象

研究小组分阶段实地调研了国内 12 所公共图书馆、16 所高校图书馆、1 所专业图书馆及 7 个社会机构的创客空间，从中选取部分优秀馆员、创客作为访谈对象开展深度访谈，其中成都图书馆阅创空间 5 人，长沙图书馆新三角创客空间 1 人，广州图书馆创客空间 5 人，深圳图书馆创客空间 4 人，杭州图书馆创客空间 6 人，嘉兴市图书馆数字众创空间 6 人，沈阳师范大学图书馆创客空间 9 人，上海交通大学图书馆的京东创客空间 7 人，上海海事大学图书馆创客空间 6 人，三峡大学图书馆创客空间 7 人，西南交通大学工程训练中心的创客空间 6 人，国防科技大学图书馆创客空间 5 人，南京工业大学创客空间 8 人，清华大学经管学院的加速器 4 人，天津大学的大学生众创活动中心 6 人，广州工业大学的创业基地 6 人，安徽大学图书馆创意创作空间 5 人，铜陵市图书馆文化创客空间 6 人，共计 102 人。

三 编码分析结果

空间馆员/创客培训中编码参考点的百分比图（图 6-12）及曲线图（图 6-13），详细显示了每个编码参考点的比例大小、结构分布、曲线变化及上升情况，各编码参考点（节点）在空间馆员/创客培训中的重要性对比及影响关系一目了然、清晰可见。其中，培训氛围中的培训意识、个体兴趣、培训目标、宣传推广；培训内容中的内容实用性、内容针对性；培训投入中的资源投入、管理制度以及效果显现等编码参考点、覆盖率及皮尔逊（Pearson）相关系数的百分比数值比较高，说明在图书馆空间培训中，这些要素对馆员/创客素养和技能提升行为有很强的影响，应该加以

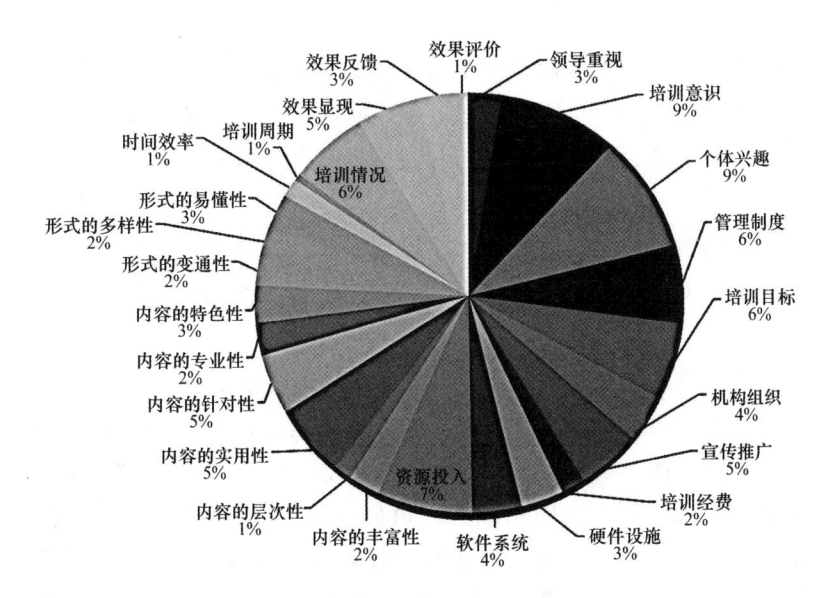

图 6-12 编码参考点的百分比图

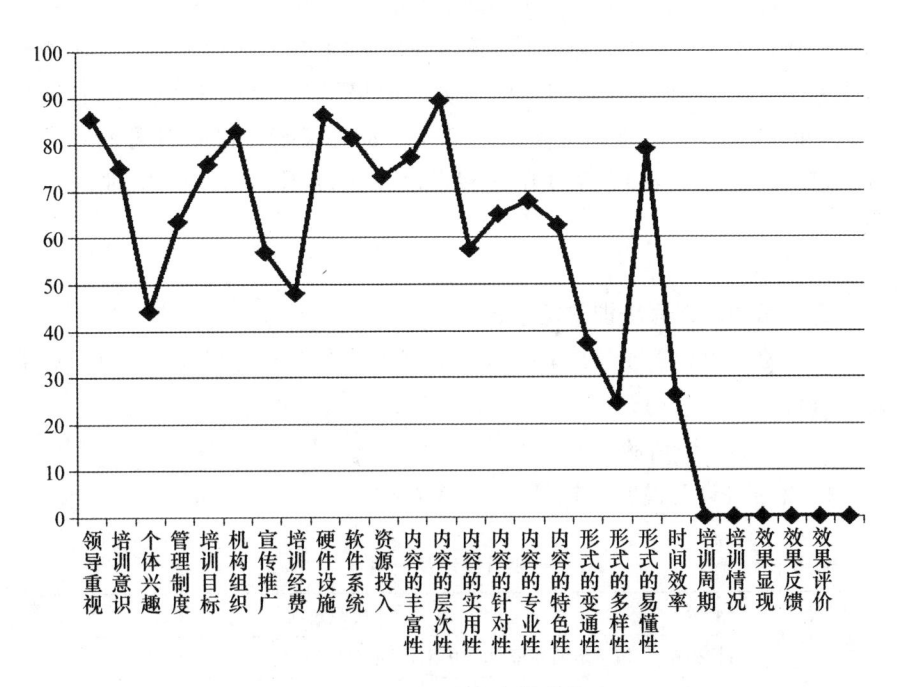

图 6-13 编码参考点的曲线图

重视和引导。

通过分析，可以推断出空间培训中氛围因素、投入因素、过程因素和效果因素对馆员/创客的素养和技能提升均存在显著影响。其中，氛围和投入因素为外在驱动因素，对素养和技能提升产生外在影响；过程和效果因素属于内部驱动因素，它们直接决定和影响馆员/创客的素养和技能提升行为。在过程因素中，培训内容及培训形式其编码节点的次级关系及线条最为密集，对馆员/创客素养和技能提升的影响最为显著。

四 馆员素养和技能提升影响因素的质性分析结果

通过以上分析，本小节在对范畴和关系类别进行不断比较和分析的基础上，挖掘出空间培训中馆员/创客素养和技能提升行为的影响因素，总结如下：在图书馆创客空间培训中，馆员/创客除了分析素养和技能提升行为的必要性及可行性之外，对素养和技能提升行为的认知和参与程度，培训者的感受和收获，培训活动的宣传和推广等均为影响因素的评价指标。鉴于此，在空间培训中，馆员/创客的素养和技能提升行为受到培训氛围、培训投入、培训过程、培训效果四个因素合力作用和影响，其逻辑关系如下：馆员/创客在认同空间培训的前提下，参与空间素养和技能提升行为的培训活动，通过参与获得知识、提升技能，提高自身的综合素养，进而推进下一轮培训的开始和循环，推动图书馆空间培训的良性发展。

五 馆员、创客培训的定量分析结果

为了验证馆员素养和技能提升影响因素的质性分析结果，特进行以下定量分析。

（一）馆员培训的定量分析

1. 变量设计及说明（馆员）（见表6-6）

表6-6　　　　　　　　　　变量设计及说明

因素	变量	测量选项
培训氛围	目标构建	馆员培训的短期、中期及长期目标的构建
	培训意识	馆员认同和重视"创客培训师"的职能及职责（开设讲座、申请专利辅导等）

续表

因素	变量	测量选项
培训氛围	个体兴趣	馆员参与培训项目及活动的积极性和主动性
	培训引导	馆员培训能引导创客使用数字化、非数字化技术以及进行其他创客活动等
	宣传推广	馆员认同和重视宣传推广工作,积极营造浓厚的培训氛围
	管理体制	培训中的管理模式有利于馆员进行素养和技能提升学习、个人职业发展等
培训投入	领导重视	经费来源的多元化(国家、政府、学校、行业、企业等)
	资源投入	经费使用的计划性(每年或每个季度都有预算)
	硬件设施	经费使用的合理性(购买相关设备、工具、材料及管理费等)
	增值效益	经费使用的增值效益(创客作品或产品产生的经济效益及影响力)
培训内容及方式	多样性	图书馆(学校)为馆员提供多元化培训项目(集中、分散、单一培训等)
	层次性	图书馆(学校)为馆员提供分层次培训项目(初级、中级、高级)
	针对性	图书馆(学校)为馆员提供针对性培训项目(专项设计、创意课程培训等)
	特色性	图书馆(学校)为馆员提供特色性培训项目(面对面培训、在线培训等)
	实用性	根据馆员需求,图书馆(学校)提供的培训内容改变
	变通性	根据馆员需求,图书馆(学校)提供的培训方式改变
培训效果	资源获取	培训后的馆员能帮助创客获取更多的资源和服务
	工具使用	培训后的馆员能辅导创客使用更多的新技术、新设备及新工具
	活动能力	培训后的馆员能提升开展空间活动的综合技能
	活动效果	培训后的馆员能推动空间各项活动的有效开展

2. 实证分析(馆员)

根据李克特五级量表设置选项,即"非常重要、比较重要、一般、不太重要、很不重要",对应"1、2、3、4、5"进行赋分。通过在线问卷调查共收集到有效问卷342份,借助Spss24.0完成实证分析。

(1)描述性统计

对19项培训变量的平均分和标准差进行了统计和计算。根据上述赋分原则，平均得分越低，表示该项指标对馆员培训的作用越重要，标准差越小，表示多数馆员对该项指标作用的认可度越接近一致。计算结果已按平均值升序进行排列，详见表6-7。

表6-7　　　　　　　馆员培训平均与标准差统计（N=342）

变量	M±SD
目标构建	1.61±0.764
培训内容的针对性	1.63±0.865
个体兴趣	1.65±0.807
培训内容的实用性	1.68±0.788
管理体制	1.69±0.767
资源投入	1.70±0.817
培训内容的特色性	1.70±0.849
活动效果	1.70±0.757
培训意识	1.72±0.848
培训内容的多样性	1.72±0.845
领导重视	1.72±0.845
培训引导	1.73±0.767
培训形式的变通性	1.73±0.758
培训内容的层次性	1.74±0.803
工具使用	1.75±0.817
资源获取	1.76±0.808
宣传推广	1.77±0.816
硬件设施	1.78±0.819
活动能力	1.79±0.778
增值效益	1.79±0.818

结果显示：19项指标均介于"非常重要"和"比较重要"之间，并且偏向于"比较重要"，说明上述指标对馆员培训中都发挥了重要作用。

（2）相关性分析

以上述19项指标作为自变量，以培训效果作为因变量，对各自变量与培训效果进行相关性分析。在Spss24.0的相关性分析中，选取皮尔逊（Pearson）系数以及双侧显著性进行检验，结果按相关度降序排列，详见

表6-8。

表6-8　　　　　变量指标相关性分析（N=342）

变量	培训机制	Sig
培训引导	0.653**	0.000
培训内容的实用性	0.646**	0.000
管理体制	0.641**	0.000
培训内容的针对性	0.622**	0.000
培训内容的多样性	0.620**	0.000
目标构建	0.618**	0.000
培训形式的变通性	0.618**	0.000
培训内容的层次性	0.617**	0.000
硬件设施	0.614**	0.000
活动效果	0.606**	0.000
培训内容的特色性	0.605**	0.000
资源获取	0.594**	0.000
资源投入	0.582**	0.000
培训意识	0.580**	0.000
个体兴趣	0.577**	0.000
活动能力	0.577**	0.000
领导重视	0.576**	0.000
宣传推广	0.569**	0.000
工具使用	0.558**	0.000
增值效益	0.548**	0.000

结果表明，19项指标与培训效果均存在相关性。其中，培训引导、管理体制、培训内容的实用性、针对性、多样性、层次性、特色性、硬件设施、目标构建、培训形式的变通性、活动效果等指标属于强相关性关系（p值≥0.6）；其他指标属于中等程度相关（0.6＞p≥0.4）。定量分析的结果与质性分析一致，空间组织及管理者只有在培训氛围、培训投入、培训过程、培训效果等影响因素，尤其要在培训过程中的培训内容和形式上精准施策，合力前行，才能推动空间培训的有序、有效开展。

(二) 创客培训的定量分析

1. 变量设计及说明（创客）（见表6-9）

表6-9 变量设计及说明

因素	变量	测量选项
培训氛围	目标构建	创客培训的短期、中期及长期目标的构建
	培训意识	创客认同和重视培训的职能及职责
	个体兴趣	创客参与培训项目及活动的积极性和主动性
	培训引导	创客培训能引导创客使用数字化、非数字化技术以及进行其他创客活动等
	宣传推广	创客积极参与宣传推广活动，营造浓厚的培训氛围
	管理体制	培训中的管理模式有利于创客进行素养和技能提升学习、个人职业发展等
培训投入	领导重视	经费来源的多元化（国家、政府、学校、行业、企业等）
	资源投入	经费使用的计划性（每年或每个季度都有预算）
	硬件设施	经费使用的合理性（购买相关设备、工具、材料及管理费等）
	增值效益	经费使用的增值效益（创客作品或产品产生的经济效益及影响力）
培训内容及方式	多样性	图书馆（学校）为创客提供多元化培训项目（集中、分散、单一培训等）
	层次性	图书馆（学校）为创客提供分层次培训项目（初级、中级、高级）
	针对性	图书馆（学校）为创客提供针对性培训项目（专项设计、创意课程培训等）
	特色性	图书馆（学校）为创客提供特色性培训项目（面对面培训、在线培训等）
	实用性	根据创客需求，图书馆（学校）提供的培训内容改变
	变通性	根据创客需求，图书馆（学校）提供的培训方式改变
培训效果	资源获取	培训后的创客能获取更多的资源和服务
	工具使用	培训后的创客能使用更多的新技术、新设备及新工具
	活动能力	培训后的创客能提升开展创造活动的综合技能
	活动效果	培训后的创客能推动空间各项活动的有效开展

2. 实证分析（创客）

根据李克特五级量表设置选项，即"非常重要、比较重要、一般、不太重要、很不重要",对应"1、2、3、4、5"进行赋分。以在线问卷调研形式,通过在线问卷调查共收集到有效问卷 371 份,借助 Spss24.0 完成实证分析。

(1) 描述性统计

对 19 项培训变量的平均分和标准差进行了统计和计算。根据上述赋分原则,平均得分越低,表示该项指标对创客培训的作用越重要,标准差越小,表示多数创客对该项指标作用的认可度越接近一致。计算结果按平均值升序排列,如表 6-10 所示。

表 6-10　　　　创客培训平均与标准差统计(N=371)

变量	M ± SD
培训内容的实用性	1.48 ± 0.687
领导重视	1.48 ± 0.74
培训内容的特色性	1.5 ± 0.758
培训形式的变通性	1.5 ± 0.744
活动效果	1.5 ± 0.729
培训内容的针对性	1.51 ± 0.737
培训内容的层次性	1.51 ± 0.707
工具使用	1.51 ± 0.747
培训内容的多样性	1.51 ± 0.722
管理体制	1.53 ± 0.775
资源投入	1.53 ± 0.758
个体兴趣	1.53 ± 0.75
目标构建	1.55 ± 0.774
硬件设施	1.55 ± 0.756
培训引导	1.56 ± 0.734
宣传推广	1.56 ± 0.756
培训意识	1.57 ± 0.783
活动能力	1.58 ± 0.771
资源获取	1.58 ± 0.778
增值效益	1.61 ± 0.788

结果显示:19 项指标均处于"非常重要"与"比较重要"之间,总

体指标偏向"比较重要";其中,"实用性和领导重视"偏向于"非常重要"。总的来说,上述所有指标均对创客培训发挥着重要作用。

(2) 相关性分析

以上述19项指标作为自变量,以培训效果作为因变量,分析各自变量与培训效果的相关性。在Spss24.0的相关性分析中,选取皮尔逊(Pearson)系数以及双侧显著性进行检验,结果按相关度降序排列,详见表6-11。

表6-11　　　　　变量指标相关性分析 (N=371)

变量	培训机制	Sig
活动效果	0.656**	0.000
培训内容的多样性	0.630**	0.000
活动能力	0.628**	0.000
培训内容的实用性	0.626**	0.000
培训内容的层次性	0.602**	0.000
培训引导	0.589**	0.000
工具使用	0.589**	0.000
培训内容的特色性	0.589**	0.000
培训形式的变通性	0.587**	0.000
个体兴趣	0.582**	0.000
培训内容的针对性	0.575**	0.000
领导重视	0.573**	0.000
培训意识	0.563**	0.000
管理体制	0.560**	0.000
目标构建	0.549**	0.000
宣传推广	0.535**	0.000
资源获取	0.537**	0.000
增值效益	0.521**	0.000
资源投入	0.510**	0.000
硬件设施	0.504**	0.000

结果表明，19 项指标与培训效果均存在相关性。其中，活动效果、培训内容的多样性、活动能力、培训内容的实用性和层次性等指标属于强相关性关系（p 值≥0.6）；其他指标属于中等程度相关（0.6＞p≥0.4）。创客培训与馆员培训影响因素的相关性程度有所不同，创客培训在空间培训过程中不仅强调培训内容和形式，更加注重培训效果即活动效果、活动能力对空间培训的影响和作用。可以推断，如果培训后的创客不能提升自身的综合素养和各项技能，达不到理想的培训效果，那么创客培训就很难长久、有效地持续开展下去，只能半途而废。

六　馆员素养和技能提升的实施策略

根据上述质性分析和定量分析结论，为推进空间馆员与创客的协作发展、共同进步，在前期机制构建的基础上，为了从思想上调动馆员培训的积极性，从行动上彰显馆员培训的集聚辐射效应，促进空间馆员培训的素养和技能提升行为及效果，主要从以下几个途径提出针对性实施策略，为创客的素养和技能提升提供借鉴和参考。

（一）氛围途径——厚植馆员素养和技能提升的培训氛围

良好的创新创造环境与氛围有助于创意的产生和创客活动的开展，充满创造活力的创新氛围更容易激发和引导创客的创造活动。通过培训，馆员的素养得到了提升，信息检索、信息组织、信息分析与信息整合能力都得到了锻炼，能够根据空间的活动主题，采取文献检索、馆际互借、文献传递等服务形式，向创客提供与创客活动相关的纸质文献资源、数字资源以及网络资源等；能够为创客解决其动手实践和创新创造过程中遇见的疑难问题，提出改进措施，为创客创造活动的实现提供全面的支撑服务与技术指导。但是，有些馆员在空间培训中对素养和技能提升行为的必要性认识不足，缺乏主动学习、追根溯源的态度和意识。只要空间管理者高度重视，采取有效措施对馆员进行适度引导，就能提高空间培训中馆员对素养和提升行为的认知度，提高对素养和技能培训的重视和关注度。在创新氛围的营造中，空间管理者要多考虑馆员的专业背景、知识结构和个体兴趣等要素，根据馆员的不同需求，营造适合馆员个体发展的培训环境，这样就能提高馆员对培训的认知程度，更好地激发他们的参与积极性，有效促进空间的协作发展。

(二) 投入途径——注重馆员素养和技能提升的资源对接

在空间培训中要实现馆员的素养和技能提升行为,就要重视和完善资源库和物理环境的建设,这将影响空间培训中馆员对素养和技能提升行为的可行性认知程度。图书馆、在线数据库等学习平台是空间开展培训活动的重要支撑和保障,各级领导要高度重视空间内的基础设施建设、软件系统开发及利用、空间环境构建与再造等工作,特别是要从人、财、物等方面为空间发展提供诸多便利和条件,确保馆员能科学、高效、便利、快捷地使用空间的一切设备和设施,确保空间的各类培训活动能够顺利完成。

除此之外,空间管理者要经常邀请创客导师或专家开展专题讲座,充分利用图书馆的各类资源,开展不同形式的技术指导和培训活动,激发馆员的创造热情,拓宽馆员的创新思维,提高馆员的实践能力及合作能力,因为创客馆员的核心任务之一就是与创客导师或专家协同工作。如对希望从事科技创造类型的创客,馆员需要为其提供科技查新服务,帮助创客明确科研定位,避免重复研究造成的人力、物力和财力的浪费;聘请创客导师或专家对创客的创意进行可行性分析和综合解读,促进空间服务及活动的顺利开展。

(三) 过程途径——拓展馆员素养和技能提升的培训体系

1. 对馆员培训进行规划和管理,完善相关监管制度

在空间培训中要实现馆员的素养和技能提升行为,就要对馆员培训进行合理规划,完善相关监管制度。国家及相关主管部门应及时推出一些符合实际情况的在职培训制度,结合馆员的外部需求与精神需求,制定馆员的职业发展规划和培训方案,并在培训时间及经费上给予足够的支持[①]。空间管理者应制订短期、中长期和长期培训计划,在培训计划中,可以按照专业基础培训、专业发展培训、实践技能培训和课堂专项技能培训等来划分培训的类别,同时,还要制定年度实施的预期目标、时间表和路线图,不断完善目标和考核机制。每项培训实施之前,空间管理者应同参训馆员一起确定参训任务书,并报相关职能部门备案,必要时可签订相关协议;每项培训结束后,参训馆员应及时总结经验和教训,相互交流、提出建议;培训计划的制订和实施成效也可作为图书馆年度目标考核的重要参

---

① 鄂丽君、王启云:《高校图书馆专业馆员职业能力认识与需求调查研究》,《图书与情报》2016年第5期。

考和依据①。

2. 对馆员培训进行分类培养和考核，完善目标及考核机制

在空间培训过程中应对馆员进行分类培养和考核，完善目标和考核机制，提升馆员的各项技能。空间管理者可根据馆员的专业发展及岗位职责，将馆员分为创新馆员、普通馆员、数据馆员、技术馆员、查新馆员等不同类别，分别制定培训目标及发展规划，分类别选取培训项目，实施分层培训；还可以按照专业发展、课程开发、实践能力建设、技术服务提升等类别选取培训方式和手段，有针对性、分类别地开展培训，并针对不同类别实施目标考核②。空间还应制订常态化的培训计划，定期对馆员的信息收集能力、设备操作能力、学科服务能力、组织协调能力等分类开展培训活动，提升馆员的专业素养和业务技能，如开展新型设备机械工作原理及使用培训、前沿科学技术讲座、各校创客活动经验分享座谈会，以及组织馆员到正在进行或有丰富创客活动经验的机构进行考察学习等。

3. 对馆员培训实施多样化操作，提升馆员信息获取技能

在空间培训中应对馆员培训实施多样化操作，提升馆员的信息获取技能。随着信息技术的发展，馆员们都已学会了如何操作计算机，快速在互联网上搜索有用的信息，但仅此还不够。他（她）们还应具备分析、加工和处理各类信息的能力。另外，值得注意的是，不同的信息搜索工具有不同的搜索方式，馆员最好能在专业老师的指导下接受系统的培训和学习。针对馆员的信息获取技能需求，可以开设选修课或公选课，在向馆员传授信息评价、信息查询和网络搜索等技巧，从根本上提高馆员的信息聚合、获取及利用等能力。馆员通过定期参加商业性创客空间的交流会议、新技术发布会等活动，开阔视野，学习更多的先进理念与新技术，激发工作热情，并能在工作岗位上大胆创新、持续创新，不断提高服务质量与效率。

值得注意的是，特殊时期还要注重对馆员培训实施多样化操作，多采用数字化、网络化等新媒体培训方式，例如，数据统计显示，在2020年新冠疫情期间，抖音平台的公共媒体内容、文化传播内容高速增长，其中文

---

① 齐求兵：《关于完善高职院校教师队伍培训和管理机制的几点思考》，《湖北成人教育学院学报》2013 第 6 期。

② 齐求兵：《关于完善高职院校教师队伍培训和管理机制的几点思考》，《湖北成人教育学院学报》2013 第 6 期。

化类直播观看数增长129%，教育类直播观看次数增长了550%。上海图书馆、山东省图书馆、重庆图书馆、南京图书馆、首都图书馆、安徽省图书馆等，都利用QQ、微信、微博、抖音、快手等平台开展了丰富多彩的线上直播培训服务，直播内容包括图书馆公开课、图书推荐、名人讲堂、用户培训、读者沙龙，各种展览、会议、公益讲座、诵读会、故事会、音乐会、阅读分享会、阅读辅导、朗诵比赛等，信息素养课（超星平台）、科普活动（超星平台）、中图悦读会（网易直播平台）、无障爱读书会（企业微信直播），还有一些图书馆开展针对特殊群体的线上培训活动，如数据库培训、数字文化业务培训、儿童线上课程、亲子阅读等，都取得了意想不到的服务效果。馆员培训也可以采用上述丰富、灵活、有效的线上培训模式，开启馆员培训的新天地。

4. 加强人力资源的培训力度，夯实培训团队建设。

创客空间的有效运行离不开稳定的专业服务团队。空间常年需要招募信息技术专家、志愿者及不同领域的专家担任技术指导。通过查阅资料获悉，在美国密歇根大学艺术创客空间，每个成员都有不同的工作内容，每个成员都有自己的优势，能够最大限度地取长补短、相互借鉴，对提高工作效率及组织绩效发挥着重要作用[①]。此外，图书馆还可以与社区、校外企业以及各大研究所建立良好的合作关系，从其他机构引入专业的监管人员或技术人员，以此来完善创客空间导师团队，建立馆员协作发展团队，组建创客志愿者队伍，强化馆员培训团队的师资力量等，协助完成馆员的培训工作。

（1）健全创客空间导师团队

图书馆创客空间要实现成功运营并持续发展，势必需要外部的支持和配合，需要招募一定数量的项目领导者、导师以及专业技术人员。虽然馆员通过持续培训和考核之后，能顺利完成一些空间监管和服务的任务，但项目领导者与导师则需聘请专家或行业权威人士来担任，前者一般是发起创客项目的学生或教师，后者基本上选拔高校内富有创新精神与责任感的教师[②]，馆员的短期培训不能迅速实现这样的角色转换。在空间馆员培训

---

① 张希胜、曾小娟：《美国高校图书馆创客空间构建的经验及其对国内的启示》，《大学图书情报学刊》2017年第3期。

② 胡永强：《图书馆创客空间多元共建模式探索》，《图书情报工作》2018年第2期。

中，图书馆应定期开展不同类型的宣传推广活动，如创客文化节、作品展览、创意分享以及学术交流等。为了使活动更具吸引力，可邀请一些专业导师或业内权威人士传授经验，以此来提高馆员的综合素质、创新能力与工作能力。一方面，图书馆应与各行各业展开广泛合作，聘请一些不同学科领域的专家学者、技术行业的资深人士和创新创业成功企业家等，作为专职的创客导师或专家，邀请他（她）们来图书馆开展培训和指导，协助馆员有针对性地指导创新创业项目，解决技术难题。另一方面，也可从现有馆员中选择有学科背景和基础的人员，对其进行创客空间导师培训，协助完成一些兼职任务，发挥馆员"传、帮、带"的引导作用。此外，还要建立健全创客空间的导师考核评价体系，赋予创客导师更大的自主决定权，让其灵活选择授课内容，不定期开展各类培训活动，组织专题研讨会、讲座等，让创客们亲自经历项目从创意诞生到产品生成的全过程，扶持每一位创客一步步走向成功。

创客空间还可以开发一种"联盟式"培训模式，成员馆除了共享软件工具、计算能力、制造设备、检测仪器等资源，还可以分享创客成果，协同推进创客项目，共享"创客导师"。各成员馆之间定期互动，共同致力于交流研讨、培训指导、校企合作、项目创意和创新需求征集发布、技术创新和应用成果的宣传展示、创意创新创业竞赛等活动，共同营造空间活跃的创新、创造及创业氛围。

（2）组建创客志愿者队伍

因为空间服务对象的背景、专业及学科各不相同，每位创客对新技术、新设备、新知识的接受程度也不同，所以对馆员的技能、服务及素质提出了更高的要求。馆员除了要学会如何搜索、收集信息和更新知识结构，还要招募各领域的人才，组建高素质的创客志愿者队伍，为空间的顺利发展保驾护航。国内外许多图书馆创客空间都非常重视发挥志愿者的优势和作用，合力打造一支优质的空间服务团队。如世界上最为先进的图书馆之一，Allen County 公共图书馆就十分注重服务团队的打造，经常邀请当地的专业创客组织，力求为广大创客提供专业且优质的服务[1]。国内创客空间虽然起步较晚，但目前也已形成了一定的规模和影响力，如长沙图书

---

[1] "Guidelines for Library Services to Babies and Toddlers"，https：//www.allencountylibrary.com/.

馆新三角创客空间采取社会化的自主管理模式，成立"新三角创客空间管理委员会"，常年聘请志愿者参与空间的管理和服务。该空间的志愿者不仅进行设备的调试、维护及其他日常性服务之外，还为创客开展各类培训和指导活动①；深圳图书馆创客空间采用社会实践学分制监管模式，定期给空间服务的志愿者累计学分、颁发证书②；上海海事大学图书馆与创新创业学院、校团委等部门合作，组织创客志愿者定期开展空间的运营和维护③；国防科技大学图书馆创客空间招募多名3D打印制图、视频制作、音频录制等方面的爱好者，组成空间学生志愿者团队，负责向预约使用空间的学员提供3D打印和录音棚等设备使用的技术指导和服务，并常态化参与空间的推广工作，大力宣传创客的原创音乐作品、3D打印及配音作品等④。山东师范大学图书馆创客空间面向全体在校学生招募志愿者团队，成立了3D打印、视频制作、AI机器人三支创客队伍，近年来，多次在"挑战杯""创青春""互联网+"等大学生创业竞赛中获奖⑤，为学生搭建了创新实践的新平台，为用户开辟了获取前沿科技的新阵地，还探索了图书馆志愿者服务的新模式，树立了创客志愿者队伍建设的新典范。这些空间服务志愿者团队的成立，既减轻了馆员因难以承担3D打印等专业设备调试和指导等带来的种种压力，又促进了创客成员间的互动、交流与合作，提升了空间的运行效率。

（3）建立馆员协作发展团队

创客空间对传统馆员的服务能力及专业技能提出了新要求。图书馆在规划和发展创客空间时，应挑选合适的专业人才成立协作发展团队，或根据馆员的兴趣爱好组建不同的兴趣小组或团队，团队成员分工协作，既能充分发挥各自的才华与优势，又能及时处理空间运营过程中遇到的各种难

---

① 《长沙图书馆新三角创客空间向公众开放 科技设备免费使用》，长沙市图书馆网，2016年1月5日，https://www.changshalib.cn/mykp.asp.

② 《深圳图书馆全新打造创客空间面向市民开放》，南方新闻网，2016年4月23日，https://www.sohu.com/a/71104474_222493.

③ 《上海海事大学图书馆创客空间》，上海海事大学图书馆网，2016年5月25日，http://www.library.shmtu.edu.cn/.

④ 周雅琦、牛宇、贺彦平：《高校图书馆创客空间服务探索与实践——以国防科技大学图书馆创客空间为例》，《新世纪图书馆》2020年第12期。

⑤ 《山东师范大学图书馆》，山东师范大学图书馆网，2018年5月28日，http://www.elib.sdnu.edu.cn/bencandy.php?fid=42&id=735.

题。调查发现，美国公共图书馆创客空间的工作人员很多都是不同学科、不同专业背景的复合型人才。如芝加哥公共图书馆哈罗德主馆 YOUmedia 的一些工作人员，既有图情专业背景，又有其他艺术或经济学科背景。该空间的岗位职位设置细致、职责分工明确，每位核心成员有自己的专长，并愿意合作和分享[1]。在馆员素养和技能提升过程中，组建协作团队能充分调动各方优势，激发馆员/创客的创新创造热情；还能充分挖掘社会及市场上的多边资源，从根本上提高国内图书馆创客空间的合作能力，同时对提高团队工作效率也起到不可代替的重要作用[2]。不仅如此，与个体学习相比，团队合作开展的分析与研讨显然更为有效，能最大限度地聚集设备、资源、技术、信息、制度等要素，形成"强合作、强实力、强效果"的良性互动，实现空间培训的配置优化和资源汇集、共享，促进馆员与创客协作发展空间的共建共赢局面。

（4）强化馆员培训团队的师资力量

图书馆创客空间应强化馆员培训团队的师资力量建设，提升馆员的培训效果。空间领导及管理者应树立规划管理、分类监管、目标管理等先进理念，通过多种形式加强馆员培训团队的师资力量建设，全面提升培训教师的综合素质和能力，为空间培训中馆员素养和技能提升提供优质的"发展引擎"。为提高空间馆员的培训质量，可选择"请进来""走出去"的培训策略，定期开展师资技能大赛、学术研讨会与专家讲座等不同形式的培训活动，最大限度地提高外聘教师与馆员的教学能力、创新能力及课程开发能力等，调整和更新现有的师资结构，确保师资力量分配合理、符合实际需求。此外，图书馆还可利用企业兼职、证书培训以及暑期培训等方式，来提高馆员培训队伍的服务能力。例如，嘉兴市图书馆数字众创空间的馆员和上海图书馆（上海科学技术情报研究所）的馆员合作，常年提供科技查新、引文检索、定题服务、翻译服务、检索咨询、专利服务、竞争情报、文献传递等信息资源及科技信息服务，助力双创人员创新创业，还面向企业、科研院所及高校的创新创业人员，定向、定期开展"走出去"

---

[1] 凌群：《中国公共图书馆创客空间构建与发展策略研究》，硕士学位论文，福建师范大学，2017年。

[2] 吴瑾：《创客空间环境下高校图书馆员的作用与能力提升》，《图书情报工作》2018年第2期。

为用户上门培训的活动①。

（四）效果途径——构建馆员素养和技能提升的合作培训关系

1. 参加专业机构或组织的培训活动，彰显馆员的培训效果

创客空间是21世纪发展进程中的一种高效服务手段，对馆员的业务技能、创新意识以及综合素养要求较高。国内图书馆创客馆员主要负责创客培训指导、技术设备的维护和日常管理等工作。为了保证创客空间能够稳定运营与发展，馆员应定期参加各类专业培训活动，如中国图书馆学会定期举办的专项培训活动，包括智慧图书馆建设与服务、图书馆员在职专业培训等；国家图书馆常年举办的各类业务培训活动，如图书馆参考咨询业务案例解析培训、图书馆用户信息需求与行为等。近年来，国家图书馆培训中心在多年开展图书馆专业培训和非物质文化遗产项目的基础上，专门策划了图书馆"文化之旅"等主题型培训项目，还开展了一些定制性培训项目②。这些图书馆专业机构或组织开展的一系列培训活动，有助于培养和增强馆员的创新意识，帮助馆员获取丰富的知识营养，提升馆员的综合素质和业务能力，推动空间培训的可持续性发展。

2. 加强空间培训的宣传推广，注重培训效果的反馈和评估

空间培训宣传和推广是馆员开展培训活动的关键环节，也是培训效果反馈和评估的重要手段。图书馆可充分发挥新媒体平台（图书馆移动App、微信、微博等）的宣传和阵地作用，及时编写宣传资料，由浅入深推送、发布。此外，图书馆管理者应加强对培训活动的重视力度，根据实际情况做好一系列的筹划与安排，建立健全且长效的岗位管理制度、工作报告制度、绩效评估制度以及责任追究制度等③。在活动顺利完成后应及时做好记录、备案等工作，梳理关键环节和组织流程，包括：总结或评估社会反响、公众参与度以及用户体验等，并根据评估结果，进一步完善与改进组织流程，调整培训内容和形式。

国防科技大学图书馆创客空间多平台、多渠道推广空间出品的原创音

---

① 《嘉兴市图书馆数字众创空间》，嘉兴市图书馆网，2017年10月19日，http://www.jxelib.com/。

② 韩立娇：《国内公共图书馆文化艺术信息服务现状调研报告》，《图书情报与档案管理》2019年第4期。

③ 金淑娟、蒋合领：《创新驱动的图书馆创客空间生态系统研究》，《图书馆工作与研究》2016年第4期。

乐作品、配音作品、视频作品等,如通过微信公众号推文发布空间毕业季原创毕业歌单,通过公众号专栏、馆厅举办毕业季空间原创音乐作品展播,通过馆内电子屏幕播放空间完成的视频作品。2018年8月,图书馆以创客空间的名义推出了第一部阅读推广宣传片《福元路一号》MV,它是创客学员在图书馆创客空间录制完成的一首原创音乐作品,宣传片在图书馆内拍摄完成,一经推出就好评如潮。之后,空间又先后推出了《书·时光》等一系列图书馆原创音乐作品,推出创客空间VLOG视频等,并将创客空间活动与阅读推广联系起来,极大地提高了图书馆创客空间的读者需求度和空间利用率[1]。图书馆还可利用面对面访谈、在线问答、问卷调查或QQ、微博、微信等新媒体平台,分享培训的改进建议、感悟心得及培训内容等,全面掌握馆员培训的真实感受及相关信息。通过对培训效果的反馈和评估,便于图书馆组织选择科学合理的培训方案,使空间培训的执行力和执行效果落到实处。

3. 鼓励优秀馆员及团队开展经验分享,提升馆员培训效果

空间组织及管理者应鼓励优秀馆员及团队分享经验,以增强馆员培训的效果和影响力。如国防科技大学图书馆创客空间立足空间的特色和优势,策划举办空间"信息分享达人"系列活动,先后邀请了国际遗传工程及其设计大赛(IGEM)团队的成员、校园摄影达人等创客学员担任"信息分享达人",分享个人创新故事;开展"基于TRIZ面向高校创新创业(项目)培训"等一系列创新培训、创新竞赛、创新交流会等[2],改变了图书馆长期以来被动接收用户的服务状态,积极参与和引导用户需求,及时反馈用户信息及创客的成功经验。在图书馆空间培训中,如果像国防馆一样,经常组织优秀馆员、创客及团队开展经验分享或经验指导会,邀请他们现场分享经验和技能,在同伴互动交流学习的氛围影响下,就能便于馆员构建长期、有效的合作学习伙伴关系,形成知识聚合、经验共享、互利互惠的合作培训氛围。

---

[1] 周雅琦、牛宇、贺彦平:《高校图书馆"嵌入式"阅读推广服务模式探索与实践:以国防科技大学图书馆为例》,《图书馆学刊》2019年第11期。

[2] 周雅琦、牛宇、贺彦平:《高校图书馆创客空间服务探索与实践——以国防科技大学图书馆创客空间为例》,《新世纪图书馆》2020年第12期。

4. 积累创新素材、构建知识库及案例库，扩大成果影响力

空间培训是提高馆员专业技能、培育馆员创新能力的重要举措，图书馆应在保护知识产权的前提下，做好馆员培训的关键环节和主要内容的保存工作，并在此基础上，不断积累创新素材，构建创新知识库及案例库，扩大成果的影响力。对于那些具有一定潜在价值的创新经验或成果，馆员可按照既定的流程，将其存储到知识库或案例库中，为空间的创新与发展积累素材和理论依据。清华大学技术创新研究中心网站在这方面做得非常好，该机构向在校学生提供创新案例库、科技数据库以及创业数据库等资源及服务[1]，值得其他机构学习与借鉴。通过分析、区分和资源整合，馆员可准确推荐知识库、案例库及动态学术资源，方便用户快速获取和利用资源，实现资源的充分利用和价值增值。

5. 完善激励机制，提升馆员培训效果

空间培训中要提升馆员的素养和技能，提高馆员的培训效果，更应建立和完善激励机制。参训馆员是培训的目标群体，培训效果取决于他们的受训结果。从主观上分析，培训效果取决于参训馆员的反应、态度和热情。因此，空间管理者在认定馆员完成培训任务、提升技能的同时，也应给予馆员相应的物质和精神激励，激励馆员积极参与培训活动。图书馆可建立培训与考核、评优及职务聘任等相关联的监管机制，强化培训结果的指标作用，这必然会凸显馆员参与培训的重要性。馆领导及空间管理者可对积极参加培训并产生良好工作业绩的馆员给予适当的激励，如颁发纪念品、奖励金、各类培训证书及获奖证书等。还可对参与空间培训馆员进行绩效评价，针对活动的策划、组织、实施、总结等环节，采取过程评价和结果评价相结合的方式，正确评价每位馆员参与态度、过程和结果等，建立起完善有效的馆员培训激励机制[2]。

图书馆还可设立以提高馆员技能或素养为核心内容的研究项目，鼓励馆员带着问题积极参与项目研究，不断更新各自的知识结构，并以饱满、积极的态度投入到本职工作中，更好地运用所学理论解决实际问题。实践证明，项目研究有助于深入理解核心原理，帮助馆员在最短的时间内吸收

---

[1] 梁文佳：《高校图书馆创客空间服务模式研究》，硕士学位论文，吉林大学，2017年。
[2] 车宝晶：《高校图书馆创客空间服务的设计与实践研究——以沈阳师范大学图书馆为例》，《图书馆学刊》2017年第9期。

最新的知识和理念，助力馆员转换思维、快速掌握新技能，最终收获一举两得的培训效果。

七　创客素养和技能提升的实施策略

创新品格和创新能力作为创新者（创客）适应终身发展和社会发展的必备品格和关键能力，主要包含"科学精神""责任担当""人文底蕴""健康生活""学会学习"和"实践创新"等内容[①]，需要在培养和实施过程中立足于实际情况，开展创新服务资源的丰富性和多元化评价。创客教育和培训的最终目的是培养创客的创新思维、团队协作、动手能力和共享精神。研究小组调研发现，虽然创客的年龄、学历层次及教育背景千差万别，包括少儿、青少年、社会人士、在校大学生和研究生等，每位创客对知识的认知、获取与吸收能力也是不同的，但无论是哪一个层次的创客，他们都是创新者的代表，作为创新者就必须具备以下创新发展的素养和技能。本章节提到的创客教育和培训主要与大学生相关。下面分析和提出空间培训中创客素养和技能提升的实施策略。

（一）创客的六大素养和技能

哈佛大学领导中心的高级研究员埃米·威尔金森（Amy Willkinson）在其编著的《创新者的密码》(The Creator's Code)一书中详细介绍了200多位世界知名企业家和创新者的发展历程，并提出了六大创新技能（如图6-14所示）：填补空白、目标驱动、快速迭代、不断试错、网络思维、伙伴关系。这些都是创新者（创客）通过素养教育和技能培训必须掌握的创新技能。

（二）创客六大素养和技能的培训要素

在威尔金森的观点中，技能并非特定群体特有，其广泛地存在于所有群体。为了实现创客教育和培训的普适性和实用性，研究组成员结合创新者六项技能，提出创客素养和技能提升的培训要素。

1. 填补空白

这里所说的空白主要是人们在生活和实践中存在的有意义事物，但这些事物尚未被人们发现和认识。在创客素养和技能培训过程中，对培训教

[①] 林崇德：《构建中国化的学生发展核心素养》，《北京师范大学学报》（社会科学版）2017年第1期。

图 6-14 六项技能及其相互关系

资料来源：周芳芳：《高校"创新者教学法"的实践与研究》，硕士学位论文，上海师范大学，2016 年。

师而言，填补空白就是要了解该领域的前沿问题，掌握最新的技术和平台，再将所学知识与实践教学有机地结合起来，在实践中教授给学生，使学生快速地吸收和掌握；学习者需要在实践教学中将已经掌握的方法和标准应用于对空白事物的认识和理解，从中发掘其他人未曾观察到的细节特征，并赋予其新的价值和意义。

2. 目标驱动

人无大志，一生如散珠。即使珍珠也没有多大价值。只有用雄心勃勃的链子串在一起，珍贵的珠子才有价值，而这个目标就是人生的意义所在。作为创新者的创客，其存在的意义就是创造，他们都有自己的理想目标。就像爬山一样，山顶是目标，但是途经的每一个陡坡、弯道、悬崖、峭壁都需要时刻警惕，时刻进行辨别和评估，确保目标和方向的正确性。因此，在创客的素养和技能培训过程中，需要形成三种类型的评价模式，包括小组评价、学生自我评价和教师评论，为培训目标的实现保驾护航。

3. 快速迭代

快速迭代起源于 Boyd 的 OODA 循环法，是由观察（Observe）、聚焦（Orient）、决策（Decide）、实践（Act）四大部分组成。快速迭代过程中，我们需要了解对手的真实想法，然后快速执行做出决策。培训师在创客的素养和技能培训过程中，要动态关注学生行为表现，掌握学生学习状况，明确学生遇到的问题，及时给予指导和帮助，在培训结束后对学生培训效果进行评价，收集学生反馈的信息，优化培训内容。学生在完成上周学习任务之后，以分组的形式为下周学习做好准备，并制作下周作品展示材料；培训师观看学生展示之后，提出建议和意见，学习者根据建议对材料进行修改和调整；重复这样的操作流程，至少完成三次修改，实现快速迭代的教学和培训过程。

4. 不断试错

每个人都经历过不同程度的失败，创客也是如此。有些人经历过失败，就一蹶不振，让失败成为前进路上的绊脚石；然而，还有些人经历了一次又一次的失败，但他们从未气馁或放弃。他们把失败当成了通往成功的敲门砖，正是失败激励着他们不断学习、不断前进。失败是创新者共同的"曾用名"。IDEO 创始人 David Kelly 曾指出：在产品设计过程中，人们通常会在细节方面犯下错误，但如果能够及时发现细节存在的错误，应感到自豪，因为这些细节的发现和修改，能够催生出更好的产品。失败给创客提供了一个不断试错的过程，失败也是推动前进的动力。在创客的素养和技能培训过程中，不断试错、敢于正视失败也是创新者必须具备的基本素养和品行。在创客素养和技能培训过程中，不断试错、敢于正视失败也是创新者必须具备的基本素养和品行。

5. 互联网思维

互联网思维就是在互联网＋、大数据、云计算等科技不断发展的影响下，对市场、用户、产品、企业价值链乃至对整个商业生态进行重新审视的一种思维方式。互联网思维具有以下特点：第一，逆向思维。任何做互联网的人都会使用逆向思维，这也是互联网世界所衍生出来的被动式营销模式。第二，公平性。任何一个人只要努力都可以在互联网世界里有所成就，不用依靠现实生活中复杂的人际关系。第三，多样性。互联网上任何一个事物都是思维的结晶，互联网思维就是把这些思想读出来，然后和自己的思想联系在一起。这些思维的结晶是多样的，如微信、支付宝、淘宝、京东等。第四，落地性。互联网思维必须落地，它不是复杂的代码，而是一种思维，这种思维是可以让很多人低门槛进入的。在互联网思维的时代背景下，创客在素养和技能培训过程中，要学会充分利用网络资源来学习新技术、使用新平台，培训者应尽量为学生提供前瞻性的学习资料，采用合理方法启发学生的思维，助力学生实现资料信息的高效利用。

6. 伙伴关系

创新者要取得成功，需要从各方获取新信息、新策略，更需要团队伙伴的合作、集思广益、头脑风暴等。所以，创客从来就不是一个个体，他们有自己的团队，有自己的合作伙伴，并具有良好的协作关系。在创客素养和技能培训过程中，无一例外的都是采取了小组教学的形式，小组的学习任务会根据主题的不同而有所改变。

（三）教学者和学习者的培训任务

1. 教学者的培训任务

教学者应先分析培训课程的基本特点，掌握学生的真实需求，然后制定培训目标，优化设计培训内容；但在实际培训教学中，如果某些学生的学习效果并未达到预期，应分析原因对教学内容进行调整；培训教学实践中，教学者应针对学生作品质量进行评价，以便学生掌握作品设计存在的不足。

2. 学习者的培训任务

在培训教学实践中，学习者具有主导地位。培新教学课程的设计以学习者的需求为导向，学习者的学习兴趣是学习内容选择的依据，教学者指导学生组建学习小组，根据学生学习效果和学习情况提出指导意见；在课堂展示方面，学习者组成学习小组，向教育者汇报学习成果；教学者首先让学生相互评价，然后提出自己的意见，让学习小组进行作品的修改，得出一个更加完善的作品。教学者按照特定主题布置学习任务，让学习效果突出的学习者展示自己的实践项目和作品。在上一学习主体任务完成之后，按照分组形式继续开展下一个学习任务，通过周而复始的循环让学习者在实践中消化吸收培训知识。

（四）创客六大素养和技能的培训模式——创新者教学法模式

在创客素养和技能培训过程中，研究组成员根据创新者的六大素养和技能培训，尝试构建一个"创新者教学法"的培训模式。在课程培训教学中，学习者主要负责学习和作品创作，教学者主要负责布置任务，对学生学习效果进行评价。

1. 确定教学目标

教学者在培训教学模式中的教学目标就是确定学生是否在培训教学中学习到了新知识技能，创新实践能力是否提升。

2. 进行课程分析

在明确培训目标之后，应对课程内容进行分析，思考课程如何体现出创新，如何从理论转化为实践。

3. 进行学生分析

分析学生的学习情况，确立学生学习偏好和技能现状，以及学生的学习态度。分析中得出的信息对培训教学模式中的操作步骤设计具有重要参考价值，尤其是与教学内容的设计环节密切相关。

4. 初步设计培训教学内容

在培训内容设计方面需要以符合学生学习特点和学习能力为原则。同时，内容设计必须参考学生当前知识水平与未来职业发展需求。

5. 应用培训教学策略

在完成上述步骤之后，教学者明确了教学需求，完成了教学内容选择，然后需要决定采用什么样的教学策略实现培训教学目标。在教学策略的制定方面应重点思考如何提高学生学习质量，并将前期的学习效果展示、学习成果汇报、学习效果评价、学习效果拓展纳入决策。

6. 设计培训教学环境

创客教育与培训普通教育不同，创客教育必须要求学生呈现出实物作品，这也是为什么3D打印机是创客空间的必要设施。学生（创客）从创意—设计—3D建模—3D打印，制作出最终作品（产品）。这些作品（产品）通过现场展示和在线平台分享，获得评论、品鉴和修改建议，在相互讨论和交流过程中，学生（创客）能开阔视野，打破思维藩篱，获得新的灵感，对前人作品（产品）进行反思、借鉴、修改和进一步完善，使之更具创造性和新颖性。以数字化创客空间环境中的多媒体教学设备开展设计，能够提高学习者对网络信息资源和学习资料的利用能力。同时，合理的培训教学环境有助于提高小组教学研讨活动的效率与质量。

7. 设计和实施形成性培训教学评价

这一阶段对形成性评价收集到的数据进行汇总，分析评价结果，掌握学习者培训教学中存在哪些不足，培训教学内容是否需要调整，并在此基础上改进教学。

8. 总结性评价

总结性评价的意义在于可通过对数据的统计分析，对学习效果和培训内容实用性进行全面的评价。因此，在培训教学内容设计结束后收集数据、实施评价，确定如何进一步改进。

9. 反馈修改

这是培训教学设计和开发的最后一个环节，根据评价结果和学习者反馈信息对培训教学内容进行优化调整。

（五）创客素养和技能提升的实施策略

创客的素养和技能培训是图书馆创客空间服务的重要组成部分。首先，馆员需要具备一定的专业知识技能，能够熟练掌握计算机软硬件操作技巧，能够为创客培训活动提供技术支持；其次，图书馆始终是文献信息资源汇聚的中心，为创客提供知识交流和技术交流，实现跨学科知识信息的传播是图书馆的核心功能之一[①]。由于创客空间中的技术工具较为丰富，不少学生对各种技术工具的认知较为匮乏，导致空间功能的发挥受到阻碍。同时，有不少技术工具存在较大的安全风险，创客在没有操作培训和安全风险教育的情况下，极有可能因为操作不规范而发生安全事故。因此，所有创客都应接受专业的技术工具操作培训，提升创客的素养和操作技能。下面重点介绍国内图书馆创客空间已实施的创客素养和技能提升的培训措施及相关策略。

1. 开展面对面的阶段性授课

国内多所图书馆创客空间都已开设创客素养和技能提升的培训课程，并制定完善的授课计划和授课方案。例如：上海交大图书馆创建的"交大—京东"创客空间每年都会举办多次"信息素养系列讲座"，为创客传授 Spss、Photoshop、NoteExptress、EndNote 等软件的操作技巧和应用方法，培育创客们的技术素养和综合技能，为创客活动的开展提供辅助[②]。哈尔滨工业大学图书馆建立了创客讲堂培训模式，定期开展 3D 打印设备、CNC 机床设备等高新技术设备的操作培训和系统功能讲解活动。中国电子科技大图书馆建立的"创新实验室"采用了"专业化技术馆员指导机制＋专业课程教学培训机制＋创客设备"的创客培养模式[③]，这些面对面的阶段性授课方式均发挥了良好的培训示范作用，收获了极佳的培训效果。

2. 开展专项技术、设备培训

这种培训活动主要以各种高科技设备为培训工具，操作难度普遍较

[①] 高梦麟：《我国"一流大学"高校图书馆创客空间建设研究》，硕士学位论文，安徽大学，2018年。

[②] 乐懿婷：《上海图书馆创·新空间实践探索》，豆丁网，2016年4月1日，https://www.docin.com/p-1514450741.html。

[③] 《哈尔滨工业大学图书馆》，哈尔滨工业大学图书馆网，2018年11月13日，http://www.lib.hit.edu.cn/。

大。类似培训活动的实证案例为：武汉大学为图书馆馆员向创客提供了专业的技术培训，让原有的地图管理员熟练掌握 3D 打印设备的操作技术和应用技术；学科馆员通过创新知识技能培训，成为创客们的创新导师；3 名接受专业管理知识技能培训的馆员，负责为创客活动提供技术指导、安全监督。北京理工大学的学生科协专门负责创客教育培训，并通过学校和 BIT 科创中心、机车科学研究协会、机电工程科学协会、CG 艺术空间签订创客空间合作协议，如"与 3D 打印的邂逅"，就是与顶级协会联手推广的基于 3D 打印技术培训的大型创客活动，创客能够在社团中掌握设备的操作技术、三维模型软件的应用技术、三维图形设计技术等。培训结束后，创客需要在答辩会中阐述自己的创新思路，而科协会根据学生创新发明水平为优秀学生颁发证书，并授予学生优先预约和使用 3D 打印机的权利。"交大—京东"创客空间组建 Hi-Lab 团队定期为大学生和附近高中的学生提供 3D 打印设备创客知识培训活动，在每个年度开展一次面向高中生和大学生的 3D 打印大赛活动。创客参加各类专项技术、设备使用的培训后，其素养和技能得到大幅度地提升。

3. 开展一对一指导

为创客提供一对一的创新指导和创业指导。有些创客虽然完成了创意制作，但创意产品尚不具备商业化条件，必须由创新创业专业人士为其提供商业化运行指导，助力其实现创新成果与经济效益的转化。例如："交大—京东"创客空间聘请了 9 位专业从事创业活动的导师，在创客产品设计、商业化运行、技术优化等方面提供培训和指导，为大学生的成功创新创业指明了方向，奠定了基础。厦门大学"影像创意空间"与生命科学研究院和学校摄影协会的志愿者联合开展创客培训活动，每个工作日的晚上为创客提供培训和创新指导，有效激发了创客们的创新动能[①]。东南大学图书馆创客空间的运行主要由学生组成的创客社团负责，社团制定的空间运行目标为建立健全现代化科教培训平台，为创客提供常规性的设计、创作、发明协作指导活动[②]。

---

① 向琳艳、陈全松、毕媛媛：《基于艺术素养教育的高校图书馆创新服务研究——以厦门大学图书馆"影像创意空间"为例》，《图书馆建设》2017 年第 1 期。

② 《东南大学 - DIGILENT（迪芝伦）大学生开源软硬件创新创业创客空间揭牌仪式在九龙湖校区举行》，东南大学教务处网，2016 年 6 月 3 日，https：//jwc.seu.edu.cn/_s63/73/d9/c10097a160729/page.psp。

4. 开展系列讲座、讲习会

这种类型的培训课程主要以影响较大的创客、知名教授为创客的培训导师，以不定时讲座形式教授创客知识，讲解最新的科技发展动态。哈工大"创意工厂"每隔一段时期都会安排专家和学者为学生创客提供知识讲座，讲授创新创业新知识、最新科技成果和发展态势，拓展学生视野，激发学生创新动力[①]。武大创客空间每年都会开展数场"创意打天下—数字化模型与虚拟建造""玩转3D打印—数字化建模基础"系列讲座活动，充分利用校内优势学科的教师资源为学生提供创新创业知识学习和技能培训，培训内容包括3D打印设备和软件技术、Solidworks模型开发技术、模型软件综合应用知识等。东南大学创客空间每个月都会为大学生创客提供讲习会，重点讲授3D建模知识和软件操作技术、树莓派板卡功能与电路结构、开源电子设计技术与原型平台开发技术等。厦门大学"影像创意空间"在每年的上下学期均会安排知名摄影师为大学生创客提供摄影理论和知识技能以及摄影器材与照片处理技术的培训。在2014年，该空间特别邀请资深教授李世雄为创客提供专题讲座活动，讲解"瞬间艺术"的摄影理论知识和操作方法；2017年，安排本校专科教师刘文晔以"Adobe - premiere（视频编辑软件）之初窥门径"为主题，为学生提供软件操作技术的讲授活动。开展系列讲座、讲习会是图书馆创客空间开展常态化培训的一种方式，受众面广，现场的互动交流气氛浓烈，培训效果立竿见影。

5. 开展在线培训

在线培训主要是借助互联网平台为创客提供知识技能的线上培训。厦门大学"影像创意空间"采用微信公众号为创客推送"空间摄影棚"实操知识培训图文。武大图书馆在官方网站中的"小布微课"栏目中开辟了"3D打印机使用指南"线上视频教学培训课程。北京理工大学依托学校科协注册的微信公众号，为全校学生推送"3D打印之Inventor介绍及安装破解教程"，讲授学生用3D打印设备创建机械制图，以及各种工程制图软件的实操技术。这些高校提供的线上培训，突破了时空限制，让学生（创客）可随时通过手机和移动终端设备重复学习，大大提高了学习效率，对创客的素养和技能提升大有裨益。

---

① 《哈尔滨工业大学图书馆》，哈尔滨工业大学图书馆网，2018年11月13日，http://www.lib.hit.edu.cn/.

八 结语

本小节利用扎根理论与方法探究馆员/创客素养和技能提升行为的特征和影响因素，阐释其影响路径和运行机理，对馆员/创客素养和技能提升行为进行全方位、多层次、细致化跟踪、剖析，提出馆员/创客素养和技能提升行为的实施途径和策略，便于空间组织和管理者在培训氛围、培训投入、培训过程、培训效果等环节找准发力点，精准施策，发挥空间培训的设备、资源、技术、信息、制度等要素的协同作用，促进馆员/创客的素养和技能培训工作，为空间馆员与创客的协作发展提供人力资源支撑和保障，同时也为其可持续发展奠定人才基础和知识储备。

第七章 协作发展激励机制的构建及策略

创客空间建设正催生着图书馆传统服务体系的转型与重构，推动着图书馆人力资源的重组与变革。在图书馆创客空间服务体系构建中，如何激励馆员积极面对需求，参与创新？如何激发创客主动沟通馆员，协作发展？如何充分发挥行业学会作用，强化指导和引领？鉴于此，本章立足调研数据，运用扎根理论，依托因子分析，通过不同主体需求与激励间的相关因素分析，筛选并识别馆员参与创客空间转型服务的正向激励因素，提炼并归纳促进创客开展创意活动的有效激励因素，据此构建相关激励模型，提出实操对策，并立足行业组织，谋求协作共建，推进有效组织和有为馆员/创客的协作发展。

第一节 馆员与创客协作发展激励机制分析

随着现代信息技术的迅猛发展及广泛应用，图书馆传统服务需求在逐步减少，但人民享受公共文化服务的诉求却与日俱增。新时代赋予新使命，图书馆的功能定位需要与时俱进，不断调适。在图书馆服务转型、创新发展过程中，创客文化走进了图书馆，创客空间作为创客文化的载体正成为图书馆服务创新的重要支点，馆员与创客之间的协作发展正成为图书馆创客空间有效运行的重要支柱。近些年来，针对图书馆创客空间的理论研究虽然方兴未艾，但协作发展仍是喜忧参半。

一 创客空间理论研究供需剖析

从供给角度看，国内外有关创客空间主题的研究综述，前文已有阐释，此处不再赘述。总体来看，基于图书馆员参与创客空间转型服务的研究，相对本学科其他学术成果而言，并不是很多，有关馆员与创客协作发展的激励机制研究更是少之又少。从需求视角看，如何探析创客空间服务中存在的问题，构建馆员与创客协作发展激励机制，对于指导和促进图书馆创客空间快速健康发展，至关重要。

(一) 创客空间服务研究梳理

本研究以中国知网（CNKI）的《中国学术文献网络出版总库》作为全文文献统计数据获取来源，以主题检索词"创客空间服务"并含"图书馆员"进行检索，检索时间为 2019 年 9 月 12 日，不限发表时间，检索结果为 52 条。对检索结果进行梳理，其内容大致趋于三类。

第一类是馆员在创客空间中的角色定位，如刘丽娟[1]、曹国凤[2]等，分别从创客空间内容出发，将馆员分为知识型的信息导航者、协调型的创客管理者和嵌入式的学科服务者；朱爽[3]等从创客需求视角出发，将馆员分为信息导航者和科学服务人员。第二类是创客空间对馆员能力与素养的要求，如曾东薇[4]、刘小芳[5]、翟秀凤[6]、陶蕾[7]等认为，馆员从事创客空间服务要有创客服务理念、技术、监管、信息、知识产权保护等能力和素养。第三类是提升馆员参与创客空间服务能力的路径与策略，如刘阔[8]、张亚君[9]、吴瑾[10]、栾冠楠[11]等，认为馆员应通过参加培训、自主学习、合

---

[1] 刘丽娟、郝群、王宁等：《创客空间服务中图书馆员的角色定位及能力提升研究综述》，《情报探索》2019 年第 2 期。

[2] 曹国凤：《创客时代图书馆员角色定位与发展策略》，《四川图书馆学报》2017 年第 2 期。

[3] 朱爽、刘宁：《创客时代图书馆员角色定位与发展策略研究》，《办公室业务》2018 年第 6 期。

[4] 曾东薇：《创客空间环境下图书馆员的培养》，《内蒙古科技与经济》2017 年第 8 期。

[5] 刘小芳：《图书馆创客空间的馆员能力及培育研究》，《河南图书馆学刊》2015 年第 11 期。

[6] 翟秀凤：《图书馆创客空间中的知识服务研究》，《长春师范大学学报》2017 年第 12 期。

[7] 陶蕾：《图书馆创客空间建设研究》，《图书情报工作》2013 年第 14 期。

[8] 刘阔、翟小乐、王洪禄：《我国图书馆创客空间构建相关思考》，《河南图书馆学刊》2017 年第 1 期。

[9] 张亚君、唐鹏、李建强等：《美国高校图书馆创客空间实践研究》，《图书馆工作与研究》2015 年第 4 期。

[10] 吴瑾：《创客空间环境下高校图书馆员的作用与能力提升》，《图书情报工作》2018 年第 2 期。

[11] 栾冠楠、郭倩影、唐小利等：《面向图书馆创客空间服务的学科馆员队伍建设》，《图书馆工作与研究》2017 年第 8 期。

作交流等途径提高职业素养。

（二）协作发展激励研究需求

一方面，随着越来越多的图书馆开展创客空间服务及创客空间服务工作的深入发展，更多的馆员面临服务转型问题，而图书馆为馆员服务转型提供的条件与其真正的需求往往存在差距。已有成果中对于如何激励馆员积极参与服务转型关注不多，对如何激发馆员利用创客空间服务创客需求的研究则更少。因此，开展馆员服务转型需求研究，归纳并识别出激励馆员积极参与转型发展的关键因素，对于推动馆员参与创客空间创新发展、满足创客日益增长的个性化需求，显得尤为重要。

另一方面，现有研究主要是从创客空间服务对馆员工作能力要求出发，探讨馆员应如何做好服务转型等，而缺乏从馆员/创客的需求视角来研究该问题。因此，从馆员认知视角和创客实践视角来探究影响馆员/创客协作发展的各类因素，通过有针对性地强化馆员服务效益、满足创客创新需求并建立起相应的协作激励机制，对于更好地促进馆员参与热情、推动创客创新创造，都显得尤为迫切。

二 创客空间协作发展现状描述

在图书馆创客空间服务体系构建中，协作发展的主体主要包括馆员和创客。其中，馆员提供服务，除了岗位职责要求，其自身参与意愿在哪里？创客参与活动，除了自身兴趣所致，其外在激励有哪些？如何激励馆员与创客参与空间发展的思想、行为，这是馆员与创客协作发展激励机制构建中必须解决的首要问题。

（一）馆员参与意愿

作为创客空间的服务主体，馆员的核心职责是为创客聚集、分享、合作，将各种创意和技术转化为现实提供服务[①]，其服务内容和服务模式与文献信息服务存在明显差异，馆员参与创客空间服务，面临着自身服务能力的重构和服务角色的重新定位。鉴于此，馆员往往更愿意从事传统图书馆业务，参与服务转型意愿不强。因而探究馆员服务转型过程中的需求，进而激励馆员积极面对变革、参与变革，无疑是图书馆创客空间建设过程

---

① 李培红、鄢小燕：《美国图书馆 Makerspace 实践案例及启示》，《图书馆学研究》2013年第15期。

中亟待解决的重要问题。

(二) 创客需求动机

创客空间平台逐渐嵌入图书馆服务体系后，创客作为图书馆一个新的用户类群，其需求有其自身特性，绝非仅局限于相关知识的获取。根据创客需求，提供有针对性的服务，激励更多用户参与创客活动，是建立馆员与创客协作机制中需要探究的一个重要问题。对此，虽然图书馆界的研究很少，但激励理论发展已较为成熟，且流派较多。不同流派由于研究的视角不同，其所阐述的激励因素差异性也较大[①]，如何借鉴已有理论与实践成果，探究创客动机，给予有效激励，显然并非易事，需要拓展思路，创新方法。

三 协作发展激励机制研究设计

图书馆创客空间建设是一个系统工程，相关激励机制构建也必然涉及方方面面，应坚持系统思考，树立主体意识，引入相关理论和方法，开展针对性探究。

(一) 基本思路与主要步骤

参与创客空间建设的各类主体，本身应该有自我激励的自觉。基于馆员/创客的激励研究，应立足各类主体需求，有针对性开展。换句话说，在图书馆创客空间活动中，创客是主体，对创客的激励，主要是通过参与创客空间服务的馆员来组织实施；在图书馆创客空间服务中，馆员是主体，对馆员的激励，主要是通过其归属的图书馆来部署安排；在图书馆创客空间建设中，图书馆是主体，对图书馆的相应激励，主要可依托图书馆行业组织来推动落实（图书馆行业组织，主要指各级各类图书馆工作委员会、图书馆学会、协会、联盟等组织，以下统一简称为行业组织）。

基于以上思考，依据对各级各类高校图书馆/公共图书馆的广泛调研，依托对相关馆员/创客的深度访谈，研究团队采集了大量第一手数据（包括音频、视频、图片资料等）；借助Nvivo12.0的群组和编码功能，运用扎根方法，结合因子分析，按照原始因素在概念层次上的逻辑性、内在联结性对其进行筛选和归类；识别并归纳出符合馆员/创客协作发展情境的有

---

① 杨文士等编著：《管理学原理》，中国人民大学出版社2004年版，第276—282页。

效激励因素，构建相应模型；并结合工作实际和行业发展，阐释运行机理，提出激励策略。

（二）扎根理论与因子分析

根据研究需要，研究者引入了扎根理论，运用扎根方法提炼各类激励因素，并利用因子分析，完善相关激励因素的有效识别，以此促成图书馆创客空间服务体系中馆员与创客协作发展激励机制的最终构建，助推相关激励策略的形成和落实。

扎根理论认为：任何理论都有经验事实作为依据，一定的理论总是可以追溯到其产生的原始资料。主张通过归纳的方式，不断反复地提升概念层级并最终建立理论[1]。目前，该理论已被广泛应用到各个学科领域，解决了农民合作社联合社合法性的动态获取机制[2]、心理契约多元关系路径及其影响效应[3]、高校图书馆员参与创客空间构建意愿[4]等多个学科领域问题。以上研究成果充分表明：以原始数据样本为基础提取原始激励因素是可行的，可以引入并开展图书馆创客空间服务体系中馆员与创客协作发展激励机制研究。

因子分析法是一种经由多次的因素分析程序，求出量表最佳因素结构的研究方法，能够客观地反映出指标间的内在逻辑性和联结性，实现观测变量的归类，将相关性较高，即联系紧密的分在同一类中，每一类变量实际上就代表了一个基本结构。采用因子分析法筛选原始激励因素，具有重复率低、指标解释率高等明显优势[5]。因此，在扎根方法归纳抽象出主范畴后，运用因子分析法对激励因素的结构和有效性进行验证和完善，可进一步促进馆员与创客协作发展激励机制的最终构建，有利于依托激励机理进一步提出完整的激励策略。

---

[1] 张艳芳：《扎根理论：图书馆学本土化研究的新视角》，《图书馆杂志》2011年第3期。

[2] 崔宝玉、孙迪：《农民合作社联合社合法性的动态获取机制——基于扎根理论的研究》，《财贸研究》2019年第4期。

[3] 朱嘉蔚、朱晓妹、孔令卫：《心理契约多元关系路径及其影响效应研究——基于扎根理论的个案分析》，《江西社会科学》2019年第3期。

[4] 罗巧燕、朱军：《高校图书馆员参与创客空间构建意愿影响因素模型分析》，《图书情报工作》2015年第22期。

[5] 宇传华主编：《SPSS与统计分析》（第二版），电子工业出版社2014年版，第71—74页。

第二节 基于馆员的协作发展激励机制构建

就图书馆创客空间服务体系建设来说，协作发展的核心当然是馆员，创客只不过是一种特定的服务对象，是特定的读者，最具活力的用户群体。因此，在协作发展的激励机制构建中，首先要以馆员为本，发挥馆员的潜能和激情。

一 馆员样本采集与数据处理

目前，国内创客空间的发展主要以公共图书馆和高校图书馆为主，因此，本书所采集的创客空间相关资料便以此为主，但也涉及部分专业图书馆乃至中小学图书馆。

（一）馆员样本采集

本次样本采集对象为图书馆馆员，时间从2018年2月到2019年1月，在20所已开展创客空间服务的图书馆抽取150位馆员，其中65位馆员曾经或正在参与创客空间服务（占比43.3%），85位馆员未曾参加创客空间服务，但对创客空间服务比较了解（占比56.7%）。根据质化研究对受访对象具有先验理论认知的要求且遵从馆员意愿，最终选择60位馆员作为访谈对象（有创客服务经历的25位，没有创客服务经历的35位）。为了引导和控制访谈过程，研究组事先拟定了访谈内容提纲，包括两个核心主题及一个开放性问题。两个核心主题是馆员参与空间转型服务的需求与转型服务动机，开放性问题是"您对图书馆做好馆员转型服务工作的建议"。为确保访谈内容的准确性和可靠性，研究者将访谈内容整理成书面反馈资料，由馆员签字确认后，再回收。

（二）基于Nvivo的数据处理

借助Nvivo12.0的群组和编码功能，将60份访谈样本以文件的形式导入，为每一份文件根据访谈对象建立相应的案例，对文件和案例属性值进行赋值。对访谈资料的处理分为两个阶段：第一阶段对其中的50份访谈资料进行三级编码和范畴提炼，初步建立起馆员参与创客空间转型服务激励机制；第二阶段再对余下的10篇访谈资料进行编码和提炼，对第一阶段所形成的概念、范畴及逻辑关系进行信息饱和度检验。

开放式编码主要是通过对原始语句分解、缩编，获取能够反映原始语句内涵的初始概念，再对同类初始概念进行归纳，形成能够反映关键问题的独立范畴。通过对 50 份访谈样本逐句切割、分解，共获取 409 条初始概念（用 a…表示）。由于访谈资料的初始概念化是范畴化的基础，其效度关乎整个理论构建的准确性，本次初始概念化采用"研究者三角校正法"对其进行效度检验。

研究团队的另外两位研究者分别对 50 份访谈资料进行初始概念化，并将初始概念化的结果从 Nvivo12.0 中导出，与本研究的初始概念化进行比较，对存在歧义的部分进行讨论以达成一致意见，形成最终的初始概念；以此为据，再对初始概念进行分类、归纳、合并等操作，共挖掘出 22 个独立范畴（用 A…表示），从而构建起激励机制的开放式编码体系。

由于数据量较大，表 7-1 仅以部分访谈样本作为开放式编码示例。

主轴编码是对开放式编码获取的独立范畴进行合并、归纳，获取主范畴的过程。结合本次调研、访谈的主题，我们将开放式编码获取的 22 个独立范畴集结为两个主范畴，分别为：转型服务需求、转型服务动机。

选择式编码是对主范畴进行概念层次上的提高，从主范畴中提炼出整个编码过程的核心范畴。本次研究的目的是建立图书馆员参与创客空间转型服务激励机制，访谈的两个核心主题"转型服务需求"和"转型服务动机"也是围绕建立激励机制进行，故将核心范畴归纳为"图书馆员参与创客空间转型服务激励机制"。

为了确保编码信息的完整性，需要对编码信息的饱和度进行检验，其衡量标准就是要看在数据处理第二阶段，还能不能提炼出新的独立范畴和主范畴。经过对另外十篇访谈资料进行编码验证，研究人员并未发现新的独立范畴和主范畴。因此基本可以认定：本次研究提取的主范畴和独立范畴信息达到饱和。

通过三级编码，初步建立起图书馆员参与创客空间转型服务激励机制，其中，独立范畴、主范畴及核心范畴之间的逻辑关系及结构见表 7-2。

第七章 协作发展激励机制的构建及策略

表 7-1　　　　　　　　　　馆员访谈样本开放式编码示例

原始参考点	一级节点 （初始概念化）	二级节点 （范畴化）
原来我们图书馆的创客空间是数字资源部下的一个分支机构，随着服务需求的扩大，现在已设置为一个独立的部门	a1 独立设置部门	A1 政策和制度扶持 （a1、a3、a12…）
创客空间的监管制度也逐步建立起来，比如空间发展规划、年度项目预算、功能定位等等，这样我们就知道了未来发展方向	a3 建立管理制度	
学校也重视创客空间发展，学生参加创客空间活动可以置换学分，考硕考博可以加分，参加创客空间的人越来越多	a12 学校制度支持	
……	……	
我认为图书馆创客空间的发展主要取决于馆领导的重视程度，尤其是一把手，推动力度越大，空间发展得就越快越好	a15 领导推动力度	A2 领导重视程度 （a15、a20、a189…）
我们图书馆创客空间活动很多，每次活动方案馆长把关，对我们支持力度大，工作起来就很顺利	a20 馆长参与	
领导抽调部分业务骨干充实服务团队，现在我们的服务能力比过去强多了	a189 人力资源保障	
……	……	
……	……	……
	共计 409 个概念	共计 22 个独立范畴

表 7-2　　　　　　　　　核心范畴、主范畴、独立范畴及其关系

图书馆员参与创客空间转型服务激励机制	
转型服务需求	转型服务动机
A1 政策和制度扶持	A2 领导重视程度
A5 创客空间运维保障	A3 创客文化氛围
A6 服务团队构建	A4 创客空间发展前景
A8 工作授权权限	A7 创客对服务认可度

续表

图书馆员参与创客空间转型服务激励机制	
A9 知识和技能培训	A10 工作胜任度
A11 个人成长感知	A14 职业生涯规划
A12 工作成就	A16 工作挑战性
A13 荣誉感体验	A17 创客参与度
A15 奖励	A19 创客空间管理规范
A18 职位升迁公平性	A20 创客空间影响力
A21 创客空间工作环境	
A22 创客空间功能定位	

表7-2表明激励机制包括两个激励维度,其中转型服务需求包括12个激励因素,即图书馆可通过12条行动路径来满足馆员需求,从而达到激励馆员的目的;转型服务动机包括10个激励因素,表明图书馆可通过10条行动路径来强化馆员动机,从而达到激励馆员的目的。

二 样本结构分析与因子识别

上文构建的图书馆员参与创客空间转型服务激励机制是否科学合理有待进一步分析验证,主要在两个方面:一是22个激励因素对于馆员的激励有效性如何;二是将22个激励因素集结为两个主范畴是否能充分反映出独立范畴间的内在逻辑性和联结性,其结构是否合理。

为此,研究者以22个激励因素为观测变量,编制有关"图书馆员参与创客空间转型服务激励因素和激励效果"的量表。量表大体分为以下两个部分。

第一部分为馆员基本属性,包括性别、年龄、受教育程度、对创客空间的了解程度。

第二部分采用李克特5级量表,对22个激励因素的有效性进行测量,为每个激励因素均设置"非常有效""比较有效""一般""不太有效""无效"5个选项,对应得分为5、4、3、2、1。以30所图书馆的馆员为调查对象,研究组共发放调查问卷480份,回收有效问卷442份,有效回收率为92%。

(一) 馆员样本结构分析

将调查问卷的第一部分数据输入 Spss19.0,通过对馆员基本属性的描述性统计,可以看出样本分布情况,了解样本基本特征。

从馆员基本属性的描述性统计可以看出,被调查馆员性别、年龄、教育程度及对创客空间的了解程度比例未出现较大偏差。

在对创客空间的了解程度方面,非常了解和一般了解的被访者占84.50%,说明绝大多数被访者在一定程度上了解图书馆创客空间的情况,其对于激励因素的评价是从自身的参与体验或认知出发的,样本的覆盖面符合调查预期要求。具体数据统计见表7-3。

表7-3　　　　　　　馆员基本属性描述性统计

描述项目	分类	人数	比例
性别	男	209	57.01%
	女	233	42.99%
年龄	18岁以下	12	2.21%
	18—30岁	195	54.42%
	30—40岁	175	32.32%
	40岁以上	60	11.05%
教育程度	高中及以下	27	5.08%
	大专	102	18.81%
	本科	256	47.15%
	研究生及以上	57	28.96%
对创客空间的了解程度	非常了解	175	50.74%
	一般了解	183	33.76%
	不太了解	84	15.50%

(二) 观测变量的因子识别

对22个观测变量进行因子识别前,研究者需对量表的信度和效度进行检验,通过采用常用的 α 系数进行信度检验,检验结果见表7-4。本量表的 Cronbach α 系数为0.878,大于0.8,表明本量表的可靠性比较理想①。

表7-4 可靠性统计量

Cronbach's Alpha	基于标准化项的 Cronbachs Alpha	项数
0.878	0.874	21

效度主要用于测测定值与目标真实值的接近程度，进而判断测量结果是否反映所要测量的特质②。运用 Spss19.0 对量表进行 KMO 和 Batrlett 球形度检验，可得到表 7-5 所示结果。样本数据的 KMO 值为 0.927，大于 0.8，说明变量间的相关性强。Batrlett 球形度检验显著水平值为 0，小于 0.01，近似卡方值为 12685.428，说明原始指标间可能存在共同因子③。

表7-5 KMO 测度和 Batrtlett 检验

取样足够度的 Kaiser–Meyer–Olkin 度量		0.927
Batrtlett 的球形度检验	Approx. Chi–Square	12685.428
	Df	1028
	Sig.	0

本研究利用因子分析法，以特征值大于 1，不设定公共因子提取数量为条件，采取最大方差法正交旋转，根据旋转后的因子载荷矩阵来确定公共因子 F_i，且剔除最高载荷系数小于 0.45 的指标，同时遵守因子分析过程中载荷在公共因子上的变量至少要三个才合理的原则④，在 Spss19.0 中，通过降维，提取公因子，其中前四项的初始特征值分别为 18.510、5.994、1.654、1.023，经过多次旋转，共提取四个公共因子，方差累计贡献率达到 87.931%。见表 7-6。

---

① 谢龙汉、尚涛编著：《SPSS 统计分析与数据挖掘》，电子工业出版社 2012 年版，第 611 页。

② 杨维忠、张甜编著：《SPSS 统计分析与行业应用案例详解》，清华大学出版社 2011 年版，第 25—28 页。

③ 吴明隆：《问卷统计分析实务—SPSS 操作与应用》，重庆大学出版社 2010 年版，第 33-37 页。

④ 邓君、盛盼盼、王阮等：《用户感知视角下档案网站服务质量评价指标体系研究》，《图书情报工作》2018 年第 1 期。

表7-6　　　　　　　　　　　解释的总方差

成分	初始特征值			提取平方和载入			旋转平方和载入		
	合计	方差的%	累积%	合计	方差的%	累积%	合计	方差的%	累积%
1	18.51	36.815	46.815	18.51	46.815	46.815	6.51	26.709	26.709
2	5.944	20.399	71.214	5.944	24.399	71.214	6.245	24.367	51.076
3	1.654	19.344	80.558	1.654	9.344	80.558	5.207	19.452	70.528
4	1.023	11.373	87.931	1.023	7.373	87.931	4.341	17.403	87.931

22个观测变量经最大方差法正交旋转后，共剔除两个变量：A19创客空间管理规范和A22创客空间功能定位。根据旋转因子载荷矩阵可以确定公因子，因子载荷反映了各个激励因素的变异可以主要由哪些因子解释，同时将激励因素分为四类。见表7-7。

表7-7　　　　　　　　观测变量探索性因子分析结果

因子	激励因素	因素荷重			
		F1	F2	F3	F4
F1	A1 政策和制度扶持	0.707	0.149	0.155	0.132
	A2 领导重视	0.793	0.229	0.209	0.183
	A3 创客文化氛围	0.755	0.369	0.244	0.122
	A4 创客空间发展规划	0.733	0.343	0.298	0.136
	A5 创客空间运维保障	0.714	0.163	0.438	0.013
	A21 创客空间工作环境	0.691	0.248	0.457	0.021
	A20 创客空间影响力	0.583	0.112	0.055	0.198
F2	A6 服务团队构建	0.462	0.499	0.395	0.019
	A8 工作授权权限	0.136	0.812	0.079	0.083
	A9 知识和技能培训	0.266	0.785	0.263	0.157
	A10 工作胜任度	0.302	0.813	0.012	0.212
F3	A14 职业生涯规划	0.258	0.428	0.708	0.138
	A12 工作成就	0.144	0.194	0.786	0.233
	A13 荣誉感体验	0.067	0.303	0.754	0.015
	A17 创客参与度	0.077	0.208	0.599	0.235
	A16 工作挑战性	0.238	0.157	0.499	0.312
	A7 创客对服务认可度	0.154	0.331	0.487	0.253

续表

因子	激励因素	因素荷重			
		F1	F2	F3	F4
F4	A15 绩效奖励	0.278	0.015	0.224	0.773
	A18 职位升迁公平性	0.115	0.533	0.216	0.588
	A11 个人成长感知	0.312	0.48	0.152	0.605

上述激励因子分析验证中：A19 创客空间管理规范和 A22 创客空间功能定位作为激励因素的有效性未通过验证。因此，运用扎根方法构建的激励机制还需进一步完善。

三 馆员激励因素完善与模型构建

创客空间功能定位、空间管理规范两个独立范畴作为激励因素的有效性未通过验证，表明以其激励馆员参与创客空间转型服务的有效性不明显，可能是访谈过程中极少数馆员的感受或认知，并未得到大多数馆员的认可，为进一步完善相关研究，需将其从激励因素中剔除。

（一）馆员激励因素的完善

在主轴编码过程中，将独立范畴集结为两类，未能通过因子分析验证，表明以访谈主题为依据进行主范畴的归纳，不能充分揭示独立范畴间的内在逻辑性和联结性，导致激励机制的结构并不完全合理。

从各个公共因子上承载的观测变量看，F1 和 F2 都体现了馆员转型服务需求，但不同需求因素间的逻辑性和联结性存在差异，还需细化。F4 因子上承载的三个观测变量与访谈的两个核心主题不一致，可能是馆员回答开放性问题所致。为此，根据观测变量正交旋转结果，可将独立范畴重新集结为四类，根据每个公共因子上承载变量间的内在逻辑性和联结性为公共因子命名，以公共因子作为主范畴。

F1 因子：由七个激励因素组成，这七个激励因素的共性在于它们体现了馆员参与转型服务的工作条件和环境，所以，把 F1 因子包括的七个激励因素归纳为"工作条件和环境"。

F2 因子：由四个激励因素组成，A6 重在馆员团队对创客的服务能力；A8 涉及馆领导对馆员工作能力的认可度和培养；A9 表示图书馆为馆员提供的学习和培训机会；A10 体现了馆员的工作能力与创客空间工作的匹性。根据这4个激励因素的内容,可以把F2归纳为"服务能力建设"。

F3因子:由六个激励因素组成,A14职业生涯规划表示馆员职业发展目标与参与创客空间转型服务的关联性大小,A12、A13、A16、A17、A7主要体现馆员参与创客空间转型服务的心理感知,而这些感知影响馆员参与创客空间服务的参与动机,作为激励因素,可把F3归纳为"参与动机强化"。

F4因子:由三个激励因素组成,这三个因素的共性体现在馆员通过参与创客空间工作所感受到的个人获得,可把F4命名为"馆员获得感知"

通过以上分析,二十个激励因素可以归纳为四个主范畴,分别是:工作条件和环境、服务能力建设、参与动机强化、馆员获得感知。

(二)馆员激励要素界定

将通过验证的20个观测变量确定为独立范畴,将四个公共因子确定为主范畴,将本次研究的主题——图书馆员参与创客空间转型服务激励机制确定为核心范畴。

以主范畴表示激励机制运行的4个维度,以独立范畴表示有效激励因素,可有效推导出激励机制的结构与激励要素,见表7-8。

表7-8　　　　　　　　激励机制的结构与激励要素

核心范畴 (激励机制)	主范畴 (激励运行维度)	独立范畴 (有效激励因素)
图书馆员参与创客空间转型服务激励机制	工作条件和环境	A1 政策和制度扶持
		A2 领导重视程度
		A3 创客文化氛围
		A4 创客空间发展规划
		A5 创客空间运维保障
		A21 创客空间工作环境
		A20 创客空间影响力
	服务能力建设	A6 服务团队构建
		A8 工作授权权限
		A9 知识和技能培训
		A10 工作胜任度

续表

核心范畴 (激励机制)	主范畴 (激励运行维度)	独立范畴 (有效激励因素)
图书馆员参与创客空间转型服务激励机制	参与动机强化	A14 职业生涯规划
		A12 工作成就
		A13 荣誉感体验
		A17 创客参与度
		A16 工作挑战性
		A7 创客对服务认可度
	馆员获得感知	A15 绩效奖励
		A18 职位升迁公平性
		A11 个人成长感知

(三) 馆员激励机制模型构建

由表7-8可知，处于中心位置的是核心范畴，即馆员参与创客空间转型服务激励机制，以其表示激励措施产生的激励效果；4个主范畴是由独立范畴归纳形成，具有高度概括性，是激励机制运行的四个维度，以其表示激励措施到激励效果产生的激励中介；20个独立范畴是由原始语句概念化归纳形成，具体性强，是馆员的具体需求，也是激励机制运行的起点，以其表示具体的激励措施。

就不同范畴而言，同一层的指标因素从属于上一层的指标因素或对上层指标因素有影响，同时又支配下一层的指标因素或受到下层指标因素的作用。通过具体激励措施的实施，馆员参与转型服务需求得到满足，到激励中介作用的发挥，再到激励效果的产生，可完整地构建出激励机制运行模型。如图7-1所示。

四 馆员激励机制阐释与驱动策略

根据图7-1，可从工作条件和环境、服务能力建设、参与动机强化、馆员获得感知四个维度阐释馆员激励机制的运行机制，并据此采取相应的驱动策略。

第七章 协作发展激励机制的构建及策略　　269

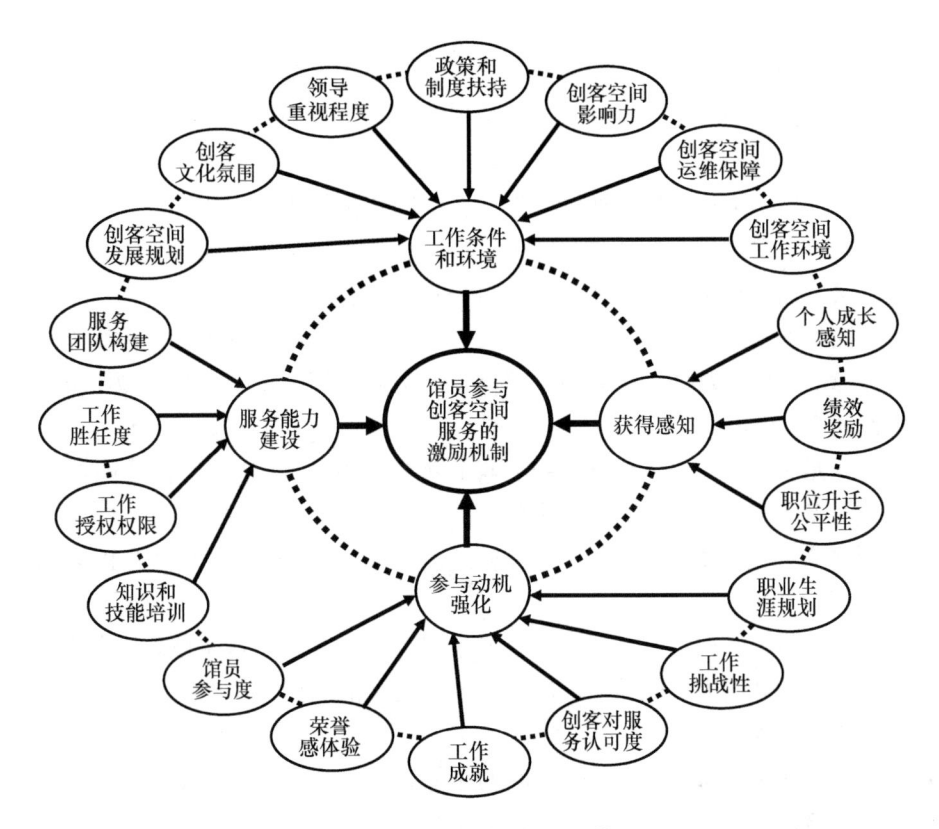

图 7-1　馆员激励机制运行模型

（一）工作环境与条件

政策和制度扶持、上级领导对创客空间工作的重视程度、创客文化氛围及创客空间的影响力构成创客空间工作的外在环境和条件；创客空间发展规划、创客空间运维保障和创客空间内部工作环境构成创客空间工作的内在环境和条件。要满足馆员对创客空间工作环境与条件的需求，图书馆可通过实施七项措施来激励馆员。

一是强化政策支持。在政策层面为创客空间的建设和发展提供支撑，通过相关制度明确创客空间发展理念、功能定位、工作目标等，从而明确创客空间内外工作环境与条件，让馆员意识到创客空间服务是图书馆服务转型的发展方向，了解自己参与转型服务后的角色定位、工作内容等。一个确定的未来工作环境与条件能增加馆员对参与转型服务后的安全需求，从而提高馆员参与转型服务意愿。

二是加大推动力度。馆领导对创客空间工作推动力度大给馆员的心理暗示是：创客空间工作及其工作岗位很重要，参与创客空间工作能满足馆员被尊重的心理需求，对馆员产生正向激励。

三是营造良好氛围。通过加强创客空间相关知识的宣传，举办创客活动、比赛等多维途径营造创客文化氛围，有利于馆员认识到参与转型服务的意义，满足馆员对于工作价值认知的需求，达到激励作用。

四是加强运维保障。创客空间人力、资金投入和设备配置等运维条件有保障，工作条件的优化有利于馆员干出工作成绩，馆员参与转型服务积极性就会提高。

五是扩大社会影响。创客空间在创客中的影响力越大，越能激发出馆员的工作责任心和参与转型工作兴趣。参与一个声誉高、口碑好的创客空间工作能给馆员带来荣誉感和自豪感，对馆员就会有正向激励作用。

六是明确发展定位。图书馆制定的创客空间发展规划如果既切合实际又有一定的吸引力，能满足馆员对于未来发展的期望，就能吸引馆员参与创客空间服务工作。

七是优化空间布局。创客空间的布局合理，人际环境和谐，工作环境舒适，能满足馆员参与转型服务的情感与归属需要，馆员参与创客空间服务意愿增强。

（二）服务能力建设

随着创客服务个性化、多样化及复杂化，创客空间服务能力建设必须包括两个方面：既要重视馆员个体服务能力建设，又要加强服务团队的建设。当馆员服务能力能满足创客服务需求时，馆员做好服务工作的信心就会增强。在访谈过程中发现，对自己服务能力信心不足是部分馆员参加创客空间工作意愿不强的重要原因。图书馆可通过四项措施加强馆员服务能力建设。

一是加强队伍建设。构建一支具备咨询、培训、沟通等能力的综合性服务团队，每个队员各司其职，充分发挥各自特长。一个很强的服务团队才能吸引馆员参与其中。

二是确保权责相宜。图书馆领导对从事创客空间服务工作的馆员要适度授权，在授权不授责的前提下，适当的授权能提高馆员解决问题的灵度和工作效率,更有利于调动馆员的工作积极性。

三是强化技能培训。创客空间工作与传统图书馆工作差异性较大,必须掌握一些新的服务技术,具备一定的服务能力。因此,为馆员提供相应的知识和技能培训机会,既能让馆员感知到自身的成长,也能增强馆员干好转型后工作的信心。

四是做到知人善用。图书馆领导要对馆员专业、服务等能力充分掌握,挑选合适的人到合适的工作岗位,有利于提高馆员转型到新的工作岗位的意愿。

(三) 参与动机强化

正向动机强化要求在馆员积极行为发生后,立即用物质的或精神的鼓励来肯定这种行为,在这种刺激作用下,个体感到有利,从而增加以后的行为反应频率。图书馆可通过六项措施强化馆员参与动机。

一是明确职业前景。图书馆通过员工援助计划,协助馆员制定职业生涯发展目标,让馆员的职业发展目标与创客空间工作目标协调一致,馆员参与转型服务动机得到强化,正向激励效果就会产生。

二是强化榜样示范。优秀转型服务馆员的评选及转型服务典范的树立等精神层面的荣誉,能延续馆员积极行为,同时为其他馆员树立榜样,激发参与动机,有利于吸引更多馆员加入转型服务。

三是做好鼓励引导。馆领导及同事的认可、创客空间的逐步发展以及创客取得的优异成绩都会给馆员带来成就感,成就感能强化馆员参与动机,产生正向激励。

四是注重读者评价。当馆员的有效服务得到读者或用户的赞扬和好评,即创客空间服务中的创客认可和信赖,能满足馆员的尊重需求及价值需求,馆员服务动机就会得到强化,参与转型服务意愿就会提高。

五是彰显社会效益。参与创客空间的创客越多,社会效益越好,越有利于馆员认识到自己的工作价值,能给馆员带来更多的价值感和成就感,参与动机得到强化,参与创客空间服务积极性就会越高。

六是促进创新发展。丰富创客空间工作内容,适度增加工作挑战性,这既能给馆员带来新颖的刺激,也能通过完成挑战性工作增加馆员的贡献感和自豪感,由此强化馆员参与动机,产生正向激励作用。

（四）馆员获得感知

获得感是馆员的某种需要在转型服务中得到一定程度的满足而带给馆员个体心理上的愉悦体验，这种体验通常能进一步强化馆员参与转型服务的动机和意愿。图书馆可通过实施三项措施，实现对馆员的正向激励。

一是开展公正考评。图书馆对馆员提供职位和职称升迁机会时，要让参与转型服务的馆员看到，自己提供的劳动越多得到的利益也越多，让馆员感受到通过自己的劳动和工作，得到了自己应有的报酬，就会激发馆员更加尽责尽力地做好转型服务工作。

二是进行绩效奖励。对馆员转型服务取得的工作成效给予绩效奖励，包括物质和精神的，这使馆员看到了自己的成就、得到了尊重或取得了信任。

三是拓展晋升空间。基于创客空间工作与传统图书馆工作的差异性，馆员在重构服务能力过程中的成长如果能得到及时反馈，馆员个体的成长感知就能有效激励馆员。

第三节 基于创客的协作发展激励机制构建

就图书馆创客空间服务体系建设来说，协作发展自然离不开创客的热情参与，馆员必须充分理解并满足创客需求，做好信息导航、技术服务、创新管理。一句话，在协作发展的激励机制构建中，一定要以创客为本，提供个性化服务，激发创客的潜能和价值。

一 创客样本采集与数据处理

从扎根方法的逻辑流程看，其是以原始资料样本为基础，构建出符合资料情境的理论。因此，运用扎根方法，从创客访谈资料入手，梳理创客服务需求，可从创客服务需求因素中识别出激励图书馆创客创新的有效因素。

（一）创客样本采集

本次样本的收集是以图书馆创客为对象，在30所已开展创客空间服务的图书馆，随机抽取94位曾参加过图书馆创客活动的创客，并遵从创客意愿，抽取45位作为访谈对象。在访谈过程中，将访谈内容整理成书面反馈资料，由创客确认后再回收，以确保访谈内容的准确性和可靠性。为了引导和控制访谈过程，课题组事先拟定了访谈内容提纲，其中，两个核心主题分别是创客对图书馆的服务需求及创客实践的个人感受。

（二）基于 Nvivo 的数据处理

将45份访谈样本以文件的形式导入 Nvivo12.0①，为每一份文件以访谈对象建立相应的案例。在对文件和案例属性值进行赋值的基础上，逐句对每一个案例进行编码。通过对45份访谈样本逐句切割、分解、缩编，共获取419条初始概念（用b…表示）。

由于访谈资料的初始概念化是范畴化的基础，其效度关乎整个理论构建的准确性，本次初始概念化采用"研究者三角校正法"对其进行效度检验。

研究团队的另外两位研究者分别对45份访谈资料进行初始概念化，并将初始概念化的结果从 Nvivo12.0 中导出，与本研究的初始概念化进行比较，对存在歧义的部分进行讨论以达成一致意见，形成最终的第一级节点。在对第一级节点进行分类、归纳、合并等操作后，课题组共挖掘出20个独立范畴，形成第二级节点（用B…表示），分别是：

B1 创客文化宣传　　　B2 创客空间设施布局
B3 创客空间设备配置　B4 创客空间功能定位
B5 创客空间运作模式　B6 项目设置分类
B7 项目需求感知　　　B8 项目资金支持
B9 创客团队组建　　　B10 知识和技能培训
B11 跟踪服务指导　　　B12 创客典范树立
B13 创客相互沟通　　　B14 创客比赛实践
B15 政策和制度扶持　　B16 个人成长感知
B17 作品价值认可　　　B18 物质奖励
B19 荣誉感体验　　　　B20 创业商机扶持

由于创客服务需求的开放式编码数据量较大，表7-9仅以部分访谈样本作为编码示例。

---

① 刘世闵、李志伟：《质化研究必备工具 Nvivo10 之图解与应用》，北京经济日报出版社2017年版，第35—46页。

表 7-9　　　　　　　　创客访谈样本开放式编码示例

原始参考点	一级节点 （初始概念化）	二级节点 （范畴化）
我对创客文化了解不多。	b1 创客文化不了解	B1 创客文化宣传 （b1、b91、b97、b99…）
很多人不知道什么是创客空间，不了解创客空间的功能。	b91 创客空间基本知识	
图书馆创客空间活动很多，创客文化氛围较好，增加了创客空间影响力。	b97 创客文化氛围营造 b99 扩大创客空间影响力	
……	……	
……	……	……
图书馆协助我们建立了一个团队，大家共同做一个项目，互相讨论，互相启发，有利于成功。	b5 创意交流	B13 创客相互沟通 （b5、b20、b189…）
创客团队通常会做活动分享，促进创客和创客之间的交流，比如无人机的试飞，设备使用的时候，就会吸引感兴趣的同学观看。	b20 创客成功经验相互分享	
图书馆建立了创客互动沙龙，营造出创客交流分享的氛围。	b189 创客互动沙龙	
……	……	
……	……	……
即使没有获奖，我们的动手能力和创新能力也得到提高，就有成就感和自我满足感。	b208 个人能力提高 b209 获得成就感和满足感	B16 个人成长感知 （b208、b209、b235…）
很多东西不是在书本上能学到的，我们也是通过一点一点的兴趣积累，而图书馆提供了这个平台帮助我们了解内容，后期融合才能把它运用到我们正常的项目里。	b235 拓展知识面	
……	……	
……	……	……
	共计 419 个概念	共计 20 个独立范畴

二 创客有效激励因素分析与识别

人的行为是由需要引起的。实际上,激励正是一种通过满足人的需要使人产生行为动机的过程[①]。因此,从图书馆创客服务需求因素中识别出创客有效激励因素是符合激励理论逻辑的。鉴于此,研究者以上面提取的图书馆创客服务需求因素为基础,编制了"图书馆创客激励因素"五级评价量表,并从创客服务需求因素能否对创客发挥激励作用的维度,为20个独立范畴均设置"非常有效""比较有效""一般""不太有效""无效"5个选项,对应分值为5、4、3、2、1。研究组以30所图书馆创客为对象,发放量表500份,有效回收472份,对量表收集的数据采用Spss19.0[②]软件进行统计分析。

(一) 创客激励因素有效性统计

研究者对20个独立范畴激励有效性的平均得分和标准差进行了统计和计算。平均得分越高,表示创客感知此项独立范畴激励效果越高;标准差越小,表示大多数创客对某项独立范畴的激励作用认可度越接近一致。以独立范畴激励效果平均得分的大小进行排序得到表7-10。

表7-10　　　　　　　　独立范畴激励效果得分

排序	独立范畴	平均得分	标准差
1	B16 个人成长感知	4.47	0.813
2	B18 物质奖励	4.36	0.766
3	B7 项目需求感知	4.33	0.811
4	B17 作品价值认可	4.29	0.768
5	B8 项目资金支持	4.27	0.818
6	B14 创客比赛实践	4.26	0.647
7	B19 荣誉感体验	4.23	0.644
8	B15 政策和制度扶持	4.20	0.628
9	B10 知识和技能培训	4.19	0.959

---

① 杨文士等编著:《管理学原理》(第二版),中国人民大学出版社2004年版,第276—282页。

② 谢龙汉、尚涛编著:《SPSS统计分析与数据挖掘》,电子工业出版社2012年版,第222—224页。

续表

排序	独立范畴	平均得分	标准差
10	B12 创客典范树立	4.18	0.761
11	B20 创业商机扶持	4.15	0.709
12	B11 跟踪服务指导	3.99	0.771
13	B1 创客文化宣传	3.71	0.745
14	B9 创客团队组建	3.60	0.785
15	B13 创客相互沟通	3.08	0.932
16	B6 项目设置分类	2.07	0.925
17	B4 创客空间功能定位	1.48	0.772
18	B3 创客空间设备配置	1.33	0.881
19	B5 创客空间运作模式	1.29	0.443
20	B2 创客空间设施布局	1.22	0.515

（二）创客激励因素识别

从表7-10可以看出，独立范畴发挥激励作用的平均得分在3分以上的共15项，说明创客从自身感受判断认为它们对自己发挥了激励作用，而平均得分在3分以下的共5项，分别是：B6项目设置分类（2.07）、B4创客空间功能定位（1.48）、B3创客空间设备配置（1.33）、B5创客空间运作模式（1.29）、B2创客空间设施布局（1.22），其中有4项平均得分在两分以下，其对创客的激励作用可能不明显。因没有平均得分为1的，故可提出假设：20项独立范畴都能对创客发挥激励作用。

三 创客激励因素完善与模型构建

通过上述分析和假设，我们虽然对相关独立范畴的激励作用有了基本认知，但以此构建模型，仍需通过进一步分析，对假设进行验证。

（一）创客激励因素相关性分析

以每一个独立范畴作为自变量，以激励效果作为因变量，对每一个独立范畴与激励效果进行相关性分析。在Spss19.0中，Bivariat参数设置为计算Pearson相关系数，选择双侧显著性检验，样本数N为472。对输出结果整理如表7-11所示。

表7-11　　　　　　　　　独立范畴激励效果相关分析

独立范畴	激励效果	Sig.	独立范畴	激励效果	Sig.
B16 个人成长感知	0.883**	0.000	B20 创业商机扶持	0.567**	0.000
B18 物质奖励	0.901**	0.000	B11 跟踪服务指导	0.388**	0.001
B7 项目需求感知	0.832**	0.000	B1 创客文化宣传	0.549**	0.000
B17 作品价值认可	0.810**	0.000	B13 创客相互沟通	0.553**	0.000
B8 项目资金支持	0.697**	0.000	B9 创客团队组建	0.413**	0.002
B14 创客比赛实践	0.759**	0.001	B2 创客空间设施布局	-0.012**	0.721
B19 荣誉感体验	0.743**	0.001	B6 项目设置分类	-0.236**	0.837
B15 政策和制度扶持	0.673**	0.002	B4 创客空间功能定位	-0.012**	0.852
B10 知识和技能培训	0.654**	0.000	B3 创客空间设备配置	-0.038**	0.796
B12 创客典范树立	0.652**	0.000	B5 创客创空间运作模式	-0.004**	0.899

注：显著性水平，* 表示在0.05水平上显著；** 表示在0.01水平上显著，N=472。

（二）创客有效激励因素界定

在表7-11中，独立范畴B2创客空间设施布局、B6项目设置分类、B4创客空间功能定位、B3创客空间设备配置、B5创客空间运作模式的Sig.值分别为0.B721、0.837、0.852、0.796、0.899，均远大于0.01，相关系数为负值。这说明它们是创客服务需求因素，是图书馆在创客空间建设过程中应关注的重要方面，但作为创客激励因素发挥作用不明显，故不将其作为创客激励关注点。这一验证结论与独立范畴激励平均得分的描述性统计结果基本一致。因此，在Nvivo12.0中，须将这五项独立范畴删除，不作为主范畴归纳的基础。

经过以上分析，图书馆创客激励因素可归纳为15个独立范畴，分别为：

　　B1 创客文化宣传　　　B7 项目需求感知　　　B8 项目资金支持
　　B9 创客团队组建　　　B10 知识和技能培训　　B11 跟踪服务指导
　　B12 创客典范树立　　　B13 创客相互沟通　　　B14 创客比赛实践
　　B15 政策和制度扶持　　B16 个人成长感知　　　B17 作品价值认可

B18 物质奖励　　　　　B19 荣誉感体验　　　　B20 创业商机扶持

（三）创客激励机制模型构建

以余下的 15 项独立范畴作为激励因素，在 Nvivo12.0 中进一步通过分类合并，归纳范畴类属，得到四个主范畴，同时形成第三级节点，分别是：场域生态构建、能力里路铺设、参与动机强化、获得感知反馈。以主范畴为基础，通过提高主范畴的抽象层次提炼出核心范畴。

上述研究旨在识别出图书馆创客有效激励因素，相关访谈梳理也以探究图书馆创客激励因素为目的，因此，自然而然地便可推导出"图书馆创客激励因素"这一核心范畴。

从原始语句的概念化到独立范畴的归纳，从独立范畴到主范畴的提炼，形成了对核心范畴的完整支撑，同时也清晰地勾勒出围绕核心范畴的四条故事线。

根据上述分析，可构建出如图 7-2 所示的图书馆创客激励机制运行模型。

由图 7-2 可知，模型共分为三个层次：

一是中间核心层：处于中心位置的图书馆创客激励机制因素，这也正是我们探究主题。

二是中间理论层：是由二级节点归纳形成，具有高度概括性，是模型的理论层面，包括场域生态构建、能力里路铺设、参与动机强化、获得感知反馈四个方面。

三是外围操作层：是由原始语句概念化归纳形成，具体性强，是模型的操作层面。

由操作层到理论层再到核心层，概括出模型的四条故事线，同时也形成四个基本运行轨迹。

四　创客激励机制阐释与驱动策略

根据图 7-2，可从场域生态构建、能力里路铺设、参与动机强化、获得感知反馈四个维度阐释创客激励机制的运行机制，并据此采取相应的驱动策略。

（一）场域生态构建

创客空间场域生态构建，在操作层面主要通过四条路径对创客发挥正

第七章　协作发展激励机制的构建及策略　　279

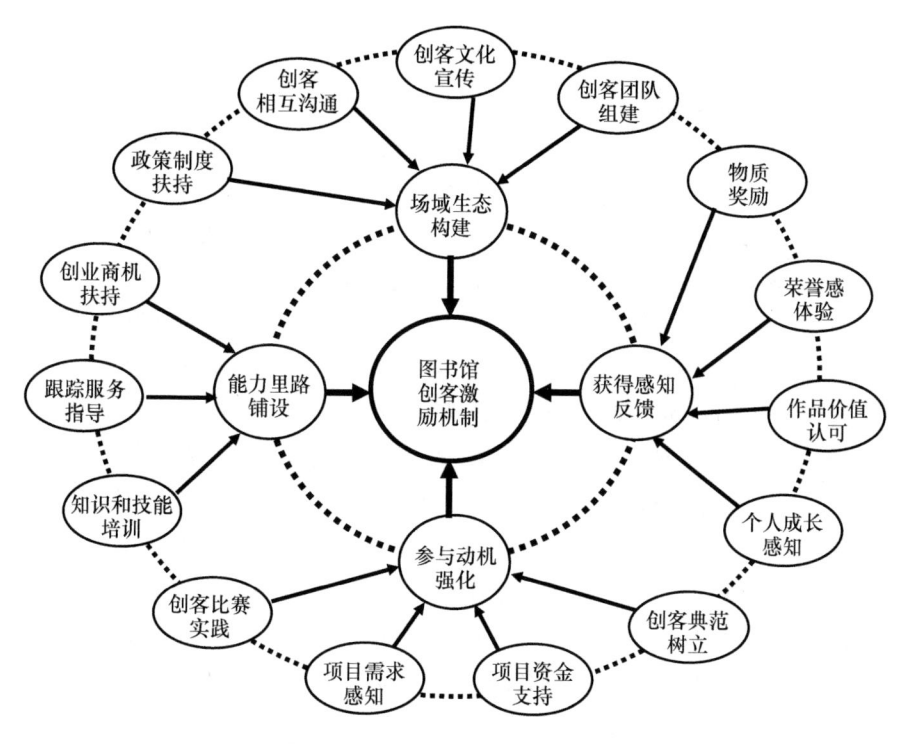

图 7-2　创客激励机制运行模型

向激励作用。

一是政策制度扶持。政策制度扶持为创客搭建出制度支撑平台，对创客具有激励作用。2015年国务院办公厅印发《关于发展众创空间推进大众创新创业的指导意见》中明确指出："加快发展众创空间等新型服务平台，激发亿万群众创造活力[①]"；部分省份已将学生创客的创意创业成果纳入高校考核指标，学生参与图书馆的创客空间活动可以置换学分等。江苏省政府在综合考虑实际发展状况的基础上，为鼓励和引导更多大学生投入到创新创业行列中，制定并下达了深化高校创新创业教育改革实施方案，该文件明确表示，应面向全体学生开设创新创业教育课程，积极打造浓郁的创业环境，允许初创学生根据个人情况调整学业进程、保留学籍休学创业或

[①]《国务院办公厅印发〈关于发展众创空间推进大众创新创业的指导意见〉》，新华网，2015年3月11日，http：//www.xinhuanet.com//politics/2015-03/11/c_1114601391.htm.

转专业；省级创新创业标兵可享受免试专升本或研究生的优惠政策；关于课程设置，可根据不同专业的学生调整并完善课程组合，促进人才培养与时代发展相契合，加强对跨学科、高层次、综合型人才的培养[①]，努力为大学生创业提供宽松、灵活的发展环境，这些都是激励和鼓舞创客活动的重要举措，将为创客空间创新发展发挥助力作用。

二是文化氛围营造。创客文化氛围的营造为创客搭建出意识支撑平台，对创客具有激励作用。从调研看，很多读者没有参加创客空间活动的重要原因之一是不了解创客文化和图书馆创客空间的功能，说明图书馆在创客文化宣传上还有很大空间。"创客空间的教育、共享、创新、追求美好的特质[②]"对创客有激励作用；图书馆经常性地举办创客活动，增加创客空间知名度，营造创客文化氛围能促进读者参加创客活动。

三是沟通平台搭建。创客相互沟通为创客搭建交流平台。创客间的沟通既能相互分享创新想法、交流信息，也能相互鼓励、结交朋友。

四是创客团队组建。创客团队组建为创客搭建协作平台。创客团队是执行相互依存的任务以完成共同使命的群体，一个高效和谐的团队有清晰的目标，相互信任，能激发创客的责任心和对项目的兴趣度。

(二) 能力里路铺设

能力里路铺设主要是指图书馆通过相关举措提高创客实现目标的能力，以此增强创客实现目标的期望，激励创客参与的热情和意愿。在操作层面主要通过三条路径来对创客发挥正向激励作用。

一是跟踪服务指导。创客在项目不同阶段需求的指导和服务不同，馆员在项目不同阶段要跟踪做好与创客团队的沟通工作，有针对性地提供服务和指导，解决创客困难。

二是知识技能培训。产生创意是灵感浮现，是偶然事件和随机过程，但创意的产生是建立在相关知识基础上的[③]，图书馆可根据创客需求，聘请相关老师或专家对创客进行专业知识辅导，丰富其理论知识，增强创客完成作品的能力；对于需要创业的创客，一些项目外围的知识培训，比如

---

① 孙继华、张杰：《"创客"精神引领下大学生创新创业教育模式探索》，《文教资料》2016年第17期。
② 陶蕾：《图书馆创客空间建设研究》，《图书情报工作》2013年第14期。
③ 张玉利、杨俊：《创业管理》（行动版），机械工业出版社2017年版，第40—44页。

政策和项目申报流程等相关知识也是创客需求的重要方面。DIY 的创客文化①导致技能培训是创客完成作品的必备要素，有实际操作经验的企业导师的指导是创客提高自身操作能力的重要途径。

三是创业商机扶持。在访谈过程中，我们了解到图书馆创客有很强的把创意和创业相结合的意愿。要理解创业活动，就必须理性认识机会问题。创意是一种想法，而机会必须具备商业可行性，符合商业逻辑。在现实中，创业者往往首先将创意加工成机会原型，并针对机会原型不断试错和修正，最终形成可以转化为价值创造的机会。而形成这一机会，创客个体通常难以完成，图书馆通过举办创业路演，为创客提供创业商机扶持，为创客和投资人搭建桥梁，做好投融资对接，对创客有正向激励作用。

（三）参与动机强化

在操作层面主要通过四条路径对创客发挥正向激励作用。

一是项目需求感知。无论创客项目是营利性的还是公益性的，通常项目成果被需求，更能调动创客积极性。图书馆可通过与企业、科研院所等合作，结合创客兴趣，选取相关的有实际需求的创客项目。

二是项目资金支持。任何一个项目的完成总是需要一定资金作为保障，有资金保障的项目更能提升创客参与项目的信心。部分高校图书馆筹集资金的做法对其他图书馆有一定的借鉴作用，比如接受校友和社会捐赠，成立创客空间基金；组织创客申请政府资金扶持项目；馆企合作，由企业提供资金；馆所合作，由研究机构提供带有科研资金的项目等。

三是创客典范树立。创客典范通过自身的努力，不但获得事业的成功，同时也获得很多荣誉，这种荣誉代表着大众对其价值的认可。图书馆通过邀请创客典范人物作报告，宣传创客典范事迹，能强化创客对于参与创客活动的偏好。

四是创客比赛实践。图书馆组织创客比赛或组织创客参加社会创客比赛，比赛的竞争性和挑战性能激发出创客参与创客活动的热情。

（四）获得感知反馈

在操作层面主要通过四条路径对创客发挥正向激励作用

一是个人成长感知。创客空间为创客提供了一个学习平台，通过创客

---

① 周晴怡：《美国高校图书馆创客空间实践及启示研究》，硕士学位论文，湘潭大学，2016 年。

间的沟通、分享和实际操作能学到很多书本上学不到的知识。这种不同的学习方式不仅对创客很有吸引力，同时也促进了创客的成长。图书馆创客空间团队工作模式是培养创客综合素质的很好方式，很多创客反映，通过参加创客团队，提高了自信心、领导能力、沟通能力、组织协调能力，通过接触很多行业协会、行业联盟，积累了人脉，提高了自己适应社会的能力。

二是作品价值认可。创客作品完成后，外界对其作品价值的认可对创客有正向激励作用。目前国内外图书馆的做法主要有以下几类：设置创客作品展示区，选取一些好的作品进行展示；通过海报、网络平台或社会新闻媒体对优秀创客作品进行宣传报道；通过举办创业路演和科技路演吸引更多的人关注优秀创客作品。

三是荣誉感体验。荣誉感体验主要体现在对创客进行精神层面的激励。优秀创客评选、创客典范的宣传报道及创客比赛中优胜者荣誉对创客来说都是有效的激励方式。

四是物质奖励。在访谈中发现，尽管创客对于图书馆自身的物质奖励期望度不高，但是参加馆内外创客比赛等获得的物质奖励对创客激励作用很大。

第四节　基于行业组织的激励机制运行策略

在图书馆服务转型思潮推动下，图书馆界着力于探索将创客服务融入图书馆服务体系，以期通过二者的融合为图书馆转型发展开辟一条新的路径，通过馆员与创客协作机制构建促进图书馆创新发展。这无疑是积极而有益的探索。但不可否认的是，这种单打独斗式的努力，其发展规模和服务效益都不尽如人意，只有发挥行业组织的推动作用，才能事半功倍。

一　行业组织与创客空间发展问题分析

2012年，中国科学院图书馆创客空间开启了国内图书馆创客服务实践。时至今日，国内图书馆创客空间协作发展效果如何？激励机制问题何在？行业组织的作用体现在哪里？我们做了相关调研和分析。

(一) 创客空间发展对行业组织的期待

为厘清中国图书馆创客空间发展对行业组织的新期待，我们在2018年5月到2019年3月，对全国图书馆创客空间建设和服务实践进行了抽样调研，在东北、华北、华东、华南、西南和西北地区随机抽取县级以上图书馆120所作为调研对象，每个区抽取20所图书馆，其中公共图书馆和高校图书馆各占50%。在120所图书馆中，已构建创客空间的32所，占比26.7%。其中，自评服务内容还不够丰富的15所，占比46.87%；自评创客空间利用率不高的8所，占比25%。

调研结果表明，与美国和欧洲图书馆创客空间的快速发展相比，中国图书馆创客空间存在发展迟缓、服务质量良莠不齐、对用户的吸引力不高等问题。对由各馆采集来的问题进行认真梳理，大致可归纳为八个方面：政策扶持[1]、创客文化氛围[2]、指导理念[3]、协调与战略规划[4]、资源保障（资金、空间、硬件资源）[5]、服务团队[6]、管理机制[7]、合作机制[8]等。究其原因，不独在于各馆自身创新乏力，更在于行业组织的指导缺失，而所有这些，不仅是图书馆创客空间建设对行业组织的新期待，更是行业组织本身业务工作的题中之义。

---

[1] 徐渭、张俊、明均仁：《面向美国图书馆创客空间的调查与分析》，《图书馆学研究》2017年第13期；曹芬芳：《"互联网+"时代我国高校图书馆创客空间构建研究》，硕士学位论文，华中师范大学，2016年。

[2] 王敏：《我国图书馆创客空间服务及构建方案研究》，硕士学位论文，东北师范大学，2014年；尤越、贾苹：《图书馆创客空间发展实践研究及建议》，《图书馆杂志》2015年第5期。

[3] 孙鹏、胡万德：《高校图书馆创客空间核心功能及其服务建议》，《图书情报工作》2018年第2期。

[4] 孙颉、原保忠：《创客空间引领互联时代高校图书馆创新服务》，《兰台世界》2018年第2期。

[5] 陈莉、金群：《高校图书馆创客空间发展的瓶颈与策略探讨》，《当代教育实践与教学研究》2019年第1期。

[6] 李燕燕、王金娜、康丽峰等：《创客空间"五位一体"模式构建探索》，《图书馆研究》2019年第1期。

[7] 凌群：《我国公共图书馆创客空间构建与发展策略研究》，硕士学位论文，福建师范大学，2017年。

[8] 乔峤：《图书馆创客空间构建研究——以美国图书馆创客空间实践为例》，《农业图书情报学刊》2018年第3期；何惠静：《我国高校图书馆创客空间的构建研究》，硕士学位论文，福建师范大学，2017年。

（二）行业组织对协作发展的有效促进

自 2011 年第一个图书馆创客空间（Fab Lab）在美国费耶特维尔公共图书馆诞生后，欧美图书馆创客空间都经历了一个快速发展期，这与其行业学会的大力推动是息息相关的。在美国图书馆协会的大力宣传和呼吁下，美国政府推出一整套完整的支持计划：出台图书馆创客空间发展政策，设立国家创客日，协助高校、图书馆、企业相互联合建立更多的创客空间等。

在国家政策引导下，2012—2016 年，美国图书馆协会（American Library Association，ALA）与美国博物馆与图书馆服务协会（Institute of Museum and Library Services，IMLS）通过统一规划、资金扶持等方式，辅助构建图书馆创客空间。之后几年，美国图书馆创客空间迅速发展，吸引了大量的创客[1]。

在欧洲研究型图书馆协会（Association of European Research Libraries）的大力推动下，图书馆创客空间也经历了一个快速发展期，2012—2016 年，每三个图书馆就有一个创客空间；在没有创客空间的图书馆中，94%的图书馆正在筹划创建，74%的图书馆已经开始定期举办创客活动[2]。鉴于此，研究者认为，行业组织的推动作用是图书馆创客空间协作发展的关键因素之一。解决中国图书馆创客空间协作发展中存在的问题，行业组织能够发挥不可替代的作用。对于如何构建中国图书馆创客空间协作发展激励机制问题，目前学界基本是以单个图书馆为立足点提出解决问题的思路和措施，而对于如何发挥行业组织的推动作用关注很少。没有调查就没有发言权，为此，本书课题组通过问卷调查和分析，对此进行深入研究和探讨，并在此基础上提出了行业组织推动构建图书馆创客空间协作发展激励机制的相应策略。

二 样本采集与数据处理

前面部分，本书课题组立足图书馆，以馆员为对象，进行了相关数据采集和分析；立足创客空间，以创客为对象，进行了相关数据采集和分

---

[1] 黄晓军：《图书馆创客空间成功构建的关键因素分析》，《图书与情报》2016 年第 2 期。
[2] 储节旺、是沁：《创新驱动背景下图书馆创客空间功能定位与发展策略研究》，《大学图书馆学报》2017 年第 5 期。

析。下面将立足行业组织，以图书馆为对象，开展调查研究，以期进一步探析图书馆创客空间服务体系中，图书馆对行业组织在馆员和创客协作发展激励机制构建中的需求和期待。

（一）相关样本采集

本次调研的目的是掌握中国图书馆在创客空间建设过程中期望得到行业组织推动或协助的需求状况。调查项目的设计立足于两个方面：一是目前学界提出的图书馆创客空间协作发展中存在的问题；二是《中国图书馆学会章程》中确定的行业组织业务工作范围。

课题组共设计了九个调查项目，分别在四所图书馆召开座谈会，进行调查验证。各馆都有一到两名馆长参加，参加的馆员分别有10、9、9、10名，征询他们对调查项目的意见和建议。另外，我们还走访了安徽大学管理学院的两名专家，以取得他们的指导。

综合各方意见和建议，研究者剔除了"人才引进"和"资源保障"两个调查项目（这两个项目与行业组织业务工作联系不紧密），增加了"馆际经验交流"项目；同时对部分调查项目进行了调整，如将"管理机制"改为"评估机制"，将"服务团队构建"改为"馆员培训"，将"创客文化氛围营造"改为"创客文化宣传"等。最终，课题组确定了七个调查项目，分别是：政策扶持、创客文化宣传、行业发展战略规划、学术研究与交流、馆员培训、评估机制、合作机制。

（二）样本量表编制

在上述工作基础上，课题组编制了"行业组织扶持需求调查表"。量表分为两个部分，第一部分为调查对象属性，包括性别、年龄、受教育程度、职务和是否了解创客空间等；第二部分采用李克特五级量表，以七个调查项目为观测变量，为每个调查项目均设置"非常需要""比较需要""一般""不太需要""不需要"五个选项，对应得分为5、4、3、2、1。

三　样本分析与变量识别

2019年3月到9月，课题组以30所图书馆作为调研对象，运用问卷调查法进行了抽样调研。其中，从图书馆所属类别看，公共图书馆15所，高校图书馆15所；从图书馆创客工作看，已建设创客空间的图书馆15所，近3年内拟建设创客空间的15所。本次调查，共发放调查问卷500份，回收有效问卷 452 份，有效回收率 90.4%。

(一) 样本属性分析

将调查问卷的第一部分数据输入 Spss19.0，通过对调查对象基本属性的描述性统计，可以看出样本分布情况，了解样本基本特征，具体数据统计见表 7-12。

表 7-12　　　　　　　　调查对象基本属性描述性统计

描述项目	分类	人数	比例
性别	男	199	44.02%
	女	253	55.98%
年龄	30 岁以下	171	37.83%
	30-45 岁	189	41.81%
	45 岁以上	92	20.36%
教育程度	大专及以下	127	28.09%
	本科	256	56.63%
	研究生及以上	69	15.28%
职务	馆长或副馆长	48	10.62%
	馆员	404	89.38%
是否了解创客空间	了解	373	82.52%
	不了解	79	17.48%

从调查对象基本属性的描述性统计可以看出，被调查对象性别、年龄、教育程度及职务比例未出现较大偏差。在是否了解创客空间方面，了解的被访者占 82.52%，说明绝大多数被访者在一定程度上了解图书馆创客空间的情况，其对于调查项目的评价是从自身的服务经验或认知出发的，样本的覆盖面符合调查预期要求。

(二) 观测变量的描述性统计

根据表 7-12 可知，在回收的调查表中，有 79 位被访者认为自己对创客空间不了解，其对观测变量评价的有效性较低，宜将此部分调查问卷剔除。因此，将余下 373 份调查问卷的第二部分测量数据导入 Spss19.0，可得出每个观测变量的均值和标准差，相关计算和统计见表 7-13。

由表 7-13 可见，七个观测变量的均值都大于 3，说明调查对象根据自己的认知和感受,期望在这七个方面得到行业学会的支持。其中,"政策扶持""创客文化宣传"和"馆员培训"三个观测变量的均值大于4,说明调查对象对这三个方面的扶持需求十分强烈。七个观测变量的标准差都小于1,说明调查对象对七个调查项目的需求认知基本一致。

表7-13　　　　　　　　观测变量的描述性统计

序号	调查项目	均值	标准差
1	政策扶持	4.566	0.901
2	创客文化宣传	4.129	0.899
3	行业发展战略规划	3.225	0.909
4	学术研究与交流	3.315	0.912
5	馆员培训	4.313	0.975
6	评估机制	3.221	0.98
7	合作机制	3.799	0.953

上述观测变量的描述性结果也充分验证了图书馆行业组织的扶持是创客空间建设和发展的重要推动力量。为此,研究者结合图书馆行业组织的业务工作范围,就如何发挥行业组织对中国图书馆创客空间协作发展,特别是对激励机制构建的推动作用,作进一步探讨,以此助推中国图书馆创客空间更好地发展。

四　行业组织推动协作发展的激励策略

从某种程度上看,中国图书馆行业组织往往带有半官方性质,在现行体制下,图书馆行业组织发挥着制定行业发展规划、行业发展标准,引导行业学术研究和交流,开展行业发展评估、行业培训等重要作用[1]。因此,对于中国图书馆创客空间的建设和发展,特别是在馆员和创客协作发展激励机制构建方面,行业组织的推动作用是其他机构无法取代的。基于图书馆创客空间的发展需要,各级图书馆行业组织可以结合自身的业务工作范

---

[1] 《中国图书馆学会章程》,中国图书馆学会网,2021年1月29日,http://www.lsc.org.cn/contents/1143/7141.html。

围和任务，着重在以下几个方面发挥推动作用。

（一）政策建议与制度引领

从政策宏观指引看，在国家创新驱动发展战略背景下，中国政府颁布了一系列关于创客空间发展的政策文件。其中2015年3月国务院办公厅颁布的《关于发展众创空间，推进大众创新创业的指导意见》[①]和2016年5月颁布的《关于建设大众创业万众创新示范基地的实施意见》[②]，是目前指导创客空间建设的两个国字号的基本性文件。这些政策在一定程度上促进了中国创客空间的发展，但其政策要点并没有提及如何促进图书馆创客空间的发展。

从行业制度规范看，根据对中国图书馆学会和省级图书馆学会的网络调查，截至2019年年底，图书馆行业组织机构也未出台有关图书馆创客空间设置的指导性文件。从国外图书馆创客空间发展经验可以看出，国家政策的扶持及行业组织的指导是图书馆创客空间发展的根本性外在条件。其作用首先在于为图书馆服务转型指明方向，发挥政策引领作用；其次，对单个图书馆来说，政策的出台能在一定程度上为创客空间的构建和发展提供资源保障，是图书馆申请相关经费、构建激励机制的制度性依据；最后，政策和制度的推动力度大，推动时间长久。

从行业组织功能看，图书馆行业组织可以发挥政策建议和制度规范作用。一方面，图书馆行业组织是代表图书馆界向国家相关政府机构提出政策建议的重要渠道，目前单个图书馆既没有这样的能力也缺乏直接沟通的管道。例如中国图书馆学会曾参加《公共图书馆法》《公共文化服务保障法》《网络安全法》等重要法律法规的建议和制定工作，为推动中国图书馆事业科学化、法制化和规范化发展发挥了重要作用。图书馆行业组织可以向政府机构反映图书馆界的呼声，争取把图书馆创客空间的建设纳入国家相关政策体系，从而促进馆员与创客的协作发展。另一方面，图书馆行业组织在图书馆界具有较强的号召力，各级行业组织可以结合国家出台的有关创客空间建设的政策，以此为依据制定本行业相关制度和指导意见，

---

① 《国务院办公厅关于发展众创空间推进大众创新创业的指导意见》，中华人民共和国中央人民政府网，2015年3月11日，http://www.gov.cn/govweb/zhengce/content/2015-03/11/content_9519.htm.

② 《国务院办公厅关于建设大众创业万众创新示范基地的实施意见》，《光明日报》2016年5月13日第3版。

引领和规范图书馆更好地构建相关激励机制，促进创客空间发展。

（二）创客文化与宣传推广

创客文化是图书馆创客空间发展的意识基础。宣传推广创客空间，培养培育创客文化，让更多的图书馆用户和馆员了解创客文化，参与创客活动，是当务之急。据调查，作为图书馆服务转型的新兴服务方式，中国图书馆创客空间并不为大众所熟知，有的用户甚至从未听说过图书馆创客空间，已构建的创客空间使用率也较低，甚至部分高校图书馆创客空间的使用率不到10%[①]。如果没有创客和馆员的积极参与，没有对馆员和创客协作发展的有效激励，图书馆创客空间就失去了存在的意义和发展的基础。

从国外发展经验看，美国图书馆创客空间发展迅猛，对用户吸引力高，这与其重视创客空间的宣传推广、构建了较好的创客文化基础息息相关。美国图书馆协会在图书馆宣传推广方面做了很多工作，取得的经验值得我们借鉴。概括起来，主要体现在以下方面：

一是注重宣传推广。在美国图书馆协会网站首页设置了图书馆宣传和推广栏目。在栏目下提出"我们依靠您的声音，在华盛顿和全国范围内进行宣传和参与"[②]。每一个参与者可以在此分享美国图书馆创客空间建设的可引用事实。

二是提升读者认知。美国公共图书馆协会（PLA）在其2018—2022战略规划（PLA Strategic Plan 2018—2022）中提出"在提升服务效能、读者满意度的同时，应采用合适的媒介宣传公共图书馆服务，合力提升读者对公共图书馆服务的认知度"[③]。

三是着力服务效果。以图书馆创客为主体，持续在图书馆界掀起转型服务热潮，扩大交流效果。2014年召开的拉斯维加斯会议、2015年召开的旧金山会议、2016年召开的奥兰多会议，都设置了创客空间建设讨论话题。2018年美国图书馆协会年会暨展览会上发起的"图书馆=强大社区"（Libraries = Strong Communities）项目，旨在突出高校图书馆、公共图书馆和中小学学校图书馆价值的全国性宣传活动。这种在强化宣传的基础上，

---

① 曹芬芳等：《我国高校图书馆创客空间现状调查与分析》，《大学图书馆学报》2019年第3期。

② American Library Association, https://www.ala.org/.

③ 韩卫红、杨秋宇、于成杰：《美国公共图书馆协会〈2018—2022年战略规划〉解读与思考》，《图书馆、工作与研究》2020年第5期。

进行创客空间的建设和创客活动发起的做法，取得了非常好的效果，自2015年图书馆转型启动以来，已有一万多家图书馆和图书馆倡导者加入了这项活动。

从国内实践成效看，中国图书馆学会在图书馆价值认知宣传方面也发挥着重要作用。中国图书馆学会"十三五"规划纲要提出："在新形势下与政府、媒体、企业、文化机构等相关主体合作开展宣传推广活动，通过展览、讲座、培训等社会教育活动，扩大图书馆的社会认知度，提高图书馆在社会公共事务中的参与度，塑造图书馆在全社会的良好形象。"① 多年来，中国图书馆学会对于图书馆界的热点话题都发挥着自上而下的引导作用，比如"图书馆创客空间建设""全民阅读"等都是由图书馆学会发起的。但也存在宣传力度有待提高、宣传热点转换快、后续动作少等方面的问题。

（三）统一规划与全面协调

图书馆行业组织的统一协调和规划能使各个图书馆根据自身条件及需求在空间设置特色、服务内容、协作合作等方面有效整合。

以美国图书馆学会为例，该组织特别重视创客空间发展的整体推进，并把构建创客空间纳入图书馆空间设置的未来规划，自2012年起，通过专题研讨、会场报告、白皮书宣言等方式，着力引导和规划美国图书馆创客空间的科学构建。

就中国图书馆学会（LSC）而言，从2014年开始，就开始关注图书馆创客空间这一新生事物，但遗憾的是，中国图书馆创客空间建设至今还是各自为政，并没有出现全国性的或区域性的统一规划。中国图书馆学会2016年出台的"十三五规划纲要"中，虽然没有直接将图书馆创客空间建设纳入规划内容，但明确提出"要全面、客观地反映学科发展和事业推进中具有影响的新的增长点，预测学科未来发展趋势，设计学科发展路线图"。在各国图书馆都在谋求创新发展而积极创建创客空间之际，各级图书馆组织可根据国家图书馆学会出台的指导性意见，将图书馆创客空间建设作为中国图书馆转型服务的新的模式纳入图书馆建设规划，并结合各地区对图书馆文化服务的标准，出台统一的促进馆员与创客协作发展的激励

---

① 《中国图书馆学会"十三五"规划纲要》，中国图书馆学会网，2016年2月26日，http://www.lsc.org.cn/contents/1299/8959.html.

机制，以提高图书馆空间建设和服务效能。

（四）学术研究与经验交流

就学术研究而言，2012年以来，中国图书馆界对于创客空间的研究成果颇丰。以中国知网（CNKI）作为文献统计数据获取来源，以主题检索词"创客空间"并含"图书馆"进行检索，检索时间为2020年4月，不限发表时间，检索结果为691条，其中2019年67条，表明中国图书馆界一直保持着对该问题的研究热度。但近五年以来，学界对中国图书馆创客空间的研究仍存在一些不足，主要表现在理论研究多、实证研究少、研究内容重复度高等问题[①]。与国外研究相比，国内研究偏重理论，以理论指导实践；国外研究则更重实践，在实践中总结经验形成理论，再回归实践。造成这种差异的重要原因是国内学者缺乏学术交流平台，缺乏规模性的图书馆联盟对于图书馆创客空间研究的统一规划与指导。

就经验交流而言，中国各级图书馆学会在开展与图书馆重大现实问题和实践工作密切相关的理论研究的同时，也为推动图书馆事业发展搭建了若干分享平台，提供了诸多交流渠道。中国图书馆学会年会、青年学术论坛、百县馆长论坛和未成年人服务论坛等品牌学术活动，在业界都具有广泛的影响力。但问题是，对于普通馆员来说，参与学术交流的机会还是很少。为此，建议各级图书馆学会积极响应中国图书馆学会倡导的以互联网和信息化思维积极探索学术交流方式，构建"学术+互联网"，建设学术监管信息化平台，开发移动终端应用，构建学术成果、科技成果和专业人才等资源的数据平台和信息库，为更多的馆员提供学术交流机会。同时，把图书馆创客空间建设作为行业服务转型的新的增长点，利用各级学会的科研基金，加强对图书馆创客空间建设研究的支持；利用各级图书馆行业组织的会议，加强创客空间建设的经验交流，为实证研究进展提供务实支撑，为激励机制构建拓展事实空间。

（五）继续教育与专业培训

从教育培训的对象来说，首先要求馆领导具有前瞻意识，清楚认识到图书馆提供创客服务的社会价值和意义，把握图书馆文化与创客文化融合的交汇点；其次要求馆员具备创客服务能力，能够指导和协助创客创新创

---

① 聂飞霞、罗瑞林：《近五年我国图书馆创客空间发展情况和策略研究》，《图书馆建设》2019年第3期。

造；再次需要与创客项目关联领域的专家启迪创客创新思维，与创客进行协同工作。在国内，同时具备这三个方面人才的图书馆还比较少，尤其是具备该方面服务能力的馆员十分欠缺，对很多馆员来说，还缺乏对创客空间的基本了解，更不要谈必要的服务技能了。事实上，图书馆创客空间服务与传统服务的差异性，正推动着图书馆人力资源的重组与变革，对图书馆人力资源要求更高。

在美国，调查显示，馆员已承担起创客培训和创客信息服务两大基本职能。近一半的创客培训课程由馆员承担；同时通过数字文献、网络和新媒体等工具和技术让用户去获取、利用信息，帮助创客创新创造。费耶特维尔公共图书馆每月向员工提供一次"lunch and learning"培训，克利夫兰公共图书馆每周四为馆员进行例行的技术素养培训[1]，为图书馆创客空间的建设和发展提供了人才保障。

在中国，目前具备上述能力的专业馆员还很缺乏，亟须国家及图书馆界权威机构出台相应的培训计划，增强馆员相应的专业核心技能，推动馆员参与创客空间转型服务。对此，虽然中国图书馆学会已将开展对会员和图书馆工作者的继续教育和职业培训工作纳入了其业务工作范围，各省级图书馆学会也承担着馆员继续教育的任务，但据我们调查，目前馆员业务培训的机会仍十分有限，继续教育的相关要求落地不实。为此建议：一方面，各级图书馆学会宜根据图书馆创客空间馆员的工作内容及其对馆员服务能力和素养要求，开发相应的课程。另一方面，要加大培训力度，定期或不定期对馆员进行培训，可以充分利用 MOOC 等现今较为流行的在线课程教学平台，为更多的馆员乃至创客提供自主学习和交流的机会。对馆员和创客而言，这无疑是一种有益有效的激励。

（六）服务质量与效益评估

质量是产品的生命线，高质量发展是时代的召唤。作为一种新型服务平台，图书馆创客空间的核心职能是为创客聚集、分享、合作，将各种创意和技术转化为现实提供服务[2]。因而服务质量决定着创客空间可持续发

---

[1] 明均仁、张俊、张玄玄：《中美图书馆创客空间构建对比研究》，《图书馆学研究》2017年第10期。

[2] 柴源、杜文龙、刘晓东：《高校图书馆创客空间服务质量评价指标的建构与应用——以西安航空学院图书馆为例》，《图书馆研究》2016年第2期。

展的能力，是创客空间保持生命力的关键所在。

从发展要义来看，创客空间服务质量评估工作既能对图书馆创客空间建设起到引导作用，也能对服务质量的提升起到促进作用。根据相应的评价指标，已建立创客空间的图书馆能够有针对性地弥补自身的短板，提升服务质量，拟建立创客空间的图书馆，能够清楚地了解自己未来努力的方向。

从发展现状来看，我们立足 CNKI 期刊全文数据、中国图书馆学会等九家行业学会网站，调研了上海图书馆、武汉大学图书馆、长沙图书馆等六家国内较早建立的创客空间，结果发现，目前国内对于图书馆创客空间服务质量评价的研究和实践非常少。在 CNKI 中，仅搜索到两篇相关文献，刘哲[1]和柴源[2]分别以沈阳工业大学图书馆创客空间和西安航空学院图书馆创客空间实践为例，从实体空间、虚拟空间和整体服务三个方面，构建了各自的评价指标体系，但在样本数量和普适性上都还有待完善。在行业学会网页和六家图书馆创客空间调研中，既没有发现有关图书馆创客空间评价的有关文件，也没有图书馆创客空间服务质量评价实践案例。

从发展趋势来看，创客空间服务质量评估工作的缺失，既与建立创客空间的图书馆占比较低、发展较缓有关，又极大地制约着中国图书馆创客空间的成长和发展。各级图书馆学会承担着行业发展引导和评估的任务，因此，图书馆行业学会应积极倡导学界开展创客空间评价指标体系构建研究，设立专项科研基金，加大科研扶持力度。在此基础上，结合中国图书馆创客空间实践，宜尽快出台中国图书馆创客空间服务质量评价指标规范文本，依据规范文本开展图书馆创客空间的评估工作，以引导图书馆创客空间发展，促进馆员与创客互促互进，推动创客空间服务质量提升。

（七）馆外合作与共建共享

从资源储备看，目前，中国图书馆创客空间的构建还处于起步阶段，其中一项短板就是各种资源的短缺。各类图书馆在馆员与创客协作发展方面虽然取得了一定进步，但仍存在因人才、技术等因素导致的服务转型动

---

[1] 刘哲：《高校图书馆创客空间服务质量评价指标的构建——以沈阳工业大学图书馆为例》，《农业图书情报学刊》2018 年第 7 期。

[2] 柴源、杜文龙、刘晓东：《高校图书馆创客空间服务质量评价指标的建构与应用——以西安航空学院图书馆为例》，《图书馆研究》2016 年第 2 期。

力不足。因此,加强跨界的交流与合作,充分利用各类社会资源,通过"借船出海""借鸡下蛋""借梯上楼"来突破困境,不仅有利于实现资源共享、互利共赢,更有利于推动图书馆创客空间建设的创新发展。

从实践效果看,美国图书馆协会着力推动图书馆与高校、企业合作,协助很多图书馆建立了创客空间,激发了馆员与创客的协作激情。国内也有成功的案例:铜陵市图书馆创客空间就是由图书馆、高校和企业三方合作建立,并取得了丰硕的成果。事实上,图书馆行业组织可以利用自身的人脉关系,加强与企业、高校、科研院所和社会上众多的创客空间联系,建立相关的信息库,在它们与图书馆之间搭建桥梁。同时,也可以就合作发展中可能出现的问题展开研究,为图书馆创客空间建设提供指导。

从发展需求看,图书馆创客空间的建设与发展是一个系统工程,需要诸多内外条件的支撑:需要相关政策的支持,也需要创客文化氛围的支撑;需要理论研究的指导,也需要实践经验的交流;需要明确统一的构建理念,也需要突出各自的特色;需要宏观的顶层设计,也需要具体的建设规划等。而所有这些,正是图书馆学会的业务工作范畴。国外经验也充分表明,图书馆创客空间建设要取得进一步的发展,除了图书馆自身的努力之外,行业组织的推动作用至关重要。

第八章 协作发展评价机制的构建及策略

本章以服务质量（侧重于过程）和服务效益（侧重于结果）为测量标准，重点探讨如何构建馆员与创客协作发展空间的评价指标体系，构建合理、有效的评价机制，以此为依据，科学合理地评价空间发展过程和结果中服务质量的好坏与服务效益的高低，启发空间管理者关注评价变量，精准施策，释放最大能量，实现馆员与创客的协作发展、共同进步。

在图书馆服务转型发展过程中，创客走进了图书馆，空间作为创客的服务载体，逐渐成为图书馆服务创新的重要支点，推动了图书馆服务和资源的重组与变革。图书馆创客空间作为一种新型服务平台，其核心职能是为创客进行聚集、分享、合作，将各种创意和技术转化为现实提供便利和支撑[①]。服务质量决定了空间的可持续发展速度和能力，是空间保持活力的关键。构建创客空间服务质量评价指标体系是提升空间服务质量的重要途径。图书馆创客空间的服务质量、运行效率及服务效果，只有空间的使用者——创客的评价最有说服力和影响力，因此，只有创客对图书馆创客空间进行满意度评价，才是对空间建设和发展的有力支持和保障。

由于公共馆与高校馆创客空间在功能属性、服务对象、服务职能、服务重心及发展目标上的侧重点不同，构建馆员与创客协作发展空间的服务质量及服务效益评价指标体系也应区别对待，针对两者的差异，下面分别构建不同的空间发展评价指标体系，便于为国内不同类型的图书馆创客空间提供借鉴和参考。

---

① 李培红、鄢小燕：《美国图书馆 Makerspace 实践案例及启示》，《图书馆学研究》2013 年第 15 期。

第一节 研究设定：公共图书馆创客空间服务质量评价指标

本小节利用扎根理论与方法，先通过创客访谈，从创客感知的视角构建公共图书馆创客空间的服务质量评价指标，再通过问卷调查检验原始指标的信息饱和度，借助 Spss19.0 对有效样本进行因子分析，对评价指标进行有效测量和分类。最后，从服务环境、服务条件、服务内容及服务绩效4个层面构建出包含44个末级指标的指标体系。该评价体系可从创客感知的角度全面衡量图书馆创客空间的服务效果，为空间提升服务质量提供理论支持和参考。

一 理论基础

近几年来，图书馆创客空间的服务研究已受到国内学界的高度重视，研究主题主要是从空间组织构建或管理者的角度出发，探讨应当提供哪些服务、如何提供服务[1]等，尚未涉及从创客感知的角度研究空间的服务质量问题。从研究内容来看，主要集中在国外创客空间的服务借鉴[2]、空间服务能力建设[3]、服务功能定位[4]、服务模式建设[5]等方面，而很少关注实际操作层面上的空间服务质量评价指标及体系[6]。目前，随着图书馆创客空间服务的深入发展，创客用户的服务需求日益呈现多元化、复杂化和个性化的特点，空间为创客提供的服务与实际需求之间往往存在差距，因

---

[1] 黄文彬、德德玛：《图书馆创客空间的建设需要与服务定位》，《图书馆建设》2017年第4期。
[2] 王敏、徐宽：《美国图书馆创客空间实践对中国的借鉴研究》，《图书情报工作》2013年第12期。
[3] 寇垠、任嘉浩：《基于体验经济理论的图书馆创客空间服务提升路径研究》，《图书馆学研究》2018年第19期。
[4] 储节旺、是沁：《创新驱动背景下图书馆创客空间功能定位与发展策略研究》，《大学图书馆学报》2017年第5期。
[5] 陈怡静：《高校图书馆创客空间信息服务模式研究》，硕士学位论文，黑龙江大学，2018年。
[6] 刘哲：《高校图书馆创客空间服务质量评价指标的构建——以沈阳工业大学图书馆为例》，《农业图书情报学报》2018年第7期。

此，从创客视角开展服务质量评价指标体系研究，找出服务差距，找出服务质量欠佳的问题根源和症结，对提高空间服务质量显得尤为重要。本小节尝试从创客感知的视角构建出图书馆空间服务质量的评价指标体系，助力图书馆识别出改善空间服务质量的关键因素。

二　研究思路

1988年，英国剑桥大学Parasuraman、Zeithamel与Berry三位学者（简称PZB）在"顾客感知服务质量"的概念理论基础上，通过实证研究制定了SERVQUAL评价模型，它是服务质量（Service Quality）的缩写[①]。到目前为止，该模型是从顾客角度评价服务质量的最有影响力的模型，在学术界和企业界得到了广泛的运用。PZB提出评价服务质量5个维度：有形性、可靠性、响应性、保证性和移情性，并根据这五个维度设计了包括22个问项的调查表，应用于服务业对顾客感知服务质量进行评价。但PZB的研究对象仅限于银行、信用卡公司、设备维修保养、长途电话公司四个行业，因此结论并不普遍适用。正因如此，PZB反复强调两点：一是将SERVQUAL应用于不同的行业时，需要对表格中的项目进行适当的调整，以保证SERVQUAL评价方法的科学性；二是如有必要，可以适当调整（增加、减少、合并或重组）服务质量的5个维度，以满足研究不同类型组织的需要[②]。

由于中国图书馆创客空间的投资主体是政府，经营主体是政府选定的管理者，经营目标是社会效益最大化，经营性质是社会公益性，这与投资主体个体化、追求利润最大化的企业明显不同。运用SERVQUAL模型来评价图书馆创客空间的服务质量并不完全合适。目前，国内学术界对图书馆创客空间服务质量评价指标的研究很少，在CNKI中仅搜索到两篇文献[③]，这两篇文献都是以创客空间的组织为研究视角，分别以两所高校馆创客空间实践为基础来建构评价指标，在样本数量和普适性上都有待完善。

[①] 吴垚：《基于PZB模型的体育运动培训行业服务质量研究——以苏州市区游泳培训市场为例》，《当代体育科技》2013年第6期。

[②] 程龙生：《服务质量评价理论与方法》，中国标准出版社2011年版，第11—17页。

[③] 柴源、杜文龙、刘晓东：《高校图书馆创客空间服务质量评价指标的建构与应用——以西安航空学院图书馆为例》，《图书馆研究》2016年第2期。

三 研究方法

(一) 扎根理论

本小节通过深度访谈,以创客的访谈资料为依据,借助 Nvivo12.0 的分组编码功能,运用扎根理论的原理和方法,将开放式编码提取的独立范畴作为创客感知的原始评价指标。在信息达到饱和度要求后,再按照原始指标间在概念层次上的逻辑性和内在联结性对其进行归类,进而归纳抽象出主范畴。由于通过访谈方式扩大样本数花费的时间和精力成本太高,且受到创客接受访谈意愿的影响,很难再次通过访谈来扩大样本量。而且,在主范畴的归纳过程中,主要是根据归纳者对原始指标的主观理解和判断来进行归类,不同的归纳者所得出的结论可能会有所不同。因为选择图书馆创客空间服务质量评价指标的特殊性及差异性影响因素较多,需要采取定量分析方法对其进行再补充和再完善。

(二) 因子分析法

因子分析法是一种通过多次的因素分析程序,求出量表最佳因素结构的研究方法,能够客观地反映指标之间的内在逻辑性和联系,且采用因子分析法筛选评价指标具有重复率低、指标解释率高的明显优势。为了能有效扩大样本数,客观反映原始指标间的内在逻辑和联系,本小节根据创客感知的基本思想,先通过创客访谈收集创客对于空间服务质量评价的原始资料,运用扎根理论方法对原始资料进行编码,构建出符合资料情境的空间服务质量评价指标体系。以此为基础,通过问卷调查,获取利用该指标体系评价空间服务质量有效性的数据,再运用因子分析法对指标体系的结构和有效性进行验证和完善,最终建立起图书馆创客空间的服务质量评价指标体系,主要研究思路如图 8-1 所示。

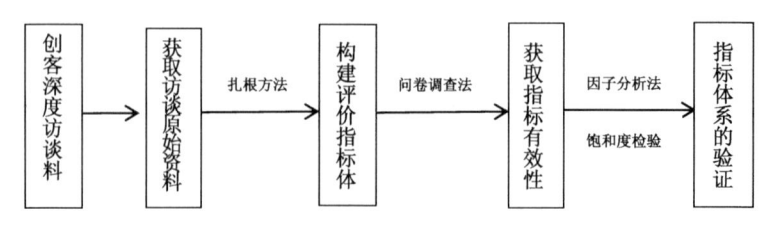

图 8-1 图书馆创客空间服务质量评价指标构建原理

第二节　基于 Nvivo12.0 的数据处理与分析

一　访谈主题的确定

访谈的主题与服务质量的关联度决定了原始指标提取的质量，与前面章节的访谈内容有所区别，本小节的访谈主题是围绕如何充分挖掘出受访者的服务需求和对服务质量的认知来确定的。国际标准化组织在 ISO8401—1994 中对服务质量给出的定义是："反映实体显性和隐性需求特征的总和。"[①] 图书馆创客空间服务内容应以满足创客服务需要为目标，在理想的情况下，创客服务需要通过转换和细化，最终能完整地映射到实际的服务内容中。当服务需要得到满足时，就会提高创客对服务质量的感知，因此，将创客对服务需要的感知纳入访谈内容。其次，服务质量在很大程度上是一种主观的体验感受，是在服务提供和服务消费的互动过程中形成的。创客对服务的消费，不仅是对服务结果的消费，也是对服务过程的消费，服务结果与服务过程相辅相成、缺一不可，而且不同的创客，甚至同一个创客在不同的时间对服务质量的感知也是不同的。这种主观性、过程性的感知也影响到创客对服务质量的认知和判断，所以，将创客对服务质量的认知和判断也纳入访谈内容。

二　样本收集

本次样本的收集是以公共图书馆创客为对象，持续了一年，从 2017 年 11 月到 2018 年 12 月，从 20 所已开展创客空间服务的公共图书馆，筛选出 150 位曾参加过图书馆创客活动的成人创客，其中 102 名创客具有一年以上的创客经历（占 68%），48 位创客经历低于一年（占 32%）。根据质性研究要求受访对象具有先验理论的认知且遵从创客意愿，最终选择 60 位创客作为访谈对象（创客经历 ≥1 年的 45 位，创客经历 <1 年的 15 位）。在访谈过程中，访谈者将访谈内容整理成书面反馈资料，由创客确认后再回收，以保证访谈内容的准确性和可靠性。为了引导和控制访谈过程，事先拟定访谈内容提纲（见表 8-1），其中问项 1—6 反映创客对服务需求的

[①] 程龙生：《服务质量评价理论与方法》，中国标准出版社 2011 年版，第 11—17 页。

感知，问项 7—9 反映创客对服务质量的认知与判断，问项 10 是开放式问题，由创客根据自身参加创客活动的感受自由回答。

表 8-1　　　　　　　创客服务质量评价访谈内容提纲

序号	问项
1	创客空间服务环境需求
2	设施、设备需求
3	创客空间应提供的服务项目和您最希望得到的服务项目
4	创业项目服务需求
5	馆员服务能力
6	虚拟创客空间服务需求
7	馆员应具备的服务意识
8	馆员服务的响应性、及时性要求
9	提高服务质量的保障性条件
10	您对创客空间提高服务质量的建议

三　数据处理与质性分析

将 50 份访谈样本以文件形式导入到 Nvivo12.0 中，为每一份文件以访谈对象建立相应的案例。在对文件和案例属性值进行赋值的基础上，对每个案例进行逐句、逐段编码。对访谈资料的处理分为两个阶段，第一个阶段，对其中的 40 份访谈资料进行三级编码和范畴提炼，第二个阶段，对余下的 10 篇访谈资料进行编码和提炼，对第一阶段所形成的概念、范畴及逻辑关系进行饱和度检验。

（一）开放式编码

开放式编码主要是对原始语句进行分解、缩编，获取能够反映原始语句内涵的初始概念，然后将相同的初始概念归纳成能够反映关键问题的独立范畴。通过对 40 份访谈样本逐句切割、分解、缩编，共获取 409 条初始概念（用 a…表示）；对初始概念进行分类、归纳、合并后，挖掘出 48 个独立范畴（用 A…表示），构建起一个开放式的评价指标编码体系。由于访谈资料的初始概念化是范畴化的基础，其有效性关系到整个理论构建的准确性，因此，本次初始概念化采用"研究者的三角校正法"对其进行效度检验。由研究小组的另外 2 位研究者分别对 40 份访谈资料进行初始概念化处理,并将初始概念化的结果从 Nvivo12.0 中导出,与初始概念化进行对比,对存在歧义的部分进行讨论、达成共识,并形成最终的一级节点。对一级节点进行分类、归纳、合并后,再挖掘出 48 个独立范畴(见表 8-3),形成二级节点(用 A…表示)。由于数据量较大,表 8-2 仅以部分访谈样本作为编码示例。

表 8-2　　　　　　　　创客访谈样本开放式编码示例

原始语句	一级节点 (初始概念化)	二级节点 (范畴化)
很多同学对图书馆创客空间了解不多,不清楚图书馆创客空间提供什么服务。 通过各种方式营造创客文化氛围很重要,能增加大家创新意识和参加创客活动的兴趣。 我刚开始对创客空间不了解,一次在图书馆网页上看到创客空间介绍才了解的,然后慢慢参加了进来,图书馆还要加大这方面的宣传,可以介绍得更具体详细。 创客空间活动很多,增加了创客空间影响力,每次活动参加的人都很多,我们团队有十几个人。 ……	创客空间基本知识宣传 a24 创客文化氛围营造 a58 创客空间功能宣传 a93 宣传扩大了创客空间影响力 a191 ……	A1 创客文化宣传 (a24、a58、a93、a191…)
图书馆举办的服装展示会,创客可以对服装的颜色、样式随意更改,最后由专家点评,激发大家的创意。 给予创客更多的3D打印机的实际操作机会。 ……	创意塑造 a291 技能培训 a313 …… 共计 409 个	A18 培训指导 (a291、a313…) …… 共计 30 个

(二) 主轴及选择式编码

主轴编码是将开放式编码形成的独立范畴进行合并汇总,获取主范畴的过程。结合本次访谈的两个核心主题,开放式编码获取的 48 个独立范畴可以分为 2 个主范畴:创客服务需求和创客服务质量认知。选择式编码是对主范畴进行概念层次上的提高,从主范畴中提炼出整个编码过程的核心范畴。本小节的研究核心是建立图书馆创客空间服务质量评价指标,整个访谈也是围绕这一核心目的进行的,因此可将核心范畴概括为:图书馆创客空间服务质量评价指标。独立范畴、主范畴及核心范畴之间的逻辑关系及结构如表 8-3 所示。为了保证编码的完整性，需要对编码信息进行饱和度检验，其标准是验证在数据处理的第二阶段，能不能提炼出新的独立范畴和主范畴。经过对另外 10 份访谈资料进行编码后，没有发现新的独立范畴和主范畴，因此本次研究提取的主范畴和独立范畴信息是饱和的。下面以表 8-3 的核心范畴作为一级服务质量评价指标，以主范畴为二级服务质量评价指标，独立范畴为三级服务质量评价指标，构建图书馆创客空间的服务质量评价指标体系。

表 8-3　　核心范畴、主范畴、独立范畴及其关系

核心范畴	图书馆创客空间服务质量评价指标	
主范畴	创客服务需求	创客服务质量认知
独立范畴	A1 创客文化宣传	A25 网络环境
	A2 咨询服务	A26 创客团队构建协助
	A3 种子基金	A27 创意保护协助
	A4 创客空间功能定位	A28 创新作品展示
	A5 创客空间布局合理	A29 服务承诺兑现程度
	A6 投融资服务	A30 馆员服务意识
	A7 馆员个体能力与素养	A31 预约服务准时度
	A8 指导老师资源丰富	A32 了解创客需求
	A9 管理制度健全	A33 关注创客需求
	A10 服务设施与服务内容匹配	A34 服务具有专业性
	A11 服务设备与项目需求匹配	A35 解决创客困难的有效性
	A12 设施设备运行稳定	A36 在线咨询便利性
	A13 服务态度耐心	A37 在线答疑及时性
	A14 创客空间运维保障	A38 服务人员与创客间的互动性
	A15 政策对接	A39 创客对服务人员的认可度
	A16 文献服务	A40 服务个性化程度
	A17 馆员服务动力	A41 跟踪服务指导
	A18 培训服务	A42 服务人员着装统一与外表整洁
	A19 虚拟空间服务	A43 场地提供
	A20 解决创客困难及时性	A44 创客空间装饰亲和度
	A21 资源对接	A45 领导对空间工作的支持度

续表

核心范畴	图书馆创客空间服务质量评价指标	
主范畴	创客服务需求	创客服务质量认知
独立范畴	A22 创客沙龙	A46 服务人员与创客相处融洽度
	A23 项目路演	A47 项目选择协助
	A24 创客活动丰富性	A48 准入和退出机制

四 原始评价指标信息饱和度检验

由于访谈抽样方法的限制，从原始指标中提取的样本量较小，根据访谈资料提取的原始评价指标信息的完整性还有待检验。为此，基于上述提取的 48 个原始指标，编制了《图书馆创客空间服务质量评价指标》调研问卷，以期扩大样本量并对原始评价指标的信息完整性进行测试、检验。调查问卷共分为两个部分，第一部分是 41 个原始指标及其内涵；第二部分是开放式问卷，创客可根据自己的感知添加新指标。将问卷发给 105 位创客，回收有效问卷 93 份。在回收的有效问卷中，93 位创客都添加了新的指标，将 93 份问卷分为两部分，其中一部分 60 份，另一部分 33 份。通过对 60 份问卷的新增指标进行归纳整理，剔除与原始指标内涵相同及重复的部分，最后增加了 7 个原创性评价指标，分别是创客空间场地、服务人员着装统一与外表整洁、创客空间装饰亲和度、图书馆领导支持、项目选择协助、准入和退出机制、服务人员与创客关系融洽度。再对剩余的 33 份问卷进行梳理，并未发现新的指标。因此，对原始评价指标进行修订，在原评价指标体系中新增了 7 个指标（见表 8-4），通过访谈分析和问卷调查，本次研究提取的原始评价指标信息的完整性得到验证。

表 8-4　　　　　　　　创客访谈样本开放式编码示例

原始评价指标	指标来源	原始评价指标	指标来源
A1 创客文化宣传	访谈资料 1	A7 馆员个体能力与素养	访谈资料 7
A2 咨询服务	访谈资料 2	A8 指导老师资源丰富	访谈资料 8
A3 种子基金	访谈资料 3	A9 管理制度健全	访谈资料 9
A4 创客空间功能定位	访谈资料 4	A10 服务设施与服务内容匹配	访谈资料 10
A5 创客空间布局合理	访谈资料 5	A11 服务设备与项目需求匹配	访谈资料 11
A6 投融资服务	访谈资料 6	A12 设施设备运行稳定	访谈资料 12

原始评价指标	指标来源	原始评价指标	指标来源
A13 服务态度耐心、诚恳	访谈资料 13	A31 预约服务准时度	访谈资料 31
A14 创客空间运维保障	访谈资料 14	A32 了解创客需求	访谈资料 32
A15 政策对接	访谈资料 15	A33 关注创客需求	访谈资料 33
A16 文献服务	访谈资料 16	A34 服务具有专业性	访谈资料 34
A17 馆员服务动力	访谈资料 17	A35 解决创客困难的有效性	访谈资料 35
A18 培训服务	访谈资料 18	A36 在线咨询便利性	访谈资料 36
A19 虚拟空间服务	访谈资料 19	A37 在线答疑及时性	访谈资料 37
A20 解决创客困难及时性	访谈资料 20	A38 服务人员与创客间的互动性	访谈资料 38
A21 资源对接	访谈资料 21	A39 创客对服务人员的认可度	访谈资料 39
A22 创客沙龙	访谈资料 22	A40 服务个性化程度	访谈资料 40
A23 项目路演	访谈资料 23	A41 跟踪服务指导	访谈资料 41
A24 创客活动丰富	访谈资料 24	A42 服务人员着装统一与外表整洁	调查问卷
A25 网络环境	访谈资料 25	A43 场地提供	调查问卷
A26 创客团队构建协助	访谈资料 26	A44 创客空间装饰亲和度	调查问卷
A27 创意保护协助	访谈资料 27	A45 领导对空间工作的支持度	调查问卷
A28 创新作品展示	访谈资料 28	A46 服务人员与创客相处融洽度	调查问卷
A29 服务承诺兑现程度	访谈资料 29	A47 项目选择协助	调查问卷
A30 馆员服务意识	访谈资料 30	A48 准入和退出机制	调查问卷

第三节 服务质量评价指标的定量验证

以上构建的图书馆创客空间服务质量评价指标体系是否有效，需要从两个方面进行验证：一是验证以独立范畴为三级指标来评价图书馆创客空间服务质量的有效性；二是将 48 个独立范畴集结为两个主范畴，能否充分反映出独立范畴间的内在逻辑性和联结性，验证其结构是否合理。

为了更好地体现原始指标的普适性和客观性，检验原始指标评价图书馆创客空间服务质量的有效性，研究者进一步扩大了样本规模，在前面的量表基础上又编制了《图书馆创客空间服务质量评价指标有效性测量》量表（问卷及量表内容见附录），从 2017 年 11 月到 2018 年 12 月，开展网络调查及实地调研活动。量表分为两部分，第一部分为创客的基本属性，包括性别、年龄、受教育程度、职业和使用创客空间的频率；第二部分采用李克特 5 级量表，对 48 个原始指标评价服务质量的有效性进行测量，为每个评价指标均设置"非常有效""比较有效""一般""不太有效""无效"5 个选项，对应得分为 5、4、3、2、1；以 30 所图书馆的创客为调查对象，发放调查问卷 500 份，回收有效问卷 477 份，有效回收率为 95.4%。

一 样本结构

将调查问卷的第一部分数据输入 Spss19.0，通过对创客基本属性的描述性统计，可以看出样本分布情况，了解样本基本特征，具体数据统计见表 8-5。从创客基本属性的描述性统计可以看出，被调查的创客性别、年龄、教育程度、职业比例等未出现大的偏差。在使用频率方面，经常和偶尔使用创客空间的受访者占 84.50%，说明绝大多数受访者在一定程度上了解图书馆创客空间的情况，对原始指标的评价都来源于自身的使用经验和感受，样本的覆盖面符合调查的预期要求。

表 8-5　　　　　　　　　创客基本属性描述性统计

描述项目	分类	人数	比例
性别	男	209	57.01%
	女	233	42.99%
年龄	18 岁以下	12	2.72%
	18—30 岁	195	44.12%
	30—40 岁	175	39.59%
	40 岁以上	60	13.57%
教育程度	高中及以下	27	6.11%
	大专	102	23.08%
	本科	256	57.92%
	研究生及以上	57	12.90%
职业	在校学生	202	45.70%
	科研人员	53	11.99%
	事业单位工作者	21	4.75%
	党政机关工作者	8	1.81%

续表

描述项目	分类	人数	比例
职业	企业/公司职员	78	17.65%
	自由职业者	80	18.10%
使用频率	经常使用	275	62.22%
	偶尔使用	83	18.78%
	很少使用	84	19.00%

二 样本统计分析与结果

(一) 观测变量的描述性统计

通过对上述原始评价指标的反复梳理，发现基于创客感知的图书馆创客空间服务是一个复杂的过程，它不仅涉及空间服务内容，还涉及空间服务条件；不仅注重空间的服务能力，更加重视空间的服务绩效；其服务质量不仅体现在结果中，也体现在过程中。为了能客观地反映原始评价指标的内在逻辑性和联结性，本小节以修正后的原始评价指标为观测变量，采用探索性因子分析法对原始指标的有效性进行测量和归类。将调查问卷第二部分的测量数据导入Spss19.0，计算并统计各项原始评价指标的均值和标准差，见表8-6。

表8-6　　　　　观测变量描述统计

原始评价指标	均值	标准差
A1 创客文化宣传	3.771	0.984
A2 咨询服务	3.755	0.926
A3 种子基金	4.088	1.022
A4 创客空间功能定位	2.746	1.031
A5 创客空间布局合理	3.823	0.982
A6 投融资服务	3.785	1.055
A7 馆员个体能力与素养	3.771	1.009
A8 指导老师资源丰富	3.760	0.935
A9 管理制度健全	3.794	0.980
A10 服务设施与服务内容匹配	3.481	0.962
A11 服务设备与项目需求匹配	3.711	0.974

续表

原始评价指标	均值	标准差
A12 设施设备运行稳定	3.549	1.001
A13 服务态度耐心、诚恳	4.047	0.917
A14 创客空间运维保障	3.561	0.991
A15 政策对接	3.780	0.962
A16 文献服务	3.638	0.978
A17 馆员服务动力	3.411	0.964
A18 培训服务	4.101	0.943
A19 虚拟空间服务	4.074	0.951
A20 解决创客困难及时性	3.461	0.963
A21 资源对接	3.421	0.920
A22 创客沙龙	4.010	0.899
A23 项目路演	3.692	0.974
A24 创客活动丰富	3.855	0.925
A25 网络环境	3.925	0.901
A26 创客团队构建协助	3.412	1.003
A27 创意保护协助	3.631	0.946
A28 创新作品展示	3.573	0.931
A29 服务承诺兑现程度	4.051	0.927
A30 馆员服务意识	3.625	0.922
A31 预约服务准时度	3.400	0.918
A32 了解创客需求	3.805	0.903
A33 关注创客需求	3.951	0.936
A34 服务具有专业性	3.471	0.975
A35 解决创客困难的有效性	3.847	0.980
A36 在线咨询便利性	3.952	0.989
A37 在线答疑及时性	3.642	0.996
A38 服务人员与创客间的互动性	3.640	0.968
A39 创客对服务人员的认可度	3.007	0.959
A40 服务个性化程度	3.905	0.973
A41 跟踪服务指导	3.866	0.980
A42 服务人员着装统一与外表整洁	3.001	1.011
A43 场地提供	3.481	1.023
A44 创客空间装饰亲和度	2.949	1.014

续表

原始评价指标	均值	标准差
A45 领导对空间工作的支持度	3.506	0.971
A46 服务人员与创客相处融洽	3.010	1.031
A47 项目选择协助	3.633	1.039
A48 准入和退出机制	3.719	0.995

从表 8-6 可以看出，在 48 个观察变量中，"培训服务"的平均值最高，说明被调查创客对于图书馆创客空间服务最基本的需求是培训指导；"创客空间功能定位""创客对服务人员认可度"两个观测变量的均值小于 3，说明用这两个观测变量评价空间服务质量的有效性没有得到大多数创客的认可。根据观测变量的标准差统计显示，有 11 个观测变量的标准差大于 1，说明创客对这些观测变量有效性的认知存在较大差异。因此对于观测变量的有效性还需进一步分析。

（二）观测变量的因子分析

剔除两个观测变量后，对 46 个观测变量进行因子分析，分析前应对量表进行信度和效度检验。本小节采用常用的 α 系数进行信度检验，用 Spss19.0 来分析量表的信度，检验结果见表 8-7。本量表的 Cronbach α 系数为 0.898，大于 0.8，根据可靠性高低对照表来看[1]，本量表的可靠性为"比较理想"。

表 8-7　　　　　　　　　　**可靠性统计量**

Cronbach's Alpha	基于标准化项的 Cronbachs Alpha	项数
0.898	0.894	46

效度主要用于测量测定值与目标真实值的接近程度，进而判断测量结果是否反映了所要测量的特质[2]。本小节通过 KMO 取样足够度量数据和 Batrtlett 球形度检验来分析样本数据的效度。通过用 Spss19.0 对量表进行

---

[1] 谢龙汉、尚涛编著：《SPSS 统计分析与数据挖掘》，电子工业出版社 2012 年版，第 18—23 页。

[2] 杨维忠、张甜编著：《SPSS 统计分析与行业应用案例详解》，清华大学出版社 2011 年版，第 44—49 页。

KMO 和 Batrtlett 球形度检验后，结果如表 8-8 所示。样本数据的 KMO 值为 0.927，大于 0.8，说明原始指标间的简单相关系数平方和远大于偏相关系数平方和，变量间的相关性强。Batrtlett 球形度检验显著水平值为 0，小于 0.01，近似卡方值为 12685.428，说明原始指标间具有相关性，存在共同因子。

表 8-8　　　　　　　　　　KMO 测度和 Batrtlett 检验

取样足够度的 kaiser - Meyer - Olkin 度量		0.927
Batrtlett 的球形度检验	Approx. Chi - Square	12685.428
	Df	1028
	Sig.	0.000

基于以上分析，本小节研究量表数据的信度和效度较好，适合做因子分析。采用因子分析法，以特征值大于 1，不设定公共因子提取数量为条件，采取最大方差法正交旋转，根据旋转后的因子载荷矩阵来确定公共因子 F_i，剔除最高载荷系数小于 0.45 指标，同时遵守因子分析过程中载荷在公共因子上的变量要有 3 个以上才合理的原则[①]，在 Spss19.0 中，通过降维提取共因子，其中前 4 项的初始特征值分别为 18.510、5.994、1.654、1.023，经过多次旋转后提取 4 个公共因子，累计方差贡献率达到 87.931%，说明提取后保留的因素相当理想，详见表 8-9。

表 8-9　　　　　　　　　　解释的总方差

序号	初始特征值			提取平方和载入			旋转平方和载入		
	合计	方差的%	累积%	合计	方差的%	累积%	合计	方差的%	累积%
1	18.510	46.815	46.815	18.510	46.815	46.815	6.510	26.709	26.709
2	5.944	24.399	71.214	5.944	24.399	71.214	6.245	24.367	51.076
3	1.654	9.344	80.558	1.654	9.344	80.558	5.207	19.452	70.528
4	1.023	7.373	87.931	1.023	7.373	87.931	4.341	17.403	87.931

---

① 吴明隆：《问卷统计分析实务——SPSS 操作与应用》，重庆大学出版社 2010 年版，第 31—35 页。

(三) 因子分析结果

用最大方差法对 48 个观察变量进行正交旋转后，剔除了 4 个变量，分别是：创客空间功能定位、创客团队构建协助、馆员与创客相处融洽、创客对服务人员的认可度。根据旋转因子载荷矩阵来确定公因子，得到观测指标探索性因子分析结果，同时将原始评价指标分为 4 类。见表 8-10。

表 8-10　　　　　　观测指标探索性因子分析结果

公共因子	项目描述	指标荷重			
		F1	F2	F3	F4
F1	A43 场地提供	0.607			
	A25 网络环境	0.693			
	A1 创客文化宣传	0.755			
	A5 创客空间布局合理	0.633			
	A44 创客空间装饰亲和度	0.614			
F2	A7 服务人员个体能力与素养		0.591		
	A45 领导对空间工作的支持度		0.588		
	A9 管理制度健全		0.499		
	A10 服务设施与服务内容匹配		0.712		
	A11 服务设备与项目需求匹配		0.785		
	A3 种子基金		0.813		
	A8 指导老师资源丰富		0.591		
	A14 创客空间运维保障		0.608		
	A12 设施设备运行稳定		0.605		
F3	A16 文献服务			0.786	
	A18 培训服务			0.754	
	A2 咨询服务			0.773	
	A19 虚拟空间服务			0.708	
	A15 政策对接			0.621	
	A21 资源对接			0.633	
	A22 创客沙龙			0.609	
	A23 项目路演			0.580	
	A24 创客活动丰富			0.579	
	A6 投融资服务			0.587	

续表

公共因子	项目描述	指标荷重			
		F1	F2	F3	F4
F3	A47 项目选择协助			0.574	
	A27 创意保护协助			0.528	
	A28 创新作品展示			0.501	
	A48 准入和退出机制			0.498	
F4	A42 服务人员着装统一与外表整洁				0.687
	A29 服务承诺兑现程度				0.621
	A30 馆员服务意识				0.531
	A31 预约服务准时度				0.764
	A32 了解创客需求				0.743
	A33 关注创客需求				0.505
	A13 服务态度耐心、诚恳				0.693
	A35 解决创客困难及时性				0.632
	A34 服务具有专业性				0.611
	A35 解决创客困难的有效性				0.702
	A36 在线咨询便利性				0.709
	A37 在线答疑及时性				0.560
	A38 服务人员与创客间的互动性				0.604
	A40 服务个性化程度				0.525
	A41 跟踪服务指导				0.507
	A17 馆员服务动力				0.502

第四节 服务质量评价指标体系的构建

表8-10所示正交旋转结果是在原始指标筛选后，对图书馆创客空间评价指标进行探索性因子分析的结果，从中可以看出每个公共因子上承载的变量个数。研究者根据每个公共因子上承载的变量间的内在逻辑性和联结性为公共因子命名。公共因子F1上共承载5个变量，这些指标侧重于图书馆创客空间的实体环境、虚拟环境和文化环境，体现了创客从感知角度

表 8-11 图书馆创客空间服务质量评价指标体系

一级指标	二级指标	三级指标	三级指标涉及内容及解释说明
图书馆创客空间服务质量评价指标体系	服务环境	场地提供	包括场地面积、位置便利度、办公场地、共享空间和共享办公设备
		网络环境	包括网络使用的流畅性、稳定性和安全性
		创客文化宣传	包括创客空间基本知识、创客文化氛围营造、创客空间功能宣传等，扩大创客空间影响力
		创客空间布局合理	创客空间相对独立，设置研讨、加工、学习、休息等不同区域，静音区和噪音区分开等
		创客空间装饰美观度	包括创客空间环境与装饰的和谐度，创客对空间装饰感的愉悦度
	服务条件	服务人员个体能力与素养	包括创客空间人员组织、协调、沟通，解决问题能力及专业素养，服务素养等
		领导对空间工作的支持度	包括图书馆领导对创客空间服务工作，提供资源保障和服务承诺等
		管理制度健全	包括创客空间管理制度、服务行为规范制度
		服务设施与服务内容匹配	为入驻团队提供办公配套设施
		服务设备与项目需求匹配	为创客提供把创意转为现实的工具
		种子基金	为入驻团队提供项目启动的资金支持
		指导老师资源丰富	创客上线下，馆内馆外的指导资源
		创客空间运维保障	包括保洁、保安、公共设备维护，水电气热等保障服务
		设施设备运行稳定	及时排除设施设备运行故障
	服务内容	文献服务	包括丰富的纸质文献、数字文献及检索平台
		培训服务	包括创客理念培育、创新意识塑造、设备操作技能培训、个性化专业知识辅导、创业实践指导、创业精神培育等

续表

一级指标	二级指标	三级指标	三级指标涉及内容及解释说明
图书馆创客空间服务质量评价指标体系	服务内容	咨询服务	提供战略、营销、知识产权、法务、财务等咨询服务
		虚拟空间服务	包括网络办公、数字资源检索、信息发布、多媒体、在线培训、在线辅导、软件下载、网络互动平台构建、信息技术分享、虚拟社区等
		政策对接	为创客提供政策咨询、项目申报等服务
		资源对接	集成技术、市场、媒体及专业服务等创客所需的外部资源，并提供对接服务
		创客沙龙	开展信息、创意、经验、技术等为主题的交流活动
		项目路演	组织项目路演，并为创客提供经验分享和科技力辅导
		创客活动丰富	包括创客大讲堂、创客沙龙、创客比赛等活动
		投融资服务	以种子资金、合作资金提供直接投资并开展融资服务
		项目选择协助	提供项目介绍、创新点、和相关市场前景等
		创意保护协助	保护创客创意隐私、作品专利申请协助等
		创新作品展示	提供线上和线下作品展示服务
		准入和退出机制	明确准入和退出条件，通过设置准入和退出条件，提高孵化资源使用效率
	服务绩效	服务人员着装统一与外表整洁	空间服务人员统一着装，外表形象整洁
		服务承诺兑现程度	严格执行服务制度，及时兑现服务承诺
		馆员服务意识	关注创客需求，真诚、及时提供服务
		预约服务准时度	按预约时间及时提供服务并完成服务
		了解创客需求	与创客形成良好互动，及时了解掌握创客实际需求
		关注创客需求	重视创客需求，及时提供服务

续表

一级指标	二级指标	三级指标	三级指标涉及内容及解释说明
图书馆创客空间服务质量评价指标体系	服务绩效	服务态度耐心、诚恳	一直愿意为创客给予帮助
		解决创客困难及时性	当创客遇到困难时提供及时有效帮助
		服务具有专业性	提供专业化的指导、培训、咨询服务
		解决创客困难的有效性	提供有效解决创客困难的思路、办法等服务
		在线咨询便利性	包括在线咨询平台使用的便利性
		在线答疑及时性	导师及时在线解答创客咨询问题
		服务人员与创客间的互动性	服务人员与创客有良好的沟通交流,创客需求能得到及时响应
		服务个性化程度	为不同创客和不同项目提供差异化服务
		跟踪服务指导	跟踪项目进度,及时发现并协助创客解决问题
		馆员服务动力	馆员保持服务意愿的强度和持续性

对空间服务环境的要求，同时也表明服务环境对创客感知服务质量的影响。因此，可以将公共因子 F1 命名为服务环境。公共因子 F2 上共承载 9 个变量，这些指标涉及图书馆创客空间运行的人员、设施、设备和监管等服务条件，并未涉及服务内容和服务效果，体现了创客从感知角度对空间服务条件的要求，同时也表明服务条件对创客感知服务质量的影响。因此，可以将公共因子 F2 命名为服务条件。公共因子 F3 上共承载 14 个变量，这些指标绝大多数反映了图书馆创客空间的服务内容。表明了图书馆创客空间提供的服务内容，能否满足创客的服务需要是影响创客感知服务质量好坏的重要因素。因此，可以将公共因子 F3 命名为服务内容。公共因子 F4 上共承载 16 个变量，这些指标反映了图书馆创客空间服务团队在一定资源、条件和环境下提供服务的优劣程度，也是创客从感知角度对服务效益的衡量与要求。因此，可以将公共因子 F4 命名为服务绩效。

研究者将筛选后的 44 个原始指标确定为图书馆创客空间服务质量评价指标体系的三级指标，将 4 个公共因子确定为二级指标，将本小节的研究主题图书馆创客空间服务质量评价指标定为一级指标，从而构建出图书馆创客空间服务指标评价体系。同一层的指标从属于上一层的指标或对上层指标有影响，同时又支配下一层的指标或受到下层指标的作用。指标体系之间的结构层次关系及三级指标涉及的内容和说明见表 8-11。

第五节 研究设定：高校图书馆创客空间服务效益评价指标

一 研究主题

"用户至上"是图书馆的核心价值观，图书馆不仅要通过上级主管部门的专家评价，更要经得起用户的评价，让用户积极、主动地参与到图书馆的监管和服务中，推动图书馆的建设与可持续发展[①]。创客是图书馆创客空间的使用主体和服务对象，也是创客空间发展的最大受益者，是创新创业服务的主观体验者，创客的评价能够真实、客观地反映出图书馆空间

---

① 郭春霞：《高校图书馆用户满意度评价指标体系的构建及权重的测定》，《农业图书情报学报》2009 年第 8 期。

管理和运营的质量,从创客视角评价空间服务效益的高低意义重大,将创客满意度作为评价图书馆创客空间的重要指标,具有重要的参考价值。

国外有关创客空间的理论研究体系相对完善,学者们对空间评价研究较为重视。在研究内容上,部分学者以用户认可度为切入点展开了深入研究①;一些学者对创客社区中创客的态度、兴趣、习惯和业务技能进行了实践调查和分析②;还有学者从图书馆创客空间的周边环境、选址与布局、定位与目标人群、成本与收益等方面进行评价和研究③。在研究方法上,国外学者倾向于测量学和统计学方法,而国内学者习惯于采用经验和量化技术相结合的方法④。近年来,国内学者对空间评价也展开了相关研究,如刘哲、柴源等基于文献研究、用户访谈和专家访谈建立了空间服务质量评价体系,并通过问卷调查分析了沈阳工业大学、西安航空学院图书馆创客空间的现状与创客满意度,最后通过实证分析验证了该评价体系的可行性⑤。孙荣华通过对国内外相关文献的梳理,以绩效理论和系统论为基础,采用层次分析法构建以用户满意度为指标的评价模型⑥。王岚运用KANO模型分析法,从环境与设施、创客馆员、资源与获取、用户服务等维度设计图书馆创客空间服务需求调查问卷,得出图书馆创客空间的用户信息服务需求指标类型,并构建了满意度矩阵⑦。杨锴等运用凯利方格法,从用户感知视角识别图书馆创客空间服务质量的影响因素,构建服务质量评价模型,并以9所图书馆为样本进行案例应用,从满足创客需求、发挥特色

---

① Moorefield-Lang, Heather Michele,"When Maker Spaces Go Mobile: Case Studies of Transportable Maker Locations", *Library Hi Tech*, Vol.33, No.4, November 2015.

② Andrew Milne, Bernhard Riecke and Alissa Antle,"Exploring Maker Practice: Common Attitudes, Habits and Skills from Vancouver's Maker Community", *Studies*, No.19, October 2014.

③ "Makerspace Task Force Report", https://archive.hshsl.umaryland.edu/bitstream/handle/10713/4634/%20Makerspace%20Task ForceWhitePaper_revised-1.pdf;jsessionid=D06C6ECF70820BC4607DC04232CA2BCF?sequence=8.

④ 雷顺利:《基于用户满意度的高校图书馆馆藏资源评价模型构建》,《情报科学》2010年第1期。

⑤ 刘哲:《高校图书馆创客空间服务质量评价指标的构建——以沈阳工业大学图书馆为例》,《农业图书情报学刊》2018年第7期;柴源、杜文龙、刘晓东:《高校图书馆创客空间服务质量评价指标的建构与应用——以西安航空学院图书馆为例》,《图书馆研究》2016年第2期。

⑥ 孙荣华:《高校众创空间创客满意度评价研究》,硕士学位论文,云南大学,2018年。

⑦ 王岚:《图书馆创客空间用户信息服务需求分析与服务策略》,《图书情报工作》2018年第12期。

优势等方面，为创客空间服务体系创新提供参考①。储结兵利用扎根理论方法，通过创客访谈，构建图书馆创客空间服务质量评价指标体系，并运用探索性因子分析法对指标体系进行验证与完善，从创客感知的角度全面衡量空间的服务效果②。可知，目前以图书馆创客服务效果、创客满意度为主题开展的理论研究与实践探索不是很多，而针对图书馆创客空间用户满意度的评价研究较少，研究视角有限。虽有少量研究关注创客的需求、特征及属性③，但缺乏系统科学的创新创业服务评价指标，缺乏从创客需求和行为视角对图书馆空间管理、空间服务的有效评价。

二 创新之处

本小节的创新之处主要体现在以下四个方面：第一，研究领域新颖。此研究是顾客满意度评价在高校图书馆创客空间的延伸。第二，研究视角创新。此研究从创客主体的行为需求出发，在研究视角的切入点上具有创新性。现有的关于图书馆创客空间的学术研究多是从政府、高校、教育主管机构等构建主体出发，而基于创客视角开展服务满意度评价的研究很少，不利于发现图书馆空间发展中客观存在的诸多问题。第三，研究内容较新。此研究以基于投入—产出效益为基础，创新性地构建了高校图书馆创客空间创客满意度评价体系，有助于发现图书馆空间运营和未来发展中的新问题。第四，研究方法较新。本小节选取回归分析法和多层线性模型分析法，构建创客满意度的评价指标体系，在研究方法上具有一定的创新性。

第六节 研究过程

一 指标设立及问卷调查

首先，在分析图书馆创客空间服务现状的基础上，研究人员运用第一

---

① 杨锴、黄诗童：《图书馆创客空间服务质量识别及评价研究》，《图书馆》2020年第8期。
② 储结兵：《创客感知视角下图书馆创客空间服务质量评价指标体系研究》，《国家图书馆学刊》2020年第3期。
③ 谢守美：《基于图书馆创客空间服务的协同信息行为研究》，《情报杂志》2017年第9期。

手问卷调查数据和访谈资料，从创客的行为需求出发，建立了投入—产出效益定量测度指标（见表8-12），遴选出馆员配置、空间建设、监管、设施、创客业绩、创客成果、社会价值、基础性能力、提高性能力9个一级指标和44个二级指标，指标设置层次明晰，有助于创客的理解和调查研究的顺利开展。其次，研究组利用文献研究、专家意见法构建基于创客视角的图书馆创客空间服务满意度评价指标体系，确定了指标权重，设计了服务效益评价量表。最后，设计出创客满意度评价的调查问卷，按照李克特五级量表将评价指标转化为问卷问题，要求被调查的创客按照"非常满意""比较满意""一般""不太满意""很不满意"进行评分。研究组以图书馆用户（创客）为样本，从2017年12月至2019年5月，在国内图书馆（主要是高校图书馆）开展网络问卷及实地调研活动，共收回创客问卷216份；剔除无效问卷5份，得到有效问卷211份，有效回收率为98%。根据问卷调查结果，采用回归分析法及多层线性模型对空间投入和产出满意度进行定量分析。

表8-12　高校图书馆创客空间投入—产出效益定量测度指标
（按年或月统计）

投入指标		产出指标	
一级指标	二级指标	一级指标	二级指标
馆员配置投入	1. 馆员总数	创客业绩	1. 学校中毕业生的就业率及创业率
	2. 空间专职馆员人数		2. 在校生优选推荐考研/考博的数量
	3. 空间兼职馆员人数		3. 空间入驻创新创业团队总数量
	4. 空间技术人员人数		4. 获各国家级、省、市、校级创新创业项目数量
	5. 创客导师、校内外专家人数		5. 参加国家级、省、市及校级创新创业竞赛的数量
	6. 学生社团、社会志愿者及其他外援人数		6. 创客业绩及获奖折算成学分或加分数量

续表

投入指标		产出指标	
一级指标	二级指标	一级指标	二级指标
空间建设投入	1. 国家及政府财政经费	创客成果	1. 空间每月开展的活动数量
	2. 地方及政府财政经费		2. 空间每年开展的活动数量
	3. 行业、企业及其他机构投资/融资		3. 国内外学术期刊发表论文数量
	4. 行业、企业及其他机构捐款		4. 国家级、省、市及校级创新创业项目的获奖数量
	5. 其他经费		5. 专利授权或技术转让数量
设施投入	1. 空间数字化设施的购置及维护	社会价值	1. 政府或学校与外界合作的业务及活动数量
	2. 空间非数字化设施的购置及维护		2. 创客作品及产品的年度产值
	3. 空间数字化资源的购置及维护		3. 创客作品及产品的社会推广价值
	4. 空间非数字化资源的购置及维护		4. 创客成果转化数量
	5. 实体空间总面积、功能区划分及布置		5. 空间社会志愿者的参与总人数及活动情况
管理投入	1. 空间功能区划分及管理	基础性能力	1. 创新意识
	2. 空间硬件设施及软件系统的维护及监管		2. 创新认知
	3. 服务项目及宣传推广活动的策划及监管		3. 创新品行
	4. 空间制度的设立、监督及完善	提高性能力	1. 创造性思维能力
	5. 空间成果的评价及推广活动		2. 学习运用能力、知识整合能力
	6. 空间人、财、物的整体协调与监管		3. 语言表达能力、沟通协作能力、动手实践能力

二 数据的信度及效度分析

信度是数据分析的关键指标，旨在评价调研问卷或量表的优与劣，能反映出随机误差影响测量结果的相应程度。Cronbach's Alpha 系数越与 1 接近，说明量表的可靠性程度越高。研究结果显示此量表的 Cronbach's Alpha 系数为 0.932，说明具有较高的信度。效度又称作有效性，是指问卷或量表可测量出的内容准确程度，体现调研活动是否具备真实有效性，以及量表中各建构项与间项间的合理性，在统计学中数值在 0.4 以上为效度较好。测量结果显示，各因子的共同度指标均大于 0.4，调研样本数据有效，可为创客空间的规划设计提供依据和参考。

第七节　基于投入—产出服务效益的创客满意度评价体系

本小节通过分析高校图书馆创客空间创客满意度的相关影响因素，构建了基于空间投入—产出服务效益的评价研究框架。该框架包括两个逻辑线索：空间投入满意度和空间产出满意度评价，重点关注馆员配置、馆员/创客互动、管理和空间建设等创客满意度投入要素，以及创客的创新创造能力发展（基本性和提高性）满意度等产出要素，以此为基础形成了基于回归模型的创客满意度计量方法。

一　创客对空间投入的满意度评价

（一）创客对空间建设投入的满意度评价

在满意度量表中，本小节采用 3 个指标来评价和衡量创客对空间建设投入的满意度，其中两个与空间环境和设施完备程度相关，属于空间设施投入的基本性需求，另一个与空间设施的使用情况相关，属于设施投入的提高性需求，对设施投入的满意度评价指标说明及实证分析结果如表 8 - 13、表 8 - 14 所示。

表 8 - 13　　　　　　　　　空间建设投入评价指标

指标类型	指标内容	评价指标测量说明
空间建设投入	设施配置	空间数字化及非数字化硬件设施及软件系统的配置情况
空间建设投入	空间环境	实体空间的总面积、功能区划分、布置及周围环境情况
空间建设投入	设施使用	空间数字化及非数字化硬件设施及软件系统的使用及维护

由于空间的硬件投入受到诸多条件的制约，因此需根据实际情况对原有的评价指标进行优化调整。本部分以创客对空间建设投入的评价得分均

值为因变量，以空间占地面积、单位租金、建设资金总投入及其他经费来源为自变量，构建投入满意度回归模型（1）为：$Y = \alpha + \beta_1 Area + \beta_2 Unitrent + \beta_3 Toinv + \beta_4 Othsour + \varepsilon$。其中，Area 表示空间占地面积；Prerent 表示创客在空间每天每平方米的租金；Toinv（Total investment in space construction）表示空间建设总投资；Othsour（Other sources of funds）表示用于空间建设和发展的其他经费来源，如政府资金、行业、企业及其他机构投资/融资、社会捐赠等；α，β_n（n = 1，2，3，4）为回归模型的待定参数；ε 表示回归随机误差，因变量 Y 是创客对建设投入的满意度。

表 8 - 14　　　　　　　创客对空间建设投入满意度描述

变量	设施配置	空间环境	设施使用
均值	1.630	1.530	1.690
标准差	0.865	0.749	0.833
非常满意 5	57.02%	60.82%	50.29%
比较满意 4	26.90%	26.90%	33.33%
一般 3	12.57%	11.11%	14.33%
不太满意 2	2.63%	0.88%	0.88%
很不满意 1	0.88%	0.29%	1.17%

结果显示，在图书馆创客空间中，创客对空间硬件条件比较满意。总体来说，创客对空间的建设投入中的空间地理位置、交通便捷性、装修、水电通信、通风采光、隔音、卫生与绿化状况等整体空间环境最满意，对软硬件配套设施的配置及对应的收费情况，如办公家具、办公设备的数量及大小适用性，以及对会议室、路演厅、办公区、展厅、休闲区等空间的布局及功能分区划分比较满意，对设施的使用情况不太满意。

（二）创客对馆员配置投入的满意度评价

馆员配置是图书馆空间发展的人员配置情况，特指参与图书馆空间监管和服务的专职或兼职馆员的数量及质量。馆员配置是高校图书馆创客空间发展的核心要素，馆员队伍建设是空间发展不可或缺的投入要素。《普通高等学校图书馆规程（修订）》第二十九条规定："高等学校图书馆的专业人员应具有大专以上学历,其中本科以上学历者应逐步达到60%以上"①。吴汉华等发布的2018年中国高校图书馆基本统计数据分析显示,高校图书馆工作人员学历学位的提升速率呈上升趋势,尤其是在"双一流"高校图书馆中较为明显,高校馆的人力资源结构正朝着高学历、多学科、专业化方向发展②。综上所述,国家已对馆员整体素质提出了更高要求,这也说明馆员的专业素质和业务技能越高,其提供的用户服务质量越有保障。

本书所指的馆员配置数量主要体现在两个方面:在广义上是指全体馆员与创客人数的比值;在狭义上是指创客空间的馆员与参与创客活动的总人数之比,直接表明馆员对创客进行教育和引导的实际数量。本部分影响创客满意度的馆员与创客的比值,主要指在空间监管及服务中,馆员数量与创客数量的对比,即狭义上的馆员与创客比。调研发现,高校馆创客空间中沈阳师范大学的馆员配置人数较多,共有专职、兼职馆员5名,其次是上海交通大学、上海海事大学,南京工业大学、安徽大学图书馆等,专、兼职馆员均为3人,三峡大学、国防科技大学的专、兼职馆员只有2人;公共馆创客空间中上海图书馆的馆员配置人数较多,共有专、兼职馆员9名,其次是成都图书馆、杭州图书馆、广州图书馆等,空间的专、兼职馆员均为3人左右,长沙图书馆新三角创客空间的专、兼职馆员仅有1人。

结果显示,一方面,从馆员配置的数量上来看,创客满意度与馆员的配置数量具有正向关联关系,表明如果馆员的数量增加,馆员与创客的比值也将增加,则每位馆员辅导/指导每个创客的时间和工作量就会增加,每个创客获得的知识及技能也会增加,对空间服务质量和效果的评价就会得到提高。另一方面,从馆员配置的质量上来看,馆员的受教育程度、学历层次、工作经验及专业技能等,这些都是图书馆创客空间在招聘和管理馆员时应该关注的变量,它们贯穿于馆员的工作行为中并影响着创客对满意度的评价。由于个体行为感受的不同,馆员为创客提供的支持与帮助也

---

① 《教育部关于印发〈普通高等学校图书馆规程〉的通知》,中华人民共和国教育部网,2016年1月4日,http://www.moe.gov.cn/srcsite/A08/moe_736/s3886/201601/t20160120_228487.html。

② 吴汉华、王波:《2021年中国高校图书馆基本统计数据分析》,《大学图书馆学报》2022年第6期。

不同。根据馆员与创客比（数量）、服务经验、学历水平及专业技能（质量）等情况，对馆员配置投入满意度的评价指标说明及实证分析结果如表8-15、表8-16所示。

表8-15　　　　　　　　　　馆员配置投入评价指标

指标类型	指标内容	评价指标测量说明
馆员配置投入	馆员与创客的比值	空间专职、兼职馆员总人数与创客总人数的比例或数值
馆员配置投入	服务经验	馆员对创客服务项目、培训活动、管理制度等的感受及体会积累
馆员配置投入	学历水平	馆员接受教育的学历层次是大专、本科，还是硕士及以上水平
馆员配置投入	专业技能	馆员为创客提供服务保障、影响服务质量的专业素质及技能高低

表8-16　　　　　　　　创客对馆员配置投入满意度描述

变量	馆与创客比	服务经验	学历水平	专业技能
均值	2.080	1.940	1.700	1.900
标准差	0.973	0.928	0.849	0.876
非常满意5	34.21%	39.18%	49.80%	38.01%
比较满意4	31.87%	33.92%	34.80%	38.01%
一般3	26.90%	21.64%	11.58%	20.76%
不太满意2	5.85%	4.39%	2.94%	2.05%
很不满意1	1.17%	0.87%	0.88%	1.17%

综合馆员数量和质量的配置投入满意度评价指标，构建投入满意度回归模型（2）为：$Y = \alpha + \beta_1 Lmratio + \beta_2 Experience + \beta_3 Education + \beta_4 Major + \varepsilon$。其中，Lmratio（Librarian Maker Ratio）代表馆员与创客的比率；Experience 代表工作经验；Education 代表学历水平；Major 代表专业技能（图书情报专业=1，其他=0）；因变量 Y 是创客对馆员配置投入的满意度评价。α、β_n（n=1，2，3，4）为回归模型待定参数，ε 代表回归随机误差。Y 是通过计算每个创客对馆员配置投入评价的算数平均值而生成的。

结果显示，与馆员配置的数量相比，创客对馆员配置的质量要求更高，对其进行满意度评价更难把握。

（三）创客对馆员与创客互动投入的满意度评价

馆员和创客是高校图书馆创客空间的共同行为者，馆员与创客的互动投入既与馆员配置的投入相关，也与管理投入相关，是图书馆创客空间的主导行为，反映出高校馆创客空间开展的系列创新创业活动的效率、效果和效益。馆员与创客的互动效果不仅与双方的沟通渠道的畅通性、信息传递及反馈的及时性有关，还取决于空间管理者能否有效调动馆员与创客的参与积极性、创客参与交流互动的频繁程度等。互动平台传播信息的便捷性、准确性和新颖性，平台的硬件设施及软件系统的稳定性，活动内容的丰富性及主题的新颖性，活动形式的多样性，参与者的范围及层次，活动开展的频率及周期等，都能影响创客对活动需求的满足程度，进而影响对创客空间创新创业活动的参与积极性和满意度评价。本部分根据"馆员及时向创客传递信息""创客及时向馆员反馈需求""馆员与创客交流活动的频率""馆员与创客交流互动平台的功能设置"等方面来评价馆员与创客互动投入的满意度，评价指标说明及实证分析结果如表8-17所示。

表8-17　　　　　　　　馆员与创客互动投入评价指标

指标类型	指标内容	评价指标测量含义
馆员与创客互动投入	信息传递	空间信息传递及沟通渠道的畅通性、及时性及便捷性情况
馆员与创客互动投入	信息反馈	空间信息反馈渠道的畅通性、及时性及便捷性情况
馆员与创客互动投入	交流活动	空间创新创业活动的内容丰富性、主题新颖性及形式多样性程度
馆员与创客互动投入	互动平台	馆员与创客交流互动平台的硬件、软件设施及系统稳定性情况

综合评价创客与馆员互动的投入指标，建立馆员与创客互动投入满意度回归模型（3）为：$Y = \alpha + \beta_1 Pass + \beta_2 Feedback + \beta_3 Activities + \beta_4 Platform + \varepsilon$。其中，Pass 表示馆员向创客传递信息；Feedback 表示创客对馆员的信息反馈；Activities 表示创客参与互动及交流活动的机会；Platform

表示馆员与创客交流互动的平台;因变量 Y 为创客对互动投入的满意度评价;α、β_n(n=1,2,3,4)为回归模型待定参数,ε 为回归随机误差。从实证分析结果来看,大部分高校馆创客空间都比较注重馆员与创客的互动交流。其中,创客对馆员及时传递信息的评价指标满意度较高,但创客对信息反馈的评价不太理想。在四项指标中,有两项活动(信息反馈、交流活动)创客处于被动接受者的位置,均值偏低,其余两项活动创客都处于主动参与者的位置,均值偏高,这说明创客的主体位置不同,对活动的满意度评价也不同。

表 8-18　　　创客对馆员与创客互动投入满意度描述

变量	信息传递	信息反馈	交流活动	互动平台
均值	1.720	1.870	1.850	1.750
标准差	0.823	0.825	0.815	0.786
非常满意 5	48.25%	38.04%	38.89%	43.86%
比较满意 4	34.80%	40.62%	39.18%	39.77%
一般 3	14.04%	18.42%	19.88%	15.20%
不太满意 2	2.63%	2.63%	1.75%	0.29%
很不满意 1	0.29%	0.29%	0.29%	0.88%

(四) 创客对管理投入的满意度评价

从广义上说,高校图书馆馆创客空间的管理涵盖了空间功能设置、日常活动策划与管理、创新创业服务与活动安排等多个方面,其管理的最终目的是确保创客空间的有序运行。本部分所指的管理,是从投入—产出(狭义)的角度来计量,并不涉及环境设施的改进与维护,主要倾向于各种有实质性活动监管,包括基本性管理和提高性管理。基本性管理指符合创客发展基本要求的行为,包括指导和帮助创客获取更多的资源和服务,辅导创客使用新技术、新设备和新工具;开展基础性的政策宣传、项目申报、创客比赛及工商财税等服务;保障创客的人身安全、减少失误、不出差错,引导创客规范完成空间活动。提高性管理是指以创新驱动为动力,为提升创客的素质及能力而提供的深层次服务,包括根据创客的年级、性别、专业、兴趣和特长等不同需求,提供个性化、层次化的服务;为创客提供 3D 打印、3D 建模、修补及激光切割等专业化服务;提供工艺美术、音乐制作等特色性服务；提供作品展示、成果评价、产品孵化等增值性服务；多渠道对接科研服务机构、政府及企业资源等，为创客提供专项设计、创意课程培训等针对性培训项目。在管理投入上的评价指标和对管理投入的满意度描述如表 8-19、表 8-20 所示。

表 8-19　　　　　　　　　　　管理投入评价指标

指标类型	服务内容	评价指标测量说明
基本性管理	功能设置	空间功能设置及布局规范，制度健全
基本性管理	服务策划	服务策划合理，符合创新创业发展规律
基础性管理	安全维护	环境适宜，安全保护健全，设施安全
提高性管理	成果评价	定期评价，指导创客的创新、创造活动
提高性管理	创新驱动	空间活动丰富，以创新驱动发展为中心

表 8-20　　　　　　　　　　　管理投入满意度描述

变量	功能设置	服务策划	安全维护	成果评价	创新驱动
均值	1.640	1.670	1.610	1.740	1.830
标准差	0.786	0.773	0.764	0.782	0.906
非常满意 5	52.92%	50.88%	54.09%	43.27%	45.91%
比较满意 4	31.58%	32.46%	32.46%	32.69%	29.83%
一般 3	14.04%	16.08%	11.99%	21.99%	19.88%
不太满意 2	1.17%	0.29%	1.17%	1.17%	4.09%
很不满意 1	0.29%	0.29%	0.29%	0.88%	0.29%

依托各项评价指标建立管理投入满意度回归模型（4）为：$Y = \alpha + \beta_1 \text{Basics} + \beta_2 \text{Primary} + \beta_3 \text{Improve} + \varepsilon$。其中，Basics 表示基础性管理水平；Primary 表示基本性管理水平；Improve 表示提高性管理水平；因变量 Y 表示创客对管理投入的满意度评价；α，β_n（n = 1，2，3）为回归模型待定参数，ε 为回归随机误差。结果表明，在具体监管项目上，创客对于提高性管理的满意度明显低于对基本性管理的满意度，这是因为国内大多数高校馆创客空间提供的服务项目，仅停留在基本性项目上，但创客对成果评价、创新驱动都有较高的期望和要求，故而表现出不太满意的主观评价。而对于功能设置、服务策划、安全维护等基本性管理的要求不高，所以，

只要图书馆提供了这些活动和服务项目，创客对其的满意度评价就比较高。

二 创客对空间产出的满意度评价

（一）创客对创新、创造能力发展的满意度评价指标

创客对创新、创造能力发展的评价和认可是评估高校馆创客空间产出效益的关键指标。创客参与空间管理、服务和培训活动的最终目的和结果就是提升各自的创新、创造及创业能力。创客的能力发展存在很多衡量指标，如创客业绩、创客成果及社会价值等，本小节将其细分为基础性发展能力和提高性发展能力两种类型（见表8-21）。前者是空间发展需要达到的底线目标，后者是空间发展需要达到的最高目标。基础性发展能力侧重于创客的创新意识和创新品德等，提高性发展能力侧重于创客在学习运用、沟通协作以及动手实践等方面的能力。

表8-21　　　　　创客对创新、创造能力发展评价指标说明

指标类型	指标内容	评价指标测量含义
总体评价	成长与进步	在参与空间服务过程中，创客的成长与进步明显
基础性发展	创新意识	创客能通过空间的服务及活动获得创新意识
基础性发展	创新认知	创客能通过空间的服务及活动提升创新的认知度
基础性发展	创新品行	创客能通过空间的服务及活动塑造优良的创新品行
提高性发展	创造性思维能力	通过空间活动，创客的创造性思维能力得到发展
提高性发展	学习运用能力	通过空间活动，创客的学习运用能力得到锻炼和发展
提高性发展	知识整合能力	通过空间活动，创客的知识整合能力得到锻炼和发展
提高性发展	语言表达能力	通过空间活动，创客的语言表达能力得到锻炼和发展
提高性发展	沟通协作能力	通过空间活动，创客的沟通协作能力得到锻炼和发展
提高性发展	动手实践能力	通过空间活动，创客的动手实践能力得到锻炼和发展

创客对高校馆创客空间产出效益的评价，即对创新、创造能力发展的满意度评价，从高到低依次为创新意识、创新认知、创新品行、创造性思维能力、动手实践、学习运用及知识整合能力等。创客对基本性能力发展中的创新意识、认知及品行的满意度评价最高；对语言表达、沟通协作能力的满意度评价最低。实践表明，因为高校馆创客空间在资源、人员及设

备上的优势比较明显,易于在营造创新创业氛围、强化创新意识以及创新创业教育、人才培养实践等方面发挥作用,因而得到了创客的普遍认同和支持。参见表8-22。

表8-22　　　　创客对创新、创造能力发展满意度描述

满意程度	创新意识	创新认知	创新品行	创造性思维能力	学习运用能力	语言表达能力	沟通协作能力	知识整合能力	动手实践能力
均值	1.440	1.410	1.420	1.590	1.650	1.760	1.730	1.680	1.680
标准差	0.711	0.647	0.648	0.771	0.770	0.858	0.813	0.788	0.788
非常满意5	67.12%	66.85%	66.31%	57.02%	51.76%	47.07%	45.61%	46.75%	48.83%
比较满意4	22.91%	25.33%	26.68%	27.49%	33.33%	33.63%	39.18%	38.56%	36.55%
一般3	8.62%	7.28%	6.20%	14.91%	13.74%	16.96%	12.57%	11.49%	12.28%
不太满意2	1.35%	0.54%	0.81%	0.29%	0.88%	1.17%	0.89%	1.63%	2.05%
很不满意1	0.00%	0.00%	0.00%	0.29%	0.29%	1.17%	1.75%	1.57%	0.29%

(二) 创客对创新、创造能力发展的投入—产出效益评价结果

综合回归模型(1)—(4),考虑到数据的分层和嵌套特征,若采用经典线性回归模型可能得不到准确的评价结果,故采用多层线性模型对投入—产出效益进行评价和分析。研究数据来自国内高校图书馆的216名创客,由于每个图书馆包含多名创客,数据存在嵌套关系,因而采用多层线性模型进行分析(层1为创客个体,层2为图书馆),软件采用HLMv6.08。其中,创新、创造能力发展的满意度主要涉及三个因变量:一是创客对自身发展的总体满意度,二是创客对基础性发展能力(创新意识、创新认知、创新品行)的满意度评价,三是创客对提高性发展能力(创造性思维、学习运用、语言表达、沟通协作、知识整合及动手实践)的满意度。自变量为创客对图书馆创客空间16个指标的满意度评价,分别包括反映空间建设投入的设施配置、空间环境及设施使用;反映馆员配置数量的馆员与创客的比例;反映馆员配置质量的学历、专业技能及经验情况;反映馆员与创客互动交流情况的信息传递、互动平台、交流活动及信息反馈;反映管理水平的基本性管理(功能设置、服务策划、安全维护)和提高性管理(创新驱动、成果评价)等。

研究重点是了解创客评价对总体满意度、基础性发展满意度和提高性发展满意度等产出效益的影响程度，为缩小不同图书馆间的差异，需采用随机截距模型。构建 HLM 模型首先要进行零模型（层1和层2均不纳入任何自变量）的分析，然后了解三个因变量的层2方差占总方差的比例，即求组内相关系数，如果 ICC 足够大（通常是大于 0.059），表明有必要采用多层模型进行分析，反之，若 ICC 比较小（如小于 0.059）则判断没有必要采用多层模型进行分析。零模型结果显示，总体满意度、基本性发展满意度和提高性发展满意度的 ICC 数值分别为 0.358、0.986 和 0.421，均明显大于 0.059，即适合采用多层线性模型进行分析。

表 8-23 的分析结果显示，创客投入的 16 项评价指标与总体满意度、基础性及提高性发展产出满意度的产出效益均具有正向预测和相关关系，其中，馆员与创客比、功能设置、交流活动、信息传递、成果评价、创新驱动等指标对总体满意度具有显著的正向预测及影响作用；对基础性发展满意度来说，各项评价指标对其的预测及影响作用都不太显著；设施使用、学历水平、专业技能、信息反馈等指标对提高性发展满意度具有显著的正向预测及影响作用。这些指标的正向预测及相关关系在前期的问卷调查中也得到验证。问卷调查的满意度评价结果显示，创客对空间建设投入的满意度从高到低依次为空间环境、设施配置、设施使用；对馆员配置投入的满意度从高到低依次为学历水平、服务经验、专业技能及馆员与创客比；对馆员与创客互动投入的满意度从高到低依次为信息传递、互动平台、交流活动、信息反馈；对管理投入的满意度从高到低依次为安全维护、功能设置、服务策划、成果评价、创新驱动等。

表 8-23　创客创新、创造能力发展多层线性模型分析结果汇总

评价指标	总体满意度	基础性发展满意度	提高性发展满意度
设施配置	0.0111（0.0673）	0.0112（0.0129）	0.1186（0.0346）
空间环境	0.1038（0.0780）	0.0252（0.0196）	0.0462（0.0412）
设施使用	0.1432（0.0756）	0.0220（0.0148）	0.1190*（0.0369）
馆员与创客比	0.1704**（0.0782）	0.0033（0.0056）	0.0617（0.0330）

续表

评价指标	总体满意度	基础性发展满意度	提高性发展满意度
服务经验	0.0617（0.0598）	0.0031（0.0066）	0.0384（0.0478）
学历水平	0.0211（0.0707）	0.00004（0.0052）	0.1334*（0.0412）
专业技能	0.0163（0.0865）	0.02390（0.0160）	0.0081*（0.0388）
信息反馈	0.0443（0.0909）	0.0060（0.0063）	0.2342**（0.0546）
信息传递	0.0695*（0.0604）	0.0022（0.0097）	0.0168（0.0435）
交流活动	0.1568**（0.0630）	0.0205（0.0176）	0.0164（0.0481）
互动平台	0.0063（0.1275）	0.0122（0.0122）	0.0065（0.0395）
功能设置	0.1128*（0.0644）	0.0058（0.0053）	0.0133（0.0443）
服务策划	0.0979（0.1087）	0.0032（0.0199）	0.0390（0.0400）
安全维护	0.0098（0.0883）	0.0129（0.0159）	0.0376（0.0338）
成果评价	0.1363*（0.0695）	0.0142（0.0115）	0.0706*（0.0513）
创新驱动	0.3697***（0.0765）	0.0208（0.0182）	0.1057*（0.0427）
分层随机效应			
截距方差	0.3113***	0.5123***	0.2464***

注：P值上有 * 号的，说明它有统计学意义，是正数的，说明对某某起显著性正向预测作用，是负数的，起显著性负向预测作用；如P值上无 * 号，说明无显著性意义，统计结论主要看p值，无须考虑标准误值的多少，"*"越多表示越显著（括号内为标准误，* $p<0.05$，** $p<0.01$，*** $p<0.001$）。

其中，创客对空间建设投入最满意，这与高校馆创客空间普遍实行免费入驻或房租价格极为优惠的情况相匹配。从评价维度来看，设施环境、安全维护、功能设置令创客最为满意；创客对馆员配置中的馆员与创客比，馆员与创客互动中的信息反馈不太满意；对提高性管理中的成果评价、创新驱动，以及提高性发展中的学习运用、语言表达、沟通协作、知识整合等能力的评价指标满意度最低。这在一定程度上反映出入驻图书馆空间的创客均对成果评价、创新驱动及提高性发展能力有提升的需求。

第八节 指标分析：创客满意度服务效益评价指标

调研及实证分析发现，不同高校馆创客空间的创客满意度差距较大，政府及高校对图书馆创客空间建设的重视程度、空间的运营监管模式、创客的创新创业热情，以及创客空间的项目数量等因素共同影响创客空间的服务质量，进而影响到创客对空间服务的满意度评价。通过基于"投入—产出"创客满意度评价行为矩阵图的评价指标分析，发现国内图书馆创客空间的服务普遍存在以下问题。

一 馆员与创客的配置比例不当

分析结果显示，创客对馆员配置投入中馆员与创客的配置比例相对不满意。在各项投入要素中，馆员与创客的配置比例即馆员的数量是多还是少，以及馆员的配置质量即学历水平（受教育程度）、服务经验和专业技能，在基础性发展中都会显著影响创客对投入指标的满意度评价。创客在馆员配置投入的满意度评价中，首先认为空间馆员配置的数量偏少，其次是馆员配置的质量也不高；从创客对提高性发展中的创新创造能力的产出满意度评价情况来看，以上几个指标对其也有显著影响。可知，在空间投入层面上，馆员配置的数量和质量对基础性发展和提高性发展都产生直接影响，且呈现出显著的正相关关系。未来，图书馆创客空间如能配置数量充足的专职馆员，提高馆员与创客的配置比例，且定期对专职馆员开展继续教育及技能培训，增强馆员的专业服务能力，将有利于提升创客对空间产出的满意度评价。

二 空间对设施使用及软件投入重视不够

从创客对高校馆空间建设投入效益的满意度评价情况来看，设施配置的投入对创客的技能提升及发展没有显著性影响，而设施使用的投入对创客的技能提升及提高性发展产生了显著影响。这说明设施配置及硬件投入这项指标对创客发展的影响较小，作用偏弱。因此，国内部分高校图书馆创客空间在建设和发展过程中，应避免盲目投资，追求大面积、配置高端的设备，避免重视设施配置而忽视设施使用，造成空间出现"供过于求""无效供给"等现象。硬件设施的配置和投入虽然能为创客营造良好的创新创业环境，但设施的使用及软件投入，尤其是馆员在高科技设备设施的使用、软件开发、技能培训等方面，为创客提供更多的专业化辅导或指导，注重与创客间的交流互动、互帮互助，才是助力创客发展的加速器和决定性影响指标。只有充分挖掘和利用馆员及创客在设施使用及软件投入中的潜能及优势，硬件设施才能对创客的能力发展产生相应的推动作用，否则，一些机器和设备永远只是摆设、装饰和陪衬，无法发挥其应有的价值和作用。

三 基本性管理与提高性管理不协调

研究发现，国内图书馆创客空间在建设和运营过程中，由于缺乏针对性的指导且配套政策的严重滞后，可供借鉴的经验不多，运营监管模式过于传统，使得一些高校馆创客空间无法准确定位、摇摆不定，空间存在管理人员以兼职为主、专职不足，馆员的专业化水平不高等问题。部分高校馆创客空间在学校寒暑假期间不开放，除了提供基础性管理及服务之外，空间基本上没有开展提高性管理与服务项目，造成基本性管理与提高性管理相互脱节、发展不协调。因此，空间的基本性管理做得不好，也影响了创客对提高性管理的满意度评价。此外，提高性管理中的成果评价、创新驱动指标项也是空间发展的薄弱环节，突出体现在：馆员及校内创业导师的个性化、深层次指导水平不足；空间与外部合作的主动性、能动性较低；创客间的交流互动、创新创业氛围营造等略显不足；未能充分整合优质资源，导致创新创业要素无法实现跨地区和跨行业流动。

第九节 机制构建：空间创客满意度评价行为矩阵图

通过均值、标准差、满意度描述和回归模型的分析，得出创客对空间投入和产出效益的评价结果（从高到低的满意度降序排列），结合上述指标评价及分析结果，将空间建设、馆员配置、馆员创客互动、管理纳入投入方面的评价内容，将基础性管理与发展、提高性管理与发展能力纳入产出方面的评价内容,从投入—产出满意度两个角度构建改善行为矩阵图(见图8-2)。

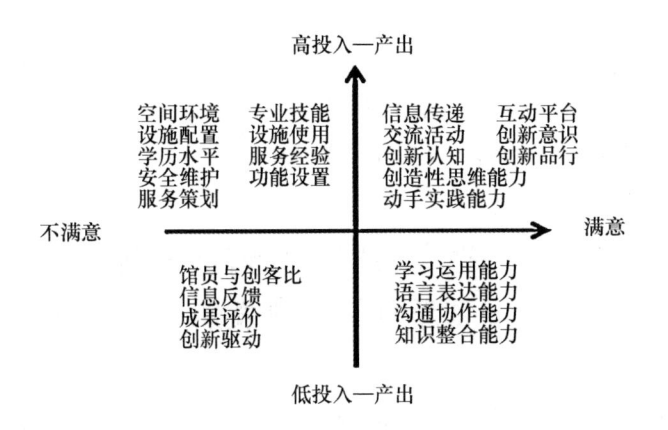

```
                        ↑ 高投入—产出
                        │
   空间环境  专业技能    │  信息传递   互动平台
   设施配置  设施使用    │  交流活动   创新意识
   学历水平  服务经验    │  创新认知   创新品行
   安全维护  功能设置    │  创造性思维能力
   服务策划              │  动手实践能力
                        │
  不满意 ─────────────────┼───────────────── 满意
                        │
            馆员与创客比  │  学习运用能力
            信息反馈      │  语言表达能力
            成果评价      │  沟通协作能力
            创新驱动      │  知识整合能力
                        │
                        │ 低投入—产出
```

图8-2 基于"投入—产出"效益的创客满意度评价行为矩阵图

(1) 图中右上方象限为"高投入—高产出的优势保持区",位于此区的评价因素是创客比较重视且最为满意的指标项,是图书馆创客空间应予以强化和保持的重点区域,主要包括馆员与创客互动投入中的"信息传递、互动平台、交流活动",创客发展产出效益中的基础性能力"创新意识、创新认知、创新品行",以及提高性能力中"创造性思维能力、动手实践能力"。在这些指标中,投入与产出效益成正比,投入的多,产出的也多,创客对这些指标的评价非常满意。

(2) 图中左上方象限为"高投入—低产出的比较满意区",是空间管理者及创客投入较多,但创客对产出效益不是很满意的部分,主要包括空间建设投入中的"空间环境、设施配置、设施使用",馆员配置投入中的"学历水平、服务经验、专业技能",以及管理投入"安全维护、功能设置、服务策划"。在这些指标中,投入与产出效益成反比,目前投入的较多,产出的不是很多,这是今后空间发展应该加以改进和完善的指标。

(3) 图中右下方象限为"低投入—高产出的理想实现区",是创客投入较低,但对产出现状比较满意的目标区。主要包括创客发展产出效益中的提高性能力"学习运用、语言表达、知识整合、沟通协作能力"等方面。在这些指标中,投入与产出效益成反比,投入的较少,产出的较多,是创客实现个人提高性发展的理想和目标。

（4）图中左下方象限为"低投入—低产出的供给过渡区/改善区"，是创客投入和产出都相对较低的评价指标区，主要包括馆员配置投入中的"馆员与创客比"，馆员与创客互动投入中的"信息反馈"，以及管理投入"成果评价、创新驱动"。在这些指标中，投入与产出效益成正比，投入的较少，产出的更少，需要空间组织和管理者予以重视、加以完善，尽早化弊为利，促进空间投入与产出的平衡发展。

第十节　改善策略：如何促进创客的创新创造能力发展

创客的创新、创造能力发展是衡量高校馆创客空间产出效益的重要指标，在馆员与创客协作发展过程中，只有提高创客的创新创造发展能力，才能有效提升空间的运行效率及服务效能，提高创客对其空间服务满意度的评价指标。本小节基于"投入—产出"效益的创客满意度评价行为矩阵图，针对实证分析中出现的创客满意度偏低的评价指标，提出以下针对性改进措施。

一　增加馆员配置数量

馆员配置数量对促进创客的能力发展至关重要。尤其是在空间提高性管理阶段，增加馆员配置的数量，即提高馆员与创客的比值，就能降低馆员平均指导创客平均人数，每个创客就能得到更多的关注和帮助，且馆员可以投入更多的精力提升服务质量，促进创客的提高性能力发展。另外，馆员与创客比的数量改变直接影响创新创业导师及其他课程教师的数量与专业结构；影响培训课程的内容设置、时间安排以及授课质量及频率等[1]。在馆员与创客的互动培训班级中，减少培训互动的参与者人数，或增加每节课的培训教师数量都是扩大馆员与创客数量比的有效途径。例如，减少每名馆员及教师帮助和指导每位创客的平均人数，将有利于馆员及教师将更多的精力投入到每位创客的培训与指导中，并能在活动中与每位创客进

---

[1]　金淑娟、蒋合领：《创新驱动的图书馆创客空间生态系统研究》，《图书馆工作与研究》2016年第4期。

行更深入的互动和交流；同时，每位创客也能得到更多的关注，拥有更多的表达机会，其个性化及深层次需求也能得到更快的响应。

二 优化馆员配置质量

馆员配置的质量及水平是影响创客发展的重要因素。馆员在创客空间的监管和服务中扮演了诸多重要角色，馆员的角色分工不同，相应就有不同的岗位职能、目标要求和任务指标，馆员的素质与业务技能直接影响岗位目标及任务的完成情况，影响馆员的教育引导能力及主题活动效能，进而与空间的发展壮大密切相关[1]。高学历层次、高专业技能水平的馆员，其思维模式更先进，思路和方法更创新，这些因素可以渗透到馆员与创客互动、管理投入的方方面面，促进创客能力的提升和发展。另外，馆员的学历水平及专业技能直接影响和决定了馆员对创客的创新创业教育培训及效果，如果空间能配置高质量的馆员，可定期邀请成功企业家、高校和科研院所专家、资深管理者、天使投资人、市场营销专家、法律服务工作者及政府相关部门人员等专业性人才，共同组织好各种创新创业类教育和培训活动，如创新创业论坛、创业训练营、公益讲座等，促进创客的创新创业意识和能力的提高。

目前，国内高校馆创客空间有的以提供文化创意服务为主，有的以提供科技创新创业服务为主，还有的二者兼而有之。相比之下，开展科技创新创业类服务对馆员的要求更高，需要扎实的专业知识和较强的专业能力，还需要更多的理工科专业和技术支持，此类图书馆创客空间更应该提高空间专职馆员的配置数量和质量，要优先考虑配置具有理工科背景的专业馆员，配备更多、更精、更优秀的技术骨干，充实空间科技创新服务团队的力量，要多与科研院所、高校、研发型企业等进行对接合作，充分发挥图书馆的科研及资源优势，满足创客及创客群体的多元化创新创业发展需求。

三 强化提高性管理及增值类服务

目前，国内多数图书馆创客空间存在服务内容层次浅、针对性不强、

---

[1] 王宁、朱扬清：《创客馆员素养和技能提升的实施途径——基于扎根理论的创客空间馆员培训分析》，《图书馆理论与实践》2020年第4期。

同质化等问题。与基础性管理与发展服务相比,提高性管理及发展服务对创客能力发展的影响更显著,尤其是对创客提高性能力的塑造与提升影响深远。随着各高校对图书馆创客空间服务要求的提高,空间思维软性服务实力即所提供的增值类服务将成为空间持续发展的决定性因素。与基础性服务相比,投融资、资源对接和培训辅导等服务,尤其是对设施的使用及软件投入等难度更大、价值更高的创新创业增值性服务,也是创客能力和创业项目成熟提高和发展的关键。图书馆创客空间要强化提高性管理及发展服务,可从以下几个方面入手。

(1) 信息反馈:提升馆员与创客的互动效率。创客空间管理者应加强对各项活动的宣传和推广,提高馆员与创客互动中的信息反馈速度及效率。要通过新媒体(图书馆移动 App、微信、微博、抖音等),及时发布、宣传各类资讯,做到宣传到位、措施到位,确保信息传递及反馈的准确性和及时性[1]。每场活动完成之后,馆员还要做好跟踪记录工作,包括总结或评估社会反响、公众参与度以及用户体验等,梳理关键环节和活动流程,利用面对面访谈、在线问答、问卷调查或 QQ 等方式,充分领悟创客的真实感受,及时分享创客的改进建议和见解,并根据反馈结果进一步改进和优化活动流程和细节,提升创客对空间互动效率的评价。

(2) 创新驱动:发挥战略引领作用。高校馆创客空间必须以国家创新驱动的发展战略为引领,以提高高校创新创业教育和人才培养质量为宗旨,完善分级分类管理体制和机制,发挥高校在技术研发、科技成果转化、创新创业教育、激发创业活力等方面的优势,凸显创客空间在新时代创新驱动发展战略中的地位和作用[2]。此外,空间还应与教育部门及科技部门统筹协调,促进多方协同创新发展,利用政府和企业资源对空间发展提供政策指引和资金支持,推动教育链、人才链、产业链、创新链无缝衔接,增强空间的群体合作和创新影响力。在条件允许的情况下,空间应根据需要开展"校校合作""校企合作""政校合作"等共建活动,整合多边资源,提升空间运营绩效,推动空间有序、有效和可持续发展。

---

[1] 聂飞霞、罗瑞林:《近五年中国图书馆创客空间发展情况和策略研究》,《图书馆建设》2019 年第 3 期。

[2] 王宇、孙鹏:《高校图书馆创客空间建设与发展趋势展望》,《图书情报工作》2018 年第 2 期。

（3）成果评价：注重绩效评估的运用。作为服务机构，高校馆创客空间应准确定位，强化服务理念，提升服务水平，坚持绩效导向和绩效评估，推动空间的可持续发展。而创客作为服务对象，在服务质量和服务效益的评价上最有发言权，应将创客满意度融入空间评价体系，使绩效评价结果更加可靠，成为考评空间、获得政府支持的有力依据。在空间项目认定、扶持标准制定、绩效考核评价过程中，要科学规范地评价创客空间的面积、入驻团队等指标，既要防止出现因投入不足导致创新驱动增长动力不足而制约空间发展的现象；又要杜绝因"政绩需要"导致的盲目投资、重复建设，警惕过量供给造成社会资源的严重浪费。空间评价过程要客观公正，数据应翔实可靠，能够全面、合理评价空间服务项目的规模、数量和效益，避免空间建设中出现过度供给与资源闲置，杜绝"僵尸企业"和不活跃的"沉寂创客"占用空间资源等不良现象，要保障空间按需建设、科学规划、按质评估、高效运行。

（4）提高性发展：提升创客的创新创造能力。现阶段，为进一步增强创客的创新创造能力，空间的组织机构及管理者不仅要注重培养创客在基础性发展中的创新意识、创新认知、创新品行，还要不断提升创客在提高性发展中的创造性思维、动手实践、学习运用、语言表达、沟通协作、知识整合等发展能力。空间的组织及管理者更要合理规划、精准施力施策，引导创客在语言表达及沟通协作能力方面多实践、多锻炼，不断提升创客的综合素养和各项技能。在提升创客的创新创造能力过程中，空间应注重开展系统化培训活动，引导创客合理选材、正确使用工具进行规范化操作；指导创客进行跨学科学习、合作及创业发展，广泛汲取外部知识，完成产品的设计、创造、利用及转化[①]。图书馆还要经常聘请外来学者、专家等对创客实际操作中需要掌握的新设备和新技能开展专项培训，强化培训的针对性与实用性，鼓励创客大胆探索、不畏困难、勇于实践，帮助创客快速掌握相关知识，正确处理各类难题。通过培训和训练，不断提高创客的沟通协作、动手操作能力和创造力。

四　结语

南京理工大学图书馆张小兵馆长指出：赋能是图书馆实现涅槃的关键

---

① 胡永强：《图书馆创客空间多元共建模式探索》，《图书情报工作》2018年第2期。

要素，图书馆馆长、馆员和用户等都是平等的，是交互的、协同的，赋能是双向的，它包括了自我赋能和赋能予他人①。用户（创客）来图书馆做什么、馆员如何为创客"赋能"，创客如何与图书馆协同实现"我能""他能""她能"，提升创客的服务满意度，是图书馆创客空间未来必须实现的目标。可知，图书馆创客空间的"服务理念与目标定位、馆员能力与服务意识、制度建设与监管模式、服务内容与评价体系"是空间发展的永恒主题，而创客是空间发展的需求主体。鉴于此，高校馆创客空间应在馆员与创客比的设置、馆员与创客互动中的信息反馈，以及提高性管理和发展方面，加强理论研究和实践探索，将客观指标与创客的主观满意度评价相结合，构建和完善空间的绩效评价体系，推动空间合理、有效配置各类资源，增加专业馆员的配置数量，提升馆员的专业技能，畅通创客的沟通渠道，拓展创客的创新创业教育与实践活动，实现图书馆用户满意的战略目标和评价结果，提升空间的投入—产出效益，促进空间发展的供需平衡。

---

① 《图书馆与档案馆举办专题报告会》，江南大学新闻网，2019 年 11 月 19 日，https：//news.jiangnan.edu.cn/info/1069/63092.htm。

第九章　图书馆创客空间机制构建的实践探索

本章是报告的"画龙点睛"部分，也是报告的内容升华和亮点展示。本部分以前面各章节构建的服务、培训、激励及评价机制为理论导向，以省内外公共、高校图书馆创客空间的实践为示范，探索各机制的实施及应用情况，便于国内各类型图书馆综合考量各自的发展现状，因地制宜，扬长避短，精准调控，远谋近施，从瓶颈期过渡到发展期，在空间的服务、培训、激励及评价活动中积累经验，全方位、多层次、宽领域地创造出更多的理论成果和实践佳绩，为国内各类型图书馆创客空间开展理论研究和实践探索提供溯源和参照。

第一节　安徽省外图书馆创客空间服务机制的实践探索

理论是实践的基础，而实践可以为理论提供更加直观生动的样本。尽管目前中国各类型图书馆创客空间的服务情况状况存在差异，服务机制的构建也没有统一的标准，但一些图书馆在实践中已形成了相当鲜明且有效的服务体系，其体系的构建印证、展现了第七章馆员服务机制构建中的关键要素和途径方法。下面以沈阳师范大学图书馆（高校馆）创客空间、长沙图书馆（公共馆）"新三角创客空间"为代表，阐释馆员与创客协作发展服务机制的实践及探索活动，为国内图书馆创客空间的协作发展提供参考。

一 沈阳师范大学图书馆创客空间

（一）认知意识的培养与提升

沈阳师范大学图书馆 2015 年成立"创客空间"，空间以创意为引领，以资源为保障，兼具创新创业、专业学习和文化休闲功能，助力学校"双一流"人才培养。沈师大"创客空间"不拘于优良的空间布局和丰富的活动内容，它的优势在于经馆领导的培养和支持，建立起一支知识结构、专业结构、年龄结构合理，年富力强、精干高效的馆员服务队伍。馆员在"双创"服务过程中，组织、调动、凝聚全馆力量，既帮助学生成长又促进自我发展，形成"创新带动服务，创新引领育人"的良好态势，孕育出绚丽的服务成果。仅 2016 年沈师大图书馆申报创新创业项目 8 项，获得 4 个校级重点项目立项；"青年梦想家基地""走读微体验"是馆员带领大学生创客完成的省级科创项目，"创青春"项目获得辽宁省创新创业大赛铜奖；2017 年该馆文创项目获得国家级项目立项的骄人成绩。服务大学生创客的同时，馆员自我认知不断加强，感受到创新服务对自我价值的实现和推动，体验到服务结果带来的成就感与满足感。

（二）精准服务的承接与把握

沈师大创客空间馆员在创新培育过程中，没有盲目地扩大服务范围，而是实施精准服务，依据大学生学习阶段和学习程度进行"一对一"的协助和培养，如针对大一新生主要开展创新创业基础课程的讲解，针对大二学生提供创业项目申报策划书、计划书的撰写、路演辅导等服务；经过两至三年项目成熟后，借助社会力量寻找孵化企业、嫁接孵化基地等，以上均通过馆员的考察、把关、建议和外联实现。馆员还利用创客空间的各个子模块布局服务内容，如在"创客加油站"配备与创新创业相关的前沿图书期刊，甄选优质电子资源，为创客提供图书馆独有的信息资源支持；"创客大讲堂"定期邀请创业精英、创业导师，聘选"创新创业"推广人（优秀校友、企业人士）与有志创业的学子进行座谈交流；"创意研讨区"让学生们通过分享、互助、头脑风暴激发优秀创意，并努力将创意变为现实；"创意展示区"收集学生们的创意作品、科研成果和学习收获；"视频剪辑空间"满足创客图像、动画、音频、视频等媒体制作需求，完成微课课程录制、剪辑与美化，也时常聘请校教育学院老师举办"多媒体制作"

讲座①。清晰的服务路径和目标让馆员能够承受服务内容，表现出服务的科学性和有效性，让馆员与创客实现良好沟通，共同体验服务带来的"双赢"局面。

（三）学科团队的组织与运行

沈师大图书馆创客服务的成功是优先建立了专业的学科馆员团队，并利用这一优势开创了"全面、全员、全程"的服务自适应系统，彰显出综合类大学图书馆"创客空间"的品牌价值。首先由馆长亲自带队，成为深入驻扎学生科研项目的负责人，建立以馆长领导下的团队合作建设机制。利用学科团队让馆员各展所长，主导是学生，助推是馆员。有的馆员有良好的沟通协调能力，就负责外联工作；有的馆员有专业学科背景，就重点做3D打印、装饰、设计等项目服务；有的馆员熟悉创客项目流程，就主管创新创业项目前期申报、项目全程的监管运行。通过学科团队实现内外联动，打通服务的各个环节，现有的六个创客创新项目的申报、课程安排、活动推广均由馆员驱动，全程发挥作用。其次，借助校内力量支持团队服务发展。沈师大创客服务系统运行畅通得益于馆领导的争取、校领导的重视与支持。2016年正式接触创新创业项目时，馆领导即邀请学校"大创中心"的相关领导、教务处的老师给馆员解读创新创业的项目内容、政策和申报程序；非数字化和数字化服务如交流研讨、新技术涉猎、知识分享、课程讲座、创业分享、视频编辑、3D打印、音乐制作等均得到校内各职能部门、教学系部的大力支持；许多教师将论文开题、答辩、创新课程讲解都放在空间进行，收获教学的最好效果，实现全校师生共享良好空间、共建创新氛围的服务局面。学科团队建设使大学生创客和馆员成为最大的受益者，他们通过校内力量的积蓄，开阔了眼界、开发了潜能，得到更多支持力量，助推了图书馆创客服务系统的良性循环和运转。

二 长沙图书馆"新三角创客空间"

（一）建立专业化的组织架构

2014年6月长沙图书馆启动"新三角创客空间"建设。建设伊始，"新三角创客空间"引入了专业化管理模式，设立了"新三角创客空间管

---

① 车宝晶：《"双创"时代高校图书馆创客空间构建模型与运营策略研究》，《图书馆研究》2018年第1期。

理委员会"。由长沙图书馆负责空间的决策制定、组织规划、统筹协调等，委员会主要负责空间的日常培训、活动指导、运维监管等。管理委员会的成员除了馆员，还有创客志愿者、投资人及来自各行业领域对创客文化感兴趣的市民，在创客空间提供过至少10次公益服务的志愿者均可以自主申请参与管理委员会，馆员与所有创客成员公开投票选出管理委员会成员①。具体组织架构见图9-1所示。

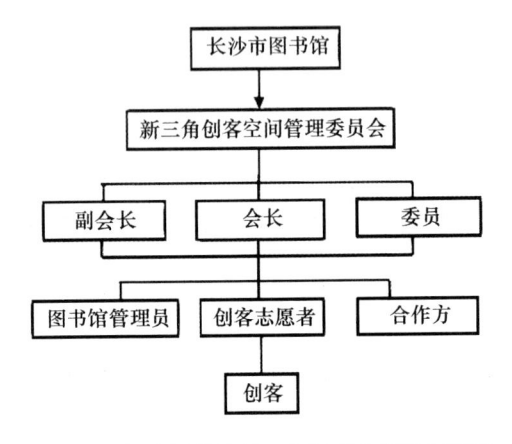

图9-1 长沙图书馆新三角创客空间组织架构

"新三角创客空间"通过管理委员会这一组织架构形式，实现了完整的组织服务体系。集结馆员、志愿者和合作方，整合科学、工程、计算机、艺术、设计等领域的人才，解决了馆员"独木难成林"的现实困境，使馆员服务有信心、有资源、有依据，而馆员从中汲取了知识、经验，实现了服务质量的提升和突破。这种管理制度的建立和运营模式在中国图书馆界尚属首例。

（二）创新服务手段与途径

"新三角创客空间"服务的成功与馆员的能力素质有直接关系，馆员通过下列方法与途径强化能力、实现自我价值、发挥服务作用。首先，发挥图书馆服务的优势与专长，以馆藏海量文献资源为依托，利用信息资源、文献咨询服务方面的专业优势，激发创客创造活力。在创客的研究和

---

① 《长沙图书馆创客空间向公众开放科技设备免费使用》，凤凰网湖南，2016年1月5日，http://hunan.ifeng.com/news/detail_2016_01/05/4719178_0.shtml.

发明活动中，馆员为创客提供持续的技术资料、专利文献、数据图表等各类知识、信息与情报，为创客的创新和创造工作提供图书推荐、文献检索、信息咨询、项目跟踪、专利查新等专业化信息服务。其次，借助长沙图书馆总分馆制，深入一线、下沉基层，为公众普及创客知识、文化，建立馆社合作机制。如利用"流动创客营"活动，深入社区、长沙女子监狱、武警中队、各中小学等讲授创客知识、训练创新思维、分享传播创客文化。交流互动既满足了图书馆创客服务创新和升级的内在需要，推动了知识服务与"双创"服务的共建共享，也锻炼了馆员的综合协调能力，使图书馆创客空间的公共服务效用和社会影响力逐渐扩大[①]。

(三) 组织支持与社会化协作

"新三角创客空间"的蓬勃发展与领导层的全力支持紧密相连，馆员有任何问题可直接向馆长反映，馆长在第一时间给予解决，领导层的鼎力支持为馆员创造了积极认知、乐于行动的组织环境。馆员在创意培训、项目跟踪、文献咨询、创业指导等专业领域，成长为创客项目的培训老师、项目策划者、活动宣传员、社会联络员及信息服务员，包括接待外单位的考察、交流，负责整个空间的开放管理及运营活动，给予馆员自由和弹性的政策支持，让其成为真正的"管理者"，也让组织成为馆员放心实践的依托。在专职馆员人数有限、专业知识和技能不足的情形下，如何将监管到位？"新三角创客空间"利用与创客志愿者的合作，实现了服务机制的长效运转。早在2014年，创客志愿者就已成为"新三角创客空间"服务不可或缺的"生力军"，一则志愿者本身也是"创客"，他们熟悉创客需求，能够更好融入具有不同经验、背景、兴趣、爱好的创客队伍，成为馆员与创客交流的"桥梁"与"纽带"；二则志愿者来自社会各个行业，具有不同的专业背景和知识能力，与馆员跨领域合作既挖掘了自身能力，又为兴趣专长找到发挥的契机和场所。"新三角创客空间"通过社会化协作构建了"创客项目孵化、创客项目拓展、创客文化宣传"三大服务体系。社会协作为馆员服务注入了活力，使馆员获得更多的资源协助，促进了馆员服务质量升级、提升，有利于图书馆馆员服务生态体系的构建。

本小节选取长沙图书馆（公共馆）、沈阳师范大学图书馆（高校馆）

---

① 陶继华：《图书馆创客空间特色服务的构建与分析——以长沙图书馆"新三角创客空间"为例》，《国家图书学刊》2020年第3期。

创客空间为实践印证对象，总结两馆在服务中对馆员个体、行为、自我认知、环境、制度策略因素等方面给予的支持和引导，目的是将馆员服务机制的实践推广至更多的应用层面。

第二节　安徽省内图书馆创客空间机制构建的实践探索

一　安徽大学图书馆（高校馆）创意创作空间

在国家创新创业大环境的影响下，安徽大学图书馆响应国家号召，抓住转型发展机遇，在安徽省高校图书馆界率先构建和发展了创意创作空间，为学校的人才培养提供场地和服务。空间始终坚持服务国家创新创业发展战略，以全校师生素质和技能为宗旨，坚持"创在思想、赢在行动"，努力将空间打造成为面向全校师生的"开放家园"、高效链接全省创新创业资源的"枢纽"、服务全校师生"双创"的综合平台。本书所构建的馆员与创客协作发展服务、培训、激励及评价机制，除评价机制（将在后面的小节中介绍）目前还没有在安大馆创意创作空间进行探索和实践外，其他三种机制和相关策略已逐步在安大馆得到应用和推广。下面重点介绍服务、培训、激励机制在安大馆的实践及探索活动。

（一）馆员服务、培训、激励机制的实施策略及探索

1. 馆员服务机制的实施策略及探索

馆员是图书馆创客空间服务的主要承担者，在馆员与创客协作发展空间过程中，主要是馆员为创客提供各类服务，创客很少为馆员提供服务，因此，构建的服务机制仅涉及馆员为创客服务的单向行为，馆员是行为主体，创客是行为客体。第七章已阐释社会认知理论的核心内容"三元交互决定论"中的个体认知、行为因素和环境因素在馆员服务机制中的应用，并针对其联动作用和相互关系提出馆员服务机制的建设策略。主要有：从宏观层面的行业组织行为入手，结合图书馆的业务实际和馆员队伍建设具体情况，推进组织平台建设，创新服务管理模式；从中观层面的制度目标、评价体系、合作共建，利用馆员的行为发展提供支持；从意愿认知、行为能力和舆论宣传的微观层面，不断完善馆员的服务意识和能力，促进馆员为创客服务的认知和行为。

安大馆创意创作空间从社会认知理论出发，加强对馆员"自我认知、能力建设、环境保障"等服务机制的建设与保障，从馆员的需求和成长着眼，以"认知意识、行为素养、支持机制"为手段，将培养认知服务理念贯穿于馆员服务的各阶段，分步骤、分阶段实施宏观、中观、微观层面的服务策略，保障馆员提供的服务内容针对性、实用性强，服务形式有特色、灵活多样，在一次次活动中提升了馆员的认知，锤炼了馆员的能力，已逐步构建起图书馆创客空间的馆员服务体系。主要实施措施体现在：

（1）服务内容的针对性、实用性强，提升了用户的体验感和参与度

空间的服务对象主要是全校的在读大学生和研究生。目前图书馆创客空间有 5 支团队项目，学校总共有 10 个项目，另外 5 个在创业学院。其中一个团队项目是"1928 青创咖啡"，三个文艺创作项目，还有一个是技术服务项目。

创意创作空间针对学校教学、科研和学生特点，开展丰富多彩的培训和创意创作主题活动。服务内容具有针对性，实用性强，能吸引众多用户积极参与空间的设计及作品创作活动，丰富学生的课堂实践及教学活动，营造了创新创意创业的氛围，激发了学生的创新创业行为。例如，空间结合大学生的毕业需求和创作特点，推出"毕业季"系列活动，包括"毕业说""致青春"观影等活动。最有影响力的是 2019 年 5 月 29—31 日，空间起草、策划并组织了"以梦为马、留住青春"的毕业生电子书制作比赛活动。活动中，毕业生将 4 年来所撰写的公开或非公开发表的作品制作成电子书，提交给图书馆，学生可以单独把自己的作品制作成书，也可以几个人联合成书，或者以一个社团、一个组织，甚至一个班级集体成书。图书馆邀请有关专家对其进行评选，并将获奖学生的作品归档保存。2019 年 11 月 13 日，王和周老师以"品茗话诗词"为主题，通过真人图书馆的形式开展阅读经典活动。2020 年在创意创作空间写作区购置了书法练习水写布、毛笔、砚台和墨等用具，供学生练习书法，这些活动受到师生的欢迎和支持，满足了不同层级用户的多元化需求，提升了用户的体验感和参与度，也提升了空间的服务质量，扩大了空间的创新影响力。

（2）服务形式有特色、灵活性强，强调手脑并用，培养了学生的动手、动脑能力

安大馆充分发挥图书馆的资源和服务优势，以创意创作空间为活动场所，结合安大馆的文创基地、王明方书屋等空间场景，灵活多样、特色鲜

明地开展了一系列创新实践及探索活动。例如,2019年4月23日,在安大馆举行的第24个世界读书日系列活动中,图书馆开展的"书卷多情似故人——传承非遗文化 感受古籍之美"活动最受学生欢迎,活动分为雕版印刷、线装书装订、题签落款三个阶段。学生们在老师的指导下装订古籍、体验雕版印刷、为线装书题签。同学们捧着亲手制作的线装书,面对雕版、古籍这样古老又新奇的非物质文化遗产,视如拱璧,爱若珍宝,活动引起了在场师生的极大热情和高度关注。今后,安大馆将举办更多类似的活动,不仅能帮助师生了解国家传统文化,增强师生参与非遗保护与文化传承的责任意识,为中国传统文化的发展注入新的生机和活力,更重要的是,师生以趣味活动的形式参与到传统文化创造中,体验到传统文化的魅力,感受最精湛的传统技艺,培养了学生动手动脑、手脑并用的意识和行为,开辟了馆员为学生提供创新服务、提高师生审美和人文素质的新途径。

2. 培训机制的实施策略及探索

(1) 开拓馆员培训的新途径、新范式,助推馆员服务能力提升和职业生涯跨越式发展

在前面的章节中,已从馆员培训的认知层面提出了"心态—状态—行为—效果"的培训机制,以及空间馆员与创客协作发展过程中馆员培训的实施策略。安大馆领导及空间管理者遵循培训机制的运行规律,从"心态—状态—行为—效果"等环节强化馆员的培训意识、参与动机、行为感知及培训效果,助推馆员服务能力提升和职业生涯跨越式发展。在馆长的支持和推动下,图书馆不断探索馆员培训的新途径、新范式,定期举办馆员职业素养培训及学术研讨会,邀请国内图书馆界知名专家、学者为馆员做专题学术报告,定期开展馆员专业知识竞赛及征文活动,通过多种形式的培训活动助力馆员调整心态,积极投入培训状态,巩固培训行为,收获培训效果。

例如,邀请南开大学商学院信息资源管理系教授徐建华,北京大学图书馆研究馆员王波,《图书情报工作》杂志社社长、主编初景利教授,从图书馆学专业和馆员职业发展的角度,深入浅出,实证解读,为馆员们积极投入学术研究、工作和未来职业发展建言献策。这样,安大馆的馆员们足不出省就能经常品尝到"学术大餐",接受学术大咖的指引和帮助,这是受众面最广、活跃度最高、受众效果最强的馆员素养和技能培训方式。

安大馆还连续举办了两届安徽省高校图书馆服务创新案例大赛暨服务创新学术报告会。大赛融学术报告与服务创新案例于一体，理论与实践相结合，促进了同行馆员间的交流和分享，激发了馆员的潜能及创新意识，彰显出"心态—状态—行为—效果"培训机制的效果与影响力，为我省图书馆行业馆员服务及创新能力提升提供了策源地和发展驱动力。

（2）安徽省图工委定期开展继续教育与培训活动，创新了培训模式，彰显出馆员培训的集聚辐射效应

在前面的章节中，本书从馆员培训的行为层面，构建了馆员与创客协作发展空间的集聚辐射效应培训机制，提出空间馆员培训的实施策略。安大馆积极探索"以理论促实践的发展，以实践促理论的提升"的馆员培训新模式，在培训内容和方法上寻找新思路，在培训途径上寻找新突破，挖掘馆员培训的潜力和优势，多措并举、多管齐下，发挥馆员与创客协作发展空间的集聚辐射培训效应。前期构建的培训机制及策略的实施效果，主要体现在省图工委开展的馆员培训活动中。

一是参训馆员的人数较多，容易形成培训的集聚辐射效应。安徽省高等学校图书情报工作委员会是受省教育厅委托监管全省高校图书情报工作的机构。其秘书处及办公地点设在安徽大学图书馆内，核心职能为：行政事务管理、协调高校图书馆运行、攻关学术瓶颈、指导高校图书馆运行，是推动省图书馆建设和事业发展的学术、交流、展示的重要服务机构，是省内各级馆员开展继续教育和培训活动的基地及品牌组织。为拓宽省图书资料系列专业技术人员的学术视野，鼓励馆员积极参与学术活动、科学研究和业务交流，以学术研究促进图书馆工作的创新和发展，从 2002 年开始，该机构每年度都定期举办一至二次培训活动，邀请业界专家、学者和拥有丰富实践经验的图书馆馆长进行面对面授课，分层级（中级、高级）开展学术讲座及研讨活动，授课内容理论框架清晰，融入丰富的案例讲解，每次都有几百名馆员（安大馆的馆员数量最多）踊跃参加该机构举办的各层级继续教育及培训活动，收到了极好的培训效果，推动了高层次培训机制的构建和发展。

二是馆员的参与度与体验感得到提升，容易激发培训的集聚辐射效应。授课专家们以丰富的理论知识与各自的工作经验和研究成果结合，进行现场教学和业务交流，为培训馆员提供了一个学习理论知识、交流业务经验、探讨发展议题的平台，唤起了培训馆员的强烈共鸣，带给馆员们极

佳的知识领悟和提升感受。馆员们在课上认真听讲，课后与授课老师及同学频繁探讨在实际工作和学术研究中遇到的问题与难点，互相启迪、相互借鉴，收获颇多，这样的培训模式受到参训学员的一致好评，使得馆员的参与度与体验感大幅度地提升，容易激发培训的集聚辐射效应。

三是现场教学和交流互动的培训模式，有助于集聚辐射效应的形成和发展。在众多馆员同时接受培训和交流互动的过程中，集聚水平相对较高的馆员（副研究馆员），与集聚水平相对较低的馆员（馆员、助理馆员）之间会发生优势要素（资源、平台及媒介服务等）的转移和流动，通过这种流动和传播，具有较高素养及技能提升行为的馆员，他（她）们知识和能力集聚程度的变动可以对其他馆员产生影响，形成合力或作用力，并能持续辐射影响力和推动力，促进和带动素养及技能偏低的馆员发生素养与技能提升的行为改变。这种集聚辐射效应培训机制的形成和发展，为我省各级各类图书馆专业人员的业务水平、综合素质和管理能力提升搭建了供需桥梁，也为安大馆的空间运行质量和服务效能提升提供了强有力的智力支持和人才支撑。

3. 激励机制的实施策略及探索

针对前面章节中提出的馆员激励机制与驱动策略，安大馆创意创作空间在注重营造良好的创意创造条件和学术研究环境，强化馆员参与动机及获得感知，提升馆员服务能力等方面，凸显出激励机制和驱动策略的实施效果，主要体现在以下几个方面：

（1）强化馆员参与动机及获得感知

一是注重强化政策支持和引导。安大馆领导及空间管理者注重通过政策层面为空间的建设和发展提供多项支撑，如定期召开图书馆馆务会议及部门例会宣传、贯彻和执行国家层面、政府部门及教育系统关于创新、创业的相关制度和优惠政策，制定切合实际且执行力强的空间发展规划，帮助馆员认识到参与转型服务的价值和意义，引导馆员明确空间的发展理念、功能定位及工作目标，锚定馆员自觉参与转型服务后的角色定位、工作职责及服务内容等，让馆员意识到空间服务是图书馆服务转型的发展方向，感知空间优越的内外工作环境与条件，激励馆员积极参与到转型服务的动机和行为中。

二是通过活动和宣传加大推动力度。馆领导、空间组织及管理者通过积极筹划、举办各类创客活动及比赛，扩大空间的宣传途径，加强对创意创作空间的推动力度,给馆员带来的心理暗示和行为激励是:空间的目标及任务明确,空间的工作及其岗位很重要,对图书馆创新服务内容和形式意义重大,影响深远,参与并完成空间的各项工作能满足馆员的心理需求和职业发展需要,能提升馆员的组织协调能力和活动策划能力,满足馆员对图书馆工作价值的认知和认同。

三是开展校内合作与交流活动,使馆员凝聚共识,激励斗志。在馆长的支持和带动下,自2016年起延续至今,安大馆持续开展以"走进学院,走进机关"为主题的服务创新活动,馆长亲自带领信息咨询部、研究与发展部、研创服务部及技术服务部等部门的业务骨干及馆员,分批次、分阶段走进学院、走进机关,定期开展学术研讨和学术讲座活动,听取校内机构对图书馆建设和发展的评价及建议,发现图书馆在学科建设、文献资源建设、知识服务、大学排名评价、师生论文奖励、社团服务以及创新服务等方面的短板并挖掘发展潜力,这对学校师生和图书馆组织提升创新服务能力是一种改进和鞭策,对馆员个体的业务能力及技能提升更是一种激励和锻炼,这是一种多方共赢的馆员素养及技能培训模式。通过合作与交流,强化了空间馆员的参与动机,收获了工作的成就感和获得感,对馆员产生了积极的正向推动和激励作用。

四是开展馆际合作与交流活动,激励馆员汲取经验、鼓舞斗志。自创意创作空间开放以来,在缺乏空间监管与服务专职馆员的情况下,馆领导克服困难、创造条件,支持空间馆员参加省内外的各类学术研讨及交流活动,如到宁波大学图书馆、宁波市图书馆创客空间及安徽省图书馆文创体验空间、合肥市图书馆悦创空间等单位参观学习,在人员配置、运营成本、队伍建设、科技查新、专利检索,以及"悦读+"线上借阅、图书快递等创新服务项目方面进行深入研讨和对接交流,汲取其他馆在空间监管和服务创新上的优秀经验,激励馆员推动空间各项工作的有序、有效和持续开展。

(2) 培育和发展馆员的服务能力

一是领导高度重视空间建设。安徽大学图书馆馆长非常重视创意创作空间的建设和发展,从学生创业团队、馆员队伍建设与研究能力提升、空间服务项目、文创产品及活动策划等方面领航把舵,精准施策,有力推动了空间的建设和发展。尤其是在馆员队伍建设、服务及研究能力提升等方面采取的一系列措施,与前面章节提出的激励机制与驱动策略相得益彰,促进了创意创作空间中馆员与创客的协作发展，彰显出激励机制及驱动策略产生的激励效果。

二是加强馆员团队建设。安大馆领导慧眼识人、知人善用，对空间馆员实施放权监管。馆领导将创意创作空间隶属于图书馆的研创服务部，通过馆内选拔、推荐及个人自愿相结合的原则，为空间配备 1 名管理和服务经验丰富的部门领导及 3 名中青年骨干馆员，并适度授权于从事空间管理和服务的馆员，在授权不托责的前提下，既提高了馆员解决问题的灵活度和工作效率，又能调动和挖掘馆员的工作积极性和能动性，锻炼和提升了馆员的服务能力。

三是构建"人尽其才，才尽其用"的岗位匹配与激励机制。馆领导统筹考虑全馆馆员的专业技能及服务能力，充分发挥中青年馆员的专业特长和优势，将馆员的专业特长与空间开展的主题活动、知识检索相结合，发挥出人才与岗位的匹配效应。其中一名馆员擅长诗词创作，能够在空间的写作区域发挥特长，为学生提供特色服务，一位馆员擅长营销服务，能够和学生创业团队合作开展项目及产品的推广及营销活动。这样，在充分尊重馆员个体意愿的前提下，又能兼顾到馆员的专业优势及特长，将这样的馆员配备到创意创作空间开展工作，既满足了馆员个体向新岗位转型的意愿，又彰显出图书馆组织对人员配置的激励作用。

（3）重视馆员素养及技能培训活动

相对而言，创意创作空间的工作与传统图书馆工作的差异性较大，馆员必须掌握一些新的服务技术，具备较强的服务能力，因此，空间每年选派馆员参加省图工委或省图书馆学会举办的各类继续教育，夯实专业基础，提升专业技能，为空间创新创造活动的开展提供支撑和保障。2020年，因受新冠肺炎疫情的影响，在疫情防控期间，为帮助全体师生及馆员充分利用各类信息资源，更高效地开展学习与研究，安大馆坚持收集整理部分数据库服务商推出的各类免费在线培训讲座，馆领导积极鼓励空间的馆员采取非脱产参训、视频录播授课的线上模式，持续开展对馆员素养及技能在线培训活动。此外，图书馆每年都有 19 万元的专项培训费，如果空间的馆员需要在创新创业扶持、空间业务技能等方面进行提升或开展培训活动，馆领导同意支付用于空间发展的馆员培训及外出考察费用。总之，安大馆注重为馆员提供相应的知识和技能培训机会，通过各种途径和方式提升馆员的专业知识和业务技能，让馆员感知到自身的成长和发展，激励馆员增强转型后做好工作的信心和能力。

(4) 营造良好的创意创造条件和学术研究环境

安大馆领导重视对空间创新发展与服务的项目研究，通过多模式、多渠道为空间监管和服务营造良好的创意创造条件和学术研究环境，激励馆员通过学术研究提升服务能力。在馆员个体开展空间创新发展的学术研究、提升理论研究能力的同时，馆员们逐步将理论研究成果应用到空间创新活动的探索和实践中，推动理论与实践的融合发展。这种以项目研究带动学术研究，以学术研究促进馆员服务能力提升的培养模式，是激励和提升馆员学术研究和服务能力的"加速器"，在安徽省图书情报领域发挥了很强的示范、激励和引领作用。目前，安大馆开展与空间创新发展与服务相关的研究项目主要有：

第一，安徽省高等学校图书情报工作委员会基金项目。

从2013年开始，图工委定期对全省馆员提供项目研究的机会和资金支持，充分发挥图书馆在高校教学科研中的信息支撑及动力源作用，促进安徽省高校图书情报事业的持续发展。9年来，与图书馆空间创新发展相关的研究项目主要有：创新2.0环境下高校图书馆众创空间服务构建与评价研究；"众创"环境下高校智慧图书馆构建策略研究；地方高校图书馆空间再造过程中的读者需求研究；空间生产视角下地方应用型本科院校图书馆空间再造策略研究；空间转型时代高校图书馆功能构建和人才培养研究；"后疫情"时代高校图书馆开展研创服务新思路——兼论安徽大学图书馆关于实施"十四五"规划初探；新媒体时代高校图书馆的新能力——特色文创实践研究；基于空间再造理论的高校图书馆公共文化空间建设研究；基于数据分析的图书馆空间再造价值研究；高校图书馆服务创新创业教育路径与模式研究。

第二，安徽大学图书馆馆际研究项目。

在馆长的支持和推动下，馆领导及学校相关部门鼓励馆员积极参与学术研究活动，安大馆创意创作空间的馆员与馆内其他部门的馆员一样，享有同等的激励方案和激励措施，图书馆支持馆员申报各类项目（国家级、省级、校级、馆级），若馆员发表论文，馆里将提供相应的奖励金。近几年来，为了扩大项目研究的层级、覆盖面和影响力，安徽大学图书馆学术委员会通过认真评审，已批准多个馆级项目，并提供专项经费支持，其中与创意创作空间建设与发展相关的项目有：高校图书馆创客空间构建及其可持续发展研究；在校大学生创业现状与思考——以安徽大学图书馆学生创业团队为例等。

安大馆采取的上述措施及策略，与本书构建和推出的培训、激励机制及实施策略相辅相成，在空间馆员的团队建设、培育和发展馆员的服务能力、馆员素养及技能培训以及创意创造条件和学术研究环境的营造等方面，都彰显出图书馆组织开展的培训活动、采取的激励措施对馆员个体产生的显著影响力和激励效果。我们相信，随着学者们理论研究成果的积累和推广，这种"以理论促实践的发展，以实践促理论的提升"的学术研究范式，将有助于促进和拓展安徽省各类型图书馆空间创新服务的深入开展和图书馆转型发展，值得在国内其他类型图书馆创客空间应用和推广。

（二）创客培训、激励机制的实施策略及探索

1. 培训机制的实施策略及探索

创意创作空间通过多种途径开展针对性强、内容丰富、形式灵活、效果显著的创客培训活动，使创客的素养及技能得到锻炼和提升，为创意创作空间开展学生活动和空间创新服务奠定了基础，提供了桥梁和纽带，使图书馆和学生的创新创业团队形成凝聚力，凸显出图书馆培训活动中"以才聚才，以才育才"的集聚辐射培训效应，是本书前期构建的培训机制及实施策略的验证和展现，空间开展的创客培训活动主要有：

（1）请创业导师现场讲课，以案例分享形式为大学生创客开展培训活动

在创意创作空间筹建期间，安大馆信息咨询部邀请知名创业导师张洛以"梦想路、创业规"为主题，开展创业数字图书馆数据库培训讲座，传授创业数字图书馆的相关知识和自身的创业故事。作为一名创业路上的开拓者和创业实干家，张老师通过分享个人的创业经历与感悟，讲述自己对创业与事业的理解，并结合自身创业的成功经验与大学生分享创业中的九个"坑"，提醒大学生创客要吸取教训，避开创业路上的"弯道"。培训期间，张老师还展示了自己设计制作的商业计划书，向大家传授商业计划书的撰写技巧，鼓励学生创客要不惧困难，敢想敢干，努力培养创新意识和创业精神。讲座结束后，现场师生积极参与互动，张老师耐心回答了师生提出的问题。在"双创"的时代背景下，安大馆采取以创业导师来校现场讲课的方式开展培训活动，导师面对面传授创业者在创业道路上的经验和教训，引导学生创客对创业是怎么回事、创业须知、如何选择创业方向以

及如何监管业务等问题有了初步的认识和理解。导师与创客间的互动交流氛围浓厚，激发了全体师生参加"双创"活动的热情和积极性，获得了意想不到的培训效果，全体师生都对安大馆以现场案例分享的形式开展的培训活动表示支持和赞赏。

（2）重视创业平台建设，为开展知识和技能培训夯实数据库资源

安大馆非常重视创业平台的建设和线上培训活动，不断夯实数据库培训资源，为开展创客知识和技能培训提供丰富的内容及载体，拓展学生的综合素养和创新能力。安大馆除定期聘期 CNKI 的专家来馆授课，讲解创业知识资源库中的创业资讯、政策法规、创业知识及创业人物的搜索方法，聚焦产业服务中的产业资讯、产业规划、市场动态及技术热点，挖掘科技服务中的专利、标准查询，科技成果转化以及知识产权服务中的热点、难点问题外，还设咨询馆员在线辅导或帮助安大师生准确掌握平台的使用途径和使用方法。

中国知网（CNKI）创业创新知识服务平台能提供内容丰富的在线课程，从商业计划书的撰写，到创业营销策划、创业产品策划，到创业融资以及合伙人合伙规则等，学生创客都可以全面系统地进行课程学习，并能反复学习、持续学习，帮助全校师生准确掌握创新创业的各类知识和技能。除依托 CNKI 创业创新知识服务平台为学生创客提供全方位、多链接的资源指导和咨询服务外，安大馆还创建了"双创"基础课程网络选修平台、incoPat 科技创新情报平台，试用森途创新创业大赛知识等服务平台，为全体师生的"双创"活动提供更多、更好的平台支撑和知识服务。

（3）重视创新创业教育，鼓励学生通过参加各类比赛来培养和锻炼创新思维和创新能力

创新创业教育不同于其他学科教育，各种创新大赛、创业大赛以及各种竞赛活动不仅激发创客的"双创"热情，而且是锻炼和验证学生创新思维、创新能力以及学习成果的最佳途径和方式。在参加大赛过程中，学生面临的最大难题就是如何选择与自身知识技能相符的"双创"项目、制订计划、实践创新创业技能等。针对这一类难题，安大馆创意创作空间的馆员在馆领导的支持和指导下，分阶段对参加"双创"类大赛的学生进行培训和辅导。

例如，在"磬苑杯"文创服务运营创意大赛中，馆员分四个阶段对学生开展针对性强的辅导和培训活动：第一阶段，向有意向参加比赛的学生

提供比赛信息,并通过视频文档专题辅助为学生做好参赛准备;第二阶段,为学生提供创新创业知识培训,指导学生编写"双创"计划书,讲授创新创业大赛规则;第三阶段,提供"双创"竞赛技巧,针对历届竞赛的成绩、评选规则和参赛项目特点进行详细分析、指导,快速提高学生的参赛水平和技能;第四阶段,重点帮助学生了解比赛"套路",精心准备参赛项目,提高现场路演技能,争取赢得好成绩。通过馆员和老师的耐心指导和帮助,参加"双创"类大赛的学生均取得了理想的成绩,既锻炼了学生的创新思维和创新能力,又为"双创"教育开辟了新的培养途径。

2. 激励机制的实施策略及探索

在前面第七章创客激励机制的构建及策略分析中,研究者提出了空间场域生态构建中的政策制度扶持、文化氛围营造及创客团队组建;能力里路铺设构建中的跟踪服务指导、知识技能培训、创业商机扶持;参与动机强化过程中的项目需求感知、项目资金支持、创客典范树立、创客比赛实践;获得感知反馈过程中的个人成长感知、作品价值认可、荣誉感体验及物质奖励等。在安大馆创意创客空间的实践探索过程中,这些激励路径或多或少都对创客发挥了正向激励作用,尤其是在政策制度扶持、文化氛围营造、创客团队组建,跟踪服务指导、知识技能培训、项目需求感知、创客比赛实践,个人成长感知、精神及物质奖励等方面,对创客具有明显的激励优势,突出了激励机制的作用和影响,下面分别加以重点论述:

(1) 空间场域生态的政策及制度激励

第一,国家及校级相关政策支持。

国家已相继出台多项政策,鼓励大学生开展创新创业和创造活动,各级政府、高校、社会机构等也从思想上高度重视国家制定的政策,从行动上为创客/创客群体的创新创造活动打开大门,制定相关配套政策及制度,维护创客/创客群体的各项权益,从管理体制、运行机制上对创客/创客群体的创新创造活动给予支持和鼓励。

安徽大学为更好地激发大学生创客的"双创"动能,培养创客的创造力,提高创客的未来发展能力,大力支持学生开展"双创"活动,安大教务处根据《大学生创新创业教育计划实施方案》(校政〔2016〕25号),于2019年6月制定并实施《安徽大学大学生创新创业教育学分认定办法》,对学生在创新项目、科技文化竞赛、发明制作、发表学术论文、出版专著、开展学术交流、参加读书沙龙、科技文化活动、青年新徽商创业培训，以及在"双创"活动中取得的成绩进行认定、赋分和考核。

《办法》规定大学生创新创业教育学分认定是安大人才培养方案的重要组成部分，学生在修业年限内必须参加创新创业教育学分认定，取得2学分方可毕业。鼓励在校大学生参加创新项目（如大学生科研训练计划项目、校级大学生创新创业训练计划项目、省级大学生创新创业训练计划项目、国家级大学生创新创业训练计划项目等），科技文化竞赛（如"挑战杯"全国大学生课外学术科技作品竞赛、"创青春"全国大学生创业大赛、中国"互联网+"大学生创新创业大赛、安徽省百所高校百万大学生科普创意创新大赛、安徽大学读书节征文活动、安徽大学读书设计创作等活动）、发明制作、专利申请及"双创"实践活动。

校教务处、学生处等相关机构可根据创客的业绩，获各类省、市、校级创新创业荣誉和奖励情况，以及专利授权或技术转让数量或者创客作品及产品的社会推广价值等，给予创客/创客群体一定数量的精神和物质奖励，如学生创客参加国家级、省市级、校级大赛获奖之后，校方除颁发纪念品、各类培训证书及获奖证书外，学校的教务处还会颁发奖励金，学生的获奖业绩可以申请为创新、创业学分，或直接转化为学分，也可作为优选推荐考研/考博的参考条件，学校还制定相关优惠政策，支持大学生因"双创"活动暂停学习（即休学3—6年）。这些政策扶持、精神和物质奖励对学生的"双创"活动发挥了很强的促进及激励作用，为大学生创新创业提供了宽松、灵活的发展环境，学生的参与积极性很高。

第二，图书馆相关制度的扶持及激励。

安徽大学图书馆专门成立了活动策划部，负责空间的活动策划、宣传及服务工作，及时向创客传递信息、提供相关资源及支撑服务。学校共有100多个社团，如书法协会、绘画协会、文协会等，活动策划部经常和学生社团联系，与图书馆共同合作开展多种社团活动，在激发学生"双创"潜能的同时，帮助学生制订创新创业计划、学习新技能，指导学生积极参与各类"双创"竞赛活动。该部门还根据学生的需求，定期购买和完善相应的硬件设备及软件资源，发挥图书馆创意创作空间的场地及设备优势，开展学生喜闻乐见、参与度高的"双创"活动。

（2）营造空间场域生态的文化氛围激励

第一，通过空间规划与布局营造创意创造的文化氛围。

安徽大学图书馆响应国家及学校"双创"号召筹集资金，积极探索创新服务的新路径。一是拓展图书馆功能,满足用户对图书馆转型发展的需求;二是给师生创设条件和环境更好的学习、研讨及交流空间,选拔具有优秀创新创意创业思路和实践能力的学生组建创客团队,为其提供学习、实践和创业的平台。2019 年 3 月 18 日该馆试运行了研创空间,即创意创作空间 + 研修间,4 月 18 日空间正式对外开放,是目前为止安徽省唯一一所高校图书馆创建的创客空间。创意创作空间共划分为 7 个区域:3D 设计打印体验区、微信与 App 设计区、数字媒体加工区、动漫设计区、电子设计区、手工制作区和写作区。研修间设有 32 个独立房间,图书馆研修间及创意创作空间实验室常年对外开放,图书馆高度重视研创空间的规划与布局,相关配套的多媒体设备、自助监管系统、桌椅家具等及时到位,对场地进行智能化监管。为教师和学生学习、研讨及创作活动提供了一个更优质的创新创造氛围与环境。

此外,图书馆还对其他区域进行了合理改造,使图书馆的文化氛围更浓,空间利用率更高,为师生们营造了一个良好的文化育人氛围和创意创造环境,得到了师生们的称赞和支持。该馆的空间布局合理、配套设备及资源丰富,整体环境和空间布局适宜于师生开展创意创造活动,置身于这样的环境与氛围之中,创客参与空间活动的意愿增强,能够满足创客参与转型服务的情感与归属需要,为空间场域生态营造了良好的创意创造条件和环境。

第二,通过开展创客活动营造创意创造的文化氛围。

安大学生在创意创作空间可以学习 3D 打印项目配套的模型设计,掌握 3D 打印的实际操作及资料库的使用,锻炼和提高学生的各种能力。虽然该空间成立的时间不太长,但已在大学生创客的创新创业服务及相关活动中树立了安徽品牌,彰显了安徽高校的价值和影响力。近两年来,空间开展的创客活动及取得的成绩如下:为院系开展各类创新项目、微视频摄影类、安徽省高校研究生信息素养夏令营提供参观、咨询和资源支撑;为创客定期开展 3D 设计打印、3D 扫描、数字化教育以及电子书的收藏、制作等服务;空间与学校的书法协会、绘画协会、文协会等社团合作开展活动,引发学生的创新、创业资源。2019 年全年接待各类用户共计 4655 人次;2020 年受疫情影响,用户人次比 2019 年相对要少,接待 3D 打印、书法练习、各类设计制作和小组讨论及参观咨询的各类用户共计 575 人次。

两年来,空间通过举办创客活动和竞赛,加强对相关知识的宣传、推广，积极营造创意创造的文化氛围，如图书馆在成功举办咖啡吧运营大赛的基础上，和校团委、教务处、学生处联合主办举办"磬苑杯"文创服务创意大赛。在创意创作空间举办了首届安徽大学文典阁读书调研决赛，收到了预期的效果和影响力。安徽大学在2018年12月先后与国内多所大学创客空间和市博物馆组织的54名青年大学生与文学创客，与国内外知名专家教授一同参观了山东博物馆、北京博物馆、河南博物馆，并以"亚醜钺""长信宫灯""粉彩镂空花果纹六方套瓶"、《四神云气图》等珍贵历史文物，开展文化作品创作、创意产品设计等活动。安大学子及创客通过参加大赛，吸引了国内外精英创客和专家学者的广泛关注，汇聚了大量的优秀创客作品，实现了创客空间与博物馆的有效对接，提升了图书馆的教育职能与文化创新人才的培育能力，对文化作品的创新设计提供了良好的互动平台和基础资源，也营造了浓郁的创新创造文化氛围。

（3）空间场域生态的学生创业团队激励

在馆领导的指导和支持下，图书馆选拔具有优秀创新创意创业思路和实践能力的学生，于2018年组建了4支学生创业团队。学生创业团队的队员都是具有优秀创新创意创业理念、实践能力强的学生骨干，这些优秀的学生能带动和影响其他学生积极参与创新创造活动，在学生组织和个体创新创造行为中发挥很强的辐射带动作用。

图书馆定期对学生创业团队召开工作会议，馆领导及图书馆相关职能部门从宏观政策解读到团队筹建，从运营监管到制度建设再到团队的实践活动等，给予了全程指导和长效监管，使图书馆与学生创业团队形成合力，凸显出图书馆创意创作空间的"引才聚才"的团队育人力量，为空间开展学生活动和创新服务提供了桥梁和纽带，营造了空间场域生态的创业团队激励氛围。此外，每学年的开始，各创业团队的负责人对前一阶段的工作进行总结，提出本学年的工作重点以及后期工作展望。馆领导及相关职能部门针对创业团队提出的目标和实施内容，做出针对性的点评和总结，强调各团队在开展工作、创造业绩的同时，要严格遵守图书馆的相关制度，尤其是在创意创作空间进行3D打印或模型制作过程中，必须服从馆员的管理和督导，要排除各类安全隐患，确保设备的使用和人身安全。

（4）能力里路铺设及参与动机强化

能力里路铺设中的跟踪服务指导、知识技能培训，参与动机强化过程中项目需求感知、创客比赛实践等，在前面的创客激励机制及实施策略中都已提及，如安大馆邀请创业导师现场讲课，以案例分享形式为大学生创客开展跟踪服务指导、项目需求感知等培训活动；重视创客的知识技能培训及创业平台建设，为开展知识和技能培训夯实数据库资源；重视学生的"双创"教育，鼓励学生通过参加各类比赛来培养和锻炼学生的创新思维和创新能力。下面重点介绍一下安大馆创意创客空间开展的创客比赛实践活动及跟踪服务指导对创客产生的激励和影响作用。

第一，创客比赛实践活动。

自安徽大学图书馆创意创作空间成立以来，为深化创新创业教育改革，鼓励广大学生自觉参与"双创"活动，培养学生的创新思维和创新意识，增强学生的创新能力，培养创新创业的新生力量，空间组织创客比赛（前面已经提及）或组织创客参加社会创客比赛，通过参加竞赛和实践活动，借助比赛的竞争性和挑战性，激发创客参与创造活动的热情，强化创客的参与动机与行为。如馆领导及馆员积极配合教务处及院系组织申报安徽大学2019年、2020年大学生创新创业训练计划项目（简称"大创计划"），承担指导教师的角色，适时对学生开展辅导或指导活动，分阶段、分批次对学生设计方案的整体思路、写作逻辑、方案系统性、文字准确性、方案可视化程度、纸质方案的版面设计以及PPT制作等方面提出建设性意见和建议。在2020年、2021年举办的第二届、第三届"慧源共享"全国高校开放数据创新研究大赛系列活动中，安徽大学图书馆作为赛事的联合主办单位之一，为鼓励全校师生融入长三角地区开展的新技术对开放数据进行创新研究与应用活动，促进长三角地区教育科研领域数据资源的共享和开放，馆领导鼓励全校师生从2020年4月到12月，2021年4月到12月，分阶段积极参加"数据悦读"学术训练营、数据竞赛及成果孵化等活动，聚合专业力量，培养和提升大学生的数据素养，锻炼其创新意识和创造能力，推荐优秀团队实习实践、支持优秀作品落地转化，为参赛团队和优秀成果提供更多发展机会。2020年6月3日，安大馆于以线上方式举行安徽赛区的启动仪式，邀请中国科学院合肥物质科学研究院匡光力院长为全校师生做主题报告，此次学术训练营"安徽大学站"活动，在上海教育云平台、Zoom直播平台、哔哩哔哩平台和造就平台同步在线直播，近5000名师生在线参与，对全校师生上了一次颇有影响力和号召力的数据素养与技能提升培训课，掀起了全校师生对开放数据进行创新研究与应用的活动高潮，培养和激发了创客参与创造活动的动力和热情。

第二,跟踪服务指导。

安大馆创意创客空间的馆员根据不同项目的个性化服务需求,在创客项目的不同阶段,跟踪做好与创客团队的沟通、跟进和协调工作,为创客提供有针对性的服务和指导,解决创客困难,帮助创客团队完成项目的研发和应用。如针对初始创客,图书馆根据创客需求,聘请相关老师或专家进行专业知识辅导,丰富其理论知识;针对项目研发创客,图书馆注重开展多项技能培训活动,邀请有丰富实践经验的企业导师对创客进行面对面指导,增强创客完成作品的实际操作能力和动手创造能力;针对部分需要创业的创客,图书馆加强对创客项目外围知识的培训,如对政策和项目申报流程辅导、技术创新、创业产品策划、创业融资等相关知识的培训。这样,创客在馆员的指导和指引下,通过参加各类线上线下培训和比赛等实践活动,强化了参与动机与行为,提高了创客的自信心、领导力、沟通能力和组织协调能力;通过接触行业协会、行业联盟,积累了人脉资源,提高了适应社会的能力。通过馆员的跟踪服务与指导,创客在创意创客空间的能力提升得到了验证,完成了能力里路的铺设过程。

(5)获得感知反馈过程

创客通过参加和完成安大馆创意创客空间开展的各项培训及实践活动,除了感知个人成长、感知能力提升、收获创客作品的价值认可,还获得了荣誉感体验及物质奖励。因为,除学校已制定并执行政策激励及加分激励外,学生参加"双创"活动还可以得到奖励金(前面的校级相关政策支持中已提到),"双创"活动对学生考研、就业大有帮助,尤其是成功的创业经历对学生的个人成长及成才大有裨益。如青创咖啡(设在安大馆)创业项目,在学校和图书馆一些辅助政策的支持和鼓励下,经过两年多时间的探索,现已步入正轨,进入良好的运营状态。特别是在馆长和馆员的帮助下,学生在完成各自学业的基础上,持续开展或参与创业项目,对个人成长及考研是一种鞭策和鼓励。多名创客经过自己的努力和实践磨炼,已成功考取了国内外知名大学的研究生。事实证明,大学生在校就读期间,适当开展或参与一些创意创业项目,不仅不会影响学业,反而会对大学生的个体成长及发展产生很好的激励作用。

(三)总结

以上是安大馆创意创作空间在政策制度扶持、文化氛围营造、创客团队组建、跟踪服务指导、知识技能培训、项目需求感知、创客比赛实践、个人成长感知、精神及物质奖励等方面激励和弘扬创客精神的重要举措，用实践验证了激励机制的效果和影响作用，也为安大馆的服务创新发展和人才培养推波助澜、发挥了助力作用。

今后，创意创作空间的发展目标是继续"开拓创新、优化服务"，着力在以下几个方面进行延伸和拓展：一是开展更多的创客活动。创意创作空间将针对学校教学、科研和学生的需求，开展丰富多彩的活动，吸引更多的用户开展创客作品设计活动，拓展学生的课堂实践。二是开展更多的馆员/创客培训。可采取多种方式和途径，加强对学生在工具使用、技能提升方面的培训和引导；持续开展短期培训及讲座培训，加强对现有馆员的继续教育和再培训；多引进发展空间的专业人才，选派业务骨干到兄弟院校调研、学习，提升空间馆员的服务能力。三是通过与利益相关者建立合作伙伴关系，如让社区成员充当创客活动的策划者和管理者，鼓励他（她）们在各自擅长的专业领域与其他社区成员分享知识、协作创新，以互惠互利的方式开展活动并获得赞助和捐赠。一方面，可以增加资金的收入与来源，在一定程度上消除创新成本，降低创新门槛，让更多人获得创新创业的发展机会；另一方面，可以丰富创客的活动内容，不断扩大空间的影响力，这是图书馆创意创作空间监管模式的重要组成部分，也是空间可持续运营的决定性因素。四是加强对空间活动的宣传、报道。通过各种渠道，如微信、微博和图书馆网页等大力宣传图书馆创意创作空间，将空间真正打造成学习中心、文化中心、知识交流和共享中心，为全校师生创设学习研讨、学生创客团队开展活动提供交流平台，在提升图书馆服务能力和创新服务方式方面发挥出更加显著的作用。

二 铜陵市图书馆（公共馆）文创空间

（一）空间介绍

铜陵市图书馆充分利用文化资源、空间资源、社会力量等优势，于2016年7月成立铜陵市图书馆文创空间（简称铜图文创空间），率先在国内探索"图书馆＋创客空间"模式。它是首批加入全国图书馆文化创意产品开发联盟的地市级馆之一，2018年入选国家文化和旅游部双创扶持计划单位，2019年入选该联盟"品牌发展计划"暨"全国百馆"发展计划，也是安徽省创意产业联盟成员单位、科技部2020年国家级备案众创空间。空间以数字创意为先导、以资源为依托、以科技为动力、以市场为导向，集文化创意、科技创新、信息共享、创业服务、项目孵化于一体，在全国联盟、市文旅局和图书馆的大力支持与鼓励下，依托馆藏资源和地方特色文化等内容，开发了各类文化创意产品，完善图书馆文创产品生态开发体系，已打造成一个多功能文化创新、传承和传播服务平台，形成了良好的经济和社会效益，成为全国图书馆界文化创意产品开发的一大亮点。

截至目前，铜图文创空间已接待全国各地的参观300多批次，举办各类文化双创活动50余场，空间的创客项目多次获得国家级、省级和市级奖项；空间成立以来，已开发文创产品10类，制定企业标准1项，获得软件著作权1件，外观专利12件，商标注册16件，发明专利1项。空间搭建了数字动漫和3D打印两个公共技术服务平台，为创新创业者提供技术支持。以长江特色物种——江豚为原型打造的"铜陵城市IP——豚精灵"多次获国家优秀奖和省内金奖，中国IP产业年会组委会授予"豚精灵"第五届玉猴奖"2020年度十佳最具商业价值文旅吉祥物"称号，目前已组织开展衍生产品的开发与制作，并加强与传统产业品牌化战略的建设。空间提交的"长三角公共图书馆文创产品开发一体化平台"已被推荐到国家文化和旅游部，作为"十四五"期间文化和旅游公共服务的建议项目。

（二）评价机制及策略在铜陵市图书馆文化创客空间（公共馆）的实践探索

第八章已从服务环境、服务条件、服务内容、服务绩效等方面构建了创客空间服务质量评价指标体系，下面以铜陵市图书馆文创空间（公共馆）为示范，剖析该空间在服务环境、条件、内容及绩效等方面对服务质量评价指标体系的落实和实践情况，为中国公共馆创客空间在馆员与创客协作发展过程中提供服务质量的评价参考。

1. 服务环境

从场地提供、网络环境、创客文化宣传、空间布局、空间装饰的亲和度等指标对空间服务环境进行评价，衡量空间为创客提供创新创意创业服务的环境和氛围如何。

（1）评价场地提供及网络环境，衡量空间能否为创客提供创业场地、环境及网络服务

空间提供办公、生产、技术研发场地和公共服务设施，对通过审核的创客及创客团队在入驻期内享受"3年0租金"的租金优惠，3年内还免费提供办公、研发、实验、会议、培训、报告、展览场馆、饮品茶吧等场

所的使用权，提供免费的水电暖监管、网络、保安清洁等服务；空间为入驻的中小企业接入百兆光纤局域网，利用中心网站发布创业、监管、技术创新、融资等资讯，为创客及创客团队提供宣传、推介等服务，可以为创客提供适宜的创业场地、优越的网络服务及创新创业环境。

（2）评价创客文化的宣传，衡量空间能否为创客提供活动展示、场地展示等服务环境，宣传创客文化

空间一方面以宣传活动为引领，对活动进行周密策划、精心组织、认真安排，持续优化服务内容，扩展服务渠道，强化图书馆资源基础，以满足创客的学习需求、培训需求、实践需求为导向，积极为创客提供互动性强服务项目；另一方面，不断加大宣传力度，将图书馆的"藏""用"功能有机结合，采用社会公众接受度较高的形式传播图书馆声音，展现图书馆的发展轨迹，通过为创客提供活动展示、产品展示等服务，宣传创客文化，推广文创产品，打造铜图文创空间的地域文化品牌形象。

第一，开展活动展示、宣传创客文化。

2019年3月19—20日，在上海市及长三角地区公共文化和旅游产品采购大会上，铜图文创空间展示了具有地方特色的铜文化产品、"豚精灵"文创产品、图书馆相关联的文化与科技融合产品、地方特色的旅游产品，如铜图文创空间自主研发的全息智能图书查询机、原创品牌"豚精灵"系列产品（书签、文化伞、冰箱贴、钥匙扣、智能玩偶）、铜雕塑以及"大汉铜官印"等，展示了公共文化和旅游产品供给全产业链，赢得了市民和参与者的青睐和认可。2019年9月21日，铜图文创又以"江豚、白鱀豚"为原型的卡通形象——豚精灵衍生产品，亮相北京世园会铜陵主题日活动，活动期间，一名来寻找商机的山东商家王先生主动留下联系方式，希望能加强合作，帮他们开发同类智能产品，用卡通形象和交互功能设计的形式推广地方特色资源。铜图文创空间主任张兴胜说："铜图文创需要一个窗口去检验自己的创新产品，让图书馆的特殊藏品转化为产品，产品通过实体店、电商平台转化为商品，在与公众的互动使用中得以传承和推广。"

第二，开展产品展示、宣传创客文化。

空间以"文创"为主题打造了铜图文创体验店及展销平台，该展销平台设在铜陵市图书馆一楼"全国图书馆文化创意产品开发联盟——铜图文创体验店"里，这里汇集了铜图文创和国家图书馆数以千计的文化创作产

品，如永乐大典丝巾、豚精灵汽车摆件、大汉铜官印等。一方面，空间通过场地展示让文化"活"起来，以文化创意产品为媒介，让更多的人了解铜陵、认识铜陵、走进铜陵，彰显铜陵文化的地域特色。另一方面，也通过全国性的平台展示铜图文创的阶段性成果，让用户有更多的机会零距离接触和了解文创产品，增强对图书馆文创产品的认同感，更有利于将文创产品推向更广阔的市场，让丰富多彩的文创产品在社会生活中释放出文化的光彩。

（3）评价空间布局，衡量空间能否为创客提供布局合理、装饰有亲和度的服务环境

第一，空间布局的合理性。

空间按照基础服务区域和配套服务区域进行划分，细分为创客工坊、创客驿站、创客培训区、创客路演区、成果展示区、创客商务洽谈区、超级工作室、少儿创客服务区等功能区域，空间布局合理，为创客提供了良好的"双创"服务环境。

第二，空间装饰的亲和度。

亲和度是用来表示一个实体与其他实体之间的亲和程度，其基本功能就是与其他物体占有或者共享同一个空间的能力。空间在不同的区域选择合适的背景、色彩及家具，彰显空间装饰的亲和力，发挥空间装饰对创客的亲近感、吸引力和组合力。例如：在创新产品展示区为公众展示了形态各异、造型新颖、文化丰富、地域特征显著的数十枚文化盘，青铜器文案上雕刻着铜陵历史文化名人肖像、新铜陵文化名人肖像、城市雕像、古铜陵文化名人肖像、十二生肖肖像等。品种数量达到50余种，名人雕像达10余个系列。深刻诠释了铜陵文化从古至今的发展历程，这些作品先后获得了6项外观专利。通过该展示区的设计与陈列，不仅展示了铜陵文化的地域特色，还彰显出文创空间装饰的亲和度，为创客及公众营造了和谐、有灵气的"双创"服务环境。

2. 服务条件

从服务人员的个体能力与素养、服务的便捷性、领导对空间工作的支持度、管理制度的健全性、服务设施与服务内容匹配、服务设备与项目需求匹配、资金支持、指导老师资源、创客空间运维保障、设施设备运行、公共设施的提供及技术服务的共享等指标，来评价空间的服务条件，衡量空间为创客提供创新创业服务的条件和能力如何。

（1）评价服务人员的个体能力与素养

空间配有 5 名专职创客管理者，其中 2 名拥有科技部创业孵化从业人员证书，服务人员具有较高的专业服务技能及素养。

（2）评价服务的便捷性

空间已构建便捷的服务体系，能为入驻创客及团队提供各类咨询服务，能快速打包办理工商注册、税务登记等商业性事务，具备为创客提供便捷、高效的服务条件。

（3）评价领导对空间工作的支持度

空间成立五年来，取得的一系列成绩都得益于国家级领导机构——全国图书馆文化创意产品开发联盟的指导，得益于上级领导机构——铜陵市文旅局和图书馆的大力支持与鼓励，上述支持给空间发展创造了极好的创新创意创业环境和条件。在各级领导的支持、帮助和指导下，铜图文创空间依托馆藏资源和地方特色文化，通过为创客提供培训讲座、团队调研、论坛创新、校企联合、文化创意展览等活动，开发出各种文化创意产品，聚合优化产品资源，凸显资源的聚合效应，品牌影响力与日俱增。

（4）评价管理制度的健全性

空间明确"文化创客活动"的服务宗旨，已制定对创客进行监管和服务的各项规章制度，如空间管理者制度、创客管理制度、创客导师制度、活动记录制度及讲座内容档案管理制度等。在制度策划和执行中，通过制订监管计划，不断补充和完善制度方案等，为创客提供了健全、规范的监管制度。

（5）评价服务设备设施与服务内容的匹配程度

文创空间内配置了 3D 雕刻/打印设备、全息成像设备、VR 虚拟现实设备等，能够为创客—创客群体分享知识、创意研讨、创作交流提供有力支持，确保了服务设施与服务内容的匹配和一致性。

（6）评价服务策划与项目需求的匹配程度

空间从设立之初到目前为止，在进行服务策划、文创产品设计和开发过程中，一直秉承自身特色，在图书资源中寻找灵感，发挥图书馆的最大的优势——"书"，精心打造兼具时代特色和文化底蕴的文创产品，不断扩大图书馆的影响力，拉近与读者的距离，实现文化的多端口、多样态输送和传播，让读者感受到，除了书本之外，知识和文化还能以让人"脑洞大开"的形象出现在人们的生活中。空间通过文化创意产品的开发，促进了优秀文化资源的传承、传播和共享。同时，将创意、科技手段和产业发展项目相结合，既能传播文化，又能发展产业、增加效益，完成了文化价值和实用价值的有机融合，实现了服务策划、文创产品设计开发与项目需求的高度统一。

（7）评价资金支持程度

空间自成立以来，获得了来自国家、政府、校方及社会力量的各项支持基金。三年来，空间利用自身资源优势，投入200多万元搭建创新创意服务平台，其中，通过积极申报项目资金、参加国内比赛获得资金60余万元；积极拓展业务，开展影视拍摄、动画制作、产品销售等服务获得资金40余万元；形成了良好的社会效益，空间为入驻企业和创业者提供专项扶持资金和融资服务，通过收购初创成果及天使投资等方式，促进创业者持续创业，为创客提供不同阶段不同需求的资金扶持。此外，2019年智慧图书馆改造期间，铜陵市图书馆申请国家公共文化资金，有57万元用于购买和补充铜图文创空间的设备设施。

（8）评价指导老师师资资源的丰富性

空间已与高校和科研院所开展了战略合作，为有需求的创客提供技术合作和实验设备使用的对接服务。如与安徽大学管理学院、巢湖学院、铜陵职业技术学院签订了校企合作协议，加强技术与运营的合作，开展馆校合作和实训基地建设。聘请同济大学杨晓林博士生导师、中央美术学院黄惠忠教授、铜陵职业技术学院刘哲军博士、浙江工商管理职业技术学院余有芳教授、国家级"双创"导师田新华等10余名创客知名导师，参与空间的团队技术和创新创业指导，与6家服务机构签订了合作协议，对创客进行指导的内容涉及专利、版权、融资、财务、工商等，指导老师的资源丰富、指导能力较强、影响力深远。

（9）评价空间的运维保障、设施设备运行的稳定性

空间搭建了数字动漫和3D打印两个公共技术服务平台，为空间运维提供了全方位的人员、技术和服务保障，能确保设备设施安全稳定运行，便于用户快捷、准确地获取信息，进行知识的搜集、整理、揭示、关联与共享，获得丰富的、交互协作创新创造经验，参与并推动创新创造活动的发展。

（10）评价提供公共设施及共享技术服务

空间对通过审核的创客及创客团队提供所有办公、生产、技术研发场

地和公共服务设施，还坚持为有需求的创客提供技术研发与设备共享服务，协助创客/创客群体开展新产品、新技术的研发、检测和调试，在此基础上开发相关软件，为创新创业者提供更全面的设施、技术支持和共享服务，吸引更多的用户使用空间的公共设施，共享空间的技术和服务，提高空间的使用效率和服务能力。

3. 服务内容

从空间的服务项目、准入和退出机制的设立等指标进行评价，衡量空间的服务内容是否符合空间服务质量的评价标准和要求。

铜图文创为创客提供的服务内容丰富，内容涵盖：创业场地、项目帮办、文献服务、培训服务、咨询服务、虚拟空间服务、企业孵化、政策对接、资源对接、创客沙龙、项目路演、电子商务、创意体验、创业培训、创客沙龙、融资对接服务、创意保护协助、创新作品展示、公共技术平台的运营与监管等方面。主要提供全息语音智能、3D打印定制、水晶3D内雕定制、3D扫描、数字动漫公共服务、VR体验、三维内雕成型、影视拍摄等数字化技术服务项目；提供书籍的在线阅读和文学创作、剪纸产品开发设计、文创产品开发、大汉铜官印、青铜工艺品创意设计、绘画的创新技法、图书馆+文创中心解决方案等非数字化技术服务项目。其中"城市IP豚精灵、全息语音智能查询系统、大汉铜官印、青铜工艺品创意设计、铜雕文创产品、创新绘画技法刀画拓展、喵喵绘本等项目的市场已经逐步打开，发展前景较好。主要服务内容有：

（1）项目帮办服务

空间已与6家相关合作机构或单位合作，为创客提供相应的创业扶持服务，协助创客办理工商注册、项目立项、税务登记等行政事项，为创客免费提供工商、财税、政策法规咨询服务，根据实际需要向众创空间合作财务、法律机构购买财务监管和法律支持服务，开展细致化的一条龙项目帮办服务。

（2）项目申报服务

空间为创客开展项目申报服务工作，为创客申报国家、省、市、区各类政府扶持资金项目提供政策咨询和项目咨询，协助创客申报火炬计划、创新基金、科技攻关、新产品等各类国家、省、市产业发展计划等基金项目。

（3）项目孵化服务

空间为大学生、青年创业者提供共享创业工位，聘请创业导师为创客答疑解惑，提供创业辅导、管理咨询、企业诊断等服务，协助创客进行高新技术认定，开展科技成果鉴定、专利申报、成果转化、项目孵化等专项服务。

（4）融资对接服务

空间为创客提供融资对接服务工作，空间已与两家融资机构签订了合作协议，帮助创业项目与银行及投融资服务对接，对创业项目提供贷款、信用担保及抵押登记、创投评估、融资咨询、财税咨询、会计代理等服务。通过精挑细选，空间对有资金需求的创客项目，对接天使资金和风险投资团队，为有意愿在资本市场上市的创客对接相关机构进行指导和培训，助推项目成长。

（5）创业辅导服务

空间与 10 名创客导师签订了合作协议，通过讲座、沙龙、研讨会、推介会等形式为创客的创业团队，提供创业指导、技术研发、项目诊断、企业监管、资金融通、项目申报、创客培训等创业辅导服务，助推创客的创业项目早日落地、孵化。

（6）企业培训服务

空间为创客提供企业培训服务，专门搭建了与创客共享的公共会议室、培训中心，提供会议接待和内部培训活动。空间除了开发和宣传文创产品，还积极拓展思路，开展创客监管、项目申报、资金融通、文化建设、人力资源培训等活动，激发创客的创意、创新和创业意识，增强创客的创新创业和创造能力，引进和培养各类专业人才，帮助创客成长、成功。

空间针对所有的服务项目执行严格、规范的准入和退出机制，截至 2019 年 6 月，铜图文创空间入驻的注册单位共计 16 家，创客团队 5 家。空间每年度定期对创客及入驻团队的运营和绩效进行考评，并纳入准入和退出机制的综合考核，对运行效率及绩效欠佳的创客团队实行淘汰制，及时将它们剔除或清理出空间。

4. 服务绩效

从服务人员统一着装与外表的整洁程度；服务承诺的兑现程度；馆员服务意识、服务态度及预约服务准时性；了解创客需求、关注创客需求；

创客成员组成、馆员与创客间的互动；馆员服务的专业性、特色性及个性化程度；解决创客困难的及时性、有效性；跟踪服务指导及馆员服务动力等指标进行评价，衡量空间目前的服务绩效处于什么水平与状态之中。

(1) 评价服务人员着装统一、外表整洁与服务承诺的兑现程度

空间的服务人员（包括馆员）均经过严格的岗前培训，都热爱本职工作，忠于职守，具有爱岗敬业的奉献精神，始终坚持"用户至上、服务第一"的规范和标准，坚持不迟到、不早退，值班期间着装统一，工装整洁，工牌整齐，热情真诚地对待用户，全心全意为用户提供微笑服务、耐心服务和主动服务，始终如一地履行着服务承诺。早在2016年，为进一步提高图书馆公共文化服务的现代化发展水平，该空间自主运用各种高新技术完成了"全息语音交互图书检索集成系统"的开发工作，空间动漫作品创意设计团队将国家二级保护动物江豚作为动画片中的主角，创作了极具环保意义和野生动物保护知识宣传作用的动画片，并设计出以江豚为原型的"童童""灵灵"等玩偶。在2016年的中国图书馆年会期间向全国图书馆界进行展示，率先提供了场地及创意的兑现服务。

(2) 评价馆员服务意识

空间管理者经常邀请相关专家讲解创新创意的培训课程，开展文创沙龙及相关培训活动，组织丰富多彩的体验活动，拓展馆员的创新思维，激发馆员的创新创意体验，增强馆员的服务意识，提升馆员学以致用的能力。但文化创意产业是一个新兴产业，专业人才缺乏是铜图文创空间必须面对的现实问题，馆员仅有服务意识是不够的，还必须具备过硬的专业技能。因此，空间管理者十分重视对文创产品开发方面专业人才的引进和培养，不断提升馆员对馆藏典籍文创要素的挖掘整理能力，提高文创产品的市场适应性。

(3) 评价馆员的服务态度、预约服务的准时度

馆员对用户的服务态度耐心、诚恳，能按照空间的预约规则、使用规定及操作手册，通过网站、电话或微信开展预约服务，为各类创客进行学习研讨、学术交流及创客活动提供服务场地及设施设备，确保预约服务的准时度和有效性，共同营造和谐、文明、有序、开放的创新创造实验环境。通过预约，创客可以完成参观访问和一系列创作活动，如进行动漫设计、微信与App设计、3D设计打印、虚拟现实体验、数字媒体处理、手工绘图等。

(4）评价创客需求

空间坚持"以数字创意为先导、以资源为依托、以科技为动力、以市场为导向"的发展思路，空间管理者以创客需求（如创客群体的特征、结构和习惯）为导向，及时关注和评估创客的不同需求，不断调整和优化创客服务项目，开展资源保障、技术指导及创意课程培训等活动，实现服务项目的多元化、集成化发展。为准确把握和评价创客的需求，及时调整服务内容，空间专门成立了文创体验店。该店以文创产品开发为输出内容，多元化呈现各类文创产品，目前共开设了国图文创、铜图文创、铜雕塑和文具四个专区，精选了上千件国家图书馆和市级图书馆以及具有有地方特色的文创系列产品和学习用品，能满足创客的全场景、全客群、全渠道、全体验、全品类需求。

（5）评价创客成员

空间的创客成员类别丰富，层次众多，来源广泛，主要包括退休人员、社会专业人才、青年创业者、高校学生、辞职下海的公务员等。创客来自于动漫创意、铜文化创意、传统艺术、文化电商、软件开发、虚拟与现实、影视传媒、教育研发、文学创作等多领域，空间定期开展创客座谈会，选取和召集各领域、各层次、各年龄阶段的创客代表会聚一堂，为空间的建设和发展建言献策。

（6）评价解决创客困难的及时性有效性

空间通过搭建多元化文化交融发展平台，为创客提供便利、及时的答疑解惑，帮助创客解决创新创造过程中的各种困难。如创客利用在线咨询平台，能开展不同知识背景下的共识探索和交流，推动创客顺利开展"双创"活动。目前，该平台已发展成为一个紧密团结的社会集群。

（7）评价馆员与创客间的互动性

铜图文创空间中，服务人员与创客间的互动性主要体现在以下合作项目上：通过馆员与创客间的互动、交流及合作，已产生亮点纷呈的创客成果，如剪纸与动漫的结合、高校动漫学生与动漫公共技术服务平台、青铜工艺品与3D打印公共技术服务平台、喵喵绘本与社区合作、大汉铜官印与平台的展示推广、豚精灵IP与"阅享宝贝计划"、豚精灵IP与全息智能查询机、豚精灵IP与铜陵市豚精灵儿童艺术剧团、豚精灵IP与铜文化创意、豚精灵IP与地方特色旅游等，这些都是馆员与创客互动产生的活动成效及服务业绩。

（8）评价服务专业性、特色性及个性化

第一，专业性服务体现在：空间已签订校企合作协议，加强与高校的技术与运营合作，定期从高校聘请知名导师，为创客参与空间的技术和"双创"活动提供专业化指导和培训，指导创客开展团队招募、团队监管、活动策划、活动宣传、融资对接、知识产权保护、成果转化等专业化服务工作。

第二，个性化服务体现在：空间配备专业的创业导师队伍，并指定专人对创客进行一对一的咨询对接服务，在企业监管、创业咨询、财务、营销、法律、人才招聘等方面为每一位创客提供差异性、个性化和针对性服务，帮助入驻创客参加各种大赛、申请项目，积极争取、落实政府奖励政策及优惠补助等，帮助每位已在或想在空间创业的创客实现人生目标和价值。

第三，特色性服务体现在：空间已构建创客交流分享、风险投资、自主创业、项目孵化等一体化、全链条的创客"双创"扶持体系，经常开展既注重多元化文化交融发展，又注重地方特色文化资源及文化+科技发展的空间活动。如2020年，空间参与铜陵市文化科技卫生"三下乡"暨向群众"送文化年货"集中示范活动，准备了丰富多样的文创产品，积极为群众提供特色服务，如玩偶、雕塑、抱枕、文化伞等，让基层群众在欢笑中感受当前美好的乡村文化生活，让文化惠民温暖人心，推动了书香社会的建设步伐。

（9）评价跟踪服务指导

社会创客团队的组织形式具有自由性、规模小、投资小、组织体系不完善等特点，需要馆员积极搭建公共技术服务平台，根据社会创客团队的不同发展阶段给予跟踪服务，提供相应的帮助和指导，如指导创客开设技术和监管等培训课程，帮助创客与投融资机构对接合作资源，举办创客沙龙、项目路演等活动。前期铜图文创空间开展的培训活动能满足创客对创新、创业、创意的发展需求，效果很好。后期空间将增加文学、艺术类的创新创意培训力度，提供更多的跟踪服务与指导，邀请更多的知名专家、学者、创客导师担当讲师，邀请政府职能部门及组织开展相关的政策服务和解读，积极争取更多的政策支持。

（10）评价馆员服务动力

铜图文创空间除了要求馆员定期参加科技、经信、文旅、人社、商务的相关培训，考取资格证书外，还经常邀请知名专家、学者、创客导师对馆员进行业务、技术、监管及服务方面的培训，定期组织馆员外出参观考察，为馆员提供职业发展的服务动力，让馆员有机会接受外界或跨界的新业态、新模式，不断创新管理方法和管理思维，引领创客新潮流。已开展的培训项目有："阅读习惯培养"专题讲座、"动漫里的电影语言"专题讲座、CG行业介绍和职业规划、国学经典诵读、诗阅铜都、3D打印创新设计驱动下一代制造、青铜文化盘主题沙龙，以及电商、创意、财务知识等活动分享，还有与铜陵电视台群英汇栏目合作的"创业沙龙分享会"电视专题等。

（三）总结

图书馆是一个文化空间和文化符号，在推动社会主义文化繁荣的道路上，公共图书馆正在积极搭建文化创意平台，集聚可用资源，促进文化艺术交流、学术研讨、文创产品产业链式发展，是彰显文化自信的重要着力点。虽然图书馆文创产品的探索与开发在中国才刚刚起步，面临许多困难，但是经过工作人员的共同努力，仍然取得了很大进展。近年来，国家图书馆、上海图书馆、南京图书馆、甘肃图书馆、河南图书馆等一批公共图书馆设立了创客空间，并取得了长足的发展。例如，国家图书馆设计的彩绘戏曲人物图谱、四川省图书馆的"杜甫与熊猫"等都获得了良好的市场反响。因此，只要能充分利用丰富的馆藏图书资源，深入挖掘优秀传统文化的内涵，铜图文创空间文创产品的开发与发展前景广阔。

铜图文创空间是铜陵市图书馆的发展亮点和服务增长点。空间需要社会各界出谋划策、齐心协力，进一步强化政府政策性配套措施，加强与学校和企业的合作，建立长效监管机制；借助线上线下营销渠道，加强与图书馆馆藏资源的对接、开发；通过图书馆的文化创新研发，加强人才培养；完善动漫技术服务平台和3D打印技术服务平台，继续做好公益文创、培训、窗口开放等活动。在文创力量的助力下，文创空间将打造成多元文化交融发展、互动的现代化图书馆新平台。

未来，铜陵市图书馆将在铜图文创空间的支撑下，持续扩大创客空间与联盟机构之间的合作渠道，为"双创"成果的商业化运行提供新平台、新渠道，将打造多层次、多样化、多体系的图书馆文创生态链条作为新目标，努力形成长三角地区图书馆馆藏资源文创产品和地方特色文创产品开发的亮点，聚合区域特色优势资源，整合发达地区的人才优势，形成地方特色文创产品开发、销售的一体化平台，推进图书馆文创产品开发在长三角一体化发展战略中的前进步伐。

三 安徽农业大学（高校）大学生创客空间

2014年，安徽农业大学成立大学生创业孵化中心，2015年，基于国家对大众创新创业和大学生的政策支持，该中心更名为"创客空间"。2016年启动资金300万元，建成创客空间，2016年11月对外开放。2017年获批为省级众创空间，由学校的教务处、科技处、招生就业处、团委成立领导小组负责日常监管及运营，图书馆提供部分场地及支撑服务。五年来，在合肥这座"科创名城、创新高地"的示范引领下，空间坚持走内涵式创新发展道路，构建了管理监督、教育培训、资金融通、服务保障四维运行体系，形成了融教育、实践、实训、孵化、实战于一体的五级育人平台，实现"双创"教育的分类实施，自始至终把"双创"教育融入人才培养的全过程，满足了不同学生的"双创"发展需求，促进了学生的个性化发展，提高了大学生的创新精神、创业意识和创新创业能力。空间依靠三方资源协同发展，形成学校、政府、企业三方协同育人机制。学校资源包括创新课程、创客招募；就业处安排创业项目，团委组织社团活动；政府资源鼓励创客项目申报，使空间成为大学生的实践育人基地，促进了大学生创业并成长为创新型国家建设的合格人才。

第八章通过分析高校馆创客空间创客满意度的相关影响因素，构建了空间投入—产出服务效益的评价机制，提出了提升创客满意度的实施策略。该机制包括两个逻辑线索：空间投入满意度和空间产出满意度，关注馆员配置、馆员/创客互动、管理和空间建设等创客满意度的投入要素，以及创客的创新创造能力发展（基础性和提高性）满意度等产出要素。下面以安徽农业大学创客空间（高校馆）为例，在此评价机制的基础上，从创客评价的视角，剖析该空间基于投入—产出满意度评价指标的落实和实践探索。因安徽农大大学生创客空间的经营和维护是以管理者为主，馆员为辅，下面主要介绍创客对管理者的服务评价，如图9-1所示，主要分为创客对空间投入的满意度评价及创客对空间产出的满意度评价，为中国各类型图书馆创客空间在馆员与创客协作发展过程中提供服务效益的评价参考。

表9-1 安徽农业大学大学生创客空间基于投入—产出服务效益的创客满意度评价体系

创客对空间投入的满意度评价			创客对空间产出的满意度评价		
馆员配置投入		管理者与创客的比值	创客业绩	创客参与空间活动的次数	
馆员配置投入		管理者与创客的比值	创客业绩	创客参与空间活动的人数	
馆员配置投入		管理者与创客的比值	创客业绩	创客参与空间活动的成效	
馆员配置投入		服务经验	创客成果		
馆员配置投入		学历水平	创客产品或作品的社会价值		
馆员配置投入		学历水平	创客产品或作品的社会影响力		
馆员配置投入		专业技能	创客的个人成长（考研/就业）		
馆员配置投入		专业技能	创客的能力与发展		
空间建设投入		设施配置	基础性能力与发展	创新意识	
空间建设投入		空间环境	基础性能力与发展	创新认知	
空间建设投入		设施使用	基础性能力与发展	创新品行	
管理者/创客互动投入		信息传递	提高性能力与发展	创造性思维能力	
管理者/创客互动投入		信息反馈	提高性能力与发展	学习运用能力	
管理者/创客互动投入		交流活动	提高性能力与发展	知识整合能力	
管理者/创客互动投入		互动平台	提高性能力与发展	语言表达能力	
空间管理投入	基本性管理	功能设置	提高性能力与发展	沟通协作能力	
空间管理投入	基本性管理	服务策划	提高性能力与发展	动手实践能力	
空间管理投入	基本性管理	安全维护			
空间管理投入	提高性管理	成果评价			
空间管理投入	提高性管理	创新驱动			

（一）创客评价空间投入满意度的实践探索

1. 空间配置投入

创客对空间配置投入的评价，主要是从管理者为创客服务过程中提供的组织架构、管理者与创客的配置比例、管理者的服务经验、学历水平及专业技能等方面展开，评价结果显示：空间的组织架构明晰，因空间专职、兼职管理者及馆员总人数占创客总人数的比例或数值偏少，空间成立了相关组织和机构，辅助管理者开展空间的监管与服务活动，成绩斐然。在学院各级领导及相关部门的大力支持和配合下，空间广泛开展各类活动展示、宣传创客文化,发挥空间的动员力、引领力和影响力,管理者的服务经验、服务水平及专业技能都得到了同步提升。

(1) 空间的组织架构

安农大创客空间实行领导小组负责制。该领导小组由校分管学生工作的校长担任组长,分管教学工作的副校长担任副组长,小组涵盖教务处、科技处、学生处、招生就业处、财务处、国有资产管理处、团委等相关部门,办公室设在团委,彰显出学校对大学生创客空间的重视和支持。除成立领导小组外,空间还成立了大学生创客空间管理与服务中心、大学生创客俱乐部,以及创业导师团队和创客辅导员团队等组织,为空间管理者提供强有力的组织机构支撑与服务,弥补了缺少专职管理者/馆员的人力资源短板与不足。

第一,大学生创客空间管理与服务中心。该中心隶属校学生会,在领导小组办公室的指导下开展工作,它由79名成员组成,分为5个职能部门,协助空间开展一系列监管活动,主要任务是接收、处理创客团队反映的各种问题,记录水电表的使用情况,解决创客的常规性问题和困难。

第二,大学生创客俱乐部。该俱乐部为社团组织,由大学生创客空间管理与服务中心主任兼任俱乐部负责人,面向全校招募会员,所有入驻项目的团队成员、在本校创业且通过申请的团队成员,经审核后都可以成为俱乐部会员。主要任务是与学生(项目部)合作处理团队的信息表格,开展日常讲座、沙龙活动,与有展示意愿的团队开展对接、布展、宣传等活动。

(2) 服务经验

空间构建了完善的服务保障体系,为入驻团队提供全方位、个性化、全程式帮扶服务,创客主要从馆员/管理者对服务项目、培训活动、管理方式、服务过程的感受和经验积累等方面进行评价,评价管理者积累的服务经验主要体现在:

第一,成立创客导师团队。

空间整合政府、学校、银行、企业、律师事务所和校友资源,专门从校外遴选聘任了一批专家,成立了创客导师工作室,为创客们答疑解惑,帮助学生解决在创业实践中遇到的团队组建、财务融资、营销模式、技术创新等问题,定期联系和辅导,并在项目筛选、培育和退出阶段参与领导组主导下的科学评估活动。

第二，成立创客辅导员团队。

空间将教师队伍的专业化发展和空间建设有机结合，有效整合农大现有的师资力量，从高校团干部、辅导员中遴选出对大学生"双创"教育指导感兴趣的老师，组成创客辅导员团队，实行定点定向的日常监管和服务，向孵化团队提供团队建设、参赛辅导、思想引领、心理疏导、监督帮扶等服务，尤其是在对入驻团队进行思想教育，引导和组织学生积极参加"双创"类竞赛中发挥了重要作用。

第三，支持学生成立创客俱乐部。

为推进"双创"型人才的培养，突破学生参与创新与创业实践的瓶颈，使学生的"双创"活动规范化、标准化，空间管理者整合现有项目团队和学科竞赛资源，鼓励各学院在学生创新工作室、"艾福创吧"和各学科学生创新项目团队的基础上组建创客俱乐部，构建集技术、资金、师资于一体的"双创"实践平台。如工学院早在2017年年底就开始招募会员，成立了创客俱乐部，并在图书馆第二报告厅召开优秀创客表彰会，得到同学们的积极响应和支持。目前已有各年级、各专业的220余名同学报名参加，其中一年级学生占注册会员的60%以上。

第四，支持学生开展"工匠班"班级活动。

空间管理者在管理和服务过程中，支持学生开展"工匠班"开班式暨校友开讲活动，以"工匠班"为抓手，积极引导"工匠班"的同学深刻理解"工匠精神"的内涵，练就精益求精、严谨细致、坚韧不拔的优良品格，在培育学生创新意识的同时，以精湛的培训启发学生的创新灵感，增强学生的创新发展能力，开辟高质量高水平的育人道路。如工学院的首届"工匠班"就有60人，是通过学生自愿报名、辅导员推荐、学院审核的方式层层选拔产生。"工匠班"以"班级+分组"模式进行管理，培训活动时间的设置与学生课业学习不冲突，着力培育综合性"双创"人才，建设双创品牌。

第五，举办创新创业、学科竞赛经验交流会。

空间配合团委以及各学院经常举办创新创业和学科竞赛经验交流会，推介会上，空间管理者、团委老师和获奖者对竞赛经验、收获及相关事宜进行面对面答疑解惑，并从作品分类、评选标准、申报要求、赛事安排等方面进行解释说明，鼓励学生们积极参赛、勇于参赛，通过参加各级、各类比赛，积累经验、锻炼能力，扩大参赛选手的竞争力和影响力。例如，

2017年11月，在创客空间举办了"创在园艺，赢在未来"系列主题讲座。该讲座分为两个环节：实地参观与创业宣讲。参观期间，学生代表参观了大学生创客空间A区的徽农印象团队和B区的素昧园艺生活馆。各创业团队负责人向参观者介绍了工作室的基本情况，对学院的特色绿植养护，丝网花、平面压花等的制作进行了简单介绍和现场演示。在宣讲活动中，每个创业团队从各自团队的创业历程出发，讲述什么是创新创业、为什么要创新创业以及如何创新创业等问题。成功创业者强调，每个创业者都应该积极作为、主动做事，只有不断不懈地投入精力，创业才能成功。2020年12月19日晚，空间配合生命科学学院举行创新创业、学科竞赛经验交流会暨第十五届"兴农杯"大学生课外学术科技作品竞赛启动培训仪式，会上，荣获第四届全国大学生生命科学竞赛国家级一等奖、2020年安徽省生物标本大赛一等奖获得者焦梦梦、李喆同学，传授了参加大赛的具体过程和经验。通过举办创新创业和学科竞赛经验交流会，既提升了学生参与空间活动的积极性和能动性，也增强了空间管理者的服务意识和服务动力。

第六，优化学生创新创业理论知识和实践活动。

首先，构建教育培训体系，优化学生创新创业理论知识。空间注重整合学校的"双创"教育资源，通过提供各种丰富、海量的"双创"教育开放在线课程资源（如慕课资源），以及SYB创业培训、GYB创业培训等选修课程，实现"双创"教育理论课程对在校学生的全覆盖，帮助学生形成"创业＋专业"的理论知识体系。同时，通过举办神农大讲堂、企业家进校园、创业沙龙、创业模拟实训、创业训练营等活动，不断丰富和完善大学生的"双创"理论知识。如空间每个月至少开展两次创业沙龙，定期开展创业大讲堂、创业训练营、52小时创业沙拉等活动，还带领创客们到校外开展"创业研学行"等活动，实现思想、知识、技能相辅相成，充分激发学生的创新思维，调动学生学习积极性和创造性，提升创新创业的育人效率。

其次，拓展项目培育，优化学生创新创业实践活动。空间遵循"兴趣驱动、自主实践、重在过程"的原则，鼓励学生积极开展"双创"训练与实践。在拓展项目培育的基础上，充分整合团学活动、创新创业实践活动等资源，鼓励学生团队申报国家级创新创业训练计划项目、大学生科技创新基金，开展暑期"三下乡"社会实践活动、专业技能类竞赛活动和创业类活动，组织符合条件的团队报名参加中国"互联网＋"大学生创新创业大赛等赛事和"青年红色筑梦之旅"等活动，为学生提供个性化的发展空间，不断挖掘潜力项目，拓展并培育优质项目，提升大学生的创新精神、创业意识和创新创业实践能力。

（3）学历水平

创客对管理者学历水平的评价体现在管理者为创客服务过程中所表现出来的学历层次及服务水平的高低。空间各级领导十分重视对管理人员的继续教育和定期培训工作，以大学生创新基金为支撑，以大学生创新创业训练计划项目为依托，将引导学生积极开展"双创"活动，积极申报相关项目为着力点和支撑点，要求管理者在积极提供项目辅导的同时，以专业理论知识为基础，不断提升管理者的学历层次以及服务水平，让管理者在创客服务过程中尽量提供高质量、高层次的服务内容，高效率、精细化的服务方式。

（4）专业技能

创客对管理者专业技能的评价体现在管理者在为创客服务过程中提供的各种服务保障上，重点体现在为提升服务质量开展的专业素质及"双创"技能培训活动中，使管理者与创客的素养与技能同步提升，具体体现在：

第一，多途径开展创新创业技能培训活动。

空间成立的领导小组由校团委、院团委的15个书记构成，主要负责筹划并开展社会性的培训和"双创"培训活动。各类培训活动既有学校组织的，像就业处、教务处、团委老师固定召开的一周一次的例会，与学生干部面对面进行沟通，为学生（创客）带来创新创业的新知识和新经验；也有空间管理者聘请校外专家授课，对学生（创客）进行如何管理空间的相关培训，内容涉及空间布置、监管、考勤、交接等知识和技能；还有和社会专业培训机构长期合作开展的系列培训活动。如"创办你的企业 SYB（START YOUR BUSINESS）"，这是一个联合国国际劳工组织开发的创业培训项目。该项目最早是由国家劳动资源管理部门和社会保障部门联合引入，早期在各个省市建立了相关试点，取得了良好的效果。农大创客空间和这类创业培训机构合作开展培训活动，教授大学生如何创业，如何进行资金预算，帮助学生掌握创业技能，激发学生的创新创业意识，增强抵御风险的能力。空间每年开展的创业沙龙活动为8场，1500余人次参加；创业培训（训练营）为16场，2000余人次参加；项目路演次数为42场，近

5000人次参加。此外，空间管理者除了参加本地培训，也去外地参加培训活动。资金来源于学校的创新创业专项资金，培训经费每年10万元，还有教务处相关经费以及B区收取的管理费用剩余部分都可以用做培训活动。通过参加各类本地及外地的培训活动，管理者及创客都拓展了各自的专业知识，提升了各自的业务技能。

第二，遴选"双创"指导教师，建立创新创业导师库。

空间积极配合校方遴选一批创新能力强、创业技术丰富的教师，组成专项从事创新创业相关知识技能培训的师资资源库，将大学生作为重点指导与服务对象，从导师库中聘请"双创"指导教师，为大学生开展专业素质及技能提升培训活动，使管理者、馆员与创客的素养与技能得到同步提升。创业导师主要来自合肥国家大学科技园、安徽电科恒钛智能科技、安徽银汉创业投资管理有限公司、安徽博士鸿创科技有限公司、安徽农业大学团委、安徽农业大学工学院、资源与环境学院、茶与食品科技学院、经济管理学院、林学与园林学院、轻纺工程与艺术学院、人文社会科学学院、外国语学院、信息与计算机学院、植物保护学院等机构或组织，都是各领域的专家或学者，能定期对创客/管理者开展培训及辅导工作。

第三，邀请省内外知名创新创业指导教师做主题报告，提升管理者和创客的竞赛技能。

空间积极配合和支持教务处、学生处等部门，多次开展大学生"双创"竞赛专家进校园（安农站）活动，在学生参赛前，邀请省内外知名"双创"指导教师做专题报告，提升管理者和创客的竞赛技能。如2019年第五届安徽省"互联网＋"大学生创新创业大赛专家进校园（安农站）活动中，大赛组委会执行秘书长、合肥工业大学信息管理与信息系统研究所所长李兴国教授以"亮剑红海——搏击'互联网＋'大学生创新创业大赛"为题，详细介绍了大学生创业计划书的撰写方法，包括摘要、项目简介、定位、产品与服务、市场、营销计划、商业模式、知识产权、团队、财务分析、融资、风险控制、实战建议和注意事项等方面，并列举了实例。超校联盟联合创始人、执行董事、教育部"互联网＋"大学生创新创业大赛国赛评委刘祖宏，以《双创项目打磨："互联网＋"大赛优质项目基因解析及商业价值挖掘》为主题，从"如何深度打磨大学生生存性创业项目""如何定纲商业模式及商业逻辑的设计""如何撰写一份打动投资人及评委的计划书"三个方面给参赛学生答疑解惑，并通过生动的实例让学生对项目策划书的撰写有了更深入的了解和掌握。工学院93级校友、中科新天地（合肥）环保科技有限公司董事长钱黎明，结合自身创新创业的实际，围绕"企业主体、市场导向、产学研用深度融合"的协同创新模式，与听众进行了现场交流互动。举办这样的主题报告及创新创业、学科竞赛经验交流会，邀请省内外知名"双创"指导教师、专家进校园开展现场互动，为大学生参赛项目的后期打磨提供指导，对提升大学生的参赛作品质量和教师指导水平起到促进作用，也有助于提升空间管理者参与或指导创客开展"双创"竞赛活动的专业技能。

2. 空间建设投入

创客对空间建设投入的评价主要体现在管理者为创客服务过程中，所提供的资金投入、设施配置、空间发展实体及虚拟环境、设施使用等方面。

（1）资金投入

空间管理者紧抓顶层设计，协调联动机制，加大投入力度，积极构建资金融通体系，帮助学生解决创新创业的资金困难。一方面，设立创新创业专项基金。农大单列专项经费保障大学生创客空间的正常运行，同时积极争取地方众创空间给予资金扶持，通过整合入驻孵化成熟项目捐赠的赞助费以及政府项目、学校投入以及企业、校友赞助的费用等，设立"创基金"，为有创新创业意向和项目的学生提供资金支持。另一方面，引进风险投资。空间定期开展项目路演，促进项目与风险投资企业对接，吸引风险投资公司对有市场发展前景的项目进行投资。对资金投入情况进行评价主要体现在：

第一，创业投融资情况。

对资金投入的评价主要体现在空间的创业投融资方面，即评价和掌握空间目前与哪些金融投资机构合作，有多少项目获得融资，金额是多少等。结果显示：空间先后与安徽科大讯飞股份有限公司、中国民生银行合作，设立安徽农业大学"科大讯飞"创新创业基金项目和"民生银行"大学生创新创业基金项目，先后资助创业项目52个，资助总金额达40多万元，成功孵化项目10多个，注册企业10家。其中，以"安徽农业大学聚光团队"为代表注册成立的安徽丰之惠农业科技有限公司，参与竞标并签约200余万元，由工学院2012级机制学生梁振强组建的爱创邦平台获得100万元天使投资，孵化项目"嘻游出行"，专注于校园旅行项目，获得

80万元天使投资。同年，安徽氾胜农业互联网科技有限公司融资40万元，安徽汇智青年网络科技有限公司融资10万元，安徽咻咻园艺有限公司融资20万元，安农生态工社融资10万元，安徽耘读教育科技有限公司融资20万元，书梦空间融资35万元，青年农场主班融资500万元，共计635万元。

第二，自有种子资金使用情况

对资金投入的评价指标还体现在自有种子资金使用方面，即评价和掌握空间的资金总数是多少，当年使用了多少，支持了多少企业和团队等。结果显示：学校设立创客空间有专项经费61万元以及创基金16.1万元，当年已经使用了近60万元，所有的孵化团队都获得了2000—4000元的支持，"双创"类大赛的奖励以及运营费用全部都由空间支出。

（2）设施配置

在前期资金投入的基础上，创客评价空间数字化及非数字化硬件设施及软件系统的配置情况，结果显示：从硬件设施的配置到软件系统的使用，空间都为创客提供了全方位、多层次的支持和保障。如在教研室用房极度紧张的情况下，将学院所属的机电工程园提供为创客的俱乐部会员活动场地，着力将创客俱乐部打造成为师生创新实践的根据地、创业实践的孵化器，还为"现代青年农场主"创新创业试验班提供活动场地，对参与各级"双创"竞赛的团队给予一定的资金支持，这些举措都得到了创客的称赞和拥护。

（3）空间环境

创客对空间环境的评价，主要分为空间发展实体环境和虚拟环境。

第一，空间发展实体环境：评价实体空间的总面积、功能区划分、布置及周围环境情况。

安徽农业大学大学生创客空间由校团委负责日常运行监管，空间按功能划分，布局合理，周围环境安全，为大学生创客搭建了一个低成本、便利化、全要素、开放式的"双创"服务平台。空间的三大区域、五级平台呈金字塔形排列，为创客提供了宽敞、适宜的创新创意创业环境。体现在：

空间的功能划分明确，已设置独立的项目办公区、展示区、交流区、路演区及休闲区等，既能保证入驻团队各项工作的顺利开展，又能充分提高场地的利用效率。空间总面积5200平方米，实行分区域监管，分为A、

B、C三个区域。A区面积1350平方米，位于校内欣苑三楼，有1个项目路演大厅、2个会议室，可同时入驻30个创业团队，目前已入驻26个团队，设有实训、孵化、服务、展示四个区域，定位以孵化为主。团队工作室设在实训区和孵化区，孵化区共有7个团队，实训区共有来自各院的19个团队。B区面积1850平方米，位于东门研究生公寓负一层，拥有1个400平方米的创客茶咖，1个路演大厅，1个会议室，5间门面，7间大办公室，可同时入驻20个创业团队。目前已有12个创客团队，定位为创业实战区域，只有注册公司的团队方可入驻；A区为B区培育入驻项目，B区项目为A区项目提供资金和经验支持，A区、B区相辅相成、相互促进、协调发展。C区占地2000平方米，位于图书馆一楼，为休闲开放式创空间。空间设有咖啡吧、面包店、茶吧、书店等一些安静的文创类项目，创业团队是根据图书馆的功能需求招聘的，还设置了销售区和生产加工区，为学生提供场地、资源支撑和辅助服务。后期图书馆将进一步优化创新创业数据库网络资源及平台建设，挖掘在专利查新及知识产权等方面的服务优势，为创客成果的原创性提供支持和文献保障。

第二，空间发展虚拟环境：评价创新创业创意的氛围及网络育人环境。

空间发展虚拟环境是指空间管理者如何进一步激发大学生的"双创"热情，展示学生创新创业的教育成果，搭建大学生"双创"交流平台，为全院学生营造更加浓厚的"创新、创业、创意"氛围及网络育人环境。对空间发展虚拟环境的评价主要体现在分阶段、分层级、分类别实施的培养模式，以及构建"双创"教育与实践引导下的空间运行体系、空间协同育人机制等方面：

首先，实施分阶段、环环相扣的培养模式。空间管理者配合学校的"双创"教育，根据不同学生的学习能力、学习兴趣、学习目标、学科特点等，为学生提供"意识培养—素质提升—实战操作"的阶段化培养模式。首个阶段主要以"创新创意创业意识培养"为核心，着重开展"通识型"教育，一年级大学生为主要教育对象。在必修课与选修课、培训讲座等活动中，学生能够掌握普及性的创新创业知识。第二阶段主要以"创新创业素质提升"为中心，着重开展"专业型"教育，面向二年级且有创业意向的大学生，教育内容主要以创业知识为主，教育方式融合了知识竞赛、科创竞赛、创业实践等项目，核心目标是培育更多的潜在创业者。第三阶段主要以"创新创业实战操作"为中心,着力开展"职业型"教育。以三年级和四年级的大学生为教育对象,由专业的创业导师为学生的创业项目提供高水平指导和技术帮扶。教导组由创业政策专家、创业基金专家、市场营销专家、电子商务行业专家等组成。

其次,构建"双创"教育体系中的分层级育人平台。基于当前的高校创业创新人才培养存在诸多难点,空间在细致分析安农大"双创"教育现状的基础上,创建了三阶段人才培养模式,探索构建"教育、实践、实训、孵化、实战"递进式、宝塔型五级育人平台(见图9-2),实行分层级、分类别培养,为学生提供个性化的"双创"教育。第一层是做A区和B区的通识教育,安排MOOC课程、创业沙龙、创业大讲堂等。这个层级的教育平台是对全体大学生进行思想价值引领、创新创业知识传授和创新创意思维的培养;经过通识教育后进入二级实践阶段,指导学生参加各类"双创"大赛,进行创业模拟实训、路演、做训练计划项目等。这个层级的实践平台是对70%—80%的大学生进行"双创"赛事训练,完成教育和实践进入三级A区的实训阶段,由各学院主导,形成固定项目,这个阶段虽然人员上有流动,但保持项目的特色,这个层级的实训平台是对30%—40%的大学生进行专业化创新创业实训。第四层级是A区的孵化,为创业团队注册公司做准备,孵化平台是对10%—15%拥有创新创业项目但不具备注册公司条件的大学生进行孵化。最后一层是B区的实战,就是入驻的学生注册落地的公司,实战平台针对2%—5%已注册公司的大学生和毕业两年内的校友提供实战帮扶,促进其企业的发展壮大,促使其创业成功。

空间管理者充分发挥五级育人平台的特色和优势,依托微信公众号、QQ、易班工作站等新媒体平台,以图片、动漫、短视频等丰富多样的形式积极开展有热度、有活力的网络主题教育、创客成果评选及展示、线上线下互动等活动,营造良好的网络育人环境,具体体现在:

一是依托教育平台,使学生形成"创业+专业"的理论知识体系。空间广泛开展慕课、选修课(如移动互联网思维、创业启蒙与案例分享、创业方法教学、创业基础知识培训、创业基本功与精益创业方法论)、创业沙龙、创业大讲堂、创业模拟实训、创业训练营等,弥补学校"双创"教育理论课程的不足,对学生进行"双创"意识启蒙和知识储备教育,实现在校学生"双创"教育的全覆盖。

二是依托实践平台,使学生将"双创"理论知识转化为创新创业的技

第九章 图书馆创客空间机制构建的实践探索

职业
- 实战
  - 入驻注册落地的公司
  - 学生创业团队+校友企业；学生创业团队+科研团队；独立的学生创业团队
- 孵化
  - 培育尚不具备注册公司的创业项目团队，项目灵活、规范出入

专业
- 实训
  - 项目固定、人员流动、特色鲜明
- 实践
  - "挑战杯""双百大赛""互联网+"创新创业大赛职业生涯规划大赛
  - 创新训练营、创业模拟实训、项目路演、创新创业训练计划项目
  - 创新创业类学生社团

通识
- 教育
  - 慕课、选修课
  - 创业沙龙
  - 创业大讲堂
  - SYB创业培训
  - GYB创业培训

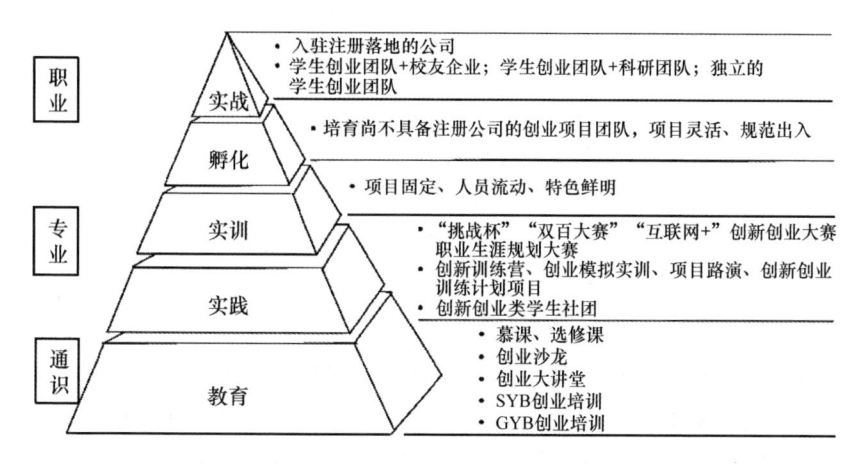

图9-2 安徽农业大学大学生创客空间五级育人平台

资料来源：任琪、张志平、张璐：《思想政治教育视域下大学生创客空间建设研究——以安徽农业大学为例》，《安徽农业大学学报》（社会科学版）2020年第5期。

能。空间依托大学生在全校范围内举办大学生"双创"训练计划、"创青春""挑战杯""爱农杯""互联网+"创新创业、职业生涯规划设计等各种比赛，以及创业模拟实训、创业项目路演和创业训练营等活动，确保70%—80%的学生都能参与。

三是依托实训平台，使学生将专业理论知识内化为专业实践能力。空间围绕学校所设学科的专业特色，构建大学生"双创"实训平台，该平台的运行模式为"项目固定、人员流动"，保证30%—40%对"双创"兴趣浓厚高的学生能够参与进来，平台入驻的项目紧扣专业特色且固定，还具有展示人才培养成果的功能。

四是依托孵化平台，使学生将奇思妙想落地生根，并转化为"双创"项目。孵化平台用于培育尚不具备公司注册条件，但运营已与市场接轨的"双创"项目团队，待项目孵化成熟后，根据项目特点转入实战平台进行创新创业实战。

五是依托实战平台，有效提高学生的创新创业成功率。实战平台为入驻公司提供策划、咨询、辅导等服务，帮助参与"双创"实践的学生提高其创新创业成功率。项目入驻一年后，根据项目的运营特点，可向学校创新基金提供一定的捐赠。

这样，通过一层的教育平台对全体学生进行"双创"通识教育，注重

对学生进行思想价值引领，通过传授创新创业知识和培养创新创业思维，帮助学生形成"创业＋专业"相结合的知识体系，以更好地适应社会的发展需求。对于有更高"双创"教育需求的学生，通过二、三、四、五层的实践、实训、孵化以及实战平台进行递增式的"双创"教育指导和帮助，使真正有创业需求的学生在校即可创业，毕业时就有一定创业经验，开创并实现了大学生"先创业、后毕业"的创业教育模式，全面提升和促进了大学生"双创"的实践能力，进一步减少了大学生自主创业的压力，为创业创新项目的成功实施提供了有力支撑。

再次，构建"双创"教育与实践引导下的空间运行体系。在前期五级育人平台的基础上，为保障大学生创客空间的长效、可持续发展，空间管理者还构建了完善的管理监督、教育培训、资金融通、服务保障的运行体系，从组织领导、管理机制、制度保障到知识辅导、资金融通、咨询服务等方面，为入驻团队提供全程式、专业化商业价值引领和商业实战的指导与帮扶。同时，空间各入驻团队之间相互补充、有机融合，实现了人才、项目、资金的融通互助，已形成可持续发展的育人生态系统（见图9-3）。

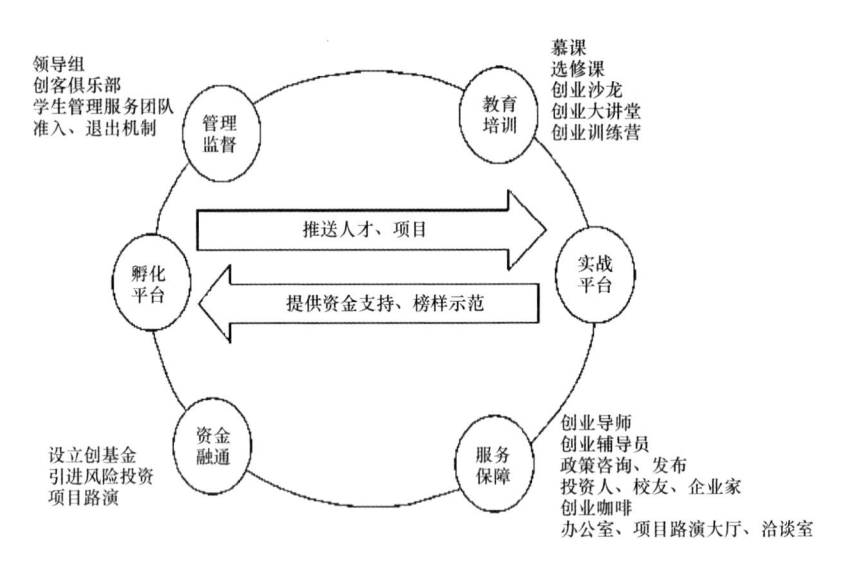

图9-3 安徽农大大学生创客空间可持续发展的育人生态系统

资料来源：任琪、张志平、张璐：《思想政治教育视域下大学生创客空间建设研究——以安徽农业大学为例》，《安徽农业大学学报》（社会科学版）2020年第5期。

最后，构建"双创"教育与实践引导下的空间协同育人机制。

在"双创"教育与实践引导下的空间运行体系基础上，空间有效整合了学校、政府、企业三方资源，将政府和企业的优势转化为学校的育人优势，通过三方协同，学校先后开设了"青年农场主班""创新实验班""生泰尔班"，为部分真正想从事农业领域创新创业的学生搭建了平台，为其成长为有信仰、爱农业、懂农技、善经营、会管理的现代农场主奠定了基础、开辟了新路。通过整合校内育人资源，促进学生形成"创业+专业"的理论知识体系；通过"学校+政府"协同合作方式，提高学生的综合素质；通过"学校+企业"协同育人，提高学生"创业素质+专业实践"的动手能力，为学生提供"创业项目+资金支持"的创业实战机会。同时，空间加强学校、政府机构和企业间的联系，使"双创"型人才培养更贴近社会发展的需要，带动了校政、校企合作，增强了办学活力，提高了办学质量，实现学校、政府、企业三方共赢，形成了独具特色、旗帜鲜明的大学生创客空间协同育人机制（见图9-4），为"双创"背景下培养合格的"双创"型人才树立了典范。主要体现在：

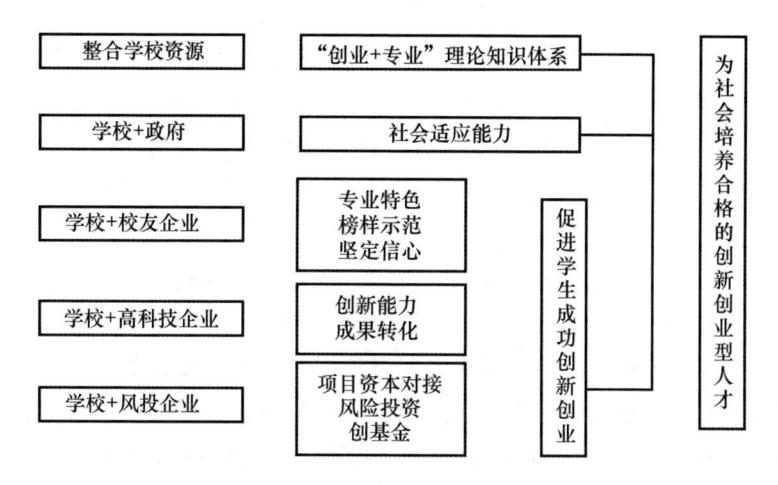

图9-4 安徽农大大学生创客空间学校、政府、企业协同育人机制

资料来源：任琪、张志平、张璐：《思想政治教育视域下大学生创客空间建设研究——以安徽农业大学为例》，《安徽农业大学学报》（社会科学版）2020年第5期。

一是注重学校与政府机构合作，构建长效稳定的实践育人基地。空间注重校方与政府机构的合作，主动争取政府资源的支持，鼓励从事"双

"创"教育的教师在申请各类科研项目的同时，积极申报政府机构的各类实践育人基地，搭建各类育人平台。农大创客空间已成功获批全国实践育人基地、安徽省大学生创业模拟实训教室、安徽省众创空间、安徽省创业学院、安徽省思想政治教育实践育人基地等建设项目及育人平台。此外，空间还联合政府机构构建学生暑期挂职实践育人机制，充分发挥高校人力资源优势，在提高学生综合素质的同时，帮助政府解决人力资源短缺等实际困难，实现学校、政府、学生的互利共赢。空间充分发挥共青团组织优势，与合肥市包河区团委、蜀山区团委、琥珀社区等12个政府部门建立大学生暑期挂职锻炼实践合作，积极对接、主动参加蜀山区科技部门对众创空间的考核评估工作，争取更多的政府资金扶持。

二是加强学校与企业合作，形成开放互促的育人机制。机制一是"学校+校友企业"协同育人。通过鼓励"学生团队+校友企业"入驻大学生创客空间，逐步形成空间的专业育人特色。同时，通过校友企业的入驻，拓宽学生的视野，激发学生的"双创"热情，结合学生创新创业成功案例的宣传和推广，以范例为引导打破学生在思想上对创新创业的神秘感，消解了学生对"双创"的心理畏惧，增强了学生的信心和勇气。空间以"学生团队+校友企业"形式入驻的项目有10多个。机制二是"学校+科技企业"协同育人。空间鼓励学生深入科技企业开展"双创"实践活动，帮助学生充分认识到专业知识的重要性，促进学生思考如何将科技成果转化为"双创"项目，为科技成果转化提供新思路。同时，学校充分发挥人才和技术优势，帮助企业解决技术难题，使科技企业由"被动"育人变为"主动"育人。空间已与荃银高科、隆平高科、江淮园艺所等20余家科技企业形成长期合作育人关系。机制三是"学校+风险投资企业"协同育人。空间通过定期开展项目路演，促进项目与资本对接，不仅能为创基金提供资金来源，帮助学生找到创新创业天使投资，还能为风险投资公司寻找到优秀的"双创"项目，保证了双方的长久利益和协同发展。空间已与科大讯飞股份有限公司、民生银行等企业共同设立了大学生创新创业孵化基金，与安徽省投资俱乐部建立了长期合作伙伴关系，入驻项目共获得各类风险投资380万元。

（4）设施使用

评价设施的使用情况主要体现在创客对空间提供数字化及非数字化硬件设施、软件系统及配套设施的使用、维护，以及创客对可自主支配的区域面积、工位数、办公场所、开放时间、互联网资源等情况进行评价,结果显示:创客可自主支配面积为 5200 平方米,工位数约 200 个,办公设备齐全,有线和无线上网设备及资源均安装到位;空间实行全天候开放,包括寒暑假及节假日;空间的部分区域纳入学校的统一物业监管,对外的 B 区请物业值班,运营管理费用 10 万元,A 区由校保卫处承担,开放时间是早 8 点到晚 10 点,安排学生轮流值班,给予 8—10 元的值班费用;

学校为入驻创客空间 A 区的团队提供场地,水电等免费使用,为 A 区提供经费支持和榜样引领;空间规定 B 区的团队电费自理,根据入驻年限等情况参照场地的管理运行费标准,每年年底以支持学生创新创业的方式缴纳一定的监管和运营经费,项目入驻第一年原则上按使用面积租赁费 10% 的标准缴纳,入驻第二年按 30% 的标准缴纳,入驻第三年按 50% 的标准缴纳,金额上不封顶,第四年原则上要退出场地,实现场地的循环使用,特殊情况不退出的,要及时向领导小组办公室履行审批手续。

3. 管理者/创客互动投入

评价管理者与创客的互动投入主要体现在信息传递、信息反馈、交流活动、互动平台等方面,创客主要依据空间信息传递及沟通渠道的畅通性、及时性及便捷性;空间信息反馈渠道的畅通性、及时性及便捷性;空间创新创业活动的内容丰富性、主题新颖性及形式多样性程度;管理者与创客交流互动平台的硬件、软件设施及系统稳定性等指标的实践和完成情况,对空间基于管理者/创客互动投入的服务满意度进行评价。

(1) 评价空间管理者为创客进行信息传递及沟通渠道的畅通性、及时性及便捷性

空间管理者精心组织、注重宣传,充分发挥新媒体的传播优势,通过线上线下互动宣传,营造浓厚的创新创意创业氛围,培养和激发大学生的"双创"意识,提高大学生对创新创业的认同和感知,引导各年级学生积极参与"双创"系列活动。空间常年和校教务处、学生处等部门合作,在全国大学生创新创业大赛期间,召开专家辅导咨询会、竞赛培训动员会、现场指导培训会、创新创业设计辅导会等,传递大赛信息,提供沟通途径。如 2017 年,邀请全国"互联网+"大学生创新创业大赛银奖优秀指导老师吴国卿参会指导,传授创业策划书的撰写、创业项目的选择等方面的经验和做法。2018 年,空间开展"双创"大赛启动仪式暨第八届"兴农杯"培训动员会,会议期间,空间管理者及老师分别从"大创"项目的

前期申请、中期建设、后期完成,以及项目的财务报销和年终考核等各方面,介绍在指导学生进行"大创"项目研究过程中取得的成果和经验,现场面对面、点对点分析师生在实际操作过程中遇到的困难和问题,提供解决问题的途径和方法,提高参赛作品的质量,保持空间管理者与创客间信息传递及沟通渠道的畅通、及时和便捷。

(2)评价创客对空间管理者反馈信息及渠道的畅通性、及时性及便捷性

空间将大学生创新创业教育放在重要位置。经常举行创新创业校友报告会、"双创"交流会以及系列主题创新创业讲座,不断拓展"双创"渠道,邀请优秀创客代表分享成功经验,孵化或带动更多有特色的"双创"团队及项目,搭建未创业者和已创业者的沟通反馈桥梁,确保空间信息反馈渠道的畅通、及时和便捷。如2018年11月12日晚,空间在A区路演大厅成功举行了创新创业交流会。活动邀请优秀创客代表、12机制专业学生梁振强分享了其创业的成功历程;邀请张灿、许辉两位青年农场主创业代表分享自己独特的创业故事和经验。张灿耐心地介绍了聚果驿站的成长与发展,从刚开始的小型坚果产业,到后来扩大到各种特色水果线下和线上销售,再到独立校园水果平台的成功打造,都离不开经济学的相关知识和强大、有凝聚力的团队支持。许辉向大家分享了自己与稻虾米一起成长的光辉岁月。从接触到了解,再到对市场营销模式的探索和产品的定位分析,都是一个不断学习、不断成长的过程。创业历程考验的是一个人的综合能力、团队建设、市场分析、风险预估能力等。现场提问环节,同学们提出各自在"双创"方面存在的质疑,张灿、许辉等进行了认真解答,使大学生深受启发。通过这些活动,旨在为更多有创业想法的学子搭建一个经验分享、信息反馈的平台,通过分享成功经验、反馈创业信息,可以帮助和激励更多处于创业萌芽期的学子,摆脱对创业的迷茫和困惑,让大学生更加了解创业、敢于创业,提高农学院在"双创"方面的发展活力与传承力。

(3)评价空间创新创业活动的内容丰富性、主题新颖性及形式多样性

第一,内容丰富性。

农大专业齐全,现有70多个专业,空间管理者针对大学生创客的特点,紧紧围绕农大农林专业的办学特色,发挥学校农林生命学科优势,实现多专业、多学科交叉交融发展,不断挖掘潜力项目,培育更多优秀的

"双创"项目,为大学生提供更高品质的"双创"培育项目。空间开展的"双创"活动及服务内容既丰富又实用,从互联网+生态农业、食用菌生产、啤酒酿造、科普型昆虫标本、安农园艺天然环保产品的深入加工研发与销售,安徽省特色有机农产品电商售卖平台,到广告设计、服装设计、陶瓷产品开发与培训、水培、压花、盆景等花卉产品设计、制作、销售,再到翻译服务、微景观盆栽、私人定制各种创意摄影、专利代理等知识产权服务等,这些服务项目能满足全社会各年龄层次、各职业领域的创新创业需求,主要体现在:

特色服务亮点纷呈。农大大学生创客空间是一个集电子科研、开发、生产、服务于一体的综合型"双创"平台。空间的服务项目和服务内容,主要是以种植、养殖、园林、园艺、农机、农信、物联网、农产品加工、农产品质量安全等涉农领域为特色,围绕学院专业课程设置及优势学科组织团队,提供亮点纷呈的特色服务。如开展普及农业文化知识,为城市孩子搭建接触农业资源、了解农事农时、感悟"三农"魅力的平台;展示茶与食品科技学院老师们的科研成果,鼓励同学们将创新成果转化为创业项目;以农大学特色啤酒生产,为都市人群居住及办公场所(室内与室外)提供环境优化设计方案并开发相关监测及改善产品。

学生服务多且全。空间为学生提供多品种、全方位的热点服务,主要有:引领读者阅读,以书为媒,以书会友,做阅读新创想,推介杰出校友企业新特产品,研发一系列校园文化纪念品,打造文化活动基地;开发O2O生活服务平台,搭建基于互联网的一站式宠物服务平台;开展中小学辅导及素质拓展,中小学生农耕体验式实践活动;与幼儿教育相结合,开发生产、销售、服务、研发一体化的新型水族企业;服务大学生寝室文化定制设计,为大学生群体量身定制,设计不同的寝室文化方案,打造多元化、特色化的大学生寝室;开发DIY饭卡,打造绿色、自然、多功能、精美的纯竹工艺装饰造型以及超轻黏土艺术品;空间还设有创客加油站,供创客喝茶、聊天、头脑风暴、小型会议等,提供轻食品、甜点、咖啡、饮料等。

第二,形式多样性。

空间活动除内容丰富外,形式也多种多样。空间以参加每年度的国家级、省级、校级"互联网+"大赛为契机,深化农大的"双创"教育,完善"双创"指导服务体系,为大学生搭建施展才华、实现青春梦想的舞台。赛事包括国内覆盖面最大、影响最广的大学生创新创业大赛——中国国际"互联网+"大学生创新创业大赛，安徽省"互联网+"大学生创新创业大赛、安徽省大学生跨文化能力大赛，以及学校2015年举办的"科大讯飞"大学生创新创业基金项目。空间积极支持和鼓励大学生参赛、备赛、赢赛，以获奖、发表论文、申请专利、注册企业等形式持续开展"双创"活动，凸显出活动形式的多样性及灵活性。

第三，主题新颖性。

自成立以来，空间一直注重创新创业活动主题的新颖性，鼓励大学生结合专业知识，发挥农大的学科优势，有计划、有目的地探索新领域、新知识，积极参与"双创"类比赛与学术竞赛，一方面提高学生的专业知识，另一方面更有助于学生未来的成长成才，为农大学子提供更好的"双创"主题活动。如2019年，在"爱创"科技文化节暨第四届科技文化节活动中，空间积极配合工学院、团委，组建学院"创客"平台，汇集优质资源为有创新创业想法的同学现场设置活动宣传区及作品展示区，宣传区内的各种展板海报详细介绍了各类竞赛的参赛方式及要求；作品展示区内呈现了历届科技文化节的优秀作品；最热门的区域是手工DIY区，内设电烙铁和叠牌承重互动区，学生们既可以用电烙铁焊接简单电路，体验电路板的制作过程，也可以通过切缝、叠加等方式用最少的纸牌承受最大的重量负荷，用几个小工具、几步简单的操作程序，就可以体验到科技的无穷乐趣，吸引了很多同学前来"放手一试"。空间除参与或开展主题新颖、内容活泼的"双创"类大赛与文化节活动外，在院团委的大力支持下，还帮助主题新颖、社会价值高的"双创"项目尽快与市场接轨，实现学生创意向创新创业实践的过渡与转化。

（4）评价管理者与创客交流互动平台的硬件、软件设施及系统稳定性

农大图书馆除了提供部分场地和辅助性服务外，还与空间管理者一起，定期检查和维护创客交流互动平台的硬件、软件设施，确保系统运营的稳定性及安全性，为大学生创客提供更多的培训资源及"双创"平台，如在图书馆网站提供创新案例大赛、全球大学生创新创业与就业数据库等资源，常年开放创新创业视频及资源数据库，涵盖从创新创业基本方法、公司经营理念、行业热点痛点分析、成功案例CEO访谈、欧美创新创业趋势、全球直播中心与在校生进行互动交流的视频资料，为大学生提供4000多个视频微课；每周开通美国硅谷创业网络直播，开学期间每周六上午9

点开始，邀请清华大学教授与硅谷最新的创业企业 CEO 在线对话，提供中英文同声传译；开通"创课之星"互动直播空间：邀请国内外知名科学家，包括中科院院士、美国科学院院士、北大清华各学科领域的专家教授通过直播平台与大学生进行实时对话。这些交流互动平台的资料新颖、热点纷呈、专家会集、翔实可靠，平台的运行功能强大，设施及系统稳定性强，是传播尖端技术和科技知识的重要通道，也是帮助大学生创新创业、进行成果转化的最新平台。

4. 空间管理投入

创客对空间管理投入的评价主要分为基本性管理和提高性管理两方面，基本性管理体现在功能设置、服务策划、安全维护等方面，提高性管理体现在成果评价、创新驱动等方面。创客主要依据空间功能设置及布局的规范性、目标的明确性、制度的健全性、服务策划的合理性、是否符合创新创业发展规律，以及环境及设施的安全性等指标，对空间基本性管理投入的服务满意度进行评价；依据空间参与学校科技及创新创业活动的数量及质量、管理者指导创客开展"双创"活动的人数及次数，对空间提高性管理投入的服务满意度进行评价。

（1）基本性管理

第一，功能设置：评价空间功能设置及布局的规范性。

空间的主要功能是激发大学生的"双创"热情，营造良好的"双创"氛围，帮助大学生从想创业、了解创业到实现创业，为国家培养基础扎实、知识广博、专业精深、具有创新创业意识和能力，满足创新创业发展需求的高素质"双创"型人才。评价结果显示，空间的功能设置合理，整体布局规范，主要体现在：

一是在空间的前期规划和建设过程中，空间管理者认真学习，研析国家教育改革政策，落实"双创"教育思路，在空间功能设置及布局上，一切以为大学生提供思维发散、兴趣培养为立足点和出发点，积极搭建科教创新融合平台，加强对学生创客的引导，助力学生发挥特长，激发其参与"双创"活动热情。

二是在空间的项目实施及活动过程中，空间加快投入和使用进度，全校上下通力配合，启动学生创业团队入驻工作。管理者以空间的功能设置为标准，在创业项目遴选上，要求入驻项目坚持创新性和创业性相统一，立足学院的专业特色，彰显学院的发展优势；在项目实施过程中，空间定期开展创新创业沙龙、讲座、模拟实训、参观交流等活动，为大学生开展各类"双创"活动及实践提供指导和帮助，结合针对性的训练激发大学生创新创业思维和发展活力。

三是在空间的后期运营及维护过程中，管理者以空间的功能设置为导向，分清工作的轻重缓急，统筹兼顾、分步分阶段推进空间的各项工作，充分发挥空间培养"双创"型人才的育人平台及载体的功能作用，把"双创"教育融入人才培养的全过程，将空间打造为对外宣传"双创"成果的品牌和重要窗口。

第二，目标明确：评价空间发展目标的合理性及长远性。

空间的发展目标紧密结合学校的专业特点和办学特色，聚焦优势专业领域，将空间建设成为国内同类院校中具有一定影响力、省内高校一流的大学生创新意识和创新创业能力培养和服务平台；实现融大学生"双创"教育与实践于一体，兼顾大学生学业和创业，丰富大学生"双创"教育与实践内容，使空间成为学校"双创"教育的主阵地，形成一批可复制、可推广的育人成果。

第三，制度健全：评价空间制度的合理性、有效性和健全性。

空间已构建完善的管理监督和制度保障体系，保障入驻团队和项目的高效、有序运行。空间于 2016 年 10 月制定了校教字〔2016〕28 号《安徽农业大学大学生创客空间管理办法》，制度规范、合理、有效，不仅对创业者（团队）实施了评估、筛选、毕业/退出等制度和办法，而且制定了健全的服务、培训、激励及评价制度，具体体现在：

其一，准入制度。

大学生创客空间各区域、各团队已制定并执行准入制度：

一是空间 A 区团队的入驻条件：入驻团队成员必须是本校学生，团队成员学习成绩优良，学有余力，且在校期间无任何不良记录和行为，团队负责同学原则上为高年级学生；入驻团队应有明确的创新创业计划；同等条件下，团队成员参加过"创青春""互联网+"创新创业计划大赛等各类国家、省、市、校级"双创"竞赛的项目优先审批。孵化区的项目采取"学生申请、学校审核、项目灵活、依规进出、定期考核"的模式运行，除上述条件外，项目应具有保证运行的资金，项目负责人有独立承担风险的能力。实训区的项目采取"学院主导、学校备案、项目固定、人员流动、特色鲜明、定期考核"的模式运行，各学院参照上述条件结合学院实际情况，自行组建或遴选项目入驻并报空间领导小组备案。

二是空间 B 区团队的入驻条件：入驻空间 B 区必须是已注册的公司，团队负责人原则上是本校在校学生或毕业 2 年以内的毕业生（毕业前已入驻），空间 A 区孵化成熟的项目优先入驻。团队成员应认同并服从大学生创客空间的各项监管办法，配合空间开展各项活动。团队要有适宜的"双创"项目，项目应符合国家产业政策，有一定的技术含量和创新性，以所学专业为背景，由科研成果转化的项目优先入驻。同等条件下，团队项目在国家、省级"创青春"大学生创业计划竞赛，以及各类省、市、校级"双创"竞赛中获得奖项的优先入驻。

三是团队入驻程序是：原则上每年初进行一次项目入驻申报，空间领导小组组织专家负责项目的评审入驻。A 区实训区的项目由学院组织遴选并报领导小组办公室备案。申报团队应提交《安徽农业大学大学生创客空间入驻申报表》、项目策划书及相关监管制度。专家组对申报项目进行评议，确定入驻项目后向全校公示。公示结束后，空间管理与服务中心与项目负责人签订《安徽农业大学大学生创客空间入驻协议书》，办理入驻手续，入驻具体位置通过抽签或协商确定。特殊情况下，经团队申请，领导小组办公室审批并报常务副组长同意后可随时入驻。

其二，退出制度。

创客空间 A 区实训区各项目由学院主导，各学院综合考虑团队人员的新老更替，原则上固定不动，此外，大学生创客空间各区域、各团队已制定并执行退出制度。

入驻创客空间 A 区孵化区的团队具有下列条件之一应予退出：入驻项目孵化成熟，能走向市场独立运营；入驻团队项目到达申请期，没有提交继续入驻的申请；团队负责同学一学年内不及格科目达 2 门及以上，或团队负责同学已毕业满 2 年；团队违反国家相关法律法规，违反校纪校规、违反空间有关管理规定；项目计划变更却不书面告知大学生创客空间管理与服务中心；一年内两次不递交进展报告及相关材料；有转让场地行为；年度考核不合格的；空间领导小组认为存在应该退出的其他情况。

入驻创客空间 B 区的团队有下列条件之一应予退出：入驻团队项目到达申请期，没有提交继续入驻的申请；团队违反国家相关法律法规，违反校纪校规、违反空间有关管理办法；项目计划变更却不书面告知大学生创客管理与服务中心；有转让场地行为；不按时缴纳相关费用；年度考核不合格的；大学生创客空间领导小组认为存在应该退出的其他情况。

团队退出的程序是：大学生创客空间管理与服务中心对应退出的团队发放《安徽农业大学大学生创客空间退出通知书》；入驻团队须在收到通知书后 7 个工作日内撤出设备，清理场地，办理有关手续，逾期不退出者，大学生创客空间管理与服务中心将强行清退。

其三，考核制度。

空间的考核制度规定：入驻创客空间的创客应当遵守国家法律、法规和政策，自觉遵守创客空间的各项管理办法，自觉配合空间的各项工作，共同营造良好的创新创业环境。入驻团队必须接受空间管理与服务中心的监管，遵守并执行空间的各项规章制度。大学生创客空间管理与服务中心每半年对入驻团队及项目进行一次中期检查，了解各团队的运营情况，每年年底对所有团队进行一次考核，进展报告、中期检查及年度考核结果作为团队是否退出的重要参考。入驻团队每季度应递交一次项目进展报告，由大学生创客空间管理与服务中心向各项目团队收集应该归档的资料，各团队负责人积极配合与支持。

其四，管理与服务制度的建立情况。

空间已建立和执行各项管理和服务制度，主要体现在：

一是建立和执行大学生创新创业的相关制度。为规范学生的"双创"能力培养和教育流程，空间围绕学校办学目标，结合人才培养特色，依托相关学科，严格按照教育部《国家级大学生创新创业训练计划管理办法》，制定相关的创新创业规范制度和服务机制，如《安徽农业大学大学生创新创业训练计划项目实施管理办法》《关于校内实践基地本科实践教学运行管理有关事宜》等，空间秉承"兴趣驱动、自主实践、重在过程"的原则，针对项目的不同级别，确定不同的实施目标，积极构建"双创"训练计划项目国家级、省级、校级三级实施体系，不断提高大创项目的建设标准，全面提高人才培养质量。

二是建立创业导师制度。空间于 2017 年制定了《安徽农业大学大学生创客导师、创客辅导员管理办法》，对校外企业专家、校内及业内专家等组建的团队，对创业导师的具体聘用、管理、退出以及创业导师开展教学辅导等情况都做了详细规定，在制度的引领和指导下，仅 2017 年创业导师就开展了 20 余场创业讲座、沙龙、项目路演等辅导活动，还有学院级的 50 余场创业报告等活动。

其五，激励制度。

一是建立并实施成果奖励制度和标准。空间与教务处、团委、招生就业处、研究生处、人事处等相关部门通力配合，相关单位早谋划、早动员、早准备，形成合力，研究并制定相关激励政策，建立和实施各级、各类成果奖励的制度和标准，为学院科技作品及竞赛活动提供人力、物力和财力支持，充分调动师生创新创业的积极性，为高水平、高质量的作品产出提供保障。相关制度和标准规定国家级大学生创新创业训练计划项目必须以成果结题，如公开发表三类及二类以上论文（可并列为第一作者）、获得授权专利（软著）或参加省级及以上学科竞赛获奖等形式（文科类可以根据实际情况适当减少）。学校根据研究成果的等级进行奖励。省级大学生"双创"训练计划项目成果奖励的制度和标准参照国家级项目执行。

二是建立并实施管理者及教师的激励制度。前期校方已出台相关扶持政策，2018年又修订实施了《安徽农业大学教职工奖励办法》，明确规定了全校教师及管理者的各级各类科研成果、科研项目、新产品及发明专利的奖励情况，其中，涉及空间管理者及教师的激励制度规定如下：农大积极完善教师指导学生参加各类"双创"大赛的激励措施，学校制定并实施了创业指导老师奖励办法，教师指导学生参加各类竞赛的获奖事项，纳入学校年底绩效考核奖励和职称晋升的优先条件；管理者或老师通过参与或指导学生（创客）的比赛，获奖后除物质奖励之外，可以折算成教学成果，对管理者或老师评选职称有帮助，对开展课外辅导和讲座的老师，校团委会颁发一定的补贴或课酬。此外，空间管理人员与校方师资队伍的职称评定形成对接，可依照完成行政职务的任务情况进行考核、评估，给予适当激励，便于调动管理者的工作积极性。

三是建立并实施学生（创客）的激励制度。空间严格执行学校出台的相关政策，设立创新创业基金、专项奖学金、创客团队专项经费等基金管理办法，制定适应学校和学院特点的年度"双创"工作要点、创新创业学分管理办法、学科竞赛和创业大赛奖励办法等一系列文件，对支持和鼓励学生积极参与"双创"活动起到了引导、激励和规范作用。如依据农大创新创业的学籍管理办法，实行创新创业学分与实践教学学分和素质拓展学分有效融合，将第二课堂学分和"双创"实践学分打通，可以互相冲抵，施行优先支持参与"双创"的学生转专业制度。此外，学生（创客）参加各类"双创"类大赛获奖后，学校设有专项经费，按照国家级、省级、校级等不同级别进行奖励。创客除了获得物质奖励之外，团委还会报教务处，按社会实践课的课时设置加分项，空间对正在创业的学生提供场地费用的减免和帮扶；如果参加"双创"类竞赛获奖的大学生（创客）需要考研，校方会提供各种优惠及扶持政策。

第四，服务策划：评价服务策划的合理性，是否符合创新创业发展规律。

空间的服务策划规范、合理，有程序、有步骤、操作性强，符合大学生创新创业的发展规律，主要体现在：

一是做好整体性服务策划。空间管理者紧紧围绕学校"大别山道路"的办学特色，以种植、养殖、园林、园艺、农机、农信、物联网、农产品加工、农产品质量、安全等涉农领域为重点，实现专业化与创新融合，做好整体性服务策划工作。要求空间的入驻孵化项目均与专业相结合，鼓励学生围绕专业进行"双创"实践，引导学生尽早进入实验室和团队开展研究活动，以高水平的项目研究提高学生的创新和实践能力，为大学生创客提供全方位支持和服务。

二是做好阶段性服务策划。空间遵循大学生"双创"活动的规则和要求，定期召开总体布局会、阶段性工作推进会，明确工作思路，确定各阶段的工作目标和任务，推进学生"双创"活动的有序有效、蓬勃发展。如2016年10月大学生创客空间召开A区入驻工作推进会，会上空间管理者就A区入驻工作及细节进行了磋商和讨论，为后期各项工作的顺利推进奠定了坚实的基础。

三是搭建实践探索（培训平台），做好特殊时期（疫情）的服务策划。空间依托农大的教学、科研和社会服务资源，搭建实践教学平台、科技创新训练平台和"双创"孵化平台，聚焦学科和专业，深入探索"青年农场主班""创新实验班"等多种人才培养创新模式，实施内涵式高质量发展行动方案。如2020年年初疫情暴发期间，不少大学生创业项目在起步阶段，因为经验匮乏和疫情的影响，产生了一些无法避免的损失。空间管理者积极开展指导工作，通过"线上组群帮学生创客渡难关"为大学生提供服务支持，采用面对面和"一对一"交流沟通、线上课程辅导、线上创业答疑解惑、线上分享经验等形式，将疫情对大学生创业造成的负面影响减到最低限度。在微信群中为学生提供课程资源分享、竞赛项目培训等服务，很多大学生在线完成了《商业计划书撰写及培训》等科目的学习，自发联系不同学科领域的、有共同创业目标的伙伴建立了创业团队。相关通知发布当晚，创客教育群就吸引近千名学生加入。统计显示，该校在一个月内的线上创客团队数量就达到了 20 多支，并在线上持续开展知识技能交流、创业项目合作等活动。可见，空间在特殊时期开展的服务策划即创客教育群在线培训及教育模式，使创业者受益匪浅。

第五，安全维护：评价设施的安全性、环境的适宜性以及安全保护措施的有效性等。

学校已设立专门的科室负责空间的日常运营和管理，每年设立一定数额的专项经费用于空间的日常运营、设备维修、活动费用、专家费用、创业导师和创客辅导员的补贴等，为空间提供人、财、物及安全保障。团委又成立了"双创"实践中心，安排专人负责空间的管理和运行。五年来，大学生创客空间十分重视安全维护及设施保障工作，尽力排除各类安全隐患，有效杜绝了各种危险事件及事故的发生。

（2）提高性管理

在基本性管理的基础上，空间有了良好的开端，迈出了良好的一步，提高性管理也展现出蓬勃活力和成效，创客主要从成果评价、创新驱动等方面评价提高性管理：

第一，对空间开展创新创业活动的数量及质量、参加活动的人数及活动开展次数等活动成果进行评价。

空间积极、定向指导创客开展各类"双创"活动，在学校各级领导、各部门的大力支持和配合下，空间开展"双创"活动的数量及质量，引导创客开展创新创造活动的次数及活动参与人数，已经产生的创客业绩（创客参与空间活动的次数及活动成效）、创客产品或作品的社会价值和社会影响力，创客的个人成长（考研/就业）及创客的能力与发展等，将在创客对成果产出的满意度评价章节中详细介绍，此处省略。

第二，建立并实施大学生创客作品的评奖分类与评审标准。

空间积极参与学校的各项科技创新活动，对科技活动的成果及创客作品进行分类，制定并实施了大学生作品评奖分类和评审标准，不仅有利于对大学生参与科技创新活动，对形成的科技创新成果进行合理评价，还有利于空间在评奖阶段结束后，遴选出具有实践操作性的项目，在同等条件下优先入驻校大学生创客空间、优先申请校大学生创新创业基金。奖项的分类和评价标准主要有：

对自然科学类的学术论文、科技建议等设立的评审标准是：论点明确、论据充分、论证可靠、文字简洁、逻辑严密、有说服力，经得起理论推敲和实践检验。根据学术论文、科技建议的科学性、创新性和应用性进行综合评价。对哲学社会科学类的学术论文、调查报告、咨询报告等设立的评审标准是：从成果的思想性、理论性、学术性、规范性、应用性、研究方法、语言逻辑、社会反响等方面进行综合评价。对科技发明和科技制作等设立的评审标准是：根据其新颖性、创造性、先进性、实用性等方面进行综合评价。

第三，评价是否以创新驱动发展为中心开展大学生的创新创业工作。

空间高度重视大学生的"双创"工作。五年来，多措并举，坚持一切以创新驱动发展为中心，以竞赛促学业，以活动聚能量，以实践励成长，积极搭建各类"双创"型人才培养平台，在全校范围内营造良好的创新创业氛围，激发了学生的"双创"激情，让创新精神蔚然成风，创新驱动发展主要体现在：

一是重视"双创"训练体系的建设。为进一步推动大学生"双创"训练计划有效实施，空间已建立起国家级、省级、校级三级"大创"训练体系，每年都以大学生"双创"训练计划项目为抓手，开展以创新驱动发展为中心的提高性管理及活动。大创训练计划的覆盖面大幅度提升，学生的参与度逐年提高，现已覆盖学校所有院系，在双创教育中发挥了重要作用，每年累计有数千名同学从中受益。

二是重视训赛平台的建设。训赛平台是培养大学生创新创业能力的重要举措，是高校"双创"教育体系的重要组成部分。空间以创新驱动发展为中心，高度重视训赛平台的建设，通过训赛平台及时发布信息、传递赛事，吸引师生积极参加各类"双创"活动。每年度在大型比赛及青年红色筑梦之旅等活动中，在学生处、团委、后勤集团等相关单位和各学院的大力支持下，空间在赛前、赛中都开展专家进校园、校园选拔赛和大赛专项辅导等活动，达到以赛促教、以赛促学的良好效果，充分发挥了平台的载体和传播作用。

三是提供技术创新及成果转化等服务。空间以创新驱动发展为中心，重视开展技术培训、政策咨询、人才引进等工作，提供技术创新、检验检测及成果转化等服务，探索科研成果转化为学生创新创业项目的实施路径。空间常年聘校外企业家、校内行业专家等导师团队，为创业企业开设综合监管知识、财务知识等专题讲座；加强与学校科技处的沟通联系，主动与优势学科对接，进入实验室挖掘新项目；时刻关注学校科研成果的动向，重点遴选一批技术含量高、产业化、有市场发展前景的科研成果，及时推向市场，促进科研成果的有效转化。如林学与园林学院陈玉霞老师的科研项目丝瓜络制作的科技睡眠枕头和床垫、动物科技学院丁淑荃老师的生态鱼缸热带鱼的繁衍项目、轻纺工程与艺术学院湛群老师的陶艺技术、生命科学学院李纯老师的食用菌零食生成技术、生命科学学院的啤酒酿造生产线、园艺学院的水培植物产业化等项目都成功实现了成果转化，人文社会科学学院也将学院的人文知识转化成文创实体。

（二）创客评价空间产出满意度的实践探索

创客对创新、创造能力发展的评价及认可是评估创客空间产出效益的关键指标，是创客对空间产出满意度评价的核心要素。创客参与空间监管和服务及培训活动的最终目的和结果就是提升各自的创新、创造及创业能力。创客能力发展存在众多衡量指标如创客业绩、创客成果、社会价值、社会影响力等，本书将其细分为两种，即基础性发展和提高性发展能力。基础性发展能力侧重于创客的创新意识、创新品德等，提高性发展能力则反映创客在学习运用、沟通协作以及动手实践等方面的能力。

五年来，创客参与空间创新创业活动的数量及质量、参与空间活动的人数及次数、创业团队的数量，以及活动取得的成效及获奖次数都得到了大幅度的提升，成绩斐然。下面分别从创业团队数量，创客参与空间活动的人数及次数、参与空间"双创"活动的数量及质量，即创客业绩及创客成果、创客产品或作品的社会价值和社会影响力、创客的个人成长（考研/就业）及创客的能力与发展等方面进行评价：

1. 评价空间的创业团队数量

农大大学生创客空间 A 区被评选为第三批"全国高校实践育人创新创业基地"50 强。在学校的支持和指导下，创客参与空间活动的次数及创业团队的人数逐渐增加。2017 年 5 月，B 区已有"啤酒体验馆""茶吧""陶艺工作室"等 13 个项目正式开业。2018 年有 27 个学生创业团队成功入驻创客空间 A 区。截至 2018 年 9 月，入驻的初创企业 40 人，创业团队总数 44 个，管理服务团队人数为 33 人，管理服务团队取得从业人员资格证书人数为 23 人，创业导师的人数为 66 人。从 2016 年开始入驻的创业团队或初创期小微企业主要有："青农乌托邦"创新创业平台、尚昆良品昆虫文化有限责任公司、"徽农印象"园艺特色产品深加工研发与销售、安徽乐福尔慧眠科技有限公司、AND 水族文化传播工作、室安农绿色学堂、生命科学学院"源麦精酿"创业平台、"净邦"环境优化中心、智汇谷创新创业平台、"青艺文创"设计中心、"正青春"大学生文化传播交流中心、微译量翻译工作室、安徽 We 爱华艺有限责任公司、匠一 DIY 手工坊、书梦空间、安徽心思文化传媒有限公司、合肥融诚信息科技有限公司。

2. 评价创客业绩及创客成果

在"大众创业创新"的浪潮冲击下，空间提出"创新在理论、创业贵践行"的口号，依托国家级和省级重点实验室、国家级实验教学示范中心（包括基础专业实验平台、创新性实验平台、创业型实验平台等）、校内校外实践教学基地，充分挖掘农科类专业的学科特色和专业优势，鼓励本科生走进实验室、申请大学生创新基金、申报创新创业科研训练项目、参与学科类竞赛等，推进教学实验、专业实习、科研与创新教育相结合，鼓励并充分引导大学生融入创新创业的浪潮，促使学生专业知识内化、"双创"的意识和实践能力强化，为后续创新创业实战奠定坚实基础。五年来，在全校各部门的高度重视和大力支持下，大学生创新创业的条件更好，环境更优，氛围更浓，创客成果更丰富，创客业绩更优秀，与前期相比，大学生在参加国家级、省级、校级大学生创新创业训练计划项目和大学生创新创业类大赛，以及发表学术论文及申请发明专利等方面，无论是数量还是质量都取得了显著的进步，学校大学生"双创"活动成绩斐然、硕果累累。主要体现在：

（1）国家级及省级大学生创新创业训练计划项目的立项数量

自 2016 年安徽农业大学大学生创客空间成立以来，农大各级别的立项总数连续三年居全省前五名。2017 年获批省级大学生创新创业训练项目 164 个。2018 年，仅安徽农业大学生命科学国家级实验教学中心，就获得了 8 个国家级训练项目、16 个省级训练项目、34 个校级大学生科技创新基金。2019 年上报国家级大学生创新创业训练项目 104 项。

（2）国家级、省级、校级大学生创新创业类大赛的申报及获奖数量

成立以来，空间围绕"双创型"人才培养目标，积极开放创新实验室，为农大师生营造创新创业的浓厚氛围，各学院参加国家级、省级、校级大学生"双创"类大赛的申报及获奖数量逐年攀升。如在 2016 年、2018 年两届安徽省普通高等学校大学生化学竞赛中，化学系教师积极指导

学生参加学科竞赛，其中 10 名应用化学专业学生获得 2 项特等奖、5 项一等奖、2 项二等奖和 1 项三等奖，总成绩在各参赛高校中名列前茅。生命科学院 2017 级生物技术专业，现已保研至复旦大学的崔雨晨同学，作为"互联网+"、双创竞赛的第一负责人，14 次获省级国家级竞赛奖项。2019 年，理学院依托 6 项"爱农杯"项目共孵化出学科竞赛国家级奖项 14 项、省级奖项 40 项，获得安徽省"挑战杯"课外学术作品竞赛二等奖 1 项。下面简要列举近 5 年农大学子参加各级各界大学生创新创业类大赛的获奖情况：

第一，参加国家级大学生创新创业类大赛获奖。

五年来，在学院各级领导的支持、鼓励及各部门的配合下，大学生创客获奖的次数更多，获奖层次更高，充分展示了农大学生勇于实践、敢于创新的良好作风和团队合作精神，展现了空间的创新实践成果和示范辐射效应。近几年获得的全国性大奖主要有：

ⅰ. 2020 年 12 月，在第 7 届全国植物生产类大学生实践创新论坛中，生命科学院学子鲁津津等同学共同完成的"'砀山酥梨'AP2/ERF 基因家族鉴定及 PbSHN1，2 功能验证"项目，获论坛报告一等奖。

ⅱ. 2020 年 11 月，第 6 届中国国际互联网+大学生创新创业大赛中，在农大龙雁华、吴国卿等老师的指导下，崔雨晨、吴菲、俞点、刘晨曦、汪琦等同学完成的项目"蚁巢伞——行业领先的鸡枞菌人工驯化技术赋能乡村振兴"，获"青年红色筑梦之旅"赛道全国银奖。这是农大首次进入该项赛事的国赛现场，实现了历史性突破，取得了该赛事在农大历史上的最好成绩。该赛事是目前全国高校参与面最广、影响力最大的大学生赛事，被誉为世界青年创新创业的"奥斯卡"比赛。

ⅲ. 2020 年 11 月，在第 3 届"陌桑杯"全国大学生蚕桑生物技术创新大赛中，农大学子的三个作品顺利进入决赛，其中研究生江松、祝林宝分别获得博士生组二等奖，彭颖获得硕士生组一等奖，学院获优秀组织奖。

ⅳ. 2019 年 11 月，在大学生生态环境创新创业大赛中，农大学子以乡村振兴战略和生态文明建设为主题，围绕资源高效利用、生态环境保护，污染防治与修复等设计参赛作品，共获得 2 项一等奖、4 项二等奖和 6 项三等奖，推荐 6 项作品代表学校参加 2019 年安徽省大学生生态环境创新创业大赛。2020 年 11 月，农大学子又以 36 项作品参加大赛，其中新产品研发类作品 8 件、新工艺设计（新技术、新工艺）类作品 7 件、创意设计

（含理论探索、创业规划等）类作品21件，共获得3个一等奖、5个二等奖、6个三等奖和10个优秀奖，最终，学校推荐8项作品参加2020年安徽省大学生生态环境创新创业大赛。

ⅴ.2020年7月，在第12届"挑战杯"中国大学生创业计划竞赛中，农大以获得安徽省金奖的3件作品参加此项国家级大赛，均获得了全国铜奖。

ⅵ.2017年10月，在第4届全国植物生产类大学生实践创新论坛暨大学生创新创业训练计划成果展中，农大学子共有11项学术成果参展，获一等奖1项、二等奖2项、三等奖3项。其中，生命科学院2014级生物制药专业陈龙龙等人完成的大学生科技创新训练项目"铁皮石斛倍半萜合成酶基因的克隆与功能分析"，通过学术汇报、现场答辩等方式向现场专家进行了交流展示，经专家组评议后获一等奖。

ⅶ.2018年10月，在第5届全国植物生产类大学生实践创新论坛暨大学生创新创业训练计划成果展中，农大学子共展出10项创新创业学术成果，获一等奖1项、二等奖2项、三等奖3项。其中，生命科学院2015级生物科学专业魏紫璇等人完成的大学生科技创新训练项目"铁皮石斛提取物抑制胃癌细胞增殖的分子机制"，通过学术汇报、现场答辩等方式向现场专家进行了交流展示，经专家组评审又获一等奖。

ⅷ.2018年7月，在第8届全国大学生机械创新设计大赛决赛中，农大工学院方梁菲老师指导的作品《车载式冬枣采摘机》获全国二等奖，这是农大参加该项赛事以来首次获得国家级奖项。该大赛每两年举办一次，以"关注民生、美好家园"为主题。在4月份举办的安徽赛区决赛中，农大选送了6件作品，最终有4件获得一等奖、1件获得二等奖，其中1件一等奖作品入围全国总决赛，最终获得全国大奖。

ⅸ.2018年7月，在第8届全国大学生电子商务"创新、创意及创业"挑战赛总决赛中，农大卓玉立、张旺勃、王晓晴、雷鸣、孙传旭5位同学组成的"益植队"团队，在植物保护学院丁克坚、丁朝阳等老师指导下，获全国二等奖。

第二，参加省级大学生创新创业类大赛获奖。

ⅰ.2020年12月，在第9届"挑战杯"安徽省大学生创业计划比赛中，农大学子获3项金奖、7项银奖，总成绩排名全省第二，并获得了优胜杯。

ⅱ.2020年10月,在安徽省大学生物流创新设计大赛决赛中,信息与计算机学院物流工程专业新心队和Thinkers队分别获得省赛一等奖和省赛三等奖,农大获优秀组织奖。

ⅲ.2019年10月,在第2届安徽省大学生生命科学竞赛比赛中,农大共有25支队伍参赛,6支队伍进入了决赛。李君茹等同学的项目"茶树CsBT2基因(BTB-TAZ domain protein 2)的功能分析",曹静婷等同学的项目"芽孢杆菌DZSG23在小麦中的定殖及强化抗病机制研究"均获一等奖。

ⅳ.2018年8月,在第3届"互联网+"安徽省大学生创新创业大赛中,农大学子一举获得1金2银6铜,实现了农大在此项比赛中金奖零的突破。

ⅴ.2019年8月,在第5届"互联网+"安徽省大学生创新创业大赛中,农大学子再创佳绩,其中,林学与园林学院"天络慧枕"项目(指导老师:陈玉霞等)获青年红色筑梦之旅赛道商业组亚军,生命科学学院"合肥圆顶生物科技有限公司"项目(指导老师:龙雁华等)获此赛道商业组金奖,其他团队获得银奖11项。农大现场赛金奖和银奖获奖数量在省内本科高校中位居第三(并列),并荣获青年红色筑梦之旅赛道优秀组织奖。大赛由安徽省教育厅与合肥市人民政府联合主办,是我省影响力最大、层次最高的比赛,自2019年4月启动以来,全省160余所学校、约3.7万个项目参赛。大赛推荐"天络慧枕"项目和"圆顶生科"项目代表安徽省参加全国比赛。

ⅵ.2020年8月,在第6届"互联网+"安徽省大学生创新创业大赛中,农大学生崔雨晨、吴菲等同学共同完成的"蚁巢之下别洞天,清荣'菌'茂致富路"在第一轮网评270个团队中脱颖而出,获"青年红色逐梦之旅"赛道商业组金奖、单项奖"逐梦小康奖"。

ⅶ.2018年12月,在2018年安徽省大学生生物标本制作大赛中,全省36所高校有209件作品参赛,农大学生命科学院获大赛一等奖1项、二等奖2项、三等奖3项。

第三,参加校级大学生创新创业类大赛获奖。

农大学子参加校级大学生"双创"类大赛并获奖的人数和次数更多,主要有:

ⅰ.2019年12月,在第14届"兴农杯"大学生课外学术科技作品竞赛，在各学院及相关单位的大力支持和精心组织下，全校学生踊跃参加，共收到参赛作品 151 份。经过校内预赛、复赛和决赛，评选出一等奖作品 13 件、二等奖 12 件、三等奖 24 件、优秀奖 28 件。

ⅱ. 2017 年 7 月，在第 3 届"互联网＋"大学生创新创业大赛校园选拔赛中，经过前期的广泛宣传、专项报告辅导和精心组织，空间推出现场答辩会，与往年相比，参赛作品的数量和质量都有了很大的提高。有 400 多支团队报名参赛，收到有效作品 131 件，经专家函评和现场评审，选拔 30 件作品参加校赛的现场答辩。学校依据现场答辩成绩和教育厅分配的参赛名额，择优推荐部分优秀作品参加安徽赛区的比赛。

第四，发表学术论文及发明专利的数量及质量。

自空间成立以来，随着国家级及省级大学生创新创业训练计划项目立项数量的攀升，以及各级各类大赛活动的蓬勃发展，农大学子的"双创"激情不断高涨，成果不断涌现，发表学术论文及发明专利的数量及质量也逐年提高。如生命科学院龙雁华老师在"微生物与昆虫互作"领域进行了系列研究，自 2008 年以来，他一直以白蚁—微生物共生系统为研究重心，发表 SCI 论文 8 篇，申请发明专利 3 项。农大理学院应用化学专业从 2016 级本科生开始，组织学生全员进入实验室，并进行班级分组，每组确立一名专业教师为指导导师。自实施以来，学生已公开发表学术论文 12 篇，其中 2 名学生俞杰老师指导下，分别以第一作者各发表 SCI 论文 1 篇，申请并获批 3 项发明专利。据统计，2018 年度，农大生命科学国家级实验教学中心本科生以第一作者发表一类论文 2 篇，二类论文 1 篇，获授权专利 1 项。

3. 评价创客产品或作品的社会价值

理论转化为成果是从创新到创业的关键。五年来，空间引导大学生践行"知识创造价值、创新创造财富"，坚持学做结合，鼓励农大学子充分利用专业实验室的优势资源，发挥学校实践教学基地、"双创"平台的优势，指导学生创造"双创"类产品或作品，促进成果转化与孵化，创造具有较高社会价值的产品或作品。在空间管理者及指导老师的帮助下，创客不断尝试和探索将创意转化为物品，将想法转化为产品。如农大学子先后成立了"七彩桑田""源麦精酿"以及"绿色生态富硒食用菌产业链"等创业团队，成功制作生产出精酿啤酒、桑叶茶、桑葚酒、蚕丝蛋白手工皂、食用菌脆片等一系列具有安农特色的创新产品，其创造的社会价值得到了学校师生、社会各界的一致认可和广泛赞誉。

来自生命科学院的龙雁华老师，长期从事白蚁及微生物共生系统、共生菌、环境微生物分子生态等领域的研究，耐心指导农大学子积极参与"双创"类竞赛及创造活动。鸡枞菌被誉为菌中之王，是一类与大白蚁亚科昆虫共生的著名美味食用菌，野生鸡枞菌对生长条件的要求极其苛刻，必须依赖地下的白蚁巢才能生长。成熟时蘑菇的形状如伞，又名"蚁巢伞"，这种特殊的共生关系造成野生鸡枞菌非常稀少与珍贵。龙雁华老师及农大学子创造和开发的鸡枞菌产品或作品，以及所取得的微生物及生态系统的研究成果，已在全省及全国部分地区推广和应用，具有很高的社会认可度及创造价值。

4. 评价创客产品或作品的社会影响力

五年来，空间坚持实战操作，分阶段、分层级、分类别实施创新创业教育与实践育人机制，帮助学生组建团队、注册公司、正式营业。随着学生创新类产品的加工生产技术、工艺和质量的日趋完善和成熟，在学校各部门的大力支持下，创客产品或作品的社会影响力逐渐增强。如2020年3月，"源麦精酿"团队的2013级蚕学专业在校生黄大军同学成功注册成立"合肥源麦啤酒有限公司"；"七彩桑田"团队也成功注册了特色鲜明的产品商标，两个团队都已入驻大学生创客空间A区实训区。随着组建团队及注册公司数量的增加，团队的创新创业产品将逐步走出校园，走向社会。

5. 评价创客的个人成长（考研/就业）

五年来，在各院系专兼职辅导员的大力支持下，空间管理者积极鼓励创客参加农大的各类创新创业活动，在获得技能训练和提升能力的同时，对创客的个人成长（社会实践），尤其是对创客的考研、考博以及就业大有裨益，已培育出有示范作用、影响力强的创客典型，取得了良好的育人成效。

（1）考研/就业方面

今年受新冠肺炎疫情影响，毕业生就业考研形势严峻。空间管理者与理学院合作，着力打造一支热爱思政、热爱学生的专兼职辅导员队伍，从优秀专职教师、管理人员中选聘兼职辅导员，鼓励大学生创客坚持参加空间的各项"双创"活动。经过这种合作模式培育的大学生不仅具有较强的学科素养，还具有突出的创新实践能力，2016级应用化学专业考研率近53%，2016级应用统计学专业考研率近51%，2016级测绘工程专业有近

35%的同学赴国企或事业单位就业,全院建档立卡毕业生就业率100%,全院湖北籍毕业生就业率100%;生物类创新实验班的学生在各类创业大赛、学科竞赛中多次获奖,2017届考研率高达92%。

(2)参加各类社会实践活动

空间成立以来,在校方的大力支持下,空间构建"项目+实践"的育人模式,为创客提供更多的参加各类社会实践活动的机会和平台,鼓励创客参加各类社会实践活动,提高创客的社会适应能力。如学校组织的暑期"三下乡"活动、社团质量活动提升计划、志愿服务项目申报等,都是以项目形式进行,鼓励大学生创客团队根据实际进行申报。项目的开展,一方面,为创客团队提供了切实可行的资金保障,也为创客们搭建了深入了解基层企业、了解市场需求和发展前景的机会;另一方面,学生通过实践找到商机,同时也帮助学生科学研判当下拟定创业项目的未来预期,以此来调整各自的创业目标和发展路径。生命科学院深化"生物类创新实验班"的建设工作,先后组建了多个30人为一组的实验小班,基于"筑牢根基、教研结合、夯实培育、创新为先"的综合型育人模式,充分利用优势学科资源,将引导教育、启发教育、探究教育等教学方法有机结合,开展内容丰富的创客竞赛活动和标新立异的项目研究,加强教学培训力度,创新实践教学模式。还有农大与黄山区的合作平台、皖南综合试验站的建设项目,以及与安徽江汽物流的产学研合作等,承担着学校的学生实习、农业科技示范、农业技术推广等功能,对学生的专业实习实践、现代学徒制人才培养模式构建、创客的个人成长及能力提升,发挥着"加速器"或"润滑剂"的作用。

(3)典型创客的培育

空间历来重视对学生创新创业能力的培养,每年都配合学校其他部门鼓励或辅导学生参加各级各类"双创"类竞赛活动,营造了良好的育人氛围,培养出众多优势双创项目,培育出像焦梦梦、李喆、崔雨晨、鲍恩财、梁振强等优秀的创客典型。

大学生创客空间优化传统活动形式及内容,注入了全新的创业元素,使活动既能满足学生富有创意、想要创新、期待创业的需求,又能挖掘校内外创业典型,充分发挥其示榜样示范作用,定期召开典型创客经验交流会,传播创客精神,辐射创客成果的影响力和号召力。从2019年开始,空间持续创办"创客进行时"创业沙龙,邀请创业人士与大学生进行面对面交流。提前选好嘉宾、确定主题，是确保创业沙龙成功有效的重要保障。被邀请的嘉宾中有依靠科技创新走向成功的创业"达人"，有依靠创新商业模式创新开创互联网社群营销模式的创业者，有致力于乡村振兴、默默在基层一线工作的青年农场主。其中，不仅有成功创业者的典型故事，也有失败创业者的思考和分析，帮助学生更加理性地看待创业，了解成功创业者的背后经历，同时培养学生的家国情怀和社会责任感，让学生的路创业之路走得更自信、更顺利。

如 2020 年 12 月 22 日，第四届全国大学生生命科学竞赛国家级一等奖、2020 年安徽省生物标本大赛负责人、焦梦梦、李喆在创新创业、学科竞赛经验交流会上，分享了竞赛的具体流程和心得体会；生命科学学院 2017 级生物技术崔雨晨同学在创业沙龙上，向大家介绍了"中国互联网 + 大学生创新创业"赛事以及该类赛事在评奖评优、保研加分、就业创业等方面的重要作用，鼓励农大学子在"双创"活动中增长智慧才干，通过竞争促进学习和创新。

其中，空间与院团委、12 机制梁振强同学合作的创业项目——"爱创邦"大学生创业实践平台，是空间培育出的典型成功创客创业项目，该项目是通过众筹、众包模式，通过创业实践活动、创意产品众筹、技术培训以及项目众包等途径，培养创业者的实践能力，提高大学生的创业成功率。目前，梁振强的公司已初见成效，有十几家企业陆续入驻平台，上千名校园创客活跃在平台上。

该平台将公司需求与学生需求有效对接，如一家酒店想进行专业设计，可以通过平台开展设计比赛，优秀的作品可作为设计样本，而酒店可以以最低的成本产生更多的经济效益，学生可以在其中获得实战技能。爱创邦将立足于合肥，集聚华东高校创业人才，逐步向华中、北京、上海、深圳等地推广，发展成全国最大的大学生创业实践平台、全国最大的大学生创业者社群、全国最大的企业与校园资源对接平台。

6. 评价创客的基础性发展能力

五年来，空间紧紧围绕学生、引导学生、服务学生，统筹谋划和扎实推进"教育、实践、实训、孵化、实战"递升式、宝塔型五级育人平台，着力提升育人质量，营造良好的育人氛围，彰显出全员育人、全过程育人、全方位育人的价值。空间通过支持全校师生参与大学生"双创"活动，引导学生参与"双创"项目研究，参加各类"双创"类大赛，打造多层次、多元化的大学生"双创"实践活动,为提升大学生创新创业能力奠定了坚实的基础。大学生在参与空间的各项活动过程中,取得的成长与进步是显而易见的,创客的基础性发展能力,即创新意识、创新认知、创新品行都得到了极大的提高。

如近年来,农大选派的 2012 级生物类创新实验班王俊杰团队的"水稻有益内生菌的分离及生物学效应的研究"课外学术科技作品以及其他相关"双创"团队的作品,在参加国家级、省级"挑战杯"课外学术科技作品竞赛、创业计划大赛,全国植物生产类大学生实践创新论坛征文比赛,省"双百"科普创意创新大赛等一系列"双创"比赛中获多项荣誉。学生们在一次又一次的"双创"大赛中,不断寻找差距、查摆问题,进一步优化项目内容,完善作品设计,在竞赛的历练中不断增强创新创业意识,培养创新创业认知,接触更多的前沿科技,拓宽视野,提升创新品行。

7. 评价创客的提高性发展能力

在学院各级领导的支持、鼓励及各部门的配合下,空间管理者依托"科研实践训练"模式,鼓励和引导学生积极开展各种创新实践活动,主动参与创新实践发展论坛、"创新、创意及创业"挑战赛、"挑战杯"课外学术科技作品竞赛、安徽省"双百"科普创意创新大赛,以及其他国家和省内举办的大学生"双创"赛事,通过参加这些活动,在基础性发展阶段的基础上,创客"双创"的积极性、主动性不断提高,他(她)们的创造性思维、学习运用、知识整合、语言沟通、团结协作力、动手实践等能力均得到锻炼和发展。

如 2015 级生物创新班积极组织学生参与实践类项目申报和创新类大赛,所有学生都提交了大学生创新基金的申请,先后设立了 15 个创新项目,其中国家项目有 2 个,省内项目有 4 个。该班同学通过实践的锻炼和磨炼,创新应用能力、知识实践能力均得到大幅提升。全班学生绩点分数均值高达 3.71,先后荣获 10 项国家奖、19 项省级奖、67 项校级奖。农大生命科学学院在 2017 年、2018 年的全国植物生产类大学生实践创新论坛暨大学生"双创"训练计划成果展中,共展示了 20 项以上的创新创业学术成果。

2018 年农大学子参加安徽省大学生生物标本制作大赛,赛中农大生命科学学院、林学与园林学院、植物保护学院的参赛选手结合 PPT,从前期准备、制作流程、作品展示等多个方面详细介绍了标本的采集情况、制作过程、设计理念和思想意蕴等，并根据专家的提问做了针对性的汇报解答。经过赛前、赛中磨砺和激烈角逐，农大的6件作品从众多参赛作品中脱颖而出，获得专家的认可。农大学子通过参与比赛、学术汇报、现场答辩等方式，向现场专家组进行交流展示，学生在互动性较强的实践培训活动中学习知识、感悟知识、积淀知识、吸收知识、应用和转化知识，提升了专业技能和创客素质，展现出农大学子积极向上、勇于实践、敢于探索的良好风貌，也展示了学生的实践能力、创新能力和团队协作能力，彰显出学院创新人才培养的累累硕果。

（三）不足之处

调研发现：学生的"双创"项目在政策制定、师生互选、退出机制、经费报销、年终考核奖励等方面与实际执行情况仍存在一定差距，大学生（创客）的创业过程与学习时间有冲突，二者不可能完全协调一致，需要教务处进行再谋划、细化，进一步健全和完善教学质量监管制度及体系，合理实施学分制、弹性学制，统筹兼顾学分计算和创新活动项目成果，科学评价学生的创新发展能力，将高质量的原创性学生论文、发明专利、实验成果等列入学分计算范畴；探索先进行创业再申请完成学业的新模式，帮助想创业的学生排除学业体制上的障碍，缓解大学生创业与学习的冲突和矛盾。空间也缺乏专职管理人员，目前空间只有一名专职管理者，其余都是学生在参与管理和服务。学生存在学业的压力和冲突，流动性大，而且对大学生的培训成本较高，往往熟悉业务后，面临进一步的升学或就业，不能连续从事空间的监管和服务工作。另外，空间还需要对大学生（创客）的产品进行价值评估，如对没有经过孵化的项目和经过孵化的成果分别进行评估，这是衡量空间创新创业成功率的重要指标之一。

（四）未来展望

在学校的大力支持下，今后，空间将主动作为、整合资源、系统规划、协同创新、注重将各类"双创"类大赛与大学生创新基金项目、"科大讯飞"大学生创新创业基金项目、教师科研成果有机结合，进一步提升农大学子"双创"产品或作品的数量和质量。主要措施有：

1. 引入社会资源（巩固创新创业实践基地），助力空间开展"双创"活动

农大先后与多家高新技术企业签署了产教学研人才培养合作协议，搭

建了现代化人才实践教育基地,积极拓展专业技术指导教学项目,深化科学技术与科技产品的高端人才培育,打造了校外"双创"教育一体化实践平台。如农大与合肥益康现代农业科技开发有限公司"联合组建大学生创业团队"合肥圆顶生物科技有限公司",通过学校啤酒生产实训基地的改造,建立大学生创业团队"合肥源麦啤酒有限公司"。未来,空间将积极探索通过创业基金、社会资助、企业投资等多种方式,争取更多的政府、企业和社会资源,为项目引入更多资金支持,为学生的灵感创意转化为技术创新和创业产品,提供全方位的支持和辅助,为学院创客的创新创业梦想铺路架桥、保驾护航。

2. 实施文化引领(营造创新创业氛围),助力空间开展"双创"活动

大学是文化传承的重要阵地,良好的校园文化可以引领思想、营造氛围、助力教育。同时,大学生通过融入校园文化,拓展知识视野、掌握更多的创新理论,不断提升自己的创新思维能力、创造性策划能力、组织管理能力,为创新创业教育和"双创"型人才的培育奠定良好基础。空间将农业科普宣传、农耕文化传承纳入空间建设,在每年学校举办的农耕文化节中,邀请校内外人士走进创客空间,对传统农耕文化、现代农业知识进行科普推广。空间还将加强顶层设计,根据学校专业特色和学科优势,组织创客们开设"茶文化""环保小达人""神奇的物理实验""陶制农具制作"等课程,既加强了创客们的专业实践,弘扬了中华优秀传统文化,又增强了创客们的学农爱农意识和行为。总之,空间将一如既往地引导、鼓励、支持大学生自主开展和积极参与各类文化创新、科技创新、创业创造活动,营造良好的"双创"校园文化氛围。

3. 优化创新创业导师团队,助力空间开展"双创"活动

创客空间将持续深化对专业教师和指导老师的技术培训和技能培训,加大与各个行业、企业之间的合作力度,邀请更多的市场营销专业、财务专业、计算机专业人士加入创业导师团队,为空间开展"双创"活动提供助力。一方面为创业导师提供更多的 KAB(企业管理)、SYB(创办自己的企业)等前端教育培训项目,为优秀创业导师办理职业资格证书;另一方面,建设创业导师培育平台,为创业导师提供知识技能的实践渠道,让创业导师更好地学习和了解最先进的科技知识及发展动向,熟知行业的市场前景，积累更多的创新创业经验①。此外，学校还应积极邀请校内外知名创业者、知名校友、知名教授、知名企业家等加入创业导师团队，着力打造一支高水平、高技能、高素养的创新型创业导师团队。

4. 强化项目孵化工作，助力空间开展"双创"活动

空间将与学校和社会机构深化合作，选择未来发展前景较好的项目，依托国家重点实验室、校内实践教育平台、企业实践平台打造创新人才孵化体系，通过为学生提供政策引导、场地支持、技术指导、注册协助、资金援助、资源支持等，解决学生创新创业"最后一公里"难题，减轻学生"双创"的压力。

未来，空间将更加紧密地与国家级创新创业人才战略结合，将解决大学生在"双创"中的现实问题作为突破口，优化人才培养目标，完善人才培养机制，打造专业化课程设置体系，深化师资力量培育，协同引入社会资源，持续探索具有自身特色的双创"人才培育模式、发展模式、教育模式，切实有效地提升空间的服务质量和服务效益，我们期待空间的发展前景更广阔，农大的创新创业成果更丰硕。

---

① 刘永峰、魏燕超：《新时代背景下创新创业型研究生培养的思考》，《教育教学论坛》2018年第1期。

第十章 总结与展望

第一节 研究总结

自国务院在2015年颁布《关于发展众创空间推进大众创新创业的指导意见》以来,以国家宏观政策为主导,形成全民创造、万众创新的新环境、新业态。创客空间建设与发展的相关研究逐步从理论研究转向理论与实践相结合,高校、公共图书馆持续深化服务创新与空间建设创新,创客空间的发展日益成熟,创新服务不断外延,整合了空间的创新优势和图书馆的资源优势,加强了图书馆与外界的合作,帮助用户激发跨学科思维,助力图书馆开展创新、创造素质教育及实践活动,丰富了图书馆的服务内容,促进了馆员的职能转变,推动了图书馆服务的转型升级,为图书馆用户创意成功、创新愉悦、创业辉煌增添了新鲜且更具活力的源泉。

本书首先对国内外研究文献进行收集和整理,分析了创客空间的国内外研究现状,梳理了创客空间诞生至今的发展过程,从人力、财力、物力、设施等方面阐述了公共、高校馆发展创客空间的优势和劣势。然后,通过创客空间的实地调查、网站检索相关信息、查阅新闻媒体报道、电子邮件访问等方式,对国内高校、公共、专业馆创客空间的发展特点、成功经验、发展问题等进行了系统化分析与研究,得出以下结论:

(1) 在呼吁创新创业以及互联网迅速发展的社会背景下,图书馆充分利用馆内外资源,根据中国的实际情况,构建适合国情、校情、馆情的创客空间,实现图书馆的服务转型,对提升图书馆服务质量和用户满意度,提高用户的创新创业意识和能力具有重要的推动作用。

(2) 本书在详细分析国内图书馆创客空间发展问题的基础上,针对创客空间对学生创业创新能力的培育过程及效果进行了调查和分析,一致认为在中国图书馆内构建创客空间具一定的价值和优越条件。它不仅有助于改变学习方式促进学生高效学习还能提高学生的动手能力、交流能力并增强团队协助能力。同时，图书馆拥有强大的师资队伍和技术人才，以及庞大的文献资源库，可为创客空间的运维和发展奠定扎实的基础。

（3）在创客空间发展过程中必然会涉及项目资金来源、人员监管、设备购买、技能培训、绩效评价等问题。本书在文献研究、现状调查和因素分析的基础上，详细解读了国内外成功案例的典型经验和做法，通过质性分析与定量分析相结合，找出存在的问题，瞄准影响因素，构建了馆员与创客协作发展空间的服务、培训、激励及评价机制，并提出相应的解决方案和实施措施。图书馆馆员与创客协作发展空间过程中，应始终秉承"人本"理念，积极优化创新服务模式，拓展服务内容，营造优质服务氛围，做好空间安全保障工作，提高空间资源的利用率，确保空间的可持续发展。同时，还应将实体空间与虚拟平台有机结合，将空间活动与创客团队活动紧密联系，建立起健全的资金保障机制，以及空间管理、培训、评价等规章制度等，为创客空间与图书馆的可持续发展、健康发展筑牢基础。

（4）研究发现，我国高校馆创客空间在当前阶段并未实现与图书馆的深度融合，大部分高校馆创客空间被设立为一个独立的社团或部门，没有像企业与创客空间的结合程度那样深。但创客空间的高质量运行离不开图书馆丰富资源的支持。因此，必须深入思考如何将高校馆与创客空间更加紧密地结合起来，最大限度上发挥图书馆的服务效能。此外，创客空间仅是高校图书馆诸多服务功能之一，不能喧宾夺主，使图书馆丧失本来职能，在图书馆创客空间的服务推广及宣传方面上还应该多做考量。

（5）从高校图书馆创客空间整体服务效果即策略上分析，高校馆应充分利用物理空间资源、信息资源、人才资源等，在深化校业合作、科研机构合作的基础上，引入更多学科馆员作为创客导师，进一步提高创客培训、服务引导的专业性、精准性。同时，深化与大学生社团、高校组织部门、新闻媒体之间的合作，加大空间的推广力度，做好创新创造理念宣传工作，持续优化和完善空间服务机制和信息反馈机制，动态掌握用户需求，并通过开展更多的创客团队竞赛活动，持续提高空间的发展潜力和动力。

希望本书在调查研究中提出的各项建议和策略，能够对中国高校馆和公共馆在创客空间上的优化建设与未来发展方面提供一些有益借鉴与参考。

第二节　研究不足

本书将质性研究方法（扎根理论）与量化研究方法（问卷调查法）相结合，运用于馆员与创客协作发展空间的机制构建研究。为了确保研究资料的完整性和研究方法的有效性，虽然已对国内外相关文献进行研究和分析，并对国内图书馆创客空间开展实地调查，但由于研究小组的整体科研能力和研究经验的限制，在研究方案设计及研究过程中必然存在一些不足和需要改进的地方，总结如下：

（1）研究样本存在数量和地域方面的局限性。因为目前国内已构建创客空间的图书馆不是很多，能够进行实地调研和参考的案例数量有限，无法得到国内各类型图书馆创客空间的详细数据；且各图书馆的地域跨度较大，研究者在问卷调查及深度访谈中投入的时间和精力有限，3年内，项目组成员未能亲身体验空间内每一项设备设施的操作、创客培训和实践过程，也没有持续跟踪和调查空间开展的所有创新服务。所以，抽取的样本、被调查者的数量会有一定的局限性，获得的第一手数据及信息也缺乏全面性和广泛性。

（2）研究样本的普适性有待提高。因国内不同类型图书馆的实际情况差异较大，研究者设计的调查表及访谈提纲无法适用于所有图书馆，对中国各类型图书馆创客空间服务现状的概括也不够全面。在后续研究中，将扩大区域分布和统计范围，增加更多不同类型图书馆创客空间的样本数量，进一步夯实研究的数据资料，提高调查数据及结果的普适性。

（3）研究对象缺乏丰富性。在质性研究或量化研究过程中，受访者仅来自国内经济较发达地区，被采访的创客多数都是成功的创业者，接受采访的馆员、创客或馆领导都来自中国构建创客空间1年以上的高校或公共图书馆，样本采集存在单一性，使得统计分析结果也存在一定的片面性。而且，这些访谈对象都有一定的优越感或成就感，采集到的数据和信息较为乐观。在某种程度上，可能会影响到研究收集数据与信息的丰富性和完整性。期望未来的研究能扩大样本的选择范围和数量，增添更多的未就业大学生（创客）、创客年限在1年以下，以及普通高校及高职院校的馆员、创客或馆领导，作为收集数据和信息研究的对象，便于对扎根理论的分析结果进行更完整、更科学的量化验证，便于更加全面、准确地了解馆员与创客协作发展空间的真实情况。

（4）研究效度需要进一步的检验。在研究过程中，虽然采用了质性分析与定量分析相结合的方法，但在采用扎根方法对原始资料开展质性分析和层级编码时，侧重于以主观视角为判读标准，研究结果的效度、信度可能存在一定的偏差。未来研究中拟对每项研究内容都进行多层次、多维度的量化、细化分析，进一步验证研究的有效性。

（5）由于受到研究团队主客观原因的限制和影响，所构建的机制可能无法适用于全国不同类型图书馆的创客空间，提出的实施策略尚未得到实践的广泛检验和推广，主要以安徽省3个图书馆创客空间作为范例，并未实现对其他地区图书馆创客空间实践探索的全覆盖、全参与。

（6）由于研究者的知识结构、工作领域以及团队力量的限制，未能给出更多的关于国内图书馆创客空间发展的宏观政策指导及实施意见。

第三节　研究展望

由于研究团队受到科研水平、能力和资源条件等方面的限制，希望今后继续努力，更加注重研究的高度、广度和深度，多出成果、出好成果：

（1）注重理论研究与行业发展相结合，构建本土化的图书馆创客空间理论体系。在馆员与创客协作发展空间过程中，尤其是在机制构建及策略实施过程中，研究者要多从国家宏观环境、行业发展、用户需要的角度出发，打破旧的思维框架，强化空间管理者的升维思考模式，研究如何将研究重心扩展至更多的空间服务模式上，以提高研究内容的丰富性和研究思路的灵活性；将现实中的实体空间研究逐步拓展至移动创客空间、虚拟创客空间，打造安全性高，可重复使用的试验环境，突破物理空间的束缚；探索如何实现图书馆人力资源管理和发展的新突破，实现普通馆员与专业馆员职业发展的平衡；发展绩效与责任机制的平衡；基础性工作、原始积累与创新发展的平衡等。

（2）重视中国图书馆创客空间的建设实践及案例研究，构建本土化的图书馆创客空间实践体系。研究如何盘活空间的各项资源，设计有特色、内容丰富的活动项目。调研发现，各图书馆创客空间的环境与内容存在深刻关联。图书馆创客空间在设计和组织开展各类活动过程中，应全面考量设备设施、人力物力、场地空间是否能够有效支撑。因此，在各空间的功能规划上应参考资源的可用性和充足性，以保障空间功能效益的最大化。在空间环境设置方面，可利用丰富的活动内容在最大限度上提高各项资源的利用率。如在图书馆创客空间实践探索的初期，用户群体的知识经验不足，建立的创客空间功能单一，利用率较低。因此图书馆应基于用户、环境视角思考如何提高用户的参与度，可根据报告中提出的服务、培训及激励机制的构建及实施措施，因地制宜，因馆施策。在此方面，可参考上海"交大—京东"创客空间采用的创意集装箱运营模式，通过在创客空间中为用户提供小零食、饮料、食品等，让用户产生良好的服务体验，产生温馨喜悦的感觉，激发用户的参与动能；或在空间内播放恬静舒适的音乐，优化环境氛围，强化空间服务特色。

（3）重视创客空间的文化体系建设和创客文化传播。积极探索民族文化与创客文化的结合路径，探索创客空间在全国广泛推广和发展的途径，为创客文化与创客理论的传承、发展与实践发挥积极的促进作用。图书馆创客空间是鼓励创客合作、勇于开拓、勇于创新的"发源地"。图书馆要以创客空间与特色文化为核心，既保护地方文化，又服务用户的创新创意。未来，学术界需要更加关注中国创新文化和创客空间的塑造与推广，拓宽空间文化的传播路径，提升创客的文化素养，做到文化融通、知识贯通和视野达通，为厚植本土化的创客文化提供切实可行的解决方案和措施。

此外，项目组构建的馆员与创客协作发展的服务、培训、激励及评价机制，以及所提出的实施策略，可能还有许多地方需要继续改进和完善，如提升功能分区的合理性，建设图书馆移动创客空间、互联网虚拟创客空间，青少年创客空间优化等研究，加强对馆员与创客协作发展空间的理论探讨，进行机制优化、实践引导，构建空间运行实效评价指标体系等，为创客空间在中国图书馆界的持续、有效发展提供有益借鉴和智慧启迪。

第四节　结语

印度学者阮冈纳曾将图书馆隐喻为一个持续生长和进化的有机体。图书馆需要随着时代的发展而不断进化。图书馆的服务也同样如此，必须在用户需求发生变化时，同步进行优化和调整。图书馆创客空间的发展和构建是教育发展需求催生的产物，空间再造是服务模式多样化的重要体现，也是图书馆生长、发展的历史见证。

图书馆创客空间是加速创意产生的催化剂，它的普及和推广对社会公众的个体创造力、群体创新力具有重要的培育作用，能够为国家输出更多、更优秀的创新型人才。就中国目前的国情而言，图书馆创客空间的建设与优化发展是一项极其复杂的工程，其在发展中必然会遇到各种各样的问题，必须在探索中前进，在前进中探索，才能稳步发展、踏实向前。从未来的发展视角上看，中国图书馆创客空间的建设与发展滞后于西方国家，但可以通过借鉴优秀的国外经验，结合国情、校情、馆情，以及时代的发展需求，科学规划，精准施策，积极整合社会资源、提高馆员／创客的参与积极性，达成"内外兼修"，为图书馆创客空间的立足和发展打下坚实基础。

希望学术界和图书馆管理者能够更加重视创客空间的建设和发展，持续深化相关研究，也希望未来能有越来越多的图书馆创客空间闪亮登场，为图书馆用户的创新创业活动提供更多便利和支持，为社会公众的创新创业需求和愿望转化为现实提供助力。随着图书馆创客空间发展的不断成熟，二者的结合能够最大化地满足人才战略的供应需求，在不久的将来，图书馆创客空间必然会成为创新创业、创意创造人才的摇篮和发源地，成为推动国家创新发展的强大动力源泉。

参考文献

一　中文专著

陈向明：《质的研究方法与社会科学研究》，教育科学出版社2000年版。
柯平：《图书馆知识管理研究》，北京图书馆出版社2006年版。
吴建中：《21世纪图书馆新论》，上海科学技术文献出版社2016年版。
吴慰慈、邵巍编著：《图书馆学概论》，书目文献出版社1985年版。

二　中文译著

[美]巴尼·G.格拉泽：《扎根理论研究概论：自然呈现与生硬促成》，费小冬译，美国社会学出版社2009年版。
[英]凯西·卡麦兹：《建构扎根理论：质性研究实践指南》，边国英译，重庆大学出版社2009年版。
[印]希雅里·拉马里塔·阮冈纳赞：《图书馆学五定律》，夏云等译，书目文献出版社1988年版。
[美]朱丽叶·M.科宾、[美]安塞尔姆·L.施特劳斯：《质性研究的基础：形成扎根理论的程序与方法》，朱光明译，重庆大学出版社2015年版。

三　中文期刊

安娜、凌征强：《高校图书馆空间再造与服务转型研究——以供给侧结构性改革为视角》，《图书馆工作与研究》2018年第3期。
曹芬芳、刘坤锋：《高校图书馆创客空间构建研究》，《图书馆建设》2017年第6期。
曹芬芳、王涵、黄倩：《图书馆创客空间用户使用影响因素实证研究》，《图书馆建设》2017年第10期。

曹芬芳、杨海娟、黄勇凯等：《我国高校图书馆创客空间现状调查与分析》，《大学图书馆学报》2019年第3期。

曹树金、陈忆金、杨涛：《基于用户需求的图书馆用户满意实证研究》，《中国图书馆学报》2013年第5期。

陈传夫，吴钢：《图书馆业态的变化与发展趋势》，《中国图书馆学报》2007年第3期。

陈林：《美国图书馆创客空间调查报告解读》，《图书馆学研究》2015年第6期。

程焕文、刘佳亲：《挑战与回应：中国高校图书馆的发展方向》，《中国图书馆学报》2020年第4期。

储节旺、是沁：《创新驱动背景下图书馆创客空间功能定位与发展策略研究》，《大学图书馆学报》2017年第5期。

单思远、王焕景：《美国图书馆移动创客空间服务模式分析与启示》，《图书馆工作与研究》2017年第2期。

单轸、邵波：《国内图书馆空间形态演化探析》，《图书馆学研究》2018年第2期。

单轸、邵波：《图书馆智慧空间：内涵、要素、价值》，《图书馆学研究》2018年第11期。

董红丽、黄丽霞：《公共图书馆移动创客空间服务研究》，《图书馆》2019年第9期。

杜瑾、杨志萍：《国外图书馆IC空间建设研究新进展》，《图书馆学研究》2013年第2期。

杜文龙、谢珍、柴源：《全民创新背景下社区图书馆创客空间建设研究——来自澳大利亚社区图书馆的启示》，《图书馆工作与研究》2017年第9期。

樊露露：《克利夫兰公共图书馆创客空间的构建分析》，《图书馆学研究》2015年第2期。

冯继强、李玲丽、施春林：《美国图书馆创客空间实践对中国公共图书馆创新实践的启示》，《图书馆理论与实践》2014年第11期。

高晓晶、雷萍：《高校图书馆创新空间服务的实践与探索——以电子科技大学图书馆"创新实验室"为例》，《图书情报工作》2016年第1期。

龚雪竹：《国内公共图书馆创客空间发展现状调查研究》，《图书馆学研究》

2017年第24期。

胡永强:《图书馆创客空间多元共建模式探索》,《图书情报工作》2018年第1期。

黄丽霞、马语谦:《国外公共图书馆小型创客空间模式对我国的启示》,《情报资料工作》2018年第5期。

黄耀东、高波、伍玉伟:《高校图书馆空间服务现状与分析——以广州大学城高校图书馆为例》,《图书情报工作》2018年第21期。

贾苹、刘雅静、刘细文等:《科技创新创业早期项目平台:专业图书馆的信息服务新实践——以中国科学院文献情报中心为例》,《图书馆杂志》2017年第6期。

江新:《美国高校图书馆创业服务实践及其启示》,《图书馆建设》2018年第5期。

蒋逸颖:《高校图书馆创客空间建设现状及发展策略研究》,《图书馆工作与研究》2019年第11期。

金秋萍:《美国高校图书馆创客空间建设的实践及启示》,《图书与情报》2017年第1期。

金志敏:《达尔豪斯大学图书馆创客空间3D打印服务述略》,《图书馆建设》2015年第10期。

晋熠:《公共图书馆创客空间运营管理的思考》,《数字图书馆论》2018年第11期。

寇垠、刘宇初:《图书馆与科技孵化器创新创业服务融合研究》,《图书馆建设》2017年第10期。

寇垠、任嘉浩:《基于体验经济理论的图书馆创客空间服务提升路径研究》,《图书馆学研究》2018年第19期。

黎晓:《中国高校图书馆创客空间构建模式研究》,《图书情报工作》2016年第7期。

李红培、鄢小燕:《美国图书馆Makerspace实践案例及启示》,《图书馆学研究》2013年第15期。

李金芳:《美国高校图书馆馆员培训与发展的典型案例研究》(图书馆与图书馆事业),《大学图书馆学报》2015年第1期。

李杉杉:《服务"创客"群体的图书馆协同创新型嵌入式服务模式研究》,《图书情报工作》2015年第13期。

李小聪、赵敏、王惠：《馆员参与图书馆创客空间构建模式影响因素研究——基于扎根方法的探索性研究》，《图书馆工作与研究》2015年第12期。

梁荣贤：《图书馆构建移动创客空间探讨》，《新世纪图书馆》2018年第11期。

梁炜、卢章平等：《高校图书馆创客空间的虚拟空间构建研究——以美国卡耐基梅隆大学IDeATe创客空间的虚拟空间为例》，《图书馆杂志》2019年第11期。

梁炜、卢章平、刘桂锋等：《基于扎根理论的创客知识需求研究》，《图书情报工作》2018年第5期。

凌征强、卢桥：《图书馆空间再造研究综述》，《图书馆》2018年第10期。

刘芳兵、周红、陈瑶：《"大学图书馆的新趋势：环境、空间、资源、服务"高端论坛综述》，《大学图书馆学报》2017年第3期。

刘静：《基于创客空间的高校图书馆服务创新提升路径实证研究》，《图书馆工作与研究》2020年第4期。

刘莉、贾东琴：《新西兰国家图书馆2030年战略指南解读》，《国家图书馆学刊》2017年第4期。

刘丽艺：《图书馆学习空间利用初探——以香港中文大学图书馆"进学园"为例》，《图书馆论坛》2014年第5期。

刘兹恒、涂志芳：《图书馆"创客空间"热中的冷思考》，《图书馆建设》2017年第2期。

隆茜、黄燕：《高校图书馆空间使用评估研究》，《图书馆建设》2016年第3期。

罗博、吴钢：《创客空间：图书馆新业态发展实践与启示》，《情报资料工作》2014年第1期。

罗巧燕、朱军：《高校图书馆馆员参与创客空间构建意愿影响因素模型分析》，《图书情报工作》2015年第22期。

马骏：《克利夫兰图书馆创客空间构建实践及其有益借鉴》，《图书馆学研究》2015年第3期。

明均仁、张俊、张玄玄：《美国移动创客空间建设现状及启示》，《国家图书馆学刊》2018年第3期。

明均仁、张玄玄、张俊等：《大学生参与高校图书馆创客空间意愿的影响因素研究》,《图书情报工作》2017年第14期。

聂飞霞、罗瑞林:《近五年我国图书馆创客空间发展情况和策略研究》,《图书馆建设》2019年第5期。

任琪、张志平、张璐:《思想政治教育视域下大学生创客空间建设研究——以安徽农业大学为例》,《安徽农业大学学报》(社会科学版)2020年第9期。

任瑞狃:《图书馆创客空间对中小学科技创新教育的推动与启示》,《福建教育学院学报》2018年第12期。

石剑兰、廖璠:《美国公共图书馆少儿创客空间服务调研与分析》,《图书情报工作》2019年第7期。

石乃月、马迪倩等:《"双一流"视角下国内高校图书馆创客空间建设发展探析》,《图书馆工作与研究》2018年第3期。

史艳芬、徐咏华、刘玉红:《图书馆空间布局与功能维度的战略规划研究——以同济大学图书馆为例》,《图书情报工作》2017年第6期。

司莉、曾粤亮:《需求驱动的大学图书馆发展趋势研究》,《大学图书馆学报》2018年第3期。

宋娟:《美国高校图书馆的3D技术服务经验与分析》,《图书与情报》2015年第2期。

孙建辉、戴文静:《高校图书馆构建创客空间的用户需求调查探析》,《图书情报工作》2016年第22期。

孙鹏、胡万德:《高校图书馆创客空间核心功能及其服务建议》,《图书情报工作》2018年第1期。

谭璐:《高校智慧图书馆建设的信息生态模式研究》,《图书馆工作与研究》2019年第6期。

唐晓阳:《中美图书馆创客空间建设比较研究》,《图书情报工作》2015年第24期。

唐雅晴:《费耶特维尔公共图书馆创客空间分析及启示》,《图书馆学刊》2016年第7期。

陶蕾:《图书馆创客空间建设研究》,《图书情报工作》2013年第14期。

田晓银:《创客空间与读者服务工作的延伸》,《图书馆理论与实践》2015年第11期。

王春迎、黄如花:《创新驱动的图书馆创客空间发展情况探析》,《数字图书馆论坛》2016 年第 5 期。

王方：《国外移动创客服务探索与思考》，《新世纪图书馆》2018 年第 2 期。

王静、冯利娜、明均仁等：《创客运动背景下英国高校创客空间建设现状及启示》，《图书馆学研究》2019 年第 9 期。

王敏、徐宽：《美国图书馆创客空间实践对中国的借鉴研究》，《图书情报工作》2013 年第 6 期。

王明朕、张久珍：《国外图书馆创客空间运营服务策略研究》，《图书馆建设》2016 年第 7 期。

王晴：《图书馆创客空间的运行模式及影响因素研究——基于美国图书馆界实践案例的考察》，《国家图书馆学刊》2014 年第 5 期。

王阳：《美国费耶特维尔公共图书馆创客空间服务研究及启示》，《国家图书馆学刊》2018 年第 2 期。

王晔：《从 UnLibrary 项目与创客空间建设看图书馆的转型与超越》，《图书情报工作》2014 年第 4 期。

王宇、车宝晶、王磊：《能动性学习与图书馆能动型空间再造》，《大学图书馆学报》2019 年第 8 期。

王宇、胡万德，孙鹏等：《高校图书馆新功能体验空间建设及思考——以沈阳师范大学图书馆为例》，《图书情报工作》2020 年第 21 期。

王宇、孙鹏：《高校图书馆创客空间建设与发展趋势展望》，《图书情报工作》2019 年第 1 期。

王宇、王磊：《大学图书馆空间再造与服务转型——以沈阳师范大学图书馆为例》，《大学图书馆学报》2019 年第 4 期。

吴汉华、王波：《2018 年中国高校图书馆基本统计数据分析》，《大学图书馆学报》2019 年第 6 期。

吴建中、程焕文、科恩·戴安娜等：《开放，包容，共享：新时代图书馆空间再造的榜样——芬兰赫尔辛基中央图书馆开馆专家访谈》，《图书馆杂志》2019 年第 1 期。

吴瑾：《创客空间环境下高校图书馆员的作用与能力提升》，《图书情报工作》2018 年第 2 期。

吴卫华、宋进英、王艳红：《美国高校图书馆创客空间建设实践与启示》，《图书馆工作与研究》2018 年第 6 期。

吴玥:《基于空间再造理论的中小学图书馆空间再造的实践与探索——以上海市中小学图书馆为例》,《图书馆理论与实践》2020年第5期。

夏轶群、苏洪锐:《图书馆创客空间用户参与意愿研究——基于创客创业生态系统视角》,《图书馆学研究》2019年第8期。

肖珑:《后数图时代的图书馆空间功能及其布局设计》,《图书情报工作》2013年第20期。

肖希明:《图书馆作为公共文化空间的价值》,《图书馆论坛》2011年第6期。

谢明亮:《图书馆移动创客空间构建研究》,《图书情报工作》2016年第10期。

谢守美、聂雯、赵文军:《深圳图书馆创客空间运行模式研究》,《图书情报工作》2018年第8期。

熊泽泉、段宇锋:《上海图书馆"创·新空间"》,《图书馆杂志》2018年第2期。

徐渭、张俊、明均仁:《面向美国图书馆创客空间的调查与分析》,《图书馆学研究》2017年第13期。

杨锴:《高校图书馆创客空间服务能力识别及建设研究》,《图书馆学研究》2019年第17期。

杨锴、黄诗童:《图书馆创客空间服务质量识别及评价研究》,《图书馆》2020年第8期。

杨士奇:《刍议如何扩大公共图书馆"创客空间"的影响力及知名度》,《新世纪图书馆》2018年第3期。

尤越、贾苹:《图书馆创客空间发展实践研究与建议》,《图书馆杂志》2015年第5期。

袁荃:《面向美国5所图书馆移动创客空间的构建研究》,《图书馆学研究》2018年第3期。

曾刚:《国外图书馆创客空间研究进展述评》,《图书馆建设》2016年第2期。

张波:《芝加哥公共图书馆YOUmedia项目分析及启示》,《国家图书馆学刊》2015年第2期。

张海萍、李敏、卢章平等:《虚拟创客空间建设的理论、实践及启示》,《图书馆》2020年第8期。

张久珍、钱欣、王明朕等：《图书馆创客服务——中外专家对谈实录》，《图书馆建设》2017年第2期。

张巧娜：《美国高校图书馆创客教育实践研究——以DeLaMare科学与工程图书馆为例》，《图书馆建设》2017年第10期。

张巧娜：《美国图书馆创客馆员培育实践与启示》，《图书馆工作与研究》2019年第12期。

张晓桦：《创客时代图书馆空间再造与服务融合路径研究》，《图书馆建设》2015年第11期。

张雪蕾、吴卓茜、尹飞：《学生社团参与高校图书馆服务创新的实践探索——以西安交通大学iLibrary Club为例》，《图书馆建设》2016年第4期。

张亚宏：《美国高校图书馆创客空间调查研究》，《图书馆工作与研究》2019年第4期。

张珍：《美国图书馆创客空间实践及启示》，《图书馆工作与研究》2015年第7期。

章洁、伍玉伟：《公共图书馆创客空间服务实践与探索——以广州图书馆创客空间为例》，《图书馆学研究》2018年第12期。

赵飞、吴亚平、汪聪等：《高校图书馆文化传承创新服务新探索——以北京大学图书馆文化工作坊为例》，《大学图书馆学报》2019年第11期。

赵鹤、明均仁：《国内图书馆创客空间研究综述》，《图书馆学研究》2019年第1期。

赵苹：《基于"互联网+"的高校图书馆智慧服务现状调查与分析——以39所"985工程"高校图书馆为例》，《图书馆工作与研究》2019年第3期。

周清清：《荷兰弗里斯兰图书馆移动创客空间Frysk Lab研究及启示》，《图书馆界》2019年第4期。

周晓璇、吴国卿：《新时代背景下的大学生创新创业教育模式实证研究——以安徽农业大学为例》，《安徽农业大学学报》（社会科学版）2018年第11期。

朱荀：《国外图书馆移动创客空间创建实践研究》，《图书馆建设》2018年第12期。

朱志伟：《新技术环境下图书馆发展趋势与挑战——基于〈新媒体联盟地

平线报告：2017图书馆版（纲要）的启示〉》，《情报资料工作》2017年第2期。

四 学位论文

曹芬芳：《"互联网+"时代我国高校图书馆创客空间构建研究》，硕士学位论文，华中师范大学，2016。

陈怡静：《高校图书馆创客空间信息服务模式研究》，硕士学位论文，黑龙江大学，2018。

戴吉：《高校图书馆创客空间用户使用意愿影响因素研究》，硕士学位论文，山东大学，2019。

高梦麟：《我国一流大学高校图书馆创客空间建设研究》，硕士学位论文，安徽大学，2018。

高震：《"双一流"建设高校图书馆创客空间建设的调查与分析》，硕士学位论文，安徽大学。

韩俊兰：《我国公共图书馆创客空间建设的调查与分析》，硕士学位论文，安徽大学，2017。

卢静：《合肥地区高校图书馆馆员培训研究》，硕士学位论文，安徽大学，2019。

孙荣华：《高校众创空间创客满意度评价研究》，硕士学位论文，云南大学，2018。

王敏：《我国图书馆创客空间服务及构建方案研究》，硕士学位论文，东北师范大学，2014。

徐畅：《我国公共图书馆创客空间调查研究》，硕士学位论文，河北大学，2018。

张浩东：《高校图书馆创客空间服务质量评价研究》，硕士学位论文，华中师范大学，2020。

五 中文报纸

李恺：《美国公共图书馆的"新图书馆学"转向》，《中国社会科学报》2012年7月25日B5版。

汪大勇、靳晓燕：《青岛科大协同创新之路新探》，《光明日报》2013年6月24日第1版。

六 中文网站

《柴火创客空间》,柴火创客网,2017年9月18日,https://www.chaihuo.org/.

《长沙图书馆创客空间开启 近200套设备工具免费使用》,新浪新闻中心网,2016年1月1日,http://news.sina.com.cn/o/2016-01-01/doc-ifxneept3518788.shtml.

《公共图书馆转型发展与创客空间建设研讨会在鄂尔多斯市召开》,搜狐网,2020年7月21日,http://www.sohu.com/a/158969448_99908993.

《湖北首家创客空间落户三峡大学图书馆》,教育装备采购网,2015年9月8日,http://www.gx211.com/news/201596/n6177292401.html.

《清华创客空间》,清华创客空间网,2018年1月12日,http://www.thumaker.cn.

《全市首个公共图书馆"互联网+"创客空间迎客》,搜狐网,2016年4月1日,https://www.sohu.com/a/67089994_161794.

《上海海事大学图书馆》,上海海事大学图书馆网,2017年12月19日,http://www.library.shmtu.edu.cn.

《"上海交大创客空间"启动京东派助力校园创业》,砍柴网,2015年11月25日,http://news.ikanchai.com/2015/1125/39053.shtml.

《沈阳师范大学图书馆》,沈阳师范大学图书馆网,2017年12月19日,https://lib.synu.edu.cn/.

《"铜图文化创客"被安徽省人民政府发布了》,搜狐网,2017年7月25日,https://www.sohu.com/a/159784795_99908993.

《2018图书馆空间再造与功能重组研讨会》,搜狐网,2020年10月30日,http://www.sohu.com/a/284835786_488898.

王晓晖:《十九届五中全会精神解读:建设文化强国 提升中华文化影响力》,中国日报网,2020年10月30日,https://www.360kuai.com/pc/9a91b5b4c8f9f0dcf?cota=3&kuai_so=1&sign=360_57c3bbd1&refer_scene=so_1.

《"文化创客空间"落户天大 为大学生文化创意搭平台》,天津大学新闻网,2015年10月29日,http://news.tju.edu.cn/info/1003/23888.htm.

习近平:《提高关键核心技术创新能力 为我国发展提供有力科技保障》,

共产党员网,2018 年 7 月 13 日,http://www.12371.cn/2018/07/13/ARTI1531489832171718.shtml.

《中共十八届五中全会在京举行》,中国共产党新闻网,2015 年 10 月 30 日,http://cpc.people.com.cn/n/2015/1030/c64094-27756155.html.

周燕妮:《图书馆首个创客空间试运行》,武汉大学图书馆新闻网,2016 年 3 月 10 日,http://gzw.lib.whu.edu.cn/pe/Article/ShowArticle.asp? ArticleID=2273.

七 英文专著

Glaser, B. G. and Strauss, A. L., 1967, *The Discovery of Grounded Theory: Strategies for Qualitative Research*, New York: Aldine Publishing Company.

Kroski E., 2017, *The Makerspace Librarian' Sourcebook*, London: Facet Publishing.

八 英文期刊

Aijuan Cun and Sam Abramovich, "The Challenge of Assessment for Library Makerspaces", *Proceedings of the Association for Information Science and Technology*, Vol. 55, No. 1, 2018.

AmberN. Welch and Krystal Wyatt-Baxter, "Beyond Metrics", *Public Library Quarterl*, Vol. 36, No. 2, 2018.

AmyStornaiuolo and T. Philip Nichols, et al., "Building Spaces for Literacy in School: Mapping the Emergence of a Literacy Makerspace", *Library Hi Tech*, Vol. 17, No. 4, 2018.

Anonymous, "New Jsey State Library to Launch Makercspace Projects Statewide", *Library Administrators Digest*, Vol. 49, No. 3, 2014.

Beth Fiar Wiiams and Michee Fokman, "Librarians as Makers", *Journal of Library Administration*, Vol. 3, No. 1, 2017.

David VLoertscher, "Worlds of Making: Best Practices for Establishing a Makerspace for Your School", *Teacher Librarian*, Vol. 43, No. 2, 2015.

ErichPurpur and Tara Radniecki, et al., "Refocusing Mobile Makerspace Outreach Efforts Internally as Professional Development", *Library Hi Tech*, Vol. 34, No. 1, 2016.

Fatt Cheong Choy and Su Nee Goh, "Aframework for Planning Academic Libary Spaces", *Library Management*, Vol. 37, No. 1, 2016.

Filar Williams B. and Folkman M., "Librarians as makers", *Journal of Library Administration*, Vol. 57, No. 1, 2017.

FinnRieken and Thomas Boehm, et al., "Corporate Makerspaces as Innovation Driver in Companies: A Literature Review – based Framework", *Journal of Manufacturing Technology Management*, Vol. 31, No. 1, 2020.

Gahagan Calvert, "Evaluating a Public Library Makerspace", *Public Library Quarterly*, Vol. 39, No. 4, 2020.

Gonzalez S. A. R. and Bennett D. B., "Planning and Implementing a 3D Printing Service in an Academic Library", *Science & Technology Librarianship*, Vol. 78, No. 5, 2014.

HelenDunford, "Makerspaces in libraries (Library Technology Essentials)", *The Australian Library Journal*, Vol. 16, No. 2, 2016.

Moorefield – Lang H., "Lessons Learned: Intentional Implementation of Second Makerspaces", *LibraryHi Tech*, Vol. 47, No. 3, 2019.

JamesAfebuameh Aiyeblehin and Ijeoma Dora Onyam, et al., "Creating Makerspaces in Nigerian Public Libraries as a Strategy for Attaining National Integration and Development", *Library Hi Tech*, Vol. 8, No. 4, 2018.

Jennifer Horton, "Continuing Education and Professional Development of Library Staff Involved With Makerspaces", *Library Hi Tech*, Vol. 31, No. 4, 2019.

Karen Beavers and Jennifer Esteron Cady, et al., "Establishing a Maker Culture Beyond the Makerspace", *Library Hi Tech*, Vol. 27, No. 2, 2019.

Koh Kyungwon, "Competencies for Information Professionals in Learning Labs and Makerspaces", *Journal of Education for Library and Information Science*, Vol. 13, No. 6, 2015.

Kristiina Kumpulainen and Anu Kajamaa, "Sociomaterial movements of students' engagement in a school´s makerspace", *British Journal of Educational Technology*, Vol. 51, No. 4, 2020.

Kurt Salisbury T. and Philip Nichols, "School Makerspaces: Beyond the hype", *Teacher Librarian*, Vol. 101, No. 8, 2020.

KylieBudge, "The Ecosystem of a Makerspace: Human, Material and Place –

based Inter-relationships", *Teacher Librarian*, Vol. 5, No. 1, 2019.

LaurenBritton, "A Fabulous Laboratory: The Makerspace at Fayetteville Free Library", *Public Libraries*, Vol. 51, No. 4, 2012.

LillyLu., "Engaging Digital Makers Through Interactive Virtual Art Makerspaces: Possibilities and Challenges in Art Education", *Public Library Quarterly* Vol. 15, No. 3, 2019.

Lotts M., "Implementing a Culture of Creativity Pop-up Makingspaces and Participating Events in Academic Libraries", *College &Research Libraries News*, Vol. 27, No. 2, 2015.

Lotts M., "On the Road, Playing with Legos, and Learning about the Library: The Rutgers University Art Library Lego Playing Station, Part Two", *Library Administration*, Vol. 56, No. 5, 2016.

Maria A. Halbinger, "The Relevance of Makerspaces for University-based Venture Development Organizations", *Tech Trends*, Vol. 10, No. 2, 2020.

Michiel Doorman and Rogier Bos, et al., "Making and Implementing a Mathematics Day Challenge as a Makerspace for Teams of Students", *International Journal of Science and Mathematics Education*, Vol. 18, No. 5, 2019.

Moorefield-Lang H., "Change in the Making: Makerspaces and the Ever Changing Landscape of Libraries", *Tech trends*, Vol. 59, No. 3, 2015.

Moorefield-Lang H., "Lessons Learned: Intentional Implementation of Second Makerspaces", *LibraryHi Tech*, Vol. 47, No. 3, 2019.

MorganM., "If You Build It, will they come? Student Preferences for Makerspace Environmentsin Higher Education", *International Journal of Technology and Design Education*, Vol. 28, No. 3, 2018.

NickTanzi, "Assessing Your Library's Makerspace", *Public Libraries*, Vol. 59, No. 2, 2020.

RachaelGruen, "Authoring Self: GED Students Transforming Their Identities in a Composition Makerspace", *Information Technology and Libraries*, Vol. 67, No. 11, 2018.

Rachel N. Bonnette and Kevin Crowley, "Legitimate Peripheral Participation in a Makerspace for Emancipated Emerging Adults", *Science & Technology*

Librarianship, Vol. 8, No. 2, 2020.

Radniecki T., "Supporting 3D modeling in the Academic Library", *Library Hi Tech*, Vol. 35, No. 6, 2017.

Rebekah J. Lee, "Campus – Library Collaboration with Makerspaces", *Public Services Quarterly*, Vol. 13, No. 7, 2017.

Robert W. Sweeny, "Making and Breaking in an Art Education Makerspace", *Journal of Innovation and Entrepreneurship*, Vol. 26, No. 5, 2017.

Ruoyu Song and Lee Clemon, et al., "Uncertainty and Variability of Energy and Material Use by Fused Deposition Modeling Printers in Makerspaces", *Journal of Industrial Ecology*, Vol. 23, No. 3, 2019.

Russell E. Browder and Howard E. Aldrich, et al., "The Emergence of the Maker Movement: Implications for Entrepreneurship Research", *Journal of Business Venturing*, Vol. 34, No. 12, 2019.

RyanLitsey and Chisholm Allen, et al., "Shaping New Ideas: A case Study on a Library Developed 3D Model Service for University Instruction", *Journal of Access Services*, Vol. 31, No. 7, 2020.

Sheridan K. and Halverson E. R., et al., "Learning in the making: a Comparative Case Study of Three Makerspaces", *Harvard Educational Review*, Vol. 84, No. 4, 2014.

Snyder Jessica E and Walsh David, et al., "A Makerspace for Life Support Systems in Space", *Trends in biotechnology*, Vol. 45, No. 11, 2019.

Strycker Jesse, "Makerspaces: The Next Iteration for Educational Technology in K – 12 Schools", *Educatio – nal Technology*, Vol. 22, No. 5, 2015.

Taziana Giusti and Lucia Bombieri, "Learning Inclusion Through Makerspace: A Curriculum Approach in Italy to Share Powerful Ideas in A Meaningful Context", *Library Hi Tech*, Vol. 26, No. 8, 2020.

Vongkulluksn Vanessa W and Matewos Ananya M, et al., "Motivational Factors in Makerspaces: A Mixed Methods Study of Elementary School Students' situational Interest, Self – efficacy, and Achievement emotions", *International journal of STEM education*, Vol. 19, No. 5, 2018.

Wendy Fasso and Allen Knight, "Identity development in School Makerspaces: Intentional Design International", *Journal of Technology and Design*

Education, Vol. 30, No. 9, 2020.

Williams B. F. and Folkman M., "Librarians as Makers", *Journal of Library Administration*, Vol. 57, No. 1, 2017.

Wong Tracey, "Makerspaces Take Libraries by Storm", *Library Media Connection*, Vol. 76, No. 6, 2013.

Yue Yin and Roxana Hadad, et al., "Improving and Assessing Computational Thinking in Maker Activities: the Integration with Physics and Engineering Learning", *Journal of Science Education and Technology*, Vol. 29, No. 2, 2020.

Yunkeum C., "Aligning Academic Library Makerspaces with Digital Literacy Education Spaces", *Journal of the Korean Library and Information Science Society*, Vol. 52, No. 4, 2018.

Zaugg H., et al., "Integrating a Creativity, Innovation, and Design Studio Within an Academic Library", *Library Management*, Vol. 39, No. 3, 2018.

九 英文网站

American Library Association, https://www.ala.org/.

Jessica Reeder, "Are Maker Spaces the Future of Public Libraries", http://www.shareable.net/blog/are-maker-spaces-the-future-of-public-libraries.

John Burke, "Maker Sense: Can Makerspaces Work in Academic Libraries?", https://xueshu.baidu.com/usercenter/paper/show?paperid=a8eacf022c43523d0027e95de58c2d30&site=xueshu_se.

Learning Space with Youmedia, http://www.cplfoundation.org/what-we-fund/youmedia/.

Library at American National University, https://library.an.edu/home.

Libraries University of Florida, https://www.lib.fsu.edu/.

Makerspace to Assist Student Entrepreneurs, http://www.kent.edu/tusc/news/success/library-receives-grant-makerspace.

Maker Spaces: NC State University Libraries, https://www.lib.ncsu.edu/services/makerspace.

Miami University Gardner-Harvey Library, https://www.mid.miamioh.edu/

library/facilities. htm.

MSU Security Summit, "MSU Makerspace Open House", http：//www. tech. msu. edu/event/msu - makerspace - open - house/.

San Francisco Public Library, http://www. sfpl. org/index. php? pg = 2000795701.

Lauren Britton, "The Makings of Maker Spaces, Part 1: Space for Creation, Not Just Consumption", http：//www. thedigitalshift. com/public - services/ the - makings - of - maker - spaces - part - 1 - space - for - creation - not - just - consumption/.

University of Toronto Libraries, https：//onesearch. library. utoronto. ca/.

University of Michigan Library, https：//www. lib. umich. edu/.

Valdosta State University Odum Library, http：//www. valdosta. edu/ academics/library/.

Westport Public Library Service 3D Printer, http：//www. westportlibrary. org/ services/maker - space.

后 记

时光飞逝，指隙流沙间，三年多的研究历程已近尾声，付出与艰辛同在，播种与收获同行。本书的实践性很强，需要对省内外目前已经构建的图书馆创客空间开展实地调研，搜集、整理第一手访谈资料，为后续研究提供数据和信息支撑。项目研究期间，先经历了安徽行政学院与中共安徽省委党校的合并过渡阶段，之后又经历了2020年年初的新冠疫情大暴发，这些外在环境的变化或多或少都对研究者及研究过程产生了一定的冲击及影响，形成了一定阻力和障碍。但在校（院）各级领导的大力支持和鼓励下，研究组全体成员不忘初心，战胜困难，团结一致，砥砺前行，通过3年多的理论与实践研究，项目组成员共同努力，不仅体验了科研的辛苦和乐趣，也提高了素养和技能，产生了一系列阶段性及总结性科研成果（详情参见导论部分），以获奖论文或案例的形式参加中国图书馆学术年会及省级学术年会2次以上，在图书馆、情报与文献学核心期刊上发表学术论文14篇，在省内外学术界及行业领域产生了一定的理论影响和实践引导作用。

本书的顺利完成离不开国内各类型图书馆对项目研究开展的网络调研、电话咨询及实地调研的鼓励和支持，离不开所有被调查馆员及创客们的细心解答和详细指导，为此，研究组全体成员心怀感激。在此要特别感谢上海图书馆"创·新空间"的唐良铁、储灏、乐懿婷等馆员；长沙图书馆新三角创新空间的罗倩倩馆员；成都图书馆阅创空间的关涛（馆长）、代瑞雪等馆员；武汉大学图书馆创客空间的黄勇凯（馆长）、盛芳、马战胜等馆员；广州图书馆创客空间的陈欣（负责人）、萧凯茵、黄卉、蒋莹等馆员；深圳图书馆创客空间的余杰（负责人）、王洋、肖容梅等馆员；杭州图书馆创客空间思维相光涛、傅群、李玲丽等馆员；嘉兴市图书馆数字众创空间的汤益飞（馆长）、朱文渊、王娟娟等馆员；沈阳师范大学图书馆创客空间的王磊（副馆长）、芦金梅、车宝晶、吴瑾、胡永强等馆员；上海交通大学图书馆京东创客空间的王昕、张心言等馆员；上海海事大学图书馆创客空间的梁伟波（馆长）、陈灏等馆员；三峡大学图书馆创客空间唐文惠（馆长）、王慧杰、汪飞等馆员；浙江理工大学就业与创业中心浙理·聚元众创空间的应士中负责人；浙江财经大学图书馆共享空间的冯长龙（馆长）、吴佳、林健林等馆员；西南交通大学工程训练中心创客空间的李君（负责人）、蔡藻、黄建涛、赵生杰等管理者；国防科技大学图书馆创客空间的余奕、周雅琦、王群等馆员；南京工业大学创客空间的严丁（负责人）、马贺、孙超、钱小明等馆员；清华大学经管学院的加速器的熊明、吴步青等管理者；北京大学科技园创新中心的经理张莫修竹；天津大学大学生众创活动中心的负责人杨捷；中国科学院图书馆知识服务中心的徐慧芳、陈佳男、涂志芳等馆员；广州工业大学创业基地的江艺芬、叶颖等管理者；辽宁省图书馆众创空间的乔宏宇、候小云等馆员；南京图书馆"创意空间"负责人朱纯玉林、曹俊等管理者；大连市少儿图书馆创客空间的赵飞英（负责人）、张宇琢等馆员；华南师范大学图书馆共享空间的郑永田（馆长）、黄水清、曹静仁、熊鹰等馆员；江南大学图书馆的张群、张娣、沈艳红等馆员；南京创客空间的负责人金伈；安徽大学图书馆创意创作空间的储节旺（馆长）、李朝云、王丹阳、庄胜利等馆员；安徽农业大学大学生创客空间的张志平（负责人）、张璐等老师，铜陵市图书馆文化创客空间的张兴胜（负责人）、陈安民、余有淑等馆员；合肥市图书馆悦创空间的李翔、程舒、梅国栋等馆员。

感谢国内图书馆业界、跨界领导及各位同仁的热情接待和积极支持，大家不辞辛苦，为项目研究提供翔实、新颖、有参考价值的访谈资料和研究信息，耐心解答了研究组提出的关于馆员与创客协作发展空间过程中的各类问题，还留下了电话、微信及邮箱等联系方式，为后期项目研究继续答疑解惑。需要感谢的各类人员还有很多，因篇幅所限，不胜枚举，感激绵延。

感谢一路同行的"爱学习、肯钻研"的团队成员，我们一起度过了研究期间的每个阶段，从调研策划到问卷设计，从拟定访谈提纲到整理访谈记录，从讨论研究方法到获得研究结果，我们一起走过的行程，留下的足迹，一起探讨问题、埋头苦读、认真研讨的情景，至今记忆犹新，我为能够与你们一路同行而深感荣幸。我们共同经历了"冥思苦想、独立写作"

的艰辛，一起享受着"豁然开朗、团队合作"的惊喜；我们见证了彼此的成功与进步，一起走过了挑灯夜战、奋笔疾书的光辉岁月，也迎来了一次又一次新的征程和挑战。

"春风已越千重山，万里扬帆再起航"。项目及本书稿的完成只能代表阶段性的收获，并不能阻止项目组全体成员对该领域的继续探索和研究，我们将在学术研究和实践探索的道路上，勠力同心、勇往直前，继续创造更辉煌的明天！

王 宁

2021年11月18日于合肥